제2판

금융 및 경제·경영을 위한 수학

MATHEMATICS FOR FINANCE, ECONOMICS AND MANAGEMENT

Mathematics for Finance, Economics and Management

오세경 이미영 공저

도서출판 청람

■ 머리말 ■

수학은 왜 배워야 하나? 수학 몰라도 살아가는데 전혀 지장이 없는데 골치 아픈 거 왜 배워야 하지? 아마 대부분의 학생들이 이렇게 생각하는 것 같다. 이 책의 1장을 읽어보라. 이러한 생각이 얼마나 잘못된 것인지 금방 알 것이다. 그런데 더욱 더 문제는 수학이 많이 필요한 상경계 학생들조차 수학의 중요성을 별로 느끼지 못하고, 또 필요해서 좀 열심히 해보려고 하는 학생들도 쉽게 포기하고 만다는 것이다. 왜 그럴까? 이는 수학책이 수학자들에 의해 재미없게 쓰여지기 때문이다. 어떻게 보면 대부분의 수학책이 수학을 위한 수학 방식으로 쓰여지다 보니 필요하다고 느껴서 한번 열심히 해보려던 학생들도 작심삼일로 끝나게 된다.

저자들은 이러한 안타까운 수학교육의 문제점을 조금이나마 해결해보고자 이 책을 집필하게 되었다. 저자들은 상경계 학생들에게 수학교육이 흥미롭게 느껴지기 위해서는 본인들의 전공분야에 또 진출하고자 하는 영역에서 수학이 어떻게 응용되는지를 가급적 많이 보여주는 것이라 생각하였다. 그래서 본 교과서는 각 장별로 핵심적인 수학원리와 개념들을 소개한 후 별도의 절에서 다양한 경제경영 및 금융분야의 응용문제를 소개하고자 하였다. 상경계 학생들은 이제부터라도 수학을 피하려고 하지 말고 즐기기를 바란다. 수학은 더 이상 피해야 할 과목이 아니다. "피할 수 없으면 즐겨라"라는 말도 있지 않은가.

저자들은 또한 많은 학생들이 금융분야에 관심이 많은 것을 알고 있다. 앞으로 우리나라의 성장분야임에 틀림없다. 그런데 금융분야야말로 수학이 정말 많이 사용되는 분야라는 것은 알고 있는가. 심지어 금융공학(financial engineering)이니 퀀트(quant)라는 말이 있을 정도다. 따라서 금융분야는 상경계 학생들뿐만 아니라 이공계 학생들도 한번 도전해볼 만한 분야라고 생각한다. 그런데 문제는 금융분야가 너무 생소하다 보니 쉽게 접근할 수 없다는 것이다. 이러한 현실적인 문제점을 해결하고자 저자들은 금융분야에 대해 문외한이라 할지라도 금융문제에 수학이 어떻게 쓰이는지를 쉽게 이해할 수 있도록 기초적인 금융개념의 설명과 함께 배운 수학내용을 학습하도록 금융예제들을 구성하였다.

본 교과서는 이러한 취지에서 상경계 학생들이 가지고 있는 수학기피증을 최대한 줄이면서 수학을 왜 배워야 하는지를 최대한 느낄 수 있도록 다양한 경제경영분야의 응용예제를 소개했으며, 아울러 금융수학에 관심이 있는 상경계와 이공계 학생들에게 입문서가 될 수 있도록 금융분야의 응용예제를 가급적 많이 소개하였다. 특히 저학년 학생들에게 기초적인 수학지식을 전하는 본래의 목적을 달성하면서, 학생들 스스로가 수학의 필요성을 느끼고 흥미를 갖도록 하는데 초점을 맞추었다. 즉, 수학을 위한 수학이 아니라 경제경영분야와 금융분야의 문제를 풀기 위한 도구로서의 응용수학이 되도록 집필하였다.

본 교과서의 특징을 다시 한번 요약 정리하면 다음과 같다. 첫째, 금융수학의 입문서로서 수학과 금융이 어떻게 접목되는지를 자세히 설명하였다. 둘째, 수학적 내용에 충실하되 금융 및 경제경영분야의 예제들을 각 장별로 별도의 절로 구성하여 해당 수학원리가 어떻게 응용되고 있는지를 쉽게 파악하도록 하였다. 셋째, 금융 및 경제경영분야에서의 중요한 예제들을 다룸으로써 해당 분야 학생들이 수학을 익히는 것과 동시에 전공분야를 학습하는데도 도움이 되도록 하였다. 넷째, 금융분야에 대한 지식이 전혀 없는 독자들의 경우에도 쉽게 이해할 수 있도록 최대한 풀어서 설명하였다.

본 교과서는 모두 5부로 구성된다. 1부는 왜 수학을 공부해야 하는지 그 필요성에 대해 설명하고 기초 수학과 확률통계에 대해 설명한다. 집합의 개념은 어떤 개체의 수학적 의미를 쉽게 이해할 수 있게 해줄 뿐만 아니라 모든 수학의 기초가 되기 때문에 이에 대해 가장 먼저 공부할 필요가 있으며, 순서는 집합과 집합의 연결고리를 제공하는 중요한 개념인 동시에 관계와 함수의 기초가 되기 때문에 집합과 함께 2장에서 학습하도록 한다. 3장에서는 함수에 대해 배우는데, 금융 및 경제경영분야에서 어떤 변수가 다른 변수와 어떤 관련성을 갖는지를 파악하는 것은 매우 중요한 일로서 함수가 이에 대한 답을 준다. 함수는 2장에서 배운 집합의 순서쌍의 개념에 근거하고 있기 때문에 3장에서 설명한다. 이어서 4장에서는 확률과 통계에 대한 기초적인 내용을 소개하는데 이는 특히 금융분야에서 많이 사용되는 개념이다.

2부에서는 벡터와 벡터공간에 대해 소개한다. 5장에서는 수와 벡터의 개념을 설명하는데 벡터는 행렬을 구성하는 기초 요소로서 중요하다. 6장에서는 벡터들의 선형결합에 대해 배우고 벡터들의 선형결합으로 생성되는 벡터공간에 대해 공부함으로써 3부에서 배울 행렬과 선형모형에 대한 기초 개념을 습득한다. 여기서 배우는 선형결합은 매우 중요한 개념인데 상품들의 선형결합을 통해서 다양한 상품들을 만들어 낼 수 있는 등 응용범위가 다양하기 때문이다.

3부에서는 행렬과 선형모형을 소개한다. 7장에서 배우는 행렬은 복잡한 현실 문제를 단순하게 표시할 수 있도록 해주고 그 해를 쉽게 구할 수 있도록 해주는 매우 편리한 개념이다. 8장에서는 연립일차방정식과 그 해를 구하는 방법에 대해서 자세히 배우고, 이어서 9장에서는 선형변환에 대해서 공부한다. 금융 및 경제경영분야에서는 모든 활동을 투입요소(inputs)와 산출물(outputs) 간의 관계로 해석하여 이의 관계를 파악하고 이를 개선하고자 한다. 이때 투입요소들을 하나의 벡터로 표시하고 산출물들을 다른 벡터로 표시할 수 있기 때문에, 이들 간의 관계를 파악하고 개선하기 위해서 9장에서 배우게 될 선형변환에 대한 내용 및 성질을 잘 이해할 필요가 있다.

4부에서는 함수에 대해 자세히 배운다. 10장부터는 독립변수들이 변할 때 종속변수가 어떻게 변하는지를 보기 위해 변화량 분석에 기초하여 함수 관계를 볼 필요가 있는데 10장에서는 이러한 분석의 기초가 되는 함수의 극한과 연속성에 대해 배운다. 11장과 12장에서 배우게 될 도함수와 편도함수는 금융 및 경제경영분야에서 주된 관심사인 성장률이나 수익률 등 변화율을 구하고, 더 나아가서 최적의 솔루션을 구하는 데 있어서 매우 유용한 수학적 개념이다. 경제경영분야는 물론 금융분야에서 특히 많이 사용되는 지수함수와 로그함수에 대해서 13장에서 별도로 배우게 된다.

마지막으로 5부에서는 함수의 최적화 문제를 다룬다. 함수의 최적화는 4부에서 배운 함수를 실생활에 적용하는 방법이라 할 수 있다. 14장에서는 상관되는 변수들의 관계를 함수화하여 원하는 최적해를 구하는 기본 원리를 설명한다. 마지막으로 15장에서는 14장에서 배운 원리를 제약조건이 있는 상황으로 확장적용시킨다. 실제 기업이나 경제주체들은 의사결정 시 다양한 전제조건을 가지게 되므로 제약조건하에서 최적해를 찾는 방법을 공부하는 것도 매우 중요하다.

끝으로 본서의 출판을 허락해주시고 여러 가지로 애써 주신 도서출판 청람의 이수영 사장님께 감사드린다.

2017년 7월

저자들

■ 차 례 ■

PART 1 ▶ 기초수학 및 통계

PART 3 ▶ 행렬과 선형모형

CHAPTER 7 행 렬

CHAPTER 8 연립일차방정식과 해법

CHAPTER 9 선형변환

PART 4 ▶ 함 수

CHAPTER 10 함수와 수열의 극한

CHAPTER 12 편도함수

CHAPTER 13 지수함수와 로그함수

PART 5 ▶ 최적화

CHAPTER 14 함수의 최적화

CHAPTER 15 제약조건하에서의 함수의 최적화

PART 1

기초수학 및 통계

MATHEMATICS FOR ECONOMICS, MANAGEMENT AND FINANCE

CHAPTER 01

서 론

여러분들도 아마 키코(Knock-in Knock-out : KIKO)라는 금융상품에 대해 들어본 적이 있을 것이다. 한 국회의원[01]의 자료에 의하면 2008년 8월부터 2009년 7월까지 500여 개가 넘는 수출중소기업들이 환위험에 대한 헤징을 하기 위해 이 상품에 가입했다가 입은 피해액이 약 3조 4천억 원에 이른다고 한다. 도대체 키코라는 금융상품이 어떤 상품이길래 많은 기업들이 이렇게 큰 손실을 입었을까?

키코는 다름 아닌 원/달러 환율에 대한 옵션상품으로서 표준형 옵션구조에 특이한 경계조건이 가미된 이색옵션(exotic option)을 말한다. 키코상품은 콜옵션과 풋옵션의 결합에 경계조건이 가미된 상품인데 키코상품의 콜옵션 가격을 예를 들어 식으로 표시하면 다음과 같이 복잡한 수식으로 표현된다.

$$C_{UP-IN} = e^{-rT} E[(S_T - K) \mid S_T > K, M^t > H], \ if \ \ H > K$$

C_{UP-IN} : 녹인콜의 가치
r : 이자율
T : 잔존만기
S_T : 만기시환율
K : 행사환율
M^t : 관측기간 동안 제일 높은 환율
H : 배리어환율

위 식은 블랙(Fisher Black)과 숄즈(Myron Scholes)에 의해 개발된 블랙-숄즈 옵션가격모형을 변형한 것으로서, 보고 느꼈겠지만 수학을 모르고는 도저히 상품 이해가 불가능하다. 해당 중소기업들이 키코라는 옵션상품에 대해서 제대로 알기만 했어도 그런 엄청난 손실을 피할 수 있었을 텐데 잘 알지 못하는 상태에서 은행들의 말만 믿고 가입했다가 낭패를 본 것이다.

01 국회 기획재정위원회 한나라당 김광림 의원 발표 자료

요즘 많은 학생들이 은행, 증권회사, 보험회사, 선물회사 등 금융권 기업에 관심이 많다. 금융회사들이 근무 환경도 좋고 연봉이 높기도 하지만 성장 녹색산업에 속한다고 보기 때문이 아닌가 싶다. 실물경제의 발전과 함께 금융산업의 발전은 필수적이다. 이 둘의 관계는 수레의 앞바퀴와 뒷바퀴의 관계와 같다고 할 수 있다. 실물경제가 원활히 돌아가고 발전하기 위해서는 금융산업이 그에 상응하게 발전하여야 한다. 우리나라의 경우 그동안 실물경제는 세계 10대 경제대국으로 불릴 만큼 크게 성장하였으나 금융분야는 이에 상응하는 만큼 성장하지 못하였다. 이는 앞으로 우리나라의 금융분야가 크게 성장할 수 있는 잠재력이 있음을 시사하는 것이다.

이러한 금융분야에 취직하거나 이 분야에서 성공하기 위해서는 남들보다 수학을 더 열심히 공부해야 한다. 왜냐하면 금융분야에서 수학이 많이 쓰이기 때문이다. 위의 키코상품에서도 볼 수 있듯이 **금융상품의 가치산정(valuation)**을 위해서는 수학적 모델링이 필수적이다. 또한 금융분야에서의 주요 관심사는 상품의 **수익률과 리스크 간의 상충관계(risk-return trade-off)**를 분석하는 것인데 이를 위해서는 상품의 기대수익률과 리스크에 영향을 미치는 요소들에 대한 다양한 분석이 필요하기 때문에 수학적 모형이 많이 이용된다.

이에 대한 예를 하나 들어보도록 하자. 재무 또는 금융분야에서는 리스크에 대한 적정한 대가, 즉 **리스크 프리미엄(risk premium)**이 얼마인지를 알기 위해서 부단히 노력한 결과 다음과 같은 결과를 도출하였다.

$$E(R_E) = R_f + \beta[E(R_M) - R_f]$$

$E(R_E)$: 주식에 대한 기대수익률
R_f : 무위험이자율
β : 주식의 체계적 위험
$E(R_M)$: 시장포트폴리오에 대한 기대수익률

이 식은 **자본자산가격결정모형(Capital Asset Pricing Model : CAPM)**이라고 부르는 재무모형으로서 재무 금융분야에서 가장 유명한 수식인데 두 명의 노벨경제학상 수상자를 배출할 정도로 중요한 모형이다. 이 모형에 의하면 주식의 기대수익률은 무위험자산의 수익률에, 주식투자로 인한 추가 리스크 부담에 대한 대가를 더한 것으로 표시할 수 있다는 것이다. 그리고 주식투자로 인한 추가적인 수익률은 시장 전체 즉 코스피 주가지수에 투자했을 때 기대되는 수익률에 시장 움직임에 대한 개별주식의 민감도 즉 리스크를 나타내는 베타(β)를 곱하여 구한다는 것을 의미한다. 별로 어렵지 않은 간단한 식이지만 리스크에 대한 대가를 계산하는 모든 경우에 사용되는 매우 유용하고 중요한 수식이다.

또한 최근 들어 선물이나 옵션 등 다양한 **파생금융상품(derivatives)**이 등장하면서 수학과 금융을 모두 아는 전문가들(일명 quants라고 함)이 필요하게 되었고 이들이 받는 연봉이나 보너스 등이 천문학적인 숫자를 기록하면서 이 분야에 대한 관심이 상당히 커진 것이 사실이다. 냉전이 종식되면서 로켓을 개발하던 수학자나 물리학자들 소위 말하는 로켓 과학자들(rocket scientists)이 월가(Wall Street)로 대거 입성하면서 이 분야가 비약적으로 발전하게 된 것이다. 모형이 너무 복잡해지면서 개발자 이외에 아무도 이해할 수 없는 상품이 나오고, 또 "꼬리(파생금융상품)가 본체(기초상품)를 흔든다"라는 말이 나올 정도로 본말이 바뀌는 경향도 있지만 이런 분야의 발전이 금융산업 발전의 견인차임을 부인할 수 없다. 따라서 이러한 상품들을 다루는 **금융공학(financial engineering)** 분야는 앞으로도 계속 성장해 나갈 분야이고 이쪽으로 진출하기를 원하는 학생들은 보다 더 열심히 수학을 배워야 할 필요성이 크다.

그러나 굳이 금융분야에 진출하거나 금융전공을 할 생각이 없는 학생들이라면 quant들이 하는 복잡한 수학을 공부할 필요는 없다. 그렇지만 주식이나 채권 또는 펀드에 투자한다거나 은행의 ELS 상품이나 보험회사의 연금상품에 가입한다든지, 투자나 재테크에 조금이라도 관심이 있는 사람이라면 수학을 어느 정도는 공부해야 한다. 왜냐하면 대부분의 투자상품이 정도에 차이는 있지만 대부분 수학적인 모형에 근거하여 설계되고 수익률이 결정되기 때문이다.

경영대학이나 상경대학에 입학하는 학생들 중에 수학이 싫어서 왔다는 얘기를 하는 학생들이 상당히 있다. 대단히 잘못된 생각이다. 경제학이나 경영학 교과서를 한번 펼쳐보라. 놀랄 만큼 많은 수식과 수학적 모형이 등장하지 않는가. 특히 금융관련 과목들의 경우에는 더욱 그렇다는 얘기를 이미 위에서 언급하였다.

경제학의 경우를 예로 들어보자. 경제이론은 실제 경제에 대한 하나의 추상적 모형화라고 할 수 있는데 이때 주로 사용하는 것이 수학적 개념에 근거한 **경제모형들(economic models)**인데 수학을 모르고 경제학을 공부할 수 있겠는가. 경제모형은 당면한 경제문제와 관련하여 가장 중요하다고 생각되는 변수들과 이들 간의 관계를 추려내어 의도적으로 단순화시킨 분석적 틀이다. 경제학의 미시 및 거시경제모형, 최적화모형 등 많은 경제모형들은 보통 수학적으로 표현되며 방정식체계로 이루어지기 때문에 경제모형들을 이해하기 위해서는 수학을 알아야 하고 방정식에 대해 이해하고 풀 수 있어야 한다. 경제모형들은 수학의 기호를 사용하여 문제를 서술하고 그 해결을 위한 추론과정에서 수학 원리들을 사용한다.

경제학에서는 **정태분석**(static analysis) 또는 **균형분석**(equilibrium analysis)을 통해서 "상호 관련된 변수들로 구성된 모형에서 그 변수들이 내재적으로 더 이상 변화하려는 경향을 갖지 않게 되는 균형상태"를 찾으려는 시도를 자주 한다. 다음의 예는 경제학에서 가장 많이 사용되는 균형분석의 전형적인 예로서 고립된 시장에서의 가격결정모형인 부분시장균형모형인데, 수학적 모델링과 수학적 해법이 어떻게 활용되는지를 잘 보여준다.

모형의 설정을 위해서 해당 상품의 수요량을 D, 공급량을 S 그리고 가격을 P라고 하자. 변수들을 선택한 다음에는 시장의 작용에 관한 어떤 가정을 하여야 한다. 시장의 움직임에 대해서 단순화시키는 가정을 하는 것이다. 경제학에서는 보통 이때 균형조건을 규정한다. 균형조건에 대한 표준적인 가정은 수요와 공급이 일치한다($D=S$)는 조건이다. 그러나 이러한 가정은 수요와 공급이 어떻게 결정되는가 하는 문제를 제기하기 때문에 수요와 공급에 대해서 또 다른 가정을 하여야 한다. 수요량 D는 가격 P의 선형감소함수라고 가정하고, 공급량 S는 가격 P의 선형증가함수라고 가정한다. 물론 이때 비선형함수 또는 다른 함수를 가정할 수도 있다.

이제 앞에서 설정한 모형을 수식으로 표시하면 다음과 같이 정리된다.

$$D=S$$

$$D=a-bP\ (a>0,\ b>0)$$

$$S=c+dP\ (c>0,\ d>0)$$

이 모형은 세 개의 **내생변수**(endogenous variables)를 갖는 일차방정식 세 개로 구성되어 있다. 내생변수는 모형내부에서 결정되는 변수 또는 모형을 풀어서 해를 구하여야 되는 변수라는 뜻이다. 이와 같이 모형이 구성되면 다음 단계는 세 개의 내생변수 D, S 및 P의 해를 찾는 과정이다. 해들은 위의 세 방정식을 동시에 만족하는 값들이 된다. 균형모형의 맥락에서 이러한 해들을 해당하는 변수들의 **균형값**이라 한다. 이러한 해를 찾는 과정에서 수학에서 이미 알려진 여러 가지 방법들을 사용하게 된다.

경영학을 공부하는데 있어서는 어떨까? 경영학은 기업의 여러 문제를 합리적으로 생각하고 주어진 상황에서 최선의 의사결정을 내리도록 도와주는 학문이라고 정의할 수 있는데, 경영자들이 실제 경영 현장에서 접하게 되는 현실 문제는 매우 복잡하기 때문에 어느 정도 단순화시키지 않으면 분석하기가 어렵다. 문제를 단순화시킴으로써 문제의 핵심을 파악하고 해결의 실마리를 찾는다. 그런 다음 현실적인 복잡함을 점차 더해 가면서 합리적이고 현실적인 해결방안을 모색한다. 이러한 경우에도 역시 경제학에서와 마찬가지로 수학적인 틀이 필수적으로 동원되고 활용된다.

복잡다기한 현실 문제를 단순화하는 과정에서 우리는 어떤 가정들(assumptions)을 하게 되고 보통 가정들은 비현실성을 띠는 것이 일반적이다. 그럼 이러한 비현실적인 가정들에 근거해서 도출한 해답도 비현실적일 것이고 맞지 않을게 뻔하지 않느냐라는 의문이 들 수 있다. 그건 그렇지 않다. 앞에서도 언급한 바와 같이 현실 경영문제는 매우 복잡해서 그대로는 풀 수 없다. 비록 비현실적인 가정이라 하더라도 문제를 단순화해야 문제의 핵심을 파악할 수 있고 해법을 찾을 수 있다. 그리고 이는 시작일 뿐 끝이 아니다. 다시 말해 이러한 분석틀을 이용하여 현실적인 문제점들을 가미하는 차원에서 가정들 하나 하나를 완화시켜 나가는 작업을 수행해야 한다.

한편, 수학적인 모형 또는 분석틀에 근거하여 문제에 접근할 때 모형이나 분석틀이 의사결정을 확실히 내리도록 만드는 명확한(definitive) 답을 제시하지 못한다고 해서 이러한 분석의 유용성 자체를 부인하는 것은 매우 어리석다. 왜냐하면 비록 분석과정에서 확실한 정답을 얻지 못한다 하더라도 분석틀을 이용한 과정에서 많은 통찰력을 얻을 수 있을 뿐만 아니라, 가장 중요한 변수가 무엇이고 어떤 추가적인 정보가 필요하다는 사실을 알게 되기 때문이다. 사실 실제 현실 세계에서 문제에 대한 확실한 정답을 얻을 수 있는 경우는 없다. 항상 강점과 약점 그리고 기회와 위협요인이 존재하는 다양한 대안들이 있기 마련이고 또 불확실성이 존재하기 마련이다. 이러한 상황에서 기업의 최고경영자들은 최종 결정을 내려야 하고 그에 대한 책임을 져야 하는 것이다. 이것이 그들에게 엄청난 액수의 연봉을 지급하는 이유이기도 하다.

이제 다음과 같은 전형적인 경영 의사결정 문제를 한번 생각해보자. (주)오렌지는 컴퓨터부품을 생산하는 업체인데 수요가 증가할 것으로 예상하여 공장의 확장을 고려하고 있다. 그런데 향후 경기가 호황이냐 불황이냐에 따라 수요증가가 달라질 것이기 때문에 공장을 전체적으로 확장할 것인가 아니면 우선 일차적으로 부분 확장을 한 다음, 상황을 봐서 2단계 확장을 할 것인가를 놓고 고민 중이다. 2단계 확장여부는 3년이 지나서 결정하여야 한다.

공장을 바로 확장하면 500억원의 투자가 필요하고, 부분 확장시에는 1차 100억원, 2차 200억원의 투자가 소요된다. 공장을 전체 확장할 경우 처음 3년간 경기가 호황이면 500억원의 이익이 예상되며 불황 시에는 −200억원의 적자가 예상된다. 이때 3년 이후 경기 상황이 호황이냐 불황이냐에 따라 나머지 기간 동안의 이익은 각각 1,300억원, −300억원으로 예상된다. 또한 부분 확장을 하고 처음 3년간 경기가 호황이면 150억원의 이익이, 불황이면 −20억원의 적자가 예상된다.

3년간의 경기가 호황인 경우에는 공장의 2단계 확장 여부를 고려하겠지만 불황인 경우에는 추가 확장을 하지 않는다. 2단계 확장 후 호황시에는 1,600억원의 이익이, 불황시에는 −200억원의 적자가 예상되며, 처음 3년이 호황이었음에도 불구하고 2단계 확장을 하지 않는 경우 나머지 기간 동안에 호황시 300억원, 불황시 −100억원의 적자가 각각 예상된다. 1차 부분 확장만을 하고 계속 불황일 경우 3년 이후의 적자금액은 −80억원이 될 것으로 예상하고 있다. 따라서 1차 부분 확장을 하고 계속적으로 불황이 이어질 경우 전체 기간 동안의 적자금액은 −100억원이 될 것이다. (주)오렌지는 경기가 호황이 될 가능성과 불황이 될 가능성을 각각 50%로 보고 있다. 당사의 최고경영자는 어떤 의사결정을 내려야 할까? 본 예제에서는 계산을 간단히 하기 위해 화폐의 시간가치는 무시하기로 한다.

언뜻 보면 매우 복잡해보이는 문제지만 다음과 같이 전체 확장 시와 부분 확장 시로 구분해서 그림으로 표시해보면 문제의 가닥을 잡을 수 있다.

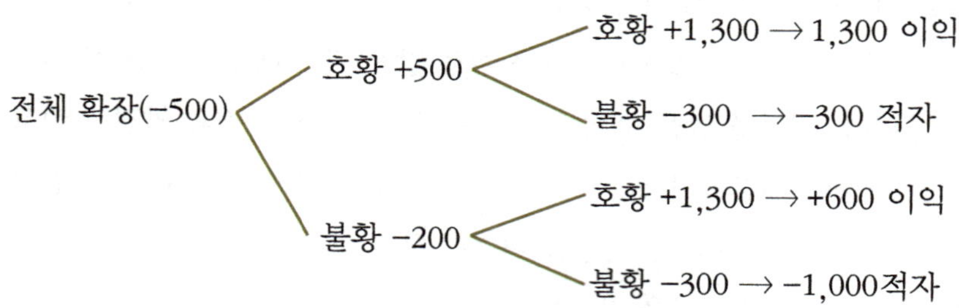

전체 확장 시에는 4가지 각 경우의 확률이 0.25이므로 전체 확장의 경우 이익의 기대치는 0.25×(1,300−300+600−1,000)=150억원이 된다.

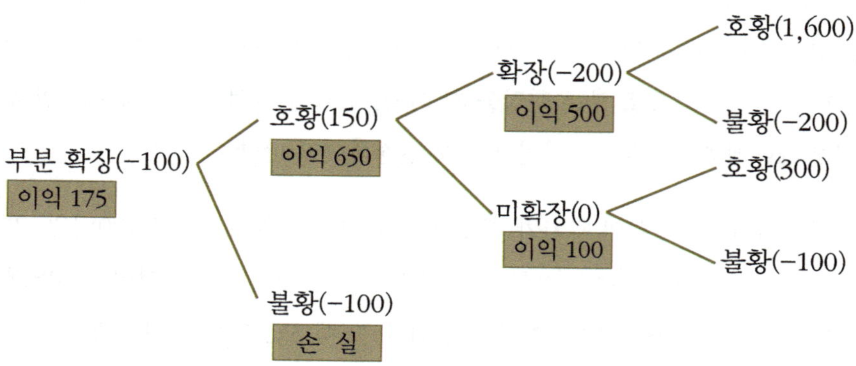

부분 확장 시에는 단계적으로 생각해야 함을 알 수 있다. 먼저 처음 3년간 호황 후 확장 의사결정을 한 경우 0.5×1,600+0.5×(−200)=700억원의 이익에 예상되며 확장 비용이 −200억원 발생하므로 500억원의 이익이 예상된다. 미확장 의사결정 시에는 0.5×300+0.5×(−100)=100억원의 이익이 예상되므로 2단계 확장을 하는 것이 유리하다. 한편, 호황 시 처음 3년간 이익이 150억원이므로 전체 기간 동안의 이익은 650억원이 되고, 불황 시에는 전체 기간 동안의 손실이 −100억원이다. 따라서 부분 확장 시 기대되는 이익은 {0.5×650+0.5×(−100)}−100=175억원으로서 부분 확장이 전체 확장보다 유리한 것을 알 수 있다.

오늘날의 경영은 과거와는 비교할 수 없을 정도로 환경이 복잡하고, 리스크가 크며, 프로젝트의 크기 또한 대규모이다. 과거와 같이 주먹구구식으로 경영자의 직관 또는 혜안에만 의존해서 경영할 수 있는 상황이 아니다. 한번 잘못된 의사결정을 내리면 기업이 흔들릴 수도 있다. 합리적이고 과학적인 경영을 필요로 하며, 이를 위해 수학적 개념과 틀이 필수적이다. 어떻게 복잡한 문제를 단순화시킬 것이냐, 어떻게 핵심적인 변수들을 찾아낼 것이냐, 어떻게 도처에 도사리고 있는 리스크의 문제를 다룰 것이냐, 어떻게 해결방안을 찾을 것이냐 등에 대한 답을 찾는데 있어서 경영자의 혜안만큼 중요한 것이 수학적인 분석틀이고 수학적 사고이다.

“숫자로 경영하라”라는 말이 있다. 사실 경영목표나 경영성과를 숫자로 표현하지 않으면 구호에 그칠 가능성이 크다. 구체적으로 경영목표를 숫자로 제시할 때 실질적인 의미를 가지며, 경영성과도 객관적으로 평가할 수 있다. 또 “재무와 회계를 모르면 임원이 될 수 없다”라는 말들도 많이 나온다. 이는 재무제표나 숫자를 모르는 사람이 어떻게 기업의 임원이 될 수 있느냐는 표현이다.

그리고 이러한 숫자에 근거한 경영을 하기 위해서는 양질의 데이터가 창출되고 이를 이용한 데이터분석이 이루어져야 한다. 다양한 수학적 통계적 분석 도구를 사용해서 많은 양의 데이터 내에 존재하는 알려지지 않은 패턴이나 추세를 파악하려고 하는 기법이 바로 **데이터 마이닝(data mining)**이다. **고객관계경영(Customer Relationship Management : CRM)**에서도 고객의 니즈를 파악하고 마케팅에 연결하여 상품매출을 늘리고 서비스를 향상시키려는 목적으로 데이터 마이닝을 많이 활용하고 있다. 아울러 사진이나 그림, 동영상 같은 복잡한 구조를 가진 빅 데이터의 출현으로 이를 분석해서 더 나은 비즈니스 환경을 만들려는 기업들이 계속 늘어나고 있는 상황이다. 수학이나 통계의 도움 없이는 이러한 빅 데이터의 분석은 불가능하다.

수학(數學)이란 한자의 뜻으로 “수를 배운다”는 의미이다. 하지만 영어에서 사용하는 Mathematics

라는 어원을 보면 그리스어의 만타노(Manthano, 배운다)와 마테마(Mathema, 과학)라는 뜻으로 수나 계산 등과 같은 의미는 찾아볼 수 없다. 이는 서양에서는 수학을 "배우는 것, 사고하는 과학"의 의미로 보았다는 것을 암시한다. 결국 수학은 수에 대한 학문이지만 우리의 사고능력과 분석능력을 키워주는 학문이라고 생각할 수 있다. 우리가 살아가는데 있어서 제대로 생각하고 분석할 수 있는 능력이 중요한 것은 새삼 강조할 필요가 없을 것이다.

사고 및 분석능력을 향상시키기 위해서 뿐만 아니라 우리는 수학(數學)이라는 한자의 뜻이 의미하듯이 수에 대해서 배워야 할 필요성이 있다. 과학기술이 발전하고 정보화의 시대가 도래하면서 모든 것이 숫자화되고 있음은 누구나 잘 알고 있을 것이다. 우선 대한민국 국민이라면 모두에게 주민등록번호가 부여된다. 각 사람에게 숫자가 하나씩 부여되어 있다는 말이다. 또한 비밀번호를 잘못 입력하면 본인 은행계좌에서 돈도 인출하지 못하고 자신의 아파트에도 들어가지 못하는 불상사가 발생한다. 휴대폰 번호, 버스 번호, 도로 번호 등 우리는 숫자와 생활하고 있다고 해도 과언이 아니다.

또한 편의점이나 서점에서 구입하는 상품과 서적에도 바코드라는 숫자가 붙어 있다. 스캐너를 바코드에 갖다 대기만 하면 각종 상품의 가격과 수량이 자동적으로 입력되어 계산되기 때문에 계산대에서 오래 동안 줄서서 기다리지 않아도 된다. 아울러 바코드는 상품판매 즉시 판매량이나 판매금액 등 판매와 관련된 각종 정보를 신속 정확하게 집계할 수 있도록 해주기 때문에 기업에서 판매관리, 유통관리, 재고관리와 관련된 업무들을 효율적으로 처리할 수 있도록 만든다. 만약 바코드의 숫자가 틀리거나 잘못 읽으면 어떤 일이 일어날지 쉽게 상상할 수 있을 것이다.

우리가 자주 보고 듣는 영화나 음악, 그리고 많은 사람들이 즐기는 게임 등도 숫자와 밀접한 관련이 있다는 사실을 놓고 볼 때 이제 더 이상 숫자와 담을 쌓고 살아서는 안 되겠다는 생각이 든다. 이러한 상황에서 우리는 숫자와 친해져야만 하는데 이를 위해 약간의 시간과 노력을 기울일 필요가 있지 않을까?

여러분들 중 많은 사람들이 쥬라기공원이라는 영화를 보았을 것이다. 그 영화에 뜬 금 없이 혼돈이론(chaos theory)을 주장하는 한 수학자가 등장한다. 물론 영화의 흥행을 위해 집어넣었겠지만 "공룡공원에 왠 수학자가 등장하지?"라고 충분히 질문해 볼 만하다. 그 수학자는 혼돈이론을 근거로 공룡공원의 미래에 대해 부정적인 의견을 내어 놓았고, 마치 그의 이론이 맞아 떨어지기도 하는 것처럼 쥬라기공원에 엄청난 불상사가 발생하였다.

혼돈이론이란 대기, 복잡한 해류, 야생동물들의 수와 변동, 심장과 뇌의 진동 등 불규칙적이고 변덕스러운 현상도 예측할 수 있을 뿐만 아니라 식으로도 나타낼 수 있음을 밝혀낸 수학이론으로서, 겉으로는 무질서하게 보이는 현상에도 내적으로는 놀라운 규칙성이 있음을 밝혀낸 이론이다. 이 이론은 지난 30년간 서구 과학계에 엄청난 변화를 일으키고 현재 자연과학 분야는 물론 정치학, 경제학, 경영학, 공학, 의학, 예술 등에 폭넓게 이용되고 있다. 쥬라기공원에 혼돈이론의 대가인 수학자를 등장시킨 것은 결코 우연이 아니며 이러한 수학이론을 인정하는 사회 분위기를 반영한 것이라 할 수 있을 것이다.

재 미 있 는 수 학 이 야 기

월가에 왠 로켓과학자?

1970년대까지만 해도 미국과 소련은 서로 우주개발사업에 열을 올리고 있었다. 그러나 냉전시대가 끝나고 소련이 붕괴되면서 경쟁자가 없어진 미국 정부는 1980년대 들어 나사(NASA)를 비롯한 항공우주산업에 대한 지출을 삭감했고, 그 결과로 다수의 수학자, 과학자 및 엔지니어들이 일자리를 잃고 새로운 직업을 찾아 나서게 되었다. 그런데 때맞춰 당시 호황을 맞고 있던 뉴욕 월가에서는 파생상품 분야가 빠르게 확대되던 시기였기 때문에 이들이 필요하였고 이렇게 해서 자리를 월가로 옮긴 사람들을 월가에서는 '로켓과학자(rocket scientist)' 라고 부르기 시작한 것이다.
파생상품이란 시장가치가 특정자산 가격이나 금리, 주가 지수 등에 연동돼 있는 상품 또는 증권을 말한다. 그래서 파생상품을 파생된 것을 의미하는 'derivative' 란 용어로 부른다. 오늘날 파생상품은 대부분 금융시장에서 거래되지만 1970년대 이전만 해도 옥수수, 콩 등 농산물과 귀금속, 축산물 등 상품시장에서 많이 거래됐다. 이런 이유로 파생증권보다는 파생상품이란 용어가 더 많이 쓰인다.
그런데 월가에서는 로켓과학자들이 주로 수학을 이용해서 새로운 파생상품을 만들고 가격을 결정하는 일들을 하자 이들을 '퀀트(quant)', 이들이 주로 사용하는 방법론들을 '금융공학(financial engineering)' 이라고 부르기 시작하였다. 퀀트는 쉽게 말해 '수학 모델을 활용하는 금융공학자' 를 뜻한다. 퀀트가 하는 일은 역할에 따라 조금씩 차이가 나지만 주류는 파생상품 설계라 할 수 있다. 이들은 온갖 종류의 기초 증권을 바탕으로 고객이 원하는 수준의 위험도에 정확하게 맞춰 옵션을 제조해 팔고 그 위험은 자신이 떠맡지 않을 수 있게 해주는 상품들을 개발한다. 컬럼비아대학의 더만 교수는 이를 "산소와 수소가 가득한 목마른 세계에서 누군가가 드디어 물을 합성하는 방법을 발견한 것과 같다" 고 표현했다. 2008년 서브프라임모기지 사태가 터지기 전까지만 해도 골드만삭스나 모건스탠리 같은 유명 투자은행들의 본점에만 300여 명의 퀀트가 있을 정도로 인기가 있었고 연봉도 가장 높은 편이었다.
그러나 최근의 금융 위기는 이러한 모델의 효용성에 대한 논쟁에 불을 붙였다. 가장 강한 비판가는 『블랙 스완』이란 책으로 유명한 니콜라스 탈레브 뉴욕대 교수이다. 금융시장에서 '검은 백조' 의 발견 같은 기존 상식을 완전히 뛰어넘는 사건이 생각보다 자주 발생하기 때문에 기존 모델은 쓸모없다고 한다. 또한 로켓과학자들이나 퀀트들이 자신들만이 알 수 있는 복잡한 수식으로 상품설계를 하다 보니 설계자 외에는 아무도 상품을 이해할 수 없는 일조차 일어나고 있다. 이러한 일들은 수학적 모델링을 너무 과신하거나 맹신하는 것은 금물이라는 값진 교훈을 우리에게 주었다.
우리나라에서는 퀀트가 본격적으로 등장한 시점을 2004년으로 꼽는다. 당시 주가연계증권(ELS) 시장이 폭발적으로 커지면서 파생상품 인력에 대한 수요가 생기기 시작했기 때문이다. 초기에는 금융회사들이 단순히 해외에서 상품을 들여와 파는데 만족했지만 시장이 커지면서 자체 생산이 필요해진 것이다. 글로벌 금융위기 여파로 우리나라에서도 퀀트들에 대한 수요가 위축된 것이 사실이지만 아직까지 우리나라에서는 시작에 불과하다. 자본시장법의 시행으로 장외파생상품시장의 팽창이 예상되고 금융회사들도 유능한 퀀트를 핵심경쟁력으로 보고 있기 때문이다. 잘만 하면 젊은 나이에 억대의 연봉을 받을 수 있는 유망한 분야이다. 물론 수학과 금융에 대해 잘 알 때 얘기지만….

CHAPTER

02 집합과 순서

집합은 '2013년도 한국대학교 경영대학에 등록되어 있는 학생들의 집합' 또는 '우리나라 국민 중 신용카드를 5개 이상 보유하고 있는 사람들의 집합'과 같이 우리가 흔히 일상생활 가운데 접하는 쉬운 개념이다. 쉽게 말해서 집합은 객관적으로 판단할 수 있는 어떤 속성을 가지고 있는 것들을 묶어 놓은 것이라고 할 수 있다.

우리가 수학에서 다루는 자연수라든가 실수 등도 어떤 특정한 객관적 속성을 가지는 수들의 집합인 것이다. 또한 우리가 사용하는 문자들도 어떤 특정한 객관적 속성을 공유하는 문자들의 집합으로 표시할 수 있다.

이와 같이 집합의 개념은 어떤 개체의 수학적 의미를 쉽게 이해할 수 있게 해 줄 뿐만 아니라 모든 수학의 기초가 되기 때문에 이에 대해 가장 먼저 공부할 필요가 있다. 또한 순서는 집합과 집합의 연결고리를 제공하는 중요한 개념인 동시에 관계와 함수의 기초가 되기 때문에 집합과 함께 본 장에서 학습하도록 한다.

2.1 집합

우리가 주장하는 논리적인 내용들은 주로 하나 또는 여러 개의 명제들의 관계를 연결하여 표현하고 있다. 예컨대, "사람은 동물이다"라는 명제와 "동물은 영원히 살지 못한다"라는 두 개의 명제가 있다면, 이 두 개의 명제를 연결하여 "사람은 영원히 살지 못한다"는 명제를 얻을 수 있다. 이러한 명제의 연결은 집합에도 적용된다. 실제로 위의 예에서도 사람은 동물이라는 집합에 속해 있다. 사람을 포함한 동물이라는 집합에 대한 명제라면 그것은 당연히 그 안에 속한 사람에 대해서도 적용된다.

1. 집합의 정의와 표시

집합(set)은 객관적으로 정의될 수 있는 개체들의 모임으로 정의된다. 예를 들면, 우리 학교 우리과 10학번 여학생의 모임은 집합이다. 하지만 우리 학교 우리 과 10학번 중에서 키가 큰 학생들의 모임은 집합이라고 할 수 없다. 왜냐하면 키가 크다는 것의 정의가 분명하지 않기 때문이다. 이때 집합을 이루는 각각의 개체들을 그 집합의 **원소(element)**라고 한다.

보통, 집합은 대문자를 사용하여 표시하며 집합의 원소는 소문자를 사용한다. A가 하나의 집합이고 a가 집합 A에 속한 원소라고 할 때, $a \in A$로 나타내며 "a가 A에 속한다"고 말한다. 만일 a가 집합 A에 속하는 원소가 아니라면 $a \notin A$로 나타낸다. 집합 A를 { } 안에 원소들을 나열하거나 원소들의 속성을 표시하여 나타내기도 한다. 예를 들면, A가 1과 10 사이의 짝수들, 즉 2, 4, 6, 8로 이루어진 집합이라고 할 때 나타낼 수 있는 방법은 두 가지가 있다. 첫 번째는 **조건제시법**으로서 일반적으로 $A = \{x \mid f(x)\}$와 같이 쓰고 괄호 안에 집합의 원소가 될 조건을 $f(x)$자리에 나타내 준다. 두 번째는 **원소나열법**인데, 괄호 안에 집합에 속하는 원소를 모두 나열해 주는 것이다. 즉, 이를 정리하면 다음과 같다.

- 조건제시법 : $A=\{x \mid x$는 1보다 크고 10보다 작은 짝수$\}$
- 원소나열법 : $A=\{2, 4, 6, 8\}$

몇 가지 집합에 대해서는 대표적으로 사용되는 집합기호가 있는데, 그 중 몇 가지를 소개하면 다음과 같다.

- N : 자연수(natural numbers)의 집합
- Z : 정수(integer numbers)의 집합
- Q : 유리수(rational numbers)의 집합
- R : 실수(real numbers)의 집합

【예제 2-1】

다음 중 집합과 집합이 아닌 것을 구분하시오.

(1) 2012년도에 우리나라에서 핵안보 정상회의가 열렸다. 이때 핵안보정상회의에 참석한 국가의 모임

(2) 2012년도 4월 2일 KOSDAQ에 상장되어 있는 기업의 주식 중에 우량주의 모임

(3) 2012년 동계올림픽 금메달리스트의 모임

(4) 2012년도 1학기에 한국대학교 '경영수학 및 활용과목'을 수강한 학생들의 모임

| 풀이 |

위의 보기 중에서 (1), (3), (4)는 객관적으로 정의할 수 있어서 누가 이 집합을 구성하더라도 집합을 구성하는 원소가 같을 것이다. 하지만 (2)번의 우량주는 우량주를 고르는 사람의 우량주 판단기준에 따라 집합의 원소가 달라질 수 있어서 집합이라고 할 수 없다. ■

2. 집합의 기본 개념과 연산

집합의 경우에도 간단한 연산을 통해서 새로운 집합을 만들어낼 수 있다. 집합의 연산을 위해 필요한 집합의 기본 개념을 아래에 간단히 정리해본다.

(1) 원소를 가지고 있지 않은 집합을 **공집합(empty set)**이라고 하고, 집합 A가 공집합이라고 할 때 $A=\phi$[01]로 나타낸다. 일반적으로 그냥 ϕ라고 하면 공집합을 의미한다.

(2) 집합 A에 속한 원소의 개수가 유한개일 때, A를 유한집합이라고 한다. 한편, 집합 A의 원소의 개수가 무한히 많을 때, A를 무한집합이라고 한다.

(3) 집합 A에 속하는 모든 원소가 집합 B에 속할 때, 집합 A는 집합 B의 **부분집합(subset)**이라고 하고 이를 $A\subseteq B$로 나타낸다. 이를 논리기호로 표현하면 $A\subseteq B$ *iff*[02] $x\in A \Rightarrow x\in B$이다. 또한, $A\subseteq B$이지만 $A\neq B$일 경우에는 A를 B의 **진부분집합(proper subset)**이라고 한다.

(4) 집합 A가 집합 B의 부분집합이고 또 집합 B가 집합 A의 부분집합이라고 할 때, 집합 A와 집합 B는 상등이다.

(5) 집합 A와 집합 B에 공통으로 속하는 원소들의 모임을 집합 A와 집합 B의 **교집합(intersection)**이라

01 'phi(파이)'라고 읽는다.

02 *iff*는 "if and only if"의 약자로서 필요충분조건을 나타낸다.

고 말하고 $A \cap B$로 나타낸다. 즉, $A \cap B = \{x \mid x \in A \wedge x \in B\}$로 정의할 수 있다.

(6) 집합 A와 집합 B가 있을 때 최소한 어느 한 집합에 속하는 원소들의 모임을 집합 A와 집합 B의 **합집합**(union)이라고 말하고 $A \cup B$로 나타낸다. 즉, $A \cup B = \{x \mid x \in A \vee x \in B\}$로 정의할 수 있다.

(7) A라고 하는 집합이 있을 때 A에 속하지 않는 모든 원소들로 이루어진 집합을 A의 **여집합**(complement)이라고 하고 A^C로 나타낸다. 즉, $A^C = \{x \mid x \notin A\}$이다. 또한, 두 집합 A와 B가 주어져 있을 때 **B에 대한 A의 여집합**(complement of A relative to B)은 $B - A = \{x \mid x \in B, x \notin A\}$로 정의되며, 특히 B가 전체집합이 아닌 집합일 때 이를 **차집합**이라고도 한다.

(8) 집합 A와 집합 B가 있을 때, $A \cap B = \phi$이면 A와 B를 **서로 소**라고 한다.

(9) 집합 A와 집합 B의 **대칭차**(symmetric difference)를 $A \Delta B$로 나타내며 $A \Delta B = (A - B) \cup (B - A)$로 정의된다.

(10) 집합 A에 속한 원소들의 개수를 $n(A)$로 나타낸다.

벤 다이어그램

집합과 집합의 연산을 그림으로 표시한 것이 **벤 다이어그램**(Venn Diagram)인데, 이를 이용하면 집합들 간의 관계를 쉽게 이해할 수 있다. 예를 들어, 집합 A와 집합 B의 합집합, 교집합, 집합 A에 대한 집합 B의 여집합을 벤 다이어그램으로 나타내면 [그림 2-1]과 같다. 각각의 그림에서 왼쪽의 타원이 집합 A이고 오른쪽이 집합 B이다.

그림 2-1 ▍ 벤 다이어그램

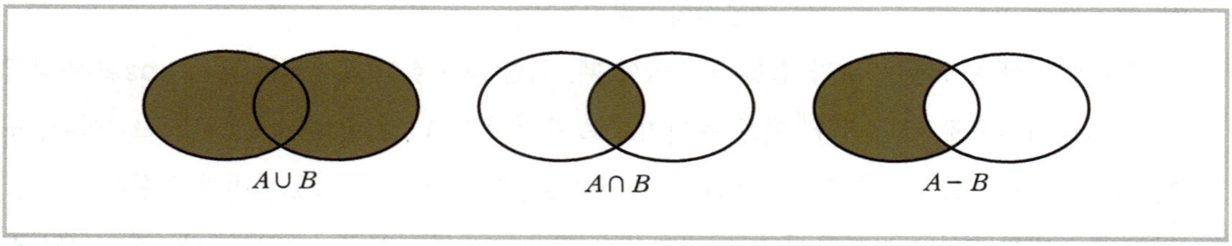

【예제 2-2】

두 개의 집합 A와 B가 주어졌을 때 벤 다이어그램을 이용하여 $A - B = A \cap B^C$임을 보이시오.

| 풀이 |

$A \cap B^C$를 벤 다이어그램으로 그리면 아래 그림과 같이 되어, 앞에 $A-B$의 벤 다이어그램 결과와 같음을 쉽게 볼 수 있다. 여기서도 앞에서와 마찬가지로 그림에서 왼쪽의 타원이 A집합이고 오른쪽 타원이 집합 B이다.

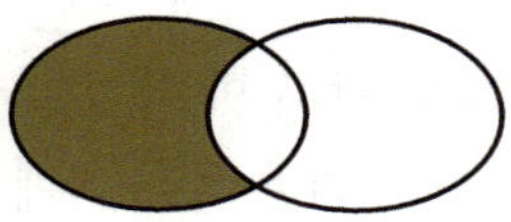

$A \cap B^C$

또한 그림으로부터 알 수 있듯이 $A-B$는 실제로 A로부터 $A \cap B$를 뺀 나머지 부분, 즉 $A-(A \cap B)$임을 알 수 있다. ■

숫자에 연산규칙이 있듯이 집합들 간에도 연산규칙이 있다. 우리는 연산규칙을 사용하여 새로운 집합을 만들어낸다. 집합 간 연산규칙을 정리하면 다음과 같다.

집합에 있어서의 연산규칙에 관한 정리

(1) **교환법칙** $A \cap B = B \cap A, A \cup B = B \cup A$

(2) **결합법칙** $(A \cap B) \cap C = A \cap (B \cap C)$, $(A \cup B) \cup C = A \cup (B \cup C)$

(3) **분배법칙** $A \cap (B \cup C) = (A \cap B) \cup (A \cap C)$,

$A \cup (B \cap C) = (A \cup B) \cap (A \cup C)$

(4) **드 모르간 법칙** $C-(A \cap B) = (C-A) \cup (C-B)$,

$C-(A \cup B) = (C-A) \cap (C-B)$

【예제 2-3】

두 집합 A와 B가 주어졌을 때, $(A \cap B)^C = A^C \cup B^C$이고 $(A \cup B)^C = A^C \cap B^C$임을 보이시오.

| 풀이 |

집합 C를 전체집합으로 생각하면 여집합의 정의에 따라 $A^C = C-A$, $B^C = C-B$, $(A \cap B)^C = C-$, $(A \cap B)$ 그리고 $(A \cup B)^C = C-(A \cup B)$가 된다. 이제 드 모르간의 법칙을 적용하면 $(A \cap B)^C = C-(A \cap B) = (C-A) \cup (C-B) = A^C \cup B^C$ 이고 $(A \cup B)^C = C-(A \cup B) = (C-A) \cap (C-B) = A^C \cap B^C$

임을 쉽게 알 수 있다. ■

【예제 2-4】

한국대학교의 정문 앞에는 10개의 가게들이 있는데, 이 가게들의 지번이 001에서 010까지라고 하자. 이 가게들의 집합을 U={001,002,003,004,005,006,007,008,009,010}이라고 하자. 이 가게들 중에서 커피를 파는 가게들의 집합을 A라고 하고, 샌드위치를 파는 가게들의 집합을 B라고 하자. 이들 중에서 샌드위치는 팔지 않고 커피만 파는 가게는 002,004,006,008이고 샌드위치는 팔지만 커피를 팔지 않는 가게는 003,005,007이다. 그리고 커피와 샌드위치 중 어느 것도 팔지 않는 가게는 009,010이다. 그렇다면 커피나 샌드위치 중 한 가지 이상을 파는 가게의 지번과 커피를 파는 가게의 지번 그리고 커피와 샌드위치 둘 다 파는 가게의 지번을 구하시오.

| 풀이 |

우선 주어진 조건을 집합으로 표시하면 $A\cap B^C=\{002,004,006,008\}$, $A^C\cap B=\{003,005,007\}$, 그리고 $A^C\cap B^C=\{009,010\}$이다.

(1) 커피나 샌드위치 중 한 가지 이상을 파는 가게의 지번은 $A\cup B$를 의미하므로, 여집합의 성질을 이용하면 $A\cup B=U-(A^C\cap B^C)=\{001,002,003,004,005,006,007,008,009,010\}-\{009,010\}=\{001, 002,003,004,005,006,007,008\}$이 되어 커피나 샌드위치 중 어느 한 가지 이상을 파는 가게는 지번이 {001,002,003,004,005,006, 007,008}인 가게이다.

(2) 커피를 파는 가게의 지번인 A를 구하기 위해 우선 $A=(A\cup B)-(A^C\cap B)$임을 보인다.

$(A\cup B)-(A^C\cap B)=(A\cup B)\cap(A^C\cap B)^C$(차집합의 성질, [예제 2-2] 결과)

$=(A\cup B)\cap(A\cup B^C)$ ([예제 2-3] 결과)

$=A\cup(B\cap B^C)$ (분배법칙)

$=A\cup\phi=A$

그러므로 $A=(A\cup B)-(A^C\cap B)$이 되어 앞에서 구한 $A\cup B=\{001,002,003,004,005,006,007,008\}$와 주어진 조건 $A^C\cap B=\{003,005,007\}$을 이용하여 $A=(A\cup B)-(A^C\cap B)=\{001,002,003,004, 005,006,007,008\}-\{003,005,007\}=\{001,002,004,006,008\}$을 구한다. 따라서 커피를 파는 가게의 지번은 001,002,004,006,008임을 알 수 있다.

(3) 커피와 샌드위치 둘 다 파는 가게는 $A\cap B$인데, $A\cap B=A-(A\cap B^C)$를 이용하여 구해보자. 먼저 $A-(A\cap B^C)$가 $A\cap B$가 됨을 보이기로 하자.

$A-(A\cap B^C)=A\cap(A\cap B^C)^C$ (차집합의 성질, [예제 2-2] 결과)

$=A\cap(A^C\cup B)$ ([예제 2-3] 결과)

$=(A\cap A^C)\cup(A\cap B)$ (분배법칙)

$=\phi\cup(A\cap B)=A\cap B$

이제 앞에서 구한 $A=\{001,002,004,006,008\}$와 주어진 조건인 $A\cap B^C=\{002,004,006,008\}$를 이용하면, $A\cap B=A-(A\cap B^C)=\{001,002,004,006,008\}-\{002,004,006,008\}=\{001\}$를 구한다. 따라서 커피와 샌드위치 둘 다 파는 가게는 지번이 001인 가게 하나뿐임을 알 수 있다. ■

【예제 2-5】

500명의 2학년 학생을 대상으로 이번 학기 경영학원론과 경영수학과목의 수강신청 상황을 알아봤더니, 경영학원론을 신청한 학생의 수가 270명, 경영수학을 신청한 학생의 수가 245명이었다. 두 과목 중 어느 것도 신청하지 않은 학생의 수는 18명이었다.

(1) 경영학원론과 경영수학 중 적어도 하나를 신청한 학생은 몇 명인가?

(2) 경영학원론과 경영수학 두 과목 모두를 신청한 학생은 몇 명인가?

(3) 경영수학만을 신청한 학생은 몇 명인가?

| 풀이 |

전체집합 U를 조사대상학생 500명 전체라고 하고, 집합 A를 경영학원론을 신청한 학생의 집합, 그리고 집합 B를 경영수학을 신청한 학생의 집합이라고 하자. 그러면 $n(U)=500$, $n(A)=270$, $n(B)=245$, $n(A^C\cap B^C)=18$이다.

(1) 두 과목 중에 적어도 하나를 신청한 학생의 수는 $n(A\cup B)$라 할 수 있는데, 이것은 전체집합 U에서 두 과목 중 어느 것도 신청하지 않은 학생의 수를 뺀 것으로 $n(U)-n(A^C\cap B^C)$임을 알 수 있다. 즉, $n(A\cup B)=n(U)-n(A^C\cap B^C)$이다. 따라서, 두 과목 중에 적어도 하나를 신청한 학생의 수는 $n(A\cup B)=500-18=482$명이다.

(2) 두 과목 모두를 신청한 학생의 수는 $n(A\cap B)$인데, $n(A\cap B)=n(A)+n(B)-n(A\cup B)$이므로 $n(A\cap B)=270+245-482=33$이다. 따라서, 두 과목 모두를 신청한 학생의 수는 33명이다.

(3) 경영수학만을 신청한 학생의 수는 $n(A^C\cap B)$라 할 수 있는데, $n(A^C\cap B)=n(B)-n(A\cap B)$이므로 $n(A^C\cap B)=245-33=212$명이다. ■

볼록집합

집합을 크게 볼록집합과 볼록집합이 아닌 것으로 나눌 수 있다. **볼록집합(convex set)**은 '집합에 속하는 임의의 두 원소를 연결하는 선분은 항상 해당 집합에 속하는 집합' 을 일컫는다. 다음 그림에서 왼쪽에 있는 그림을 보면 집합에 속하는 임의의 두 점 x^1, x^2를 선택했을 때, 두 점 x^1, x^2를 연결하는 선분은 집합을 벗어나는 경우가 없으므로 볼록집합이다. 하지만 오른쪽 그림에서는 보는 바와 같이 어떤 두 점 x^1, x^2를 선택했을 때, 두 점을 연결하는 선분의 일부분이 집합을 벗어나게 되므로 볼록집합이 아니다. 이와 같이 볼록집합이 아닌 집합을 미볼록집합(non-convex set)이라고 한다.

그림 2-2 ▌ 볼록집합의 예와 미볼록집합의 예

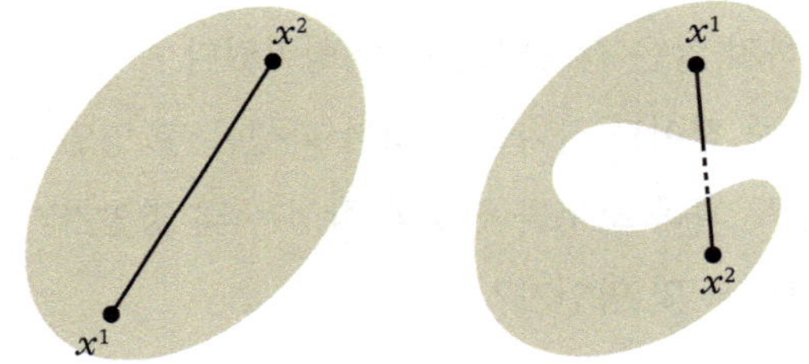

【예제 2-6】

다음의 각 집합이 볼록집합인지 판단하시오.

(1) $S_1 = \{x \in R \mid 0 \leq x\}$

(2) $S_2 = \{x \in Z \mid 0 \leq x\}$

(3) $S_3 = \{x \in R \mid 1 \leq x \leq 2$ 또는 $4 \leq x \leq 5\}$

(4) $S_4 = \{(x, y) \mid x \in R\ y \in R,\ y \leq x$이고 $y \leq -x\}$

ı 풀이 ı

(1) S_1에 속하는 임의의 두 개의 원소를 택하여 선분을 긋게 되면, 그 선분 위의 모든 점은 집합 S_1에 속한다. 그러므로 S_1은 볼록집합이다.

(2) S_2 위의 점 3과 4를 잡는다. 그러면 그 두 점을 잇는 선분은 S_2에 속하지 않은 점, 예컨대 3.5를 지난다. 그러므로 S_2는 볼록집합이 아니다.

(3) S_3 위의 점 1.5와 점 4.5를 잇는 선분은 2.5, 3, 3.5 등 집합 S_3에 속하지 않는 부분을 지난다. 그러므로 S_3는 볼록집합이 아니다.

(4) 집합 S_4를 그림으로 표현하면 [그림 2-3]에서 색으로 표시된 부분이다. 그런데 이 색으로 표시된 부분의 어떠한 두 점을 잡더라도, 그 두 점을 잇는 선분은 항상 집합 S_4 안에 있다. 그러므로 집합 S_4는 볼록집합이다.

그림 2-3 ▌ $S_4 = \{(x, y) \mid y \le x$ 이고 $y \le -x\}$의 영역

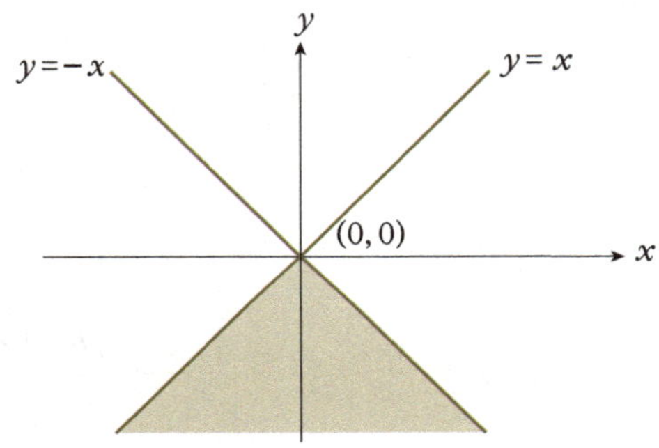

■

2.2 순서

1. 순서쌍과 직교좌표계

순서쌍(ordered pair)은 집합의 원소가 나열된 순서에 의미를 부여한 것으로서, 순서쌍에서는 순서가 중요하다. 예를 들면, (a, b)는 (b, a)와 다르다는 것이다. 원소가 세 개인 집합 (a, b, c)는 **3 중 순서쌍(ordered triple)**이라 부르며, 원소가 임의의 n개인 집합 $(a_1, a_2, \cdots, a_n)$는 ***n* 중 순서쌍(ordered n-tuple)**이라 부른다.

직교좌표계(rectangular coordinate system)

평면에서의 **직교좌표계**는 실선을 직각으로 교차시킨 두 개의 **좌표축(coordinate axis)**으로 구성된다. [그림 2-4]에서 두 좌표축의 교점을 좌표계의 원점이라 부르며, 수평축을 x축(x-axis)이

그림 2-4 ▌ 2차원 직교좌표계

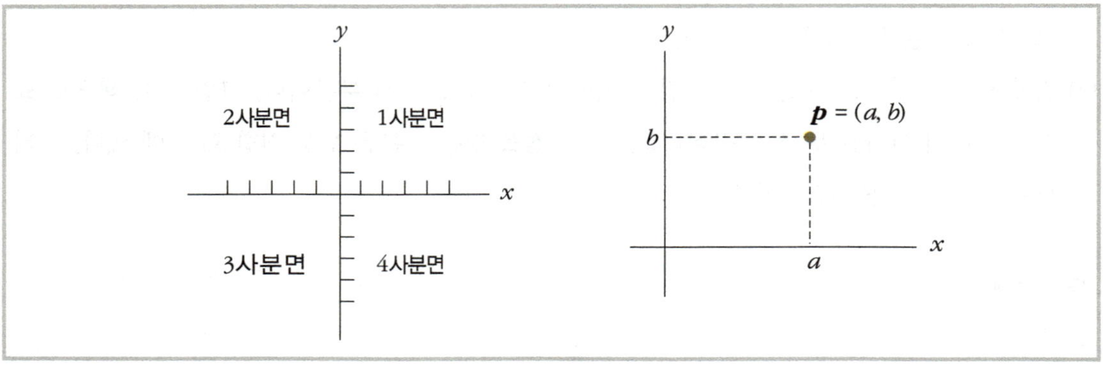

그림 2-5 ▌ 3차원 직교좌표계

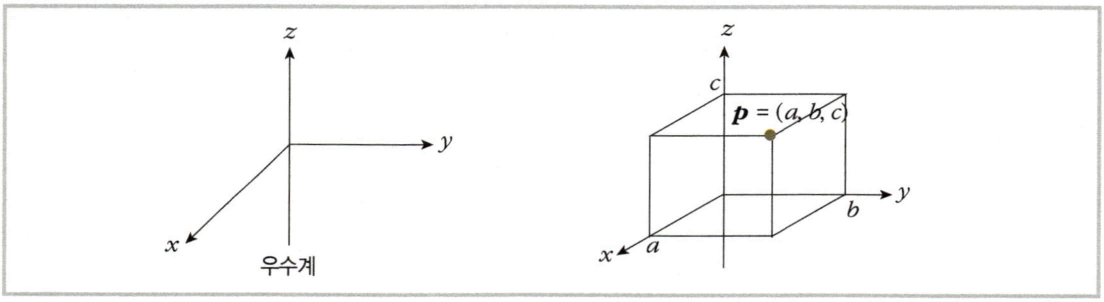

라 하고 수직축을 y축(y-axis)이라 한다. 두 개의 좌표축은 평면을 네 개의 부분으로 나누는데 그 네 개의 부분을 각 사분면이라고 하고 왼쪽 그림에 표시되어 있다. 또한 오른쪽 그림에서 볼 수 있듯이 순서쌍 (a, b)는 직교좌표계에 $\boldsymbol{p}$라는 점으로 표시되며 이를 **좌표**라 한다.

3차원 직교좌표계에서 R^3 위의 점 $\boldsymbol{p}$는 3쌍의 수로 나타낸다. 이때 좌표는 일반적으로 **우수계**(right-handed system)를 사용한다. 점 $\boldsymbol{p}$를 포함하는 평면이 각각의 좌표축을 직각으로 자르는 점이 a, b, c일 때 $\boldsymbol{p}$는 실수의 순서쌍 (a, b, c)를 좌표로 갖는다. 즉, $\boldsymbol{p} = (a, b, c)$로 표현한다.

2. 순서쌍과 데카르트 곱

위에서 보았듯이 순서쌍 (a, b)는 좌표와 같은 개념으로 사용될 수 있다. 집합 A와 B에 대하여, 모든 $a \in A$와 모든 $b \in B$를 순서쌍으로 하여 만든 집합을 A와 B의 **데카르트 곱**(Cartesian products)이라고 한다. 이 A의 원소들과 B의 원소들의 순서쌍의 집합인 데카르트 곱을 **카티시안**

적(績)이라고도 하는데 간단히 $A\times B$로 표현한다.

【예제 2-7】

$A=\{1,2,3\}$, $B=\{4,5\}$일 때 A와 B의 데카르트 곱을 구하시오.

| 풀이 |

$A\times B=\{(1,4),(1,5),(2,4),(2,5),(3,4),(3,5)\}$ ■

【예제 2-8】

$A=\{x\in R\mid 1\le x\le 3\}$, $B=\{y\in R\mid -1\le y\le 1\}$일 때, 집합 A와 집합 B의 데카르트 곱 $A\times B$와 B와 A의 데카르트 곱 $B\times A$를 구하시오.

| 풀이 |

(1) $A\times B=\{(x,y)\mid 1\le x\le 3, -1\le y\le 1\}$

(2) $B\times A=\{(y,x)\mid -1\le y\le 1, 1\le x\le 3\}$ 또는 $B\times A=\{(x,y)\mid -1\le x\le 1, 1\le y\le 3\}$ ■

일반적으로 n개의 집합 $A_1, A_2, \cdots, A_n$(n은 자연수)에 대하여 각각의 집합의 원소들 $x_1\in A_1$, $x_2\in A_2, \cdots, x_n\in A_n$로 만들어진 순서쌍의 집합을 $A_1, A_2, \cdots, A_n$의 **곱집합(또는 적집합)**이라고 하고, $A_1\times A_2\times\cdots\times A_n$로 표현한다. 예를 들어, 실수(real number)의 n 중 순서쌍(ordered n-tuple)의 집합은 $R\times R\times\cdots\times R=\{(x_1, x_2, \cdots, x_n)\mid x_1\in R,\ x_2\in R, \cdots,\ x_n\in R\}$이고, 이 n차원 공간을 표기할 때 $R\times R\times\cdots\times R$을 줄여 R^n으로 표시한다.

2.3 경제경영 · 금융 예제

【예제 2-9】 순서쌍과 직교좌표계의 활용

금융분야에서는 상품을 비교할 때 상품의 **기대수익률**과 **위험(표준편차)**을 고려하여 비교한다.[03] 예를 들어, A라는 주식은 기대수익률이 20%이고 표준편차는 18%인데, B라는 채권은 기대수익률

03 기대수익률과 표준편차에 대해서는 4장에서 자세히 다룰 것이다.

이 10%이고 표준편차는 7%라는 식이다. 우리는 이러한 금융상품의 비교를 위해 기대수익률과 표준편차를 앞에서 학습한 순서쌍의 표기 방식으로 간명하게 나타낼 수 있다. 아울러 직교좌표계를 이용하여 두 상품을 다음 [그림 2-6]과 같이 표시할 수 있다.

그림 2-6 ▌ 순서쌍과 직교좌표계를 이용한 금융상품의 표시

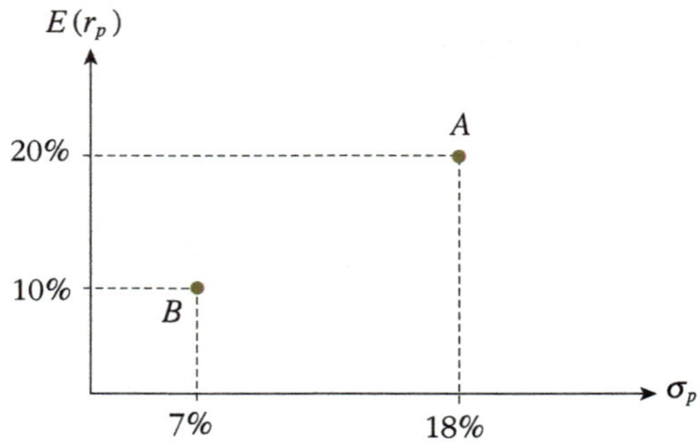

금융상품의 경우 두 좌표축에 해당하는 기대수익률과 표준편차가 모두 양의 값을 가지므로 2차원 직교좌표계의 1사분면만 필요하기 때문에 위 그림에는 1사분면만 표시한 것이다. 또한 금융 분야에서는 x축을 표준편차 축으로, y축을 기대수익률 축으로 놓는 것이 관행이기 때문에 A상품의 순서쌍은 (18%, 20%)가 되고, B상품의 순서쌍은 (7%, 10%)가 된다.

투자자들은 A상품과 B상품 중 어떤 상품을 더 선호할까? 당연히 투자자들은 기대수익률은 높으면서 표준편차가 낮은 금융상품을 선호할 것이다. 그런데 A상품은 기대수익률이 B상품에 비해 2배로 높지만 표준편차가 2배 이상 높기 때문에 반드시 좋다고 할 수 없다. 마찬가지로 B상품은 기대수익률이 A상품보다 낮기는 하지만 표준편차도 낮기 때문에 반드시 나쁜 상품이라고 할 수도 없다. 즉, 두 상품은 하나가 다른 하나보다 우월하다고 할 수 없으며 투자자들의 선호도에 따라 선택이 달라진다고 할 수 있다. ■

【예제 2-10】 볼록집합의 예

A상품에 투자자금의 절반을 투자하고 B상품에 절반을 투자했을 때 기대수익률과 표준편차는 어떻게 될까? 다시 말해, A상품과 B상품의 조합 비율을 변화시킬 때 표준편차와 기대수익률의 순서쌍은 어떻게 변할까? 다음 [그림 2-7]에서 보는 바와 같이 A상품과 B상품의 조합 비율을 변화

시키면 A점과 B점을 연결하는 곡선이 만들어진다.[04] 이 곡선을 포함하여 곡선의 오른쪽 컬러 부분은 A상품과 B상품의 결합으로 모두 만들 수 있는 부분이기 때문에 금융분야에서는 이 부분을 **투자기회집합**(investment opportunity set)이라 부른다. [그림 2-7]에서 볼 수 있는 바와 같이 투자기회집합에 속하는 임의의 두 점 x_1과 x_2를 연결하는 선분은 항상 투자기회집합에 속하게 되므로 투자기회집합은 볼록집합임을 알 수 있다.

그림 2-7 ▍ 금융분야에서의 볼록집합의 예

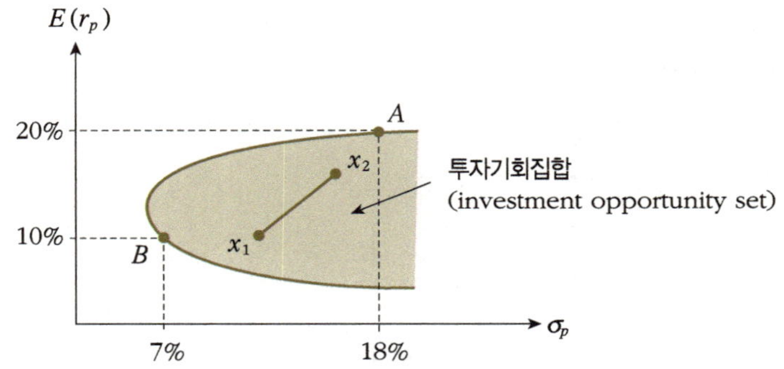

■

【예제 2-11】 집합개념의 활용

새솔이는 이번 장에서 배운 집합개념을 사용해서 자신의 문제를 풀어보려고 한다. 새솔이는 일주일에 최대 10시간 커피점 도우미 혹은 편의점 도우미로 알바를 하려고 한다. 커피점 도우미로는 최소 3시간 이상 최대 6시간 일하고 싶고, 편의점 도우미로는 최소 4시간 이상 일하고 싶다. 이러한 제약식을 집합으로 표시하면 다음과 같다. 아래에서 x는 커피점 알바 시간을 의미하고, y는 편의점 알바 시간을 의미한다.

$$A_1=\{(x,\ y)\,|\,x+y\le 10\},\ A_2=\{x\,|\,3\le x\le 6\},\ A_3=\{y\,|\,y\ge 4\}$$

새솔이의 경우 커피점 도우미는 시간당 6천원을 벌 수 있고, 편의점 도우미는 시간당 5천원을 벌 수 있다. 새솔이는 위의 제약식을 만족하면서 자신의 수입을 최대화하고자 하는데 어떻게 해야 하는가?

---

04 이 곡선을 투자론에서는 **효율적 경계선**(efficient frontier)이라고 하며 효율적 경계선의 도출 과정은 본 교재의 범위를 넘어서므로 생략하기로 한다.

| 풀이 |

새솔이의 목적함수를 나타내는 식을 먼저 작성하면 다음과 같을 것이다.

$$\text{Max } z=6x+5y$$

$$\text{s.t. } A_1=\{(x,y)\mid x+y\leq 10\},\ A_2=\{x\mid 3\leq x\leq 6\},\ A_3=\{y\mid y\geq 4\}$$

제약식을 나타내는 집합들을 이차평면에 표시하여 가능한 영역을 나타내면 아래의 색깔 칠한 부분이 되고, 목적함수 z는 점선으로 표시된 직선 식이다.

그림 2-8 ▌ 제약식과 목적함수의 도식

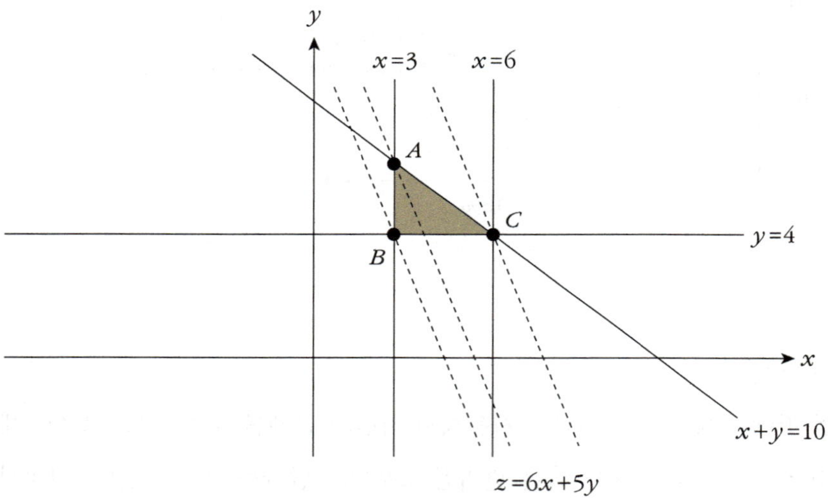

그림에서 보는 바와 같이 세 집합의 교집합 영역을 만족하면서 목적함수 z를 최대화하는 좌표는 $C(6,4)$임을 알 수 있고. 이때 새솔이는 최대의 수입인 56,000원을 올릴 수 있다. 새솔이는 커피점에서 6시간, 편의점에서 4시간 일하는 것이 수입을 최대화하는 시간배분 조합이다. ■

재미있는 수학 이야기

데카르트 : 좌표평면을 발견하다

눈뜨기 힘든 아침 시간, 같은 또래의 보통 소년들과는 달리 제 좋을 때까지 침대에 누워 휴식을 취해도 좋다는 허락을 교장 선생님으로부터 받은 한 소년이 있었다. 그가 바로 17세기 근대 수학의 기수, 데카르트였다. 근대 과학의 성립을 사상적으로 뒷받침한 철학자이기도 한 그는 "생각한다. 고로 존재한다"라는 말로 우리에게 더욱더 잘 알려져 있다. 어려서부터 허약하였던 그는 자신의 학교생활을 뒤돌아보면서 침대에서 보낸 조용한 아침의 명상이 자신의 철학과 수학의 참다운 원천이었다고 얘기한다.

그 예에 해당하는 일화가 있다. 그가 처음으로 도입한 좌표 개념의 발견과 관련된 일화인데, 침대에 누워 천장에 붙어 있는 파리를 보고 파리의 위치를 나타내는 일반적인 방법을 찾으려고 애쓰다가 '좌표' 라는 발상을 하게 되었다는 것이다. 중학교 1학년 함수 단원을 공부하면서 모눈종이 위에 (1, 2), (−2, 3)과 같이 좌표를 이용하여 점을 찍어 본 학생은 너무도 당연하고 상식적인 좌표의 사용이 뭐 그리 대단한가 하고 의아해 할 수도 있다. 그러나 우리가 이 일화에서 유심히 보아야 할 것은 천장에 붙어 있는 것이 얼룩과 같이 고정된 것이 아닌 움직이는 물체, 즉 파리라는 것이다. 파리가 움직이면 x의 값이 변하면서 y의 값이 따라서 변화한다. 만약 파리가 x축, y축이 만든 직각의 이등분선을 그리며 움직이면 이 직선은 뭐뭐라는 식으로 간단히 나타낼 수가 있는 것이다. 직선뿐만 아니라 원, 타원, 쌍곡선과 같은 기하학적 도형도 모두 식으로 나타낼 수 있다.

따라서 이 이야기는 수의 성질을 연구하는 대수학과 도형의 성질을 연구하는 기하학을 하나로 묶어 연구한 데카르트의 수학하는 방법(이를 '해석기하학' 이라 한다)의 발견을 귀띔해 주는 일화인 것이다.

(출처 : 행복한 교과서, 수학자를 만나다(계영희 외 8인 공저, 경문사)에 있는 글 참조 편집)

연습문제

01 집합 A의 원소의 개수가 n개이다. 부분집합의 개수는 몇 개인가? 또 진부분집합의 개수는 몇 개인가?

02 두 집합 A와 B가 주어졌을 때, 벤 다이어그램을 이용하여 $(A \cap B)^C = A^C \cup B^C$이고 $(A \cup B)^C = A^C \cap B^C$임을 확인하시오.

03 다음의 두 가지 성질이 만족함을 보이시오(벤 다이어그램 또는 증명).

① $n(A \cup B) = n(A) + n(B) - n(A \cap B)$

② $(A \cap B) = \phi$일 때, $n(A \cup B) = n(A) + n(B)$

04 다음의 각 집합이 볼록집합인지 판단하고 그 근거를 보이시오.

① $S_1 = \{(x, y) \mid x \le y\} \cup \{(x, y) \mid x \le -y\}$

② $S_2 = R = \{실수의\ 집합\}$

③ $S_3 = \{(x, y) \mid y \le x^2 + x\}$

④ $S_4 = \{x \mid 1 \le x \le 10,\ x는\ 정수\}$

05 다음 중 맞지 않는 것은?

① $A \subseteq B$이면 항상 $B - (B - A) = A$이 성립한다.

② $B \cap A$이 공집합이면 $B - A = B$이 된다.

③ $A \cap (B - C) = (A \cup B) - C$

④ $A \subseteq B \Leftrightarrow A - B = \phi$

06 $A = \{a, b\}, B = \{1, 2, 3\}, C = \{x, y, z\}$일 때 다음의 데카르트 곱을 구하시오.

① $A \times B$ ② $B \times A$ ③ $(A \times C) \cup (B \times C)$ ④ $(A \cup B) \times C$

07 다음에서 틀린 내용은?

① 객관적으로 정의될 수 있는 개체들의 모임을 집합(set)이라 한다.

② 집합 A와 B가 주어졌을 때, 드 모르간의 법칙에 의하면 $A - (A \cap B) = A - B$이다.

③ 두 집합 $A = \{a, b, c, d, e\}, B = \{c, d, e, f, g\}$에 대하여 $A \cap X = X$, $(A - B) \cup X = X$를 만족하는 집합 X의 개수는 8개이다.

④ 집합 A의 원소의 개수를 $n(A)$라고 할 때, $n(\{1,2,3\})=3, n(\{0\})=0, n(\{33\})=1$이다.

08 기획사에서 서로 다른 컨셉을 가진 A, B, C 3개의 걸그룹을 키우려고 한다. 100명의 고등학생을 대상으로 마음에 드는 컨셉의 걸그룹을 선택해달라고 부탁했다. 각 그룹의 컨셉이 마음에 든다고 대답한 사람은 각각 80명, 70명, 60명이었다. 이 세 그룹의 컨셉이 모두 마음에 들지 않는다고 답한 고객이 최대한 m명이고, 세 그룹의 컨셉이 모두 좋다고 답한 고객의 수는 적어도 n명이다. 이때 m과 n의 값을 구하시오.

09 순서쌍 (x, y)에서 x를 표준편차, y를 기대수익률이라 하자. A상품은 (10%, 10%)의 순서쌍을 보이고 B상품은 (12%, 8%)의 순서쌍을 보인다고 할 때 합리적인 투자자들은 어떤 상품을 더 선호할까?

10 [그림 2-7]에서 투자기회집합에 속하는 임의의 두 점이 X_1(5%,10%), X_2(7%,20%)로 주어지고 X_1과 X_2를 연결하는 선이 직선을 이룬다고 할 때 X_1과 X_2를 연결하는 직선 식을 구하시오. 또한 만약 1,000만원을 가지고 있는 사람이 일부(α, $0 \le \alpha \le 1$)를 X_1에 투자하고 나머지($1-\alpha$)를 X_2에 투자한다면 X_1과 X_2를 연결하는 직선은 볼록집합의 정의를 만족함을 보이시오(참고 : 이때 두 점을 연결하는 선이 직선을 이룬다고 가정하는 것은 X_1과 X_2의 상관계수가 1임을 의미한다. 상관계수가 1이 아닌 경우에는 두 점을 연결하는 선은 직선이 아닌 곡선 형태를 띠게 된다).

CHAPTER

03 함 수

우리는 기업들의 실적이 좋아져서 주가가 올랐다든지 또는 환율이 하락하여 수출기업들의 수출이 어려워진다든지 하는 얘기를 뉴스나 언론매체 등을 통해 매일매일 접하게 된다. 이러한 표현 속에는 기업의 실적이 주가에 영향을 주고, 환율이 수출에 영향을 준다는 두 변수 사이에 일정 관계가 상정되어 있음을 알 수 있는데, 이러한 두 변수 사이의 관계를 파악하는 것은 경제경영분야를 포함하여 모든 분야에서 중요하다. 그런데 함수는 이러한 관계를 표현하는 방식 중 하나로서, 함수를 이해하면 경제경영 및 금융분야의 중요한 현상들을 쉽고 명확하게 설명할 수 있다.

3.1 함수의 정의

이제 함수에 대해서 정확하게 정의해보도록 하자. 앞 장에서 두 집합 X와 Y가 주어졌을 때, $X \times Y$로 정의된 순서쌍의 집합을 데카르트 곱이라고 정의했다. 데카르트 곱의 각 원소 (x, y)는 집합 X의 원소 x에 집합 Y의 원소 y가 짝지어지는 것이라고 할 수 있는데, 이를 보통 집합 X에서 집합 Y로의 대응이라고 하고 $x \rightarrow y$로 표시한다. 여기서 집합 X의 각 원소가 집합 Y의 원소에 반드시 하나씩 대응할 때, 이 대응을 집합 X에서 집합 Y로의 **함수(function)**라고 한다. 다시 말해, 집합 X에서 Y로의 함수 f란 X의 모든 원소 x에 대하여 각각 **유일한** Y의 원소 y를 대응시키는 규칙이다.

보통 x에 대응되는 y를 $f(x)$로 나타내기도 한다. X에서 Y로의 함수 $f(x) = y$가 정의되었을 때, 원소값 $x \in X$를 **독립변수(independent variable)**라고 하며, 독립적으로 변하는 $x \in X$에 따라 정의된 함수 $f(x) = y$에 의해 종속적으로 변하는 $y \in Y$를 **종속변수(dependent variable)**라고 한다. 그러나 일반적으로 함수를 이야기할 때는 $x \in X$를 그냥 '변수'라고 부른다.

【예제 3-1】

다음과 같이 관계를 정의하였을 때 그 관계가 함수가 될 수 없는 것은 어느 것인가? 그 이유를 설명하시오.

(1) A={동계올림픽이 개최된 년도의 모임}, B={전 세계 도시들의 모임}

대응규칙 : A의 각 원소에 대해 B에 속한 원소 중 해당하는 년도에 동계올림픽이 개최된 도시를 대응시킨다.

(2) A={2012년도 1학기에 경영수학 및 활용과목을 수강한 K대학교 경영대학 학생들의 모임}, B={학점 A, 학점 B, 학점 C, 학점 D, 학점 F}

대응규칙 : 집합 A에 속한 모든 학생들에 대해 그 학생의 2012년도 1학기 경영수학 및 활용과목의 학점을 대응시킨다(단, 이 과목은 상대평가를 적용하여 상위 10%까지는 학점 A, 그 다음 30%까지는 학점 B, 그 다음 70%까지는 학점 C, 그 다음 90%까지는 학점 D, 그리고 나머지 10%의 학생은 학점 F를 받게 되어 있다).

(3) A={2012년도 4월 2일 KOSDAQ에 상장되어 있는 기업의 모임}, B=R(=실수의 집합)

대응 규칙 : A에 속하는 각 기업에 대해 해당기업의 2012년도 4월 2일의 주식종가를 대응시킨다.

(4) A={2012년도 한국고등학교 1학년 학생들의 모임}, B={2012년도 대한민국 그룹(걸그룹 또는 보이그룹)의 모임}

대응규칙 : A에 속하는 각 학생에 대해 그 학생이 좋아하는 그룹을 대응시킨다.

ı 풀이 ı

(1) 동계올림픽이 개최된 년도에는 어느 도시에선가는 동계올림픽이 개최되었으며 동계올림픽은 여러 개의 도시에서 동시에 열릴 수 없으며 전 세계의 도시 중에서 오직 한 도시에서 열린다. 아래 그림에서 (ㄱ) 그림에 해당된다.

(2) 2012년도 1학기에 경영수학 및 활용과목을 수강한 K대학교 경영대학 모든 학생들은 그 과목에 대해 각자 오직 하나의 학점을 받게 된다. 아래 그림에서 (ㄴ) 유형에 해당한다.

(3) 2012년도 4월 2일 KOSDAQ에 상장되어 있는 기업은 반드시 그 날의 주식종가가 존재하고 또 그 주식종가는 오직 하나이다. 아래 그림에서 (ㄱ) 유형에 해당한다. 따라서 (1), (2), (3)번에 정의된 대응은 함수가 된다.

(4) 2012년도 한국고등학교 1학년 학생 중에 어떤 학생들은 여러 개의 그룹을 좋아할 수도 있다.

따라서 A에 속한 어떤 원소에 는 여러 개의 B원소가 대응될 수 있다. 또한 안타깝게도 어떤 그룹은 2012년도 한국고등학교 1학년 학생 중에 어떤 학생도 좋아하지 않을 수가 있다. 따라서 (4)번에 정의된 대응은 함수가 될 수 없다. 아래 그림 중에서 (ㄷ)유형은 (4)번에 해당한다고 할 수 있다.

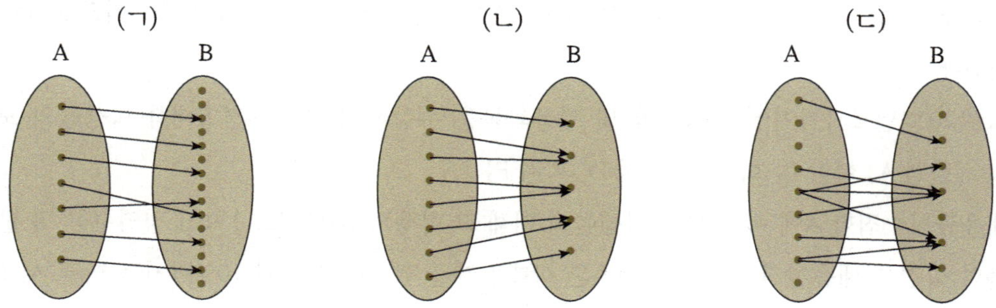

■

【예제 3-2】

A기업은 기본급 50만원과 물품의 월간판매실적의 10%를 기본급에 더하여 판매직원의 월급을 책정하고 있다. 이러한 월급 책정원칙을 함수로 만들고 월간판매실적이 1,000만원인 판매직원의 월급을 구하시오.

풀이

월급과 월간판매금액을 각각 y=월급, x=월간판매금액이라고 놓자. 그러면 월급은 월간판매금액에 따른 함수값으로 다음과 같이 표시할 수 있다.

$$y = f(x) = 0.1x + 500{,}000$$

월간판매금액이 1,000만원이면 x값이 1,000만원이라는 것이므로 판매직원의 월급 y는 $f(10{,}000{,}000) = 0.1 \times 10{,}000{,}000 + 500{,}000 = 1{,}500{,}000$이다. 따라서 월간판매실적이 1,000만원인 판매직원의 월급은 1,500,000원이다. ■

【예제 3-3】

X에 속한 원소 x와 Y에 속하는 원소 y를 $y^2 = x^2$의 관계가 되도록 대응시키면 $X \longrightarrow Y$의 함수관계가 성립하는지 알아보시오.

| 풀이 |

$y^2=x^2$는 함수가 아니다. 왜냐하면 주어진 $x=1$에 대하여 $y=1$일 경우도 $y^2=x^2$을 만족하고 $y=-1$일 경우도 $y^2=x^2$을 만족하여 $x=1$에 대응되는 값이 $y=1$과 $y=-1$ 두 개가 되기 때문이다.

■

함수의 정의역, 공역, 치역

집합 X에서 Y로의 함수 f가 있을 때 X를 **정의역**(domain), Y를 **공역**(codomain)이라고 한다. 또, Y의 원소 중에서 어떤 $x \in X$에 대응되는 함수값 $f(x)=y$를 모아놓은 Y의 부분집합 $\{f(x) \mid x \in X\} \subset Y$를 f의 **치역**(range)이라고 하며 보통 $f(X)$ 또는 $ran(f)$로 나타낸다.

3.2 함수의 성질

함수에 관한 몇 가지 성질에 대해 알아보도록 하자.

단사함수(injective function 또는 one-to-one function)

함수 중에서 X에 속한 서로 다른 원소 $x \in X$에 대응되는 $f(x)=y$값이 서로 다를 때, f를 **단사함수**라고 한다. 즉, "$f(x_1)=y_1, f(x_2)=y_2$일 때, $x_1 \neq x_2$이면 $y_1 \neq y_2$이다"를 만족하는 함수를 단사함수라고 한다. 예를 들어, 앞의 [예제 3-1]에서 그림 (ㄱ)은 단사함수에 해당한다.

전사함수(surjective function 또는 onto function)

모든 Y의 원소 $y \in Y$에 대해 $f(x)=y$가 되는 X의 원소 $x \in X$가 존재할 때, f를 **전사함수**라고 한다. 즉, 함수 f의 치역 $ran(f)$가 공역 Y와 같은 경우 ($ran(f)=Y$), f를 전사함수라고 한다. 이 경우는 치역에 있는 임의의 원소 y를 하나 택하면 이 값에 대응되는 x가 적어도 하나 존재하는 경우를 말한다. 예를 들어, 앞의 [예제 3-1]에서 그림 (ㄴ)은 전사함수에 해당한다.

전단사함수(bijective function)와 역함수(inverse function)

단사함수이면서 동시에 전사함수가 되는 함수를 **전단사함수**라고 한다. 이 경우 정의역의 모든 원소와 치역의 모든 원소가 정확하게 일대일로 대응되게 된다. 이때 정의역과 치역을 바꾼 새로운 전단사함수가 존재하는데 이를 $f^{-1}(y)=x$로 표현하고 f^{-1}를 f의 **역함수**라고 한다.

【예제 3-4】

$f(x)=2x+1$의 역함수를 구하시오.

| 풀이 |

우선 $y=2x+1$로 놓고, x를 y에 대해 푼다. 그러면 $x=\frac{1}{2}y-\frac{1}{2}$이다. 이것은 Y에서 X로의 함수이다. 이제 x는 역함수의 결과값이고, y는 역함수의 변수에 해당하므로 $f^{-1}(y)=\frac{1}{2}y-\frac{1}{2}$은 y를 변수로 하는 f의 역함수이다. 그런데 일반적으로 우리가 함수를 이야기할 때는 변수 x에 대응하는 함수값을 이야기하므로 여기서도 변수의 형태를 바꾸어 변수 y를 x로 바꾸면 역함수 $f^{-1}(x)=\frac{1}{2}x-\frac{1}{2}$이라는 형태를 얻게 된다. ■

【예제 3-5】

다음 함수가 전사함수인지 단사함수인지 또는 전단사함수인지를 판별하고 정의역과 치역을 구하시오.

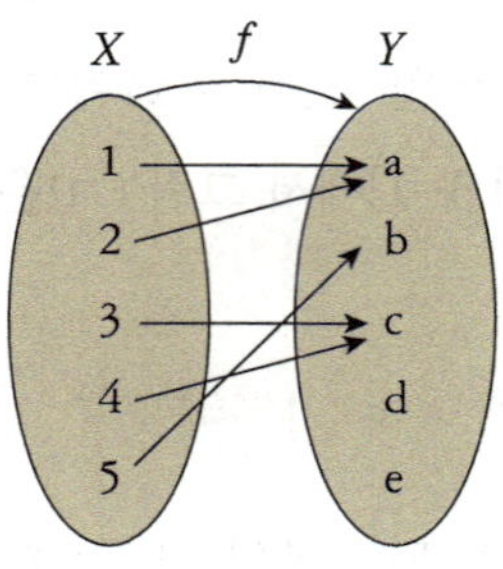

| 풀이 |

X의 원소 중에서 1과 2는 같은 Y의 원소 a에 대응되고, X의 원소인 3과 4도 같은 Y의 원소 c에 대응된다. 그러므로 단사함수가 아니다. 또한, Y의 원소 d나 e에 대응하는 X의 원소가 존재하지 않으므로 전사함수도 아니다. 그리고 정의역과 치역은 각각 다음과 같다.

정의역 : $X=\{1,2,3,4,5\}$, 치역 : $f(X)=\{a,b,c\}$ ■

【예제 3-6】

다음에 정의된 X에서 Y로의 함수 f가 단사함수인지 전사함수인지를 각각 판별하고, 전단사함수일 경우 역함수를 구하시오.

(1) $X=R,\ Y=R,\ f(x)=2x+1$

(2) $X=R,\ Y=R^{+}(=\{x \mid x\in R\wedge x\geq 0\}$, 0보다 크거나 같은 실수값 집합), $f(x)=x^2$

(3) $X=N,\ Y=N,\ f(x)=2x$

Ⅰ 풀이 Ⅰ

(1) $f(x_1)=f(x_2)$이면, $2x_1+1=2x_2+1$이고 양변에 -1을 더하고 난 후에 양변을 2로 나누면 $x_1=x_2$가 된다. 그러므로 f는 단사함수이다. 또한 모든 $y\in R(=Y)$에 대하여 $f(x)=2x+1=y$가 되는 $x\left(=\frac{y-1}{2}\right)\in R(=X)$가 존재하므로 f는 전사함수이다. 따라서, f는 전단사함수이다. $x\left(=\frac{y-1}{2}\right)\in R(=X)$를 $f(x)$의 x값에 넣으면 $f(x)=f\left(\frac{y-1}{2}\right)=2\left(\frac{y-1}{2}\right)+1=y$가 되어 $f(x)=y\in R(=Y)$가 대응되므로, $f^{-1}(y)=x=\frac{y-1}{2}$이다.

(2) 두 개의 다른 실수 -1과 1에 대하여 대응하는 함수값이 같은 값을 가지므로 단사함수가 아니다. 그러나 모든 양의 실수값 $y\in R^{+}(=Y)$에 대해 $f(x)=x^2=y\in Y(=R^{+})$가 되는 $x(=\sqrt{y})\in R(=X)$가 존재하므로 f는 전사함수이다.

(3) $f(x_1)=f(x_2)$이면, $2x_1=2x_2$이고 양변을 2로 나누면 $x_1=x_2$가 된다. 그러므로 f는 단사함수이다. 그러나 자연수인 공역의 원소 중에서 3과 같은 홀수값에 대해 $2x=3$이 되는 자연수 x가 존재하지 않으므로 전사함수가 아니다. ■

합성함수(composite function)

X에서 Y로의 함수 f와 Y에서 Z로의 함수 g가 있다고 할 때, $g\circ f$가 $(g\circ f)(x)=g(f(x))$, $\forall x\in X$와 같이 정의될 때, 이 $g\circ f$를 X에서 정의되는 **합성함수**라고 한다.

【예제 3-7】

다음에 주어진 두 개의 함수 $f(x)=x^2$와 $g(x)=2x+1$이 주어졌을 때, 합성함수 $g\circ f$를 구하시오.

| 풀이 |

$f(x)=x^2$이고 $g(x)=2x+1$이면, $(g\circ f)(x)=2f(x)+1=2x^2+1$이 된다. ■

그림 3-1 ❙ 합성함수

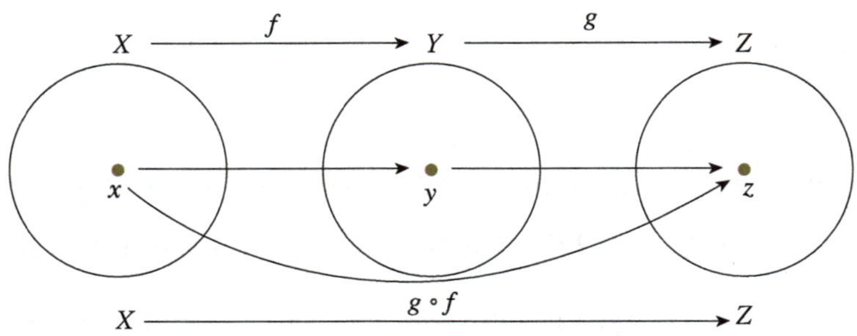

3.3 함수의 그래프

함수 $f: X \longrightarrow Y, y=f(x)$가 주어지면 이 함수에 대응하여 $G=\{(x, f(x)) \mid x\in X\}$가 결정된다. 이 집합 G를 함수 $y=f(x)$의 **그래프**라고 하며, G의 원소들을 점으로 하여 좌표평면 위에 나타낸 것을 함수 $y=f(x)$ **그래프의 기하학적 표시**라고 한다. 이때, G는 $X\times Y$의 부분집합이 되고, $X\subset R$, $Y\subset R$일 경우, 이 함수의 그래프 G는 좌표평면 $R\times R$의 부분집합이다.

【예제 3-8】

함수 $y=\frac{1}{2}x-1$에서 x가 실수값을 가진 변수이고, 이에 대응하는 값이 y일 때 $G=\{x, y \mid \frac{1}{2}x-1, x\in R\}$을 정의하면, 집합 G가 함수 $y=\frac{1}{2}x-1$의 그래프이고, 그래프 G를 기하학적으로 표시한 것이 다음 [그림 3-2]이다.

그림 3-2 ▌ 함수 $y = \frac{1}{2}x - 1$의 그래프

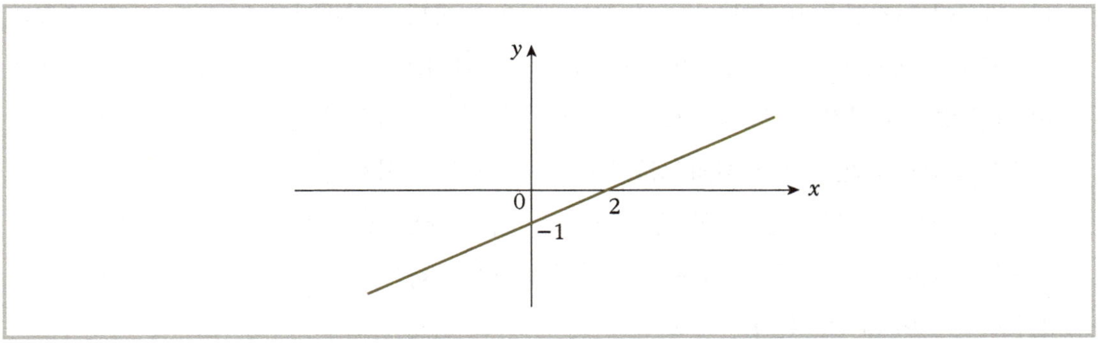

이와 같이 그래프가 선형(직선)으로 표현될 때 $f(x)$를 **선형함수**라고 하며, 그래프의 형태가 직선이 아닌 형태를 가질 경우 **비선형함수**라고 한다. ■

【예제 3-9】 2006년 고려대 수시1 인문계 · 자연계 공통 수리논술 기출문제

다음 글을 읽고 논재에 답하시오.

'○○○의 아버지' 란 표현의 일상적 의미는 함수를 나타내는 것으로 생각될 수도 있고 그렇지 않을 수도 있다.

(1) 이 표현이 어떤 경우에 함수적 표현이 되고 어떤 경우에는 함수적 표현이 되지 못하는지 예를 들어 그 이유를 설명하시오.

(2) '○○○의 아버지' 가 함수적 표현인 경우 이 표현이 나타내는 함수를 f라 할 때, f를 엄밀히 규정해보시오.

(3) $f(f(a)) = b$의 등식은 두 사람 a와 b 사이에 어떤 친족 관계가 성립하기 위한 필요충분조건을 나타낸다. 이는 어떤 관계인가?

(4) a가 b의 삼촌(아버지의 형제)이기 위한 필요조건을 등식으로 나타내시오.

(5) 친족 관계의 다른 두 가지 예를 들고, 그 관계가 성립하기 위한 필요조건이나 충분조건을 f의 값들 사이의 등식으로 나타내시오.

| 풀이 |

(1) 함수가 되기 위해서는 정의역인 집합 A의 모든 원소들이 공역인 집합 B의 원소들에 오직 하나씩만 대응되어야 한다는 것이다. 여기서 대응 규칙이 그냥 자식에서 아버지로의 대응일 경

우 각 자식에 대해 여러 명의 아버지가 대응되거나 대응되는 아버지가 없을 수 있다. 예를 들어, 자식이 법적인 아버지가 없는 사생아일 경우 대응되는 아버지가 없을 수 있고, 부모의 이혼과 재혼으로 생물학적 아버지와 법적인 아버지가 모두 있는 경우에는 한 명의 자식에 대해 여러 명의 아버지가 대응되기도 한다. 이 경우 함수적 표현이 될 수 없다. 따라서 함수의 정의을 만족하려면, 자식에 대해 생물학적 아버지를 대응시킬 경우 생물학적 아버지는 하나고, 생물학적 아버지가 없는 사람은 없으므로, '자식에서 생물학적 아버지로의 대응' 은 함수가 될 수 있다. 즉, 자식들의 집합이 정의역이 되어야 하고, 자식들의 생물학적 아버지들의 집합이 치역이 되어야 한다.

(2) 위의 (1)에서처럼 정의역을 자식들의 집합 A로 하고, 정의역에 포함된 자식들의 생물학적 아버지들을 포함한 집합 B를 공역으로 하는 함수 $f: A \to B$를 $f(x) = y =$ "x의 생물학적 아버지"로 정의할 수 있다.

(3) $f(f(a)) = b$는 a의 아버지인 $f(a)$의 아버지, $f(f(a))$가 b라는 것이므로 b는 a의 할아버지가 된다.

(4) a가 b의 삼촌이기 위한 필요조건은 'a의 아버지는 b의 할아버지' 이다. 즉, $f(f(b)) = f(a)$이다. 필요충분조건이 되기 위해서는 b의 아버지가 a가 아니라는 조건이 포함되어야 한다. 즉 필요충분조건은 "$f(f(b)) = f(a)$이고 $f(b) \neq a$이다."

(5) (i) a와 b가 형제이기 위한 필요조건은 'a의 아버지는 b의 아버지' 이다. 즉, $f(a) = f(b)$가 된다. a와 b가 형제이기 위한 필요충분조건은 'a의 아버지와 b의 아버지는 서로 같고, a와 b는 같은 사람이 아니다' 이다. 즉, "$a \neq b$이고 $f(a) = f(b)$이다."

(ii) a와 b가 사촌 간이기 위한 필요조건은 'a의 할아버지는 b의 할아버지' 이다. 즉, $f(f(a)) = f(f(b))$가 된다. a와 b가 사촌이기 위한 필요충분조건은 'a의 아버지와 b의 아버지는 서로 다르고, a의 할아버지와 b의 할아버지는 서로 같다' 이다. 즉, "$f(a) \neq f(b)$이고 $f(f(a)) = f(f(b))$이다" ■

3.4 함수의 종류

1. 일변수함수

상수함수(constant function)

X에서 Y로의 함수 $f(x)=y$가 정의되었을 때, x값에 관계없이 항상 같은 y값이 나오는 함수를 말한다. 예를 들면, 실수에서 정의된 함수 $f(x)=1$은 x값에 관계없이 항상 결과값이 1이다.

일차함수(linear function)

$f(x)=x+1$과 같이 함수 f가 x의 일차식으로 표현된 함수를 일차함수 또는 선형함수라고 한다. 이때, 이 함수의 그래프는 [예제 3-8]에서 보듯이 직선의 형태로 나타난다.

멱함수(power function)

$f(x)=ax^n$과 같이 상수와 x의 거듭제곱의 곱으로 되어 있는 함수를 말한다

다항함수(polynomial function)

임의의 상수값들 $a_0, a_1, a_2, \cdots, a_n$에 대하여 $f(x)=a_0+a_1x+a_2x^2+\cdots+a_nx^n$과 같이 다항식으로 표현된 함수를 다항함수라고 한다. 즉, 여러 개의 멱함수가 덧셈으로 연결되어 있는 형태이다. 이때 $f(x)=a_0$는 위에서 정의한 상수함수이고 $f(x)=x$는 항등함수라고 한다.

지수함수(exponential function)

$f(x)=a^x$과 같이 어떤 실수 a의 x승으로 표현된 함수를 말한다. 이때, 독립변수 x를 **지수(exponent)**라 하고 a를 **밑수(base)**라고 한다. 원래 지수라는 의미는 여러 번 연속해서 곱한다는 뜻이다. 특별히 지수함수 중에서 $f(x)=e^x$와 같은 형태를 취하는 것이 있는데 이는 경제경영 및 금융분야에서 어떤 독립변수가 급격히 증가하거나 성장할 때의 결과를 구하는 용도로 많이 사용되므로 잘 알아둘 필요가 있다. 이때 e는 그 값이 2.718⋯과 같이 주어지는 무리수로서 뒤에

그림 3-3 ▌ 지수함수

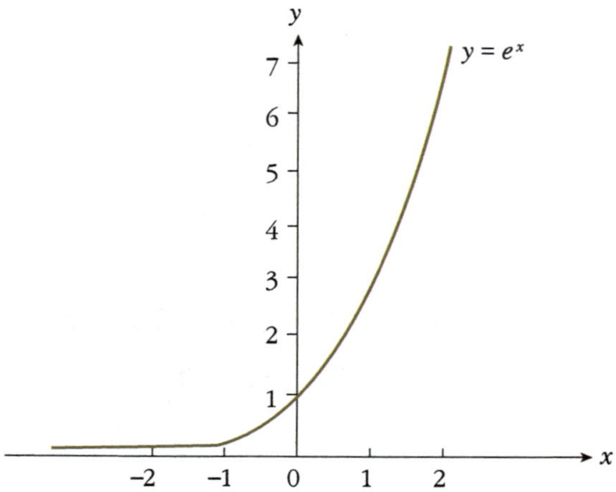

서 다시 다룰 것이다.

로그함수(log function)

상수 $a(\neq 1)$에 대하여 $a^{f(x)}=x$인 관계에 있을 때, $f(x)$는 a를 밑으로 하는 x의 **로그함수**라고 불린다. 앞에서 배운 지수함수의 역함수를 취하면 로그함수가 됨을 확인할 수 있다. 로그함수 $f(x)=y=\log_a x$로 표기하며, 특별히 밑수 a가 e일 때 $y=\ln x$로 표기한다. 이 경우 $f(x)=y=\ln x$로 놓으면 $f(x)$의 역함수는 $f^{-1}(x)=e^x$가 된다.

그림 3-4 ▌ 로그함수

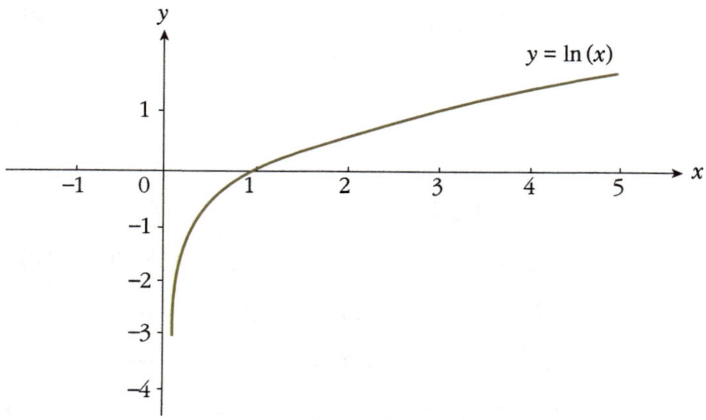

2. 다변수함수

이변수함수(two-variable function)

함수 f가 변수 2개를 가질 경우 이 함수를 이변수함수라고 한다. 예를 들면, x_1 = 기온, x_2 = 습도, y = 불쾌감이라고 놓았을 때, 불쾌감을 기온과 습도의 관계식으로 연구한 결과에 의하면 $y=f(x_1,x_2)=10x_1-2x_1x_2+x_2^2-50$이라는 이변수함수의 형태로 나타낼 수 있다고 한다.

그림 3-5 ▎ 이변수함수

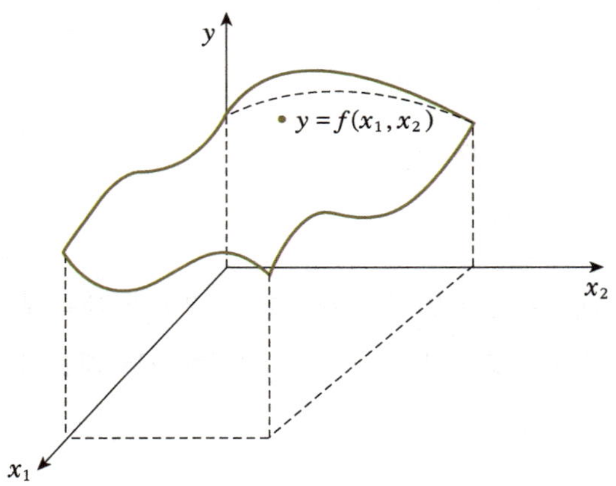

다변수함수(multi-variable function)

위에서 함수의 변수가 2개일 경우 이변수함수라고 했는데, 변수가 3개 이상일 경우는 일괄적으로 다변수함수라고 하며 $y=f(x_1,x_2,\cdots,x_n)$ (y : 종속변수, $x_1,x_2,\cdots,x_n$: 독립변수, $n\geq 3$)로 표시한다. 예를 들어서 우리가 흔히 계산하는 육면체 상자의 부피는 가로, 세로, 높이의 곱으로 표현된다. 즉 상자의 밑면의 가로길이를 x_1, 밑면의 세로길이를 x_2, 상자의 높이를 x_3라고 놓았을 때, 상자의 부피 $V=f(x_1,x_2,x_3)=x_1x_2x_3$로 표현된다.

3. 유리함수(rational function)

함수 $f(x)$가 두 개의 다항함수 $p(x)$와 $q(x)(\neq 0)$에 대하여 $f(x)=\dfrac{p(x)}{q(x)}$의 형태로 나타낼 수 있을 때 $f(x)$를 유리함수라고 한다. 예를 들어, $f(x)=\dfrac{1}{x-1}$와 같은 직각쌍곡선은 유리함수이다.

4. 무리함수(irrational function)

함수 $f(x)$가 유리함수로 표현될 수 없을 때, $f(x)$를 무리함수라고 한다. 예를 들어, $f(x)=\sqrt{x+1}$와 같은 함수는 무리함수이다.

3.5 경제경영 · 금융 예제

함수는 독립변수와 종속변수 간의 일정한 관계를 설명하기 때문에 경제경영 · 금융분야는 물론 모든 분야에서 사용되는 매우 중요한 개념이다. 여기에서는 대표적인 경제경영 · 금융분야의 예제 몇 가지를 소개하고자 한다.

【예제 3-10】 선형함수의 예 : 수요함수

소비자의 수요에 영향을 미치는 요인들은 해당 재화의 가격을 비롯하여, 대체재 가격, 소비자의 소득수준, 소비자 기호, 소비계층의 소득, 소비자층의 수 등과 같이 다양하다. 이때 재화가격을 제외한 모든 요인들은 일정하다고 가정하고 재화가격만을 변수로 놓고 그에 대응하는 수요량의 관계를 선형함수로 나타낼 때 경제학에서 이를 **수요함수**라고 한다. 재화가격과 수요량 간의 관계를 선형함수로 나타내면 다음과 같다.

$$D:P\rightarrow Q,\ q=D(p)=ap+b\ \ (p:\text{가격},\ q:\text{수요량})$$

이때 이 함수를 그래프로 그리면 [그림 3-6]과 같이 나타난다.

그림 3-6 ▌ 수요함수 $q = ap + b(a < 0, b > 0)$

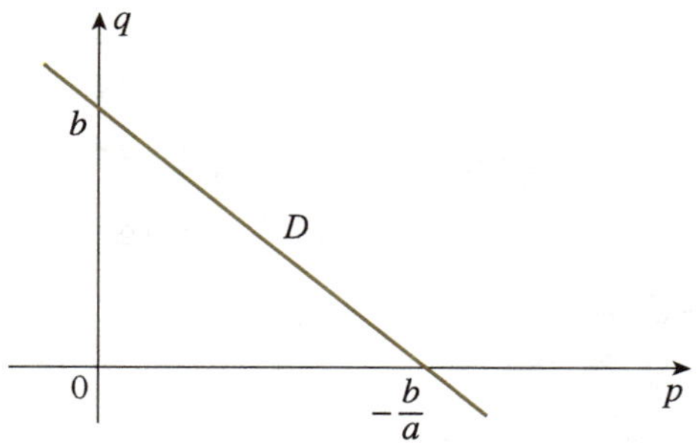

앞의 그래프에서 보는 바와 같이 일반적으로 수요함수는 가격과 수요량의 역관계를 보여준다. 즉, 가격이 상승하면 수요량이 감소하고 가격이 하락하면 수요량이 증가하는 **수요의 법칙**(law of demand)이 성립한다. ■

【예제 3-11】 **함수를 활용한 경영분석기법**

손익분기점(break-even point)은 이익이나 손실이 발생하지 않는(총수익 = 총비용) 매출량 또는 매출액 수준을 의미하며, **손익분기점 분석**은 손익분기점을 이용하여 매출액 또는 매출량 수준과 이익과의 관계를 분석하는 기법을 말한다.

보통 총수익(TR)은 주어진 제품가격(p)에 대해 매출량(Q)의 증가에 따라 선형적으로 증가하는 선형함수로 가정하는데 이를 식으로 나타내면 $TR = pQ$가 된다. 한편, 총비용(TC)은 고정비용(FC)과 변동비용(VC)으로 구분할 수 있으며, 고정비용은 매출액에 관계없이 일정하고 변동비용은 매출량에 비례하여 증가하는 선형함수로 표시한다. 이제 총비용을 식으로 나타내면 $TC = FC + vQ$가 되는데, 이때 v는 단위당 변동비를 의미한다.

이제 총수익과 총비용을 같게 만드는 손익분기점(Q^*)을 구하면 다음과 같다.

$TR = TC$이므로 $pQ^* = FC + vQ^*$가 되고, $Q^* = \frac{FC}{p - v}$가 된다.

그림 3-7 ▌ 손익분기점

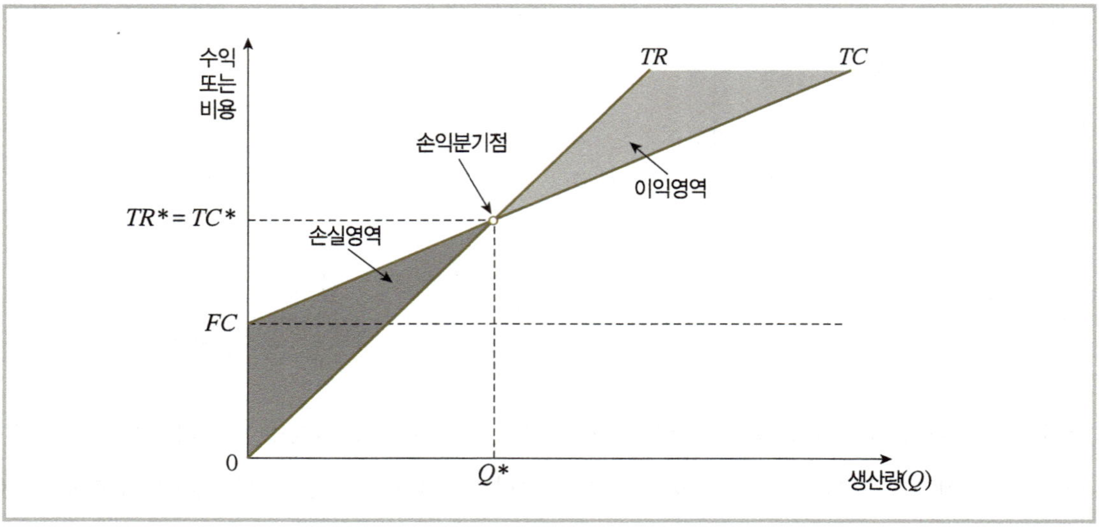

위 식에서 Q^*는 손익분기점에서의 매출량을 의미하고 분모인 $p-v$는 제품의 단위당 가격에서 단위당 변동비를 차감한 것으로서 제품의 **단위당 공헌이익(unit contribution margin)**이라 부른다. 단위당 공헌이익은 매출액에서 변동비를 보상한 후 기업의 이익에 공헌하는 부분을 나타낸다.

만약 고정비가 300만원 들어가고 제품 단위당 변동비는 1만원씩 그리고 제품가격은 2만원인 제품이 있다 하자. 이 제품의 경우 손익분기점은 얼마일까? 바로 앞 식을 이용하여 계산하면 $Q^*=$ 300만원/(2만원−1만원)=300개가 나온다. 이 제품은 적어도 300개 이상을 팔아야 이익이 생김을 알 수 있다. 이와 같이 함수를 이용하면 많은 경영문제에 대한 해답을 얻을 수 있다. ■

【예제 3-12】 멱함수와 로그함수의 활용

만약 여러분이 100만원을 은행에 1년 동안 정기예금을 한다면 1년 후에 얼마를 받게 될까? 만약 은행의 정기예금 이자율이 연 5%라 한다면 여러분은 1년 후에 105만원(=100×1.05)을 받게 될 것이다. 만약 동일한 이자율에 2년간 정기예금을 한다면 2년 후에 얼마를 받게 될까? 2년 후에 여러분이 받게 되는 금액은 110.25만원($=100\times1.05\times1.05=100\times(1.05)^2$)이 될 것이다. 이로부터 우리는 현재의 100만원과 1년 후의 105만원이 동일한 가치를 갖고, 현재의 100만원과 2년 후의 110.25만원이 동일한 가치를 가짐을 알 수 있다. 이와 같이 미래의 1원과 현재의 1원의 화폐가치가 다른 것을 **화폐의 시간가치(time value of money)**라고 한다.

이자율(r)이 정해져 있을 때 화폐의 시간가치를 반영하여 현재의 어떤 금액, 즉 **현재가치**(Present Value: PV)와 교환할 수 있는 t년 후의 금액, 즉 **미래가치**(Future Value : FV)를 구할 수 있는데 이는 앞에서 배운 멱함수의 형태와 동일함을 알 수 있다.

$$FV = PV(1+r)^t \tag{3.1}$$

위의 예에서처럼 100만원을 5%의 이자율로 2년간 정기예금할 때 2년 후 미래가치는 $100 \times (1.05)^2 = 100 \times 1.1025 = 110.25$만원이 됨을 알 수 있다.

이와 같이 이자에 대한 이자까지 계산하는 방식을 **복리계산**(compounding) 방식이라 하며 복리계산방식은 지수함수의 형태를 취한다.[01] 반면, 이자에 대한 이자를 계산하지 않는 방식을 **단리계산**(simple) 방식이라 하는데 단리계산방식에 의한 2년 후 가치는 110만원($= 100 \times (1 + 2 \times 0.05) = 100 \times 1.1$)이 된다. 즉, 이 경우 복리효과는 0.25만원(=1년간 이자 5만원×0.05)임을 알 수 있다.

반대로 여러분은 10년 후에 100만원을 받기로 되어 있는 은행 정기예금에 가입했다면 이의 현재가치는 얼마가 될까? 위에서와 동일한 은행 정기예금 이자율 5%를 가정할 때 다음과 같이 된다.

100만원 $= PV \times (1.05)^5$이므로 $PV = \dfrac{100\text{만원}}{(1.05)^5} = \dfrac{100\text{만원}}{1.2763} = 78.35$만원임을 알 수 있다.

한편으로 위의 식은 다음과 같은 경우에도 활용될 수 있다. 여러분은 연 4%의 이자율을 제공하는 정기예금에 가입해서 현재 가지고 있는 원금을 두 배로 늘리기 위해서 얼마나 기다려야 하는지를 알고 싶다고 하자. 이 경우 식 (3.1)에 주어진 정보를 대입하면 $2 = 1 \times (1.04)^t$가 되고 이를 만족하는 t를 구하면 된다.

이때 이 식을 풀기 위해서는 앞에서 배운 로그함수를 활용해야 한다. 즉, 앞의 식 $(1.04)^t = 2$에 로그함수의 정의를 적용하면 $t = \log_{1.04} 2$이고 이것을 계산하면 대략 $t = \log_{1.04} 2 \approx 17.7$이 됨을 알 수 있다. 따라서 연 이율이 4%인 상품에 가입하면 원금을 두 배로 불리는 데 약 18년이 소요됨을 알 수 있다. ■

【예제 3-13】 함수를 이용한 옵션의 손익구조 표현

옵션(option)은 소유자에게 어떤 자산을 정해진 기간 동안 정해진 가격에 사거나 팔 수 있는 권

---

01 $f(x) = a^x$의 지수함수에서 $a = (1 + r)$이고 $x = t$인 경우에 해당한다.

리를 부여하는 약정이다. 여기서 해당 자산을 **기초자산**(underlying asset), 정해진 기간을 **만기일**(expiration date), 정해진 가격을 **행사가격**(exercise price)이라 하고, 살 수 있는 권리를 **콜옵션**(call option), 팔 수 있는 권리를 **풋옵션**(put option)이라 한다.[02]

콜옵션의 매수자(또는 보유자)는 옵션의 기초자산을 만기일 이전에[03] 언제든지 행사가격으로 살(buy the underlying asset) 수 있는 권리를 확보하는 대가로 콜옵션의 매도자(또는 발행자)에게 **옵션 프리미엄**을 지불하여야 한다. 콜옵션매도자는 매수자가 옵션을 행사하면(정해진 가격에 사기를 원하면) 기초자산의 시장가격이 얼마든 관계없이 행사가격에 기초자산을 매도하여야 한다. 마찬가지로 풋옵션의 매수자는 옵션의 기초자산을 만기일 이전에 언제든지 행사가격으로 팔(sell the underlying asset) 수 있는 권리를 확보하는 대가로 풋옵션의 매도자에게 옵션 프리미엄을 지불하여야 하고, 풋옵션매도자는 매수자가 옵션을 행사하면(정해진 가격에 팔기를 원하면) 기초자산의 시장가격을 불문하고 행사가격에 해당 자산을 매수하여야 한다.

유럽형 콜옵션과 **유럽형 풋옵션**을 매수한 경우 옵션의 손익구조는 [그림 3-8]과 같다. 콜매수자는 기초자산의 시장가격이 행사가격보다 높으면 옵션을 행사하여 이익을 보고, 반면 기초자산의 시장가격이 행사가격보다 낮으면 옵션을 행사하지 않기 때문에 옵션 프리미엄만큼만 손해를 본다. 풋매수자는 기초자산의 시장가격이 행사가격보다 낮으면 옵션을 행사하여 이익을 보고, 반면 기초자산의 시장가격이 행사가격보다 높으면 옵션을 행사하지 않기 때문에 옵션 프리미엄만큼만

그림 3-8 ▌ 콜옵션 매수자와 풋옵션 매수자의 손익구조

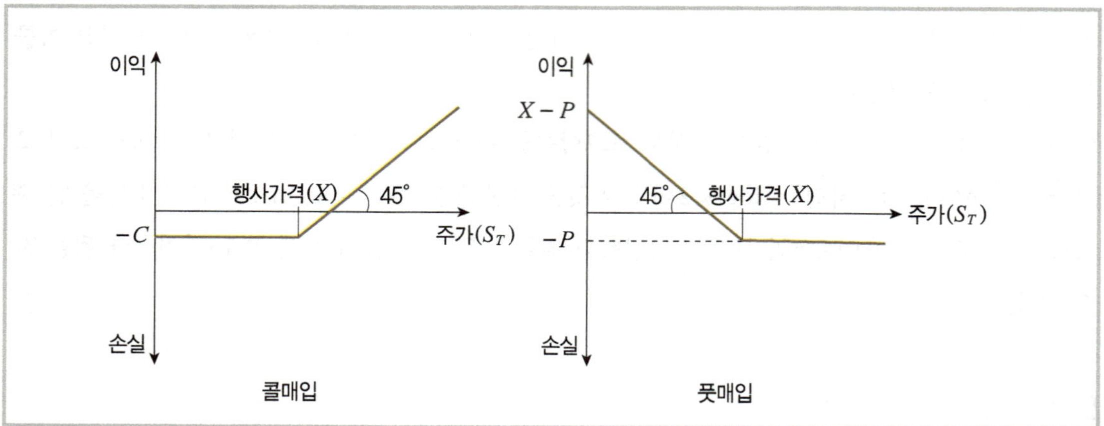

02 옵션에 대한 자세한 내용을 알고 싶은 독자는 김대호 · 오세경(2009)의 투자론을 참조하기 바란다.

03 만기일 이전 언제든지 행사할 수 있는 옵션을 미국형(American type)이라고 하고 만기일에만 행사할 수 있는 옵션을 유럽형(European type)이라 한다.

손해를 본다.

예를 들어, 행사가격이 8만원이고 옵션 프리미엄이 5천원인 A기업 주식에 대한 유럽형 콜옵션과 풋옵션이 있다고 하자. 만약 만기 시점의 A기업 주가가 10만원이라 한다면 콜매수자는 콜옵션을 행사하여 8만원에 해당 주식을 살 수 있으므로 2만원의 차익이 발생한다. 하지만 콜옵션 매수비용으로 5천원을 지불하였으므로 이 경우 실제 이익은 1만 5천원이다. 이 경우 8만원에 주식을 팔 수 있는 권리인 풋옵션을 매수한 사람은 행사하지 않을 것이므로 풋매수자는 지불한 옵션 프리미엄 5천원만큼의 손실을 본다.

한편 만기 시점의 A기업 주가가 7만 3천원이 된다면 콜매수자는 옵션행사를 포기할 것이므로 원래 매수할 때 지불한 5천원의 손해를 보게 되는 반면, 8만원에 팔 수 있는 권리인 풋옵션을 매수한 사람은 옵션을 행사하여 7천원의 차액을 보므로 옵션 프리미엄 5천원을 차감하면 실제 2천원의 이익을 보게 된다.

이제 앞의 경우를 일반화하여 유럽형 콜옵션과 유럽형 풋옵션 매수자의 만기 시 손익구조를 식으로 표시하면 다음과 같으며, 이들은 만기 시 기초자산의 가격에 대해 **비선형함수**임을 알 수 있다.

$$C_T = Max(S_T - X, 0) - C, \quad P_T = Max(X - S_T, 0) - P \tag{3.2}$$

C_T : 만기 시 T시점의 콜옵션가치
P_T : 만기 시 T시점의 풋옵션가치
S_T : 만기 시 T시점의 기초자산가격
C : 콜옵션 프리미엄
P : 풋옵션 프리미엄
X : 행사가격

한편 [그림 3-9]에서 보듯이 옵션을 매도한 사람의 손익구조는 옵션을 매수한 사람의 손익구조와 정반대의 형태를 갖는다.[04] 앞의 예에서 보면 만기 시 A기업의 주가가 10만원일 때 콜옵션을 매수한 사람은 8만원에 살 수 있는 권리를 행사하여 2만원의 이익을 보지만 콜옵션을 매도한 사람은 8만원에 A기업 주식을 매도해야 하므로 2만원의 손해를 보게 된다. 물론 옵션 프리미엄을 감안하면 콜옵션 매수자의 이익과 콜옵션 매도자의 손실은 1만 5천원이다. 또한 만기 시 A기업의 주가가 7만 3천원인 경우를 보면 콜옵션 매수자는 행사를 포기하고 5천원의 손실을 보지만 콜옵션 매도자는 5천원의 이익을 보게 된다. 풋옵션의 경우에도 마찬가지로 매수자와 매도자의 손익구조가 정반대임을 위의 예를 통해 쉽게 확인할 수 있다.

---

04 이와 같이 한쪽이 이익을 보면 다른 거래 상대방이 손해를 보는 구조를 제로섬게임(zero-sum game)이라 한다.

그림 3-9 ▌ 콜옵션 매도자와 풋옵션 매도자의 손익구조

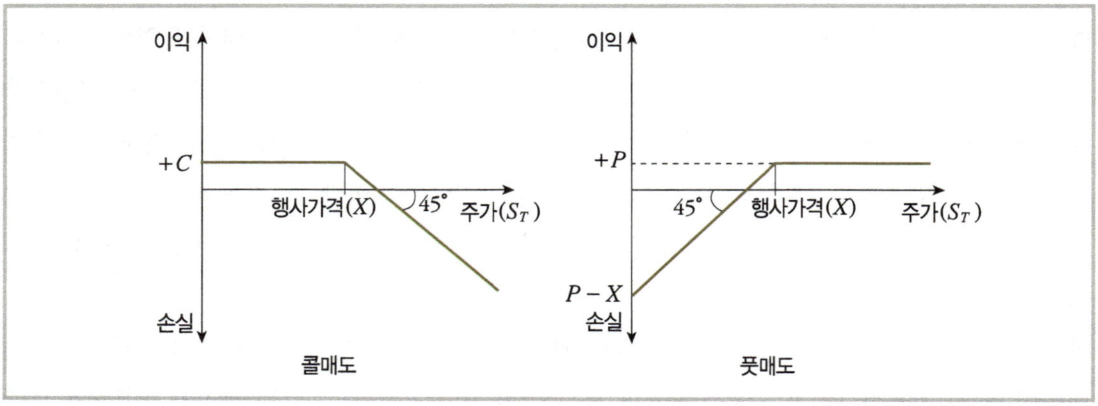

이제 유럽형 콜옵션과 유럽형 풋옵션 매도자의 만기 시 손익구조를 수식으로 나타내면 다음과 같다.

$$C_T = C - Max(S_T - X, 0),\ P_T = P - Max(X - S_T, 0) \tag{3.3}$$

이와 같이 3장에서 배운 함수를 잘 활용하면 많은 금융상품의 손익구조를 쉽게 나타낼 수 있다. ■

【예제 3-14】 함수를 이용한 파생상품[05] 운용전략의 가치 표시

만약 주식을 1단위만큼 매입하고, 그 주식에 대한 콜옵션을 x단위만큼 차입해서 매도하는(**공매도(short-selling)[06]) 포트폴리오[07]**를 구성한다고 하자. 이와 같이 기초자산을 1단위만큼 매입하고 그에 해당하는 파생상품을 x단위만큼 공매도하는 전략은 **파생상품**에서 매우 중요한 전략이다. 1주일 후 기초자산의 가격은 S_1, 콜옵션의 가격은 C_1이 되었다고 가정해보자. 이때 포트폴리오의 가치는 어떻게 될까? 기초자산을 1단위만큼 매입하였으므로 1주일 후 기초자산의 가격이 S_1이 되면 기초자산의 가치는 $1 \times S_1$이 되고, 콜옵션을 x단위 공매도하였으므로 x단위를 사서 갚으려면 $x \times C_1$을 지불하여야 한다. 따라서 이 경우 1주일 후 포트폴리오 가치(f_1)는 다음과 같은 함

05 파생상품(derivatives)은 말 그대로 기초자산에서 파생되어 나온 상품을 말하는 것으로 옵션, 선물 등이 대표적인 파생상품이다.

06 이와 같이 본인이 보유하고 있지 않은 자산을 차입해서 매도하는 것을 공매도(short-selling)라 한다. 공매도를 한 경우 일정기간 후 해당되는 자산을 매입해서 상환해야 한다.

07 포트폴리오(portfolio)는 다양한 상품의 결합으로 이루어진 상품 묶음(bundle)을 의미한다.

수 형태로 표시된다.

$$f_1 = 1 \times S_1 - x \times C_1 \tag{3.4}$$

f_1 : 1주일 후 포트폴리오의 가치
S_1 : 1주일 후 주식가격
x : 콜옵션 매도수량
C_1 : 1주일 후 콜옵션가격

위 식에서 보듯이 1주일 후 포트폴리오 가치는 주가 S_1과 콜옵션가격 C_1의 이변수함수임을 알 수 있다. 이와 같이 다양한 파생상품 운용전략의 가치를 함수를 이용하여 간명하게 표시할 수 있다.

■

【예제 3-15】 환율에 대한 풋옵션 활용 예

수출업체인 A기업은 한 달 후 100만 달러의 수출대금이 들어올 예정인데, 환율이 하락하면 손해를 볼 수 있기 때문에 달러에 대한 풋옵션을 매입하였다. **달러 풋옵션**의 거래단위가 10,000달러이기 때문에 100계약을 매수하였다. 만기는 한 달 후이고, 행사가격은 1,000원인 달러 풋옵션을 계약당 3,000원에 매수하였다. 한 달 후 환율이 예상과는 달리 달러당 1,100원으로 상승하였다면, 옵션거래에 따른 A기업의 손익은 어떻게 될까?

| 풀이 |

[그림 3-8]에서 볼 수 있는 바와 같이 풋옵션을 매입한 경우 가격이 상승하면 풋옵션에 대한 지불한 프리미엄만큼 손해를 본다. 따라서 A기업은 100계약×3,000원=30만원의 손실을 보게 된다. 또한 식 (3.2)에 대입하면, $P_1 = Max(X - S_1, 0) - P = Max(1{,}000 - 1{,}100, 0) - 3{,}000 = -3{,}000$으로 한 계약당 3,000원의 손실을 보고, 100계약에 대해서는 30만원의 손실을 보는 것으로 계산되어 같은 결과를 얻는다.

재미있는 수학이야기

사다리 타기의 수학

사다리 타기가 출발점에서 도착점으로 가는 함수인 것은 분명합니다. 핵심은 다른 곳에서 출발하면 항상 다른 곳에 도착한다는 것입니다. 즉, 단사함수(injective function)라는 것만 보이면 정의역과 공역이 유한집합이고 원소 개수가 같기 때문에 전단사함수(bijective function)가 될 수밖에 없습니다. 그런데 사다리는 도착점에서 시작하여 거슬러 올라갈 수도 있습니다. 즉, 역함수가 존재합니다. 따라서 bijection(일대일 대응)입니다. 만족하지 못하셨습니까?
좀 더 구체적으로 생각해보겠습니다. 만약 서로 다른 두 곳에서 출발하여 같은 곳에 도착했다고 합시다. 그러면 그곳에서 사다리를 거슬러 올라가면 어느 곳에선가 두 갈래로 갈라진다는 이야기인데 사다리의 규칙상 항상 한 가지 방법으로 갈 수밖에 없기 때문에 그것은 있을 수 없는 일입니다. 따라서 injection이요 bijection입니다.

(출처 : 박경미(홍익대 수학교육과 교수), 중앙일보 2003. 8. 28)

연 습 문 제

01 다음 관계 중 X에서 Y로의 함수가 되는 것과 아닌 것을 구분하고 그 이유를 설명하시오.

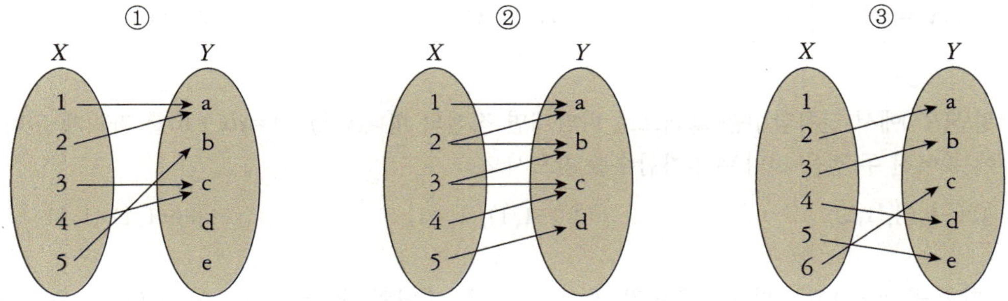

02 집합 $X=\{-1,0,1\}$와 $Y=\{-1,0,1,2\}$가 주어졌다. 다음에 주어진 순서쌍 중에서 각 순서쌍의 원소 (x,y)를 $(x,\ f(x))$로 놓았을 때 $f(x)$가 함수가 될 수 없는 것을 고르시오.

① $\{(-1,-1),(0,0),(1,1)\}$ ② $\{(-1,1),(0,0),(1,1)\}$ ③ $\{(-1,0),(0,1),(1,2)\}$

④ $\{(-1,1),(0,0),(-1,-1)\}$ ⑤ $\{(-1,0),(0,0),(1,0)\}$

03 함수 $f(x)$가 정의역에 있는 모든 값 x에 대해서 $f(-x)=f(x)$인 성질을 가지고 있으면 이 함수를 우함수라고 부르고, 반면에 $f(-x)=-f(x)$인 성질을 가지고 있으면 기함수라고 부른다. 다음에 주어진 함수가 우함수인지 기함수인지 또는 우함수도 기함수도 아닌지 판별하시오.

① $f(x)=x^3+x$ ② $f(x)=x^2+x$

③ $f(x)=x^3+1$ ④ $f(x)=\dfrac{|x|}{x^2+1}$

04 R에서 R로의 기함수 $f(x)$와 $g(x)$가 주어졌다. 합성함수 $h(x)=(f\circ g)(x)$를 정의했을 때 함수 $h(x)$가 기함수인지 우함수인지 또는 우함수도 기함수도 아닌지 판단하고 그 이유를 설명하시오 (우함수와 기함수의 정의는 문제 3에서 정의하였음).

05 함수 $f(x)$와 $g(x)$가 모든 실수에서 정의된 함수이다. $h(x)=0.3f(x)+0.7g(x)$라고 했을 때, 다음 중 옳은 것과 잘못된 것을 판단하고 그 이유를 설명하시오.

① 함수 f와 g가 단사함수이면 함수 h도 단사함수이다.

② 함수 f와 g가 전사함수이면 함수 h도 전사함수이다.

③ 함수 f와 g의 그래프가 $x=x_0$일 때 만난다고 하자. 그러면 함수 h의 그래프도 같은 점에서 만난다.

④ 위의 문제에서의 우함수의 정의에 따르면 f와 g가 우함수이면 h도 우함수이다.

06 함수의 정의역을 정의하지 않더라도 함수가 정의되기 위해서 자연스럽게 인정되는 정의역을 일반적으로 '자연 정의역'이라고 부른다. 예컨대, $f(x)=\sqrt{x}$가 정의되기 위해서는 $x \geq 0$이어야 한다. 이 경우 함수의 자연 정의역은 {0보다 크거나 같은 모든 실수}, $\{x \geq 0, x \in R\}$ 또는 $(0, \infty)$로 표현할 수 있다. 다음에 나오는 각각의 함수에 대해 자연 정의역을 말하시오.

① $f(x)=\dfrac{1}{(x-1)(x-2)}$　② $f(x)=x^3+x^2+1$　③ $f(x)=\sqrt{x-1}$

07 평면(R^2)에서 일차함수를 그래프로 나타내면 직선의 형태($y=f(x)=ax+b$)를 가지게 된다. 다음에 주어진 두 점을 지나는 일차함수를 찾으시오.

① $(-1,0),(1,2)$　② $(-1,1),(1,-1)$　③ $(-1,1),(1,1)$

08 3차원 공간(R^3)에서 다음에 주어진 세 점을 지나는 평면의 식($z=f(x,y)=ax+by+c$)을 구하시오.

① $(-1,0,-1),(1,2,3),(0,3,3)$　② $(2,0,-1),(1,1,2),(1,-1,0)$
③ $(2,0,1),(0,2,-3),(1,-1,-1)$　④ $(2,0,-1),(1,2,1),(-1,-1,0)$

09 프린터의 잉크가 떨어져 새로 구입하려고 한다. 컬러잉크는 개당 4만원이고 블랙잉크는 개당 2만원이다. 그런데 잉크를 살 때 쓸 수 있는 쿠폰 만원짜리가 있어서 잉크값을 계산할 때 쿠폰과 나머지 잉크값만 지불하면 된다. 컬러잉크 x개와 블랙잉크 y개를 구입했을 때 지불해야 하는 액수를 이변수함수의 형태로 표현하시오(단위는 만원).

10 균형가격과 균형수량은 수요량, 공급량 그리고 가격이 일치하는 점에서 정해진다. 즉, 가격과 수량이 수요함수와 공급함수를 동시에 만족하는 점이다. 그렇다면 수요함수와 공급함수가 각각 다음과 같이 선형함수로 주어졌을 때 균형가격과 균형수량을 구하시오.

$q=-100p+4000$ (수요함수)
$q=200p+1000$ (공급함수)

11 A기업에서는 물류창고에서 각 매장 k로 항상 일정한 양(y_k)의 프린터를 매달 배달한다. 그런데 매장에서 보고하는 프린터의 개수와 본부에서 파악하는 개수가 맞지 않는다. 그래서 매달 프린터를 보낸 후 프린터가 몇 개씩이나 배달되었는지 각 매장별로 직접 세어서 보고하도록 했는데 그렇게 해서 보고된 개수가 매번 다르다는 것을 알았다. 한편, 물류창고에서 각 매장별로 매달 배달되는 프린터의 개수는 다음과 같다.

매장명	1	2	3	4	5
우송된 프린터 개수	5	10	6	4	7

그래서 각 매장에서 직접 물건을 세었을 때의 정확도를 보고자 한다. 각 매장 k로 실제로 배달된 프린터의 개수를 S_k로 놓고 매장에서 세어서 파악한 프린터 개수를 x_k로 놓았을 때 각 매장별 오류 값을 $(x_k - S_k)^2$로 정의한다. 그렇다면 전체 매장의 오류 측정치 T를 변수 x_1, x_2, x_3, x_4, x_5에 대한 함수로 표현하시오.

12 [예제 3-13]의 식 (3.2)를 이용하여 만기 시 주가가 100원, 행사가격이 80원 그리고 옵션프리미엄이 없는 경우 콜옵션과 풋옵션매수자의 만기 시 가치를 계산하시오.

13 [예제 3-14]의 식 (3.4)를 이용하여 만약 주식을 1단위만큼 매입하고, 그 주식에 대한 콜옵션을 x단위만큼 공매도하고, 또한 그 주식에 대한 풋옵션을 y단위만큼 매입하였을 때 1주일 후 예상되는 이 포트폴리오 가치를 x와 y의 함수로 표현하시오. 이때 1주일 후 주가, 콜가격, 풋가격은 각각 S, C, P라 가정한다.

14 5년 후에 500만원을 지급하기로 되어 있는 정기예금에 가입하였다. 이 정기예금의 현재가치는 얼마인가? 할인율을 10%로 가정한다.

15 다음과 같이 동일한 미래가치를 가지는 투자안 A, B가 있을 때 이 중 어떤 투자안을 선택하는 것이 유리한가?

구분	투자안 A	투자안 B
투자기간	5	7
할인율	12%	7%
미래가치	1,000만원	1,000만원

16 행사가격이 X원인 콜옵션을 매입하는 동시에 행사가격이 X인 풋옵션을 매도한 경우 해당 투자자의 손익구조(포지션)를 함수로 표현하면(콜프리미엄과 풋프리미엄은 같다고 가정) $[Max(S_T - X, 0)] + [-Max(X - S_T, 0)]$가 된다. 이 식을 최대한 간단한 식으로 표현해보시오.

17 건국이는 삼성전자 주식을 1주 보유하고 있는데 현재 삼성전자 주가는 주당 200만원이다. 건국이는 향후 삼성전자의 주가가 하락할 위험에 대비하여 행사가격이 200만원이고 만기가 3개월 후인 삼성전자 주식에 대한 풋옵션 1계약을 10만원에 매입하였다. 만약 3개월 후 삼성전자 주식이 150만원으로 하락한다면 3개월 후 건국이의 손익은 얼마가 될까?

CHAPTER

04 확률과 통계

내일 비가 올 확률은 얼마일까, 내가 삼성전자 주식을 사서 1년간 보유할 경우 10% 이상의 수익률이 날 확률은 얼마인가 등등 우리는 일상생활에서 확률이라는 개념을 우리도 모르는 사이에 상당히 많이 사용하고 있다. 뿐만 아니라 펀드나 주식에 투자할 때 1년간 예상되는 수익률은 은행 금리보다 높은데 리스크가 높아서 망설여진다는 식의 얘기도 주변에서 많이 듣게 된다. 이와 같은 예상수익률과 리스크를 어떻게 측정하고 그 의미가 무엇인지 등에 대해 말해 주는 분야가 바로 통계이다. 이번 장에서는 이러한 확률과 통계에 대해 학습하도록 한다.

4.1 확률과 독립

1. 확률변수

어떤 확률실험에서 결과로서 나올 수 있는 모든 결과들의 집합을 **표본공간**(sample space)이라고 하고 표본공간에 속한 원소들을 **표본점**(sample point), 그리고 표본공간의 부분집합들을 사건(event)이라고 한다. 표본공간에 속하는 각 표본점 x에 하나의 실수 $X(x)$를 대응시키는 함수 X를 **확률변수**(random variable)라고 한다. 예를 들어 주사위를 던져서 위로 보이는 면에 몇 개의 점이 보이는지를 실험했을 때 나올 수 있는 점의 수는 $1, 2, 3, 4, 5, 6$이 될 수 있다. 따라서 이때의 표본공간은 $\{1, 2, 3, 4, 5, 6\}$이 되고 짝수가 나오는 사건을 E라고 했을 때 $E = \{2, 4, 6\}$이 된다. 확률변수는 보통 영문대문자인 X, Y, Z 등으로 나타내고 확률변수가 가질 수 있는 변수의 값(실현값)은 보통 영문소문자인 x, y, z 등으로 나타낸다.

사건 A가 발생할 확률은 $P(A)$로 나타내는데, 사건 중에서도 $A = \{x\}$, 즉 확률변수 X가 값 x를 가질 확률은 $P(X=x)$와 같이 나타낸다. 앞에서 예로 든 주사위 확률실험을 다시 예로 들어보자. 주사위가 제대로 만들어 졌고, 또 어떠한 트릭이 없이 던진다면 주사위의 각 면이 나올 확률은 각각 $\frac{1}{6}$이다. 따라서 각 표본점 $x \in \{1,2,3,4,5,6\}$에 대해 확률변수 X가 값 x를 가질 확률은 $P(X=x)=\frac{1}{6}$이고 앞에서 정의한 사건 $E=\{2,4,6\}$가 일어날 확률은 $P(E)=\frac{3}{6}$이 된다.

확률변수는 보통 이산형과 연속형으로 구분되는데 확률변수 X가 취할 수 있는 값들이 유한집합이거나 가산집합일 경우 X를 **이산확률변수**(discrete random variable)라고 하고, 확률변수 X가 취할 수 있는 값들이 실수의 구간일 경우는 X를 **연속확률변수**(continuous random variable)라고 한다. 예컨대 한 개의 주사위를 던질 때 나타나는 눈의 개수를 X라고 하면 X가 취할 수 있는 값은 $1,2,3,4,5,6$이고 $P(1 \le X \le 2)$는 X가 1 또는 2 값을 취하는 확률을 뜻한다. 이처럼 X의 값이 연결되어 있지 않을 때 X는 이산확률변수라고 한다. 그러나 X가 기온이나 주가 등을 나타내는 값과 같이 연속적으로 변하는 값일 때 이러한 X는 연속확률변수라고 한다. 우리나라의 1955년부터 2012년 사이의 1인당 GDP를 나타내는 확률변수를 X라고 했을 때 주어진 기간 동안 우리나라의 1인당 GDP는 최저 60달러와 최고 30,000달러를 넘지는 않았으므로 1955년과 2012년 사이에 우리나라의 1인당 GDP가 60달러와 30,000달러 사이에 있을 확률은 $P(60 \le X \le 30{,}000)=1$이라고 할 수 있다.

위에서 다루어진 확률변수의 종류 중에서 연속확률은 전문적인 금융수학에서 많이 쓰이고 있는 확률이기는 하지만 이 책에서는 기초적인 내용만 다루고 있어서 이산확률에 대해서만 주로 다루고자 한다. 여기서 잠시 고등학교 때 배운 확률의 성질을 상기해보면 좀 더 이해가 쉬울 것으로 기대되므로 다음을 정리해본다.

확률의 성질

(1) 임의의 사건 A에 대해서 $0 \le P(A) \le 1$
(2) 임의의 사건 A에 대해서 $P(A)=1 \Leftrightarrow$ 사건 A가 반드시 일어난다.
(3) 임의의 사건 A에 대해서 $P(A)=0 \Leftrightarrow$ 사건 A가 절대로 안 일어난다.

2. 확률밀도함수

이산확률변수 X가 가질 수 있는 실현 값들의 집합을 R_X라고 할 때, 임의의 $x \in R_X$에 대하여 확률 $f(x) = P(X = x)$로 정의되는 함수 $f(x)$를 X의 **확률밀도함수**(probability density function : pdf)라고 한다.

확률밀도함수의 조건

이산확률변수 X에 대하여 확률밀도함수는 다음과 같은 세 가지 성질을 가진다.

(1) 모든 $x \in R_X$에 대하여 $0 \le f(x) \le 1$
(2) $\sum_{x \in R_X} f(x) = 1$
(3) $P(a \le X \le b) = \sum_{a \le x \le b} f(x)$

만일 X가 구간 $[a, b]$에서 정의된 연속확률변수라고 하면 확률밀도함수의 세 가지 성질은 다음과 같이 정리된다.

(1) 모든 $x \in [a, b]$에 대하여 $0 \le f(x) \le 1$
(2) $\int_a^b f(x)\,dx = 1$
(3) $P(\alpha \le X \le \beta) = \int_\alpha^\beta f(x)\,dx,\ a \le \alpha,\ \beta \le b$

확률밀도함수의 성질 3가지 중 (1)번과 (2)번은 $f(x)$가 확률밀도함수가 되기 위한 조건(필요충분조건)이며 (3)은 $f(x)$가 확률밀도함수일 경우 가지게 되는 성질이라고 할 수 있다.

f가 $f(x) = a_0 + a_1 x + \cdots + a_n x^n$인 다항함수일 때 $\int_a^b f(x)\,dx = [F(x)]_a^b = F(b) - F(a)$로 정의한다. 이때 $F(x) = a_0 x + \frac{1}{2} a_1 x^2 + \cdots + \frac{1}{n+1} a_n x^{n+1}$이다.

또한 확률변수 X가 실현 값 $x \in R_X$를 가지지 않을 확률은 얼마나 될까? 다시 한번 고등학교 때 배운 여사건의 확률($P(A^C) = 1 - P(A)$)을 생각해보면 쉽게 유추할 수 있다. 즉 $x \in R_X$값을 가지지 않을 확률은 $1 - f(x)$라고 할 수 있다. 즉 사건 A가 일어날 확률이 0.3이라면 사건 A가 일어나지 않을 확률은 $1-0.3 = 0.7$이 되는 것이다.

【예제 4-1】

다음과 같이 주어진 함수가 있을 때 이 함수가 확률밀도함수임을 보이고, x가 8과 9 사이에 있을 확률을 구하시오.

$$f(x) = \frac{x}{50}, 0 \le x \le 10$$

ı 풀이 ı

(1) 주어진 구간에 속하는 모든 x값에 대해서 $0 \le f(x) \le 0.2$이므로 확률밀도함수의 조건 중 (1)번의 성질을 만족한다.

(2) $\int_0^{10} \frac{x}{50} dx = \frac{1}{50}\int_0^{10} xdx = \frac{1}{50}\left[\frac{1}{2}x^2\right]_0^{10} = \frac{1}{100}(10^2 - 0^2) = 1$이므로 확률밀도함수의 조건 중 (2)번의 성질도 만족한다. 따라서 $f(x) = \frac{x}{50}$, $0 \le x \le 10$은 확률밀도함수라고 할 수 있다.

(3) 연속확률변수 X에 대한 확률밀도함수의 성질 중 (3)번을 이용하여 x가 8과 9 사이에 있을 확률을 구하면 $P(8 \le X \le 9) = \int_8^9 \frac{x}{50} dx = \left[\frac{1}{100}x^2\right]_8^9 = \frac{1}{100}(9^2 - 8^2) = \frac{17}{100} = 17\%$가 된다. ■

3. 독립과 조건부 확률

독립(independence)의 개념은 **조건부 확률**(conditional probability)의 개념과 밀접히 연관되므로 먼저 조건부 확률의 개념부터 살펴보자.

조건부 확률

확률이 0이 아닌 두 사건 A, B에 대하여 사건 A가 일어났다고 가정했을 때 사건 B가 일어날 확률인 '사건 A가 일어났을 때의 사건 B의 조건부 확률'은 $P(B|A) = \frac{P(A \cap B)}{P(A)}$이다.

예를 들어 사건 A를 내일 비가 올 경우라고 상정하고 사건 B를 내일 주식시장이 오를 경우라고 상정해보자. 그러면 내일 비가 오고 동시에 주식시장이 오를 확률은 얼마인가라는 질문은 앞의 식에서 $P(A \cap B)$를 묻는 것이고, 비가 온다면 주식시장이 오를 확률은 얼마인가라는 질문은 $P(B|A)$에 대해 묻는 것이다. 다시 말해 비가 온다는 조건하에 주식시장이 오를 확률($P(B|A)$)은 비도 오고 주식시장도 상승할 확률($P(A \cap B)$)을 비가 올 확률($P(A)$)로 나눠서 구할 수 있음을 위 식에서 알 수 있다.

【예제 4-2】

A채권과 B채권이 있는데 각 채권의 1년 동안 부도확률은 10%이고 두 채권이 1년 동안 동시에 부도날 확률은 6%라 하자. B채권이 부도났을 때 A채권도 부도날 확률은 얼마인가?

| 풀이 |

주어진 조건은 $P(A) = P(B) = 10\%$, $P(A \cap B) = 6\%$임을 의미한다. 또한 B채권이 부도가 났다고 했을 때 A채권도 부도날 확률은 $P(A \mid B) = \dfrac{P(A \cap B)}{P(B)} = \dfrac{6\%}{10\%} = 60\%$라고 할 수 있다. ■

종속사건과 독립사건

(1) 두 사건 A, B에 대하여 사건 A가 일어났을 경우와 사건 A가 일어나지 않았을 경우에 사건 B가 일어날 확률이 달라진다면 사건 A와 B는 **종속(종속사건)**이다. 즉, $P(B \mid A) \neq P(B \mid A^C)$이면 사건 A와 사건 B는 종속(종속사건)이다.

(2) 두 사건 A, B에 대하여 사건 A가 일어나든 나지 않든 간에 사건 B가 일어날 확률이 같다면 사건 A와 B는 **독립(독립사건)**이다. 즉, $P(B \mid A) = P(B \mid A^C) = P(B)$이면 사건 A와 사건 B는 독립(독립사건)이다.

같은 표본공간 내에서 정의된 두 사건 A와 B가 있을 때 사건 A의 발생 여부가 사건 B의 발생 여부에 아무런 영향을 주지 않을 때 두 사건은 서로 **독립**이라고 정의하며 $P(A \cap B) = P(A)P(B)$가 된다. 만약 주식시장이 날씨와 독립적이라면, 비가 오든 비가 오지 않든 간에 그와는 관계없이 주식시장의 향방이 결정될 것이다. 예를 들어 위에서처럼 사건 A를 내일 비가 올 경우라고 상정하고 사건 B를 내일 주식시장이 오를 경우라고 상정할 때 주식시장과 날씨가 독립적이라면 $P(B \mid A) = P(B)$ 이기 때문에 $P(A \cap B) = P(A)P(B)$가 된다.

> 독립
> A사건과 B사건이 독립 $\Leftrightarrow P(A \cap B) = P(A)P(B)$

【예제 4-3】

최근의 일기예보에 의하면 내일 비가 올 확률은 20%라고 한다. 또한 A기업의 주가가 내일 5% 이상 오를 확률은 40%라고 한다. 두 사건이 독립적이라 할 때 내일 비도 오고 A기업의 주가도

5% 이상 오를 확률은 얼마인가?

| 풀이 |

두 사건이 독립적이라고 하였으므로 내일 비가 오고 A기업의 주가도 5% 이상 오를 확률은 비가 올 확률과 A기업의 주가가 5% 이상 오를 확률의 곱으로 표시되어 $20\% \times 40\% = 8\%(0.2 \times 0.4 = 0.08)$임을 알 수 있다. ■

4.2 통계

1. 기대값

만약 동전을 던져서 앞면이 나오면 10,000원을 받고, 뒷면이 나오면 아무것도 받지 못하는 게임이 있다면 이 게임으로부터 기대할 수 있는 수익은 얼마일까? 동전의 앞면이 나올 확률도 반, 뒷면이 나올 확률도 반이므로 다음의 식에서 볼 수 있듯이 우리는 이 게임에서 5,000원을 기대할 수 있다. 이때 5,000원을 이 게임의 기대값이라고 부른다.

$$\text{게임의 기대값} = 0.5 \times 10{,}000 + 0.5 \times 0 = 5{,}000$$

기대값(이산형태)

$f(x)$가 확률변수 X의 확률밀도함수라고 할 때 $E(X) = \sum x f(x)$ (연속형태$=\int x f(x)\,dx$)를 확률변수 X의 **기대값**(expectation) 또는 **평균**(mean)이라고 부르며, $E(X)$를 간단히 μ[01] 또는 μ_X로 표기하기도 한다.

기대값의 정의에 따르면 X의 기대값인 $E(X)$는 X가 취할 수 있는 모든 가능한 값의 가중평균이고, 이때의 가중치는 X의 확률밀도함수 $f(x)$이다. $E(\cdot)$를 **기대값 연산자**(expectation operator)라고 한다.

---

01 'mu(뮤)' 라고 읽는다.

기대값의 성질

확률변수 X에 대하여 기대값은 다음과 같은 성질을 가진다.

(1) $E(c)=c$, c는 상수

(2) $E(aX+b)=aE(X)+b$, a, b는 상수

(3) $E(u(X)+v(X))=E(u(X))+E(v(X))$, ($u(X), v(X)$는 확률변수 X의 함수 형태)

(4) 코시-슈바르츠 부등식 : $[E(XY)]^2 \leq E(X^2)E(Y^2)$

【예제 4-4】

다음과 같은 방정식과 조건이 주어졌을 때 Y의 기대값을 구하시오.

$$Y=(X+5)^2+10X+5 \tag{4.1}$$

$$E(X)=4,\ E(X^2)=9$$

| 풀이 |

식 (4.1)의 방정식의 좌변과 우변에 $E(\cdot)$연산자를 적용하여 계산하면 다음과 같다.

$$\begin{aligned} E(Y) &= E((X+5)^2+10X+5) \\ &= E(X^2+20X+30) \\ &= E(X^2)+20E(X)+30 \\ &= 9+20\times4+30=119 \end{aligned}$$

■

2. 분산과 표준편차

분산 또는 **표준편차**는 확률변수가 얼마나 변동성이 심한가를 측정하는 도구로서 기대값을 중심으로 확률변수들이 얼마나 멀리 떨어져 있는가를 측정한다. 우리는 어떤 변수가 얼마나 변동성(volatility)이 심한가 즉 얼마나 결과가 예측하기가 어려운가를 측정할 때 분산 또는 표준편차를 사용한다. 다시 말해 리스크의 측정도구로서 분산 또는 표준편차를 사용한다.

분산과 표준편차

확률변수 X의 평균이 μ일 때 X의 분산(variance)은 $Var(X)$로 표현된다. 이 $Var(X)$는 각 데이터

값과 그 평균과의 차이의 제곱에 대한 기대값으로서 $Var(X)=E((X-\mu)^2)$로 정의되고 표준편차는 $\sigma_X=\sqrt{Var(X)}$로 정의된다. $Var(\cdot)$는 **분산 연산자(variance operator)**라 하고 $\sigma(\cdot)$[02]는 **표준편차 연산자(standard deviation operator)**라고 한다.

분산의 단위는 확률변수 X의 단위의 제곱이므로 평균과 직접적으로 비교될 수 없다. 따라서 분산에 제곱근을 취하여 X의 단위와 같게 하여 확률변수 X의 흩어짐의 척도로 해석하는 것이 편리할 경우가 많다. 즉 표준편차의 단위는 관측값의 단위와 동일하다.

【예제 4-5】

동전을 던져 앞면이 나오면 1만원을 주고 뒷면이 나오면 1만원을 내야 하는 게임이 있다 하자. 이 게임의 기대값과 분산 및 표준편차를 구하시오.

| 풀이 |

$\mu=0.5\times 1\text{만원}+0.5\times(-1\text{만원})=0\text{원}$

$\sigma^2=0.5\times(1\text{만원}-0)^2+0.5\times(-1\text{만원}-0)^2=1\text{만원}^2$

$\sigma=1\text{만원}$ ■

분산과 표준편차의 성질

확률변수 X와 상수 a,b에 대하여 분산과 표준편차는 다음과 같은 성질을 가진다.

(1) $Var(X)=E(X^2)-(E(X))^2$

(2) $Var(aX+b)=a^2Var(X)$

(3) $\sigma(aX+b)=|a|\sigma(X)$

【예제 4-6】

$Var(X)=E(X^2)-(E(X))^2$임을 보이시오.

| 풀이 |

$Var(X)=E(X-\mu)^2$

02 'sigma(시그마)' 라고 읽는다.

$$=E(X^2-2\mu X+\mu^2)$$
$$=E(X^2)-2\mu E(X)+\mu^2$$
$$=E(X^2)-\mu^2=E(X^2)-(E(X))^2$$ ■

3. 공분산과 상관계수

지금까지 우리는 하나의 변수에 대한 통계량인 기대값과 분산(표준편차)에 대해 살펴보았다. 만약 하나의 변수가 아니라 두 개의 변수가 있다면 두 변수 간에 어떤 관계가 존재하는지를 알아야 한다. 바로 **공분산**과 **상관계수**가 두 확률변수의 선형관계 정도를 측정하는 역할을 한다.

공분산

X와 Y의 공분산(covariance)은 $cov(X, Y)$로 표기하고 간단히 σ_{XY}로 표기하기도 한다. 이때 $cov(X, Y)$의 값은 $cov(X, Y)=E[(X-\mu_X)(Y-\mu_Y)]$이다. $cov(\cdot)$은 **공분산 연산자(covariance operator)**라고 한다.

이 공분산은 뒤에서 다룰 여러 자산의 묶음인 포트폴리오의 위험도를 측정하는 데 있어서 중요한 역할을 하므로 금융이론에서는 특히 중요하게 다루어진다.

【예제 4-7】

X는 이산확률변수로서 −1, 0, 또는 +1이 될 가능성이 각각 1/3이다. $Y=X^2$일 때 X와 Y 사이의 공분산은 얼마인가?

ㅣ풀이ㅣ

$E(X)=(1/3)(-1)+(1/3)(0)+(1/3)(+1)=0,$

$E(Y)=(1/3)(-1)^2+(1/3)(0)^2+(1/3)(+1)^2=2/3$

$cov(X, Y)=E[(X-0)(Y-2/3)]$

$=(1/3)(-1-0)(1-2/3)+(1/3)(0-0)(0-2/3)+(1/3)(1-0)(1-2/3)$

$=0$ ■

공분산의 여러 가지 성질

간단한 계산을 통해 두 확률변수 X와 Y간에 다음의 성질들이 있음을 알 수 있다.

(1) $cov(X, Y) = E(XY) - E(X)E(Y)$

(2) X와 Y가 서로 독립이면 $cov(X, Y) = 0$이다.

(3) 그러나 $cov(X, Y) = 0$이라고 해서 X와 Y가 서로 독립인 확률변수라고 할 수는 없다.

(4) $cov(X, X) = Var(X)$

(5) $cov(X, Y) = cov(Y, X)$

확률변수의 독립성

두 개의 확률변수 X, Y가 모든 실수 x, y에 대해서 $P(X \le x, Y \le y) = P(X \le x)P(Y \le y)$이 성립할 때 X와 Y는 서로 **독립**이라고 한다. 이 성질에 의해서 두 확률변수 X와 Y가 서로 독립이면 $E(XY) = E(X)E(Y)$임을 보일 수 있다.

【예제 4-8】

$cov(X, Y) = E(XY) - E(X)E(Y)$임을 보이시오.

| 풀이 |

$$
\begin{aligned}
cov(X, Y) &= E[(X - \mu_X)(Y - \mu_Y)] \\
&= E(XY) - \mu_X E(Y) - \mu_Y E(X) + \mu_X \mu_Y \\
&= E(XY) - E(X)E(Y)
\end{aligned}
$$

■

상관계수

σ_X, σ_Y가 각각 X와 Y의 표준편차일 때 확률변수 X와 Y의 **상관계수**(correlation coefficient) ρ_{XY}[03]는 다음과 같이 정의된다.

$$\rho_{XY} = \rho(X, Y) = \frac{cov(X, Y)}{\sigma_X \sigma_Y} \tag{4.2}$$

03 'rho(로)' 라고 읽는다.

앞의 기대값의 성질에 나온 코시-슈바르츠 부등식의 확률변수 X와 Y 대신에 $X-\mu_X$와 $Y-\mu_Y$를 대입하면 다음의 식을 얻는다.

$$cov(X, Y)^2 \le \sigma_X^2 \sigma_Y^2 \tag{4.3}$$

식 (4.3)을 위에서 정의된 상관계수 (4.2)를 이용하면 $\rho^2 \le 1$이 되어, 상관계수 ρ는 항상 $-1 \le \rho \le 1$임을 알 수 있다.

만약 두 변수 간의 상관계수가 1이면 두 변수는 완전히 같은 방향으로 움직임을 의미하고, 상관계수가 -1이면 완전히 다른 방향으로 움직임을 의미한다. 또한 두 변수 간의 상관계수가 0이면 두 변수의 움직임은 관련성이 없이 움직이는 것을 의미한다.

【예제 4-9】

[예제 4-7]에서 X와 Y 간의 상관계수를 구하시오.

| 풀이 |

$\sigma_X = \sqrt{(1/3)(-1-0)^2 + (1/3)(0-0)^2 + (1/3)(1-0)^2} = \sqrt{2/3}$

$\sigma_Y = \sqrt{(1/3)(1-2/3)^2 + (1/3)(0-2/3)^2 + (1/3)(1-2/3)^2} = \sqrt{6(1/3)^3}$

$\rho(X, Y) = \dfrac{cov(X, Y)}{\sigma_X \sigma_Y} = \dfrac{0}{\sqrt{(2/3)}\sqrt{6(1/3)^3}} = 0$ ■

4.3 확률분포

확률변수들은 일정한 패턴을 따르는 것으로 알려져 있는데 이를 **확률분포**(probability distribution)라고 한다. 이번 절에서는 경제 · 경영 및 금융분야에서 가장 많이 사용되는 **정규분포**(normal distribution)를 중심으로 살펴보기로 한다.

1. 확률분포

확률밀도함수의 그래프를 확률분포라고 하는데 다음에서 보는 바와 같이 이산확률분포와 연속확률분포 두 가지 종류가 있다.

【예제 4-10】 이산확률분포의 예

확률변수 X가 가질 수 있는 실현 값이 2개의 동전을 던져서 나오는 앞면의 수라고 했을 때 이 확률변수 X의 확률분포를 그리시오.

| 풀이 |

두 개의 동전이 모두 뒷면이 나올 확률 $P(X=0)$은 $\frac{1}{4}$, 둘 중의 하나만 앞면이 나올 확률 $P(X=1)$은 $\frac{1}{2}$ 그리고 두 동전이 모두 앞면이 나올 확률 $P(X=2)$은 $\frac{1}{4}$이다. 이를 그림으로 표시하면 다음과 같다.

그림 4-1 ▌ 이산확률분포

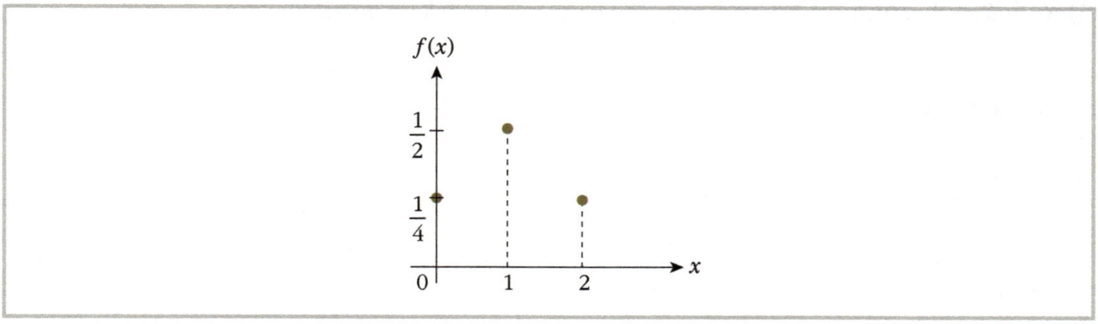

■

위의 [예제 4-10]에서는 이산확률변수에 대한 확률분포를 보였다. 한편, 연속확률변수에 대한 확률분포는 아래와 같이 연속함수의 모양으로 그려진다.

그림 4-2 ▌ 연속확률분포

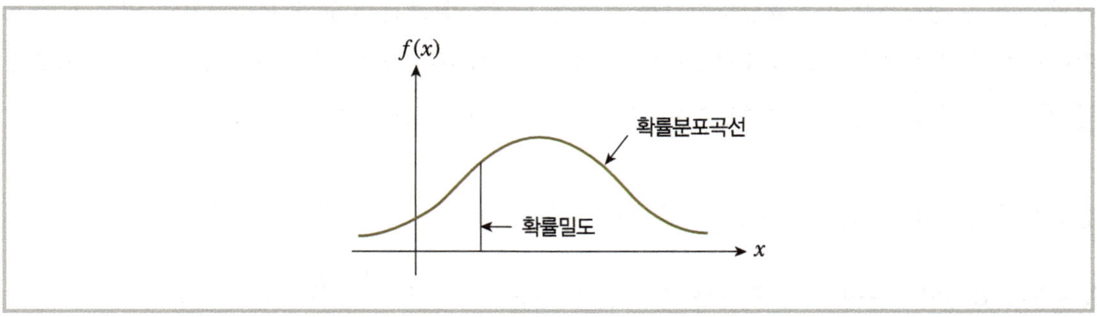

정규분포의 정의

확률변수 X의 확률밀도함수 $f(x)$가 $f(x)=\frac{1}{\sqrt{2\pi}\,\sigma}e^{-\frac{(x-\mu)^2}{2\sigma^2}}(-\infty<x<\infty)$로 주어질 때, X의 확률분포를 정규분포라고 하고, $N(\mu,\sigma^2)$으로 나타낸다. 이때 정규분포는 다음의 성질을 갖는다.

(1) 임의의 실수 x에 대해 $f(x)>0$이다.

(2) $f(x)$의 그래프는 직선 $x=\mu$에 대해 대칭이다.

(3) $f(x)$의 그래프와 x축 사이의 넓이는 1이다.

(4) X가 구간 $[a,b]$에 속할 확률 $P(a\leq x\leq b)$는 구간 $[a,b]$에서 $f(x)$의 그래프와 x축 사이의 넓이와 같다.

(5) X의 평균은 μ이고, 분산은 σ^2이다. 즉, $E(X)=\mu, Var(X)=\sigma^2$이다.

그림 4-3 ▌ 정규분포

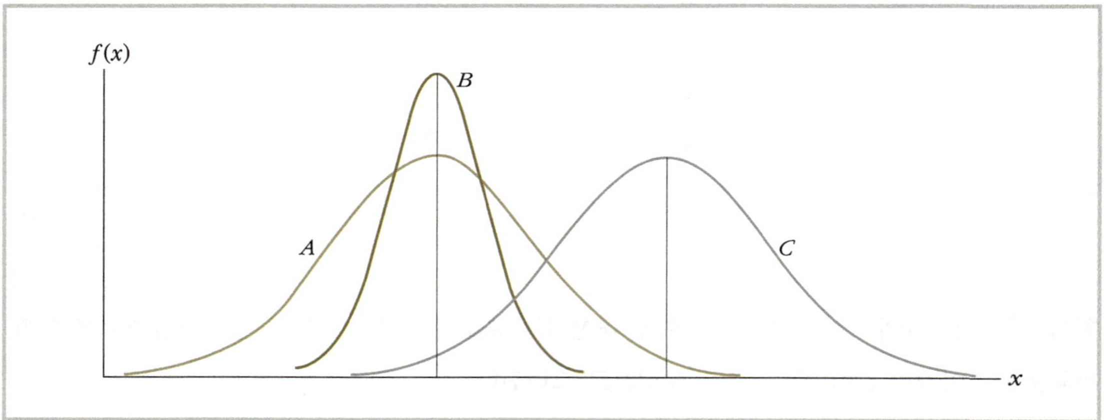

위의 그림은 정규분포의 확률밀도함수를 보여준다. 정규분포는 평균과 표준편차에 의해 모양이 결정되며 평균을 중심으로 좌우대칭이다. A와 B는 평균은 같으나 표준편차에 있어 A가 B보다 큰 정규분포이고, A와 C는 표준편차는 같으나 C의 평균이 A보다 큰 정규분포임을 의미한다.

표준정규분포(standard normal distribution)

$X\sim N(\mu,\sigma^2)$인 확률변수 X에 대해 또 다른 확률변수 Z를 $Z=\frac{X-\mu}{\sigma}$라고 정의하면 $Z\sim N(0,1)$이고 $N(0,1)$을 **표준정규분포**라고 한다. 위의 [그림 4-3]에서 본 바와 같이 정규분포는 평균과 표

준편차의 값에 따라 분포의 모양이 달라지므로 정규분포를 갖는 확률변수를 표준화(평균을 빼주고 표준편차로 나눔)함으로써 항상 평균이 0이고 표준편차가 1인 표준정규분포로 만드는 것이 편리하게 된다. 표준정규분포의 경우에는 아래 [그림 4-4]에서 보는 바와 같이 X값이 어떤 범위에 있을 확률을 쉽게 구할 수 있다.

그림 4-4 ▌ 표준정규분포

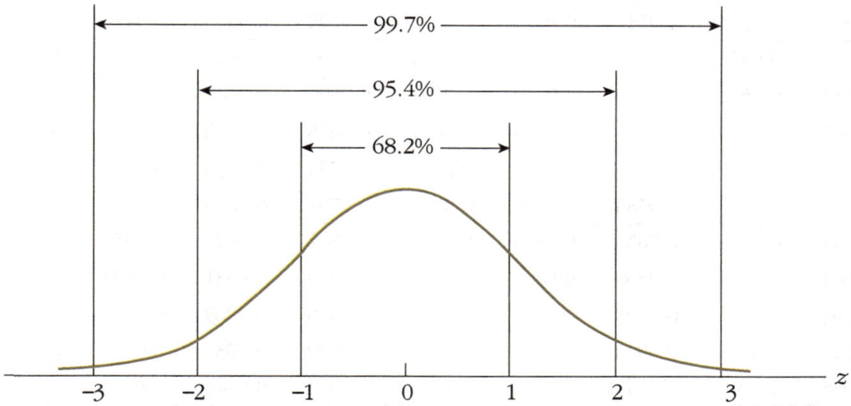

[그림 4-4]에서 볼 수 있는 바와 같이 X값이 평균을 중심으로 $\pm 1\sigma$ 사이에 있을 확률은 68.2%, $\pm 2\sigma$ 사이에 있을 확률은 95.4%, $\pm 3\sigma$ 사이에 있을 확률은 99.7%임을 알 수 있으며 보다 일반적으로 다음 [표 4-1]을 사용해서 표준정규분포를 따르는 확률변수 X값 또는 Z값이 어떤 구간에 있을 확률을 구할 수 있다. 예를 들어 z=1.25일 때 아래 그림의 빗금친 부분의 면적은 0.8944로서 z값이 $-\infty$와 1.25 사이에 있을 확률을 의미한다.

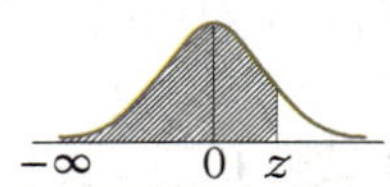

표 4-1 ▌ 표준정규분포와 확률값($P(Z \le z)$, 단 $z \ge 0$)

z	0.00	0.01	0.02	0.03	0.04	0.05	0.06	0.07	0.08	0.09
0.0	0.5000	0.5040	0.5080	0.5120	0.5160	0.5199	0.5239	0.5279	0.5319	0.5359
0.1	0.5398	0.5438	0.5478	0.5517	0.5557	0.5596	0.5636	0.5675	0.5714	0.5753
0.2	0.5793	0.5832	0.5871	0.5910	0.5948	0.5987	0.6026	0.6064	0.6103	0.6141
0.3	0.6179	0.6217	0.6255	0.6293	0.6331	0.6368	0.6406	0.6443	0.6480	0.6517
0.4	0.6554	0.6591	0.6628	0.6664	0.6700	0.6736	0.6772	0.6808	0.6844	0.6879
0.5	0.6915	0.6950	0.6985	0.7019	0.7054	0.7088	0.7123	0.7157	0.7190	0.7224

0.6	0.7257	0.7291	0.7324	0.7357	0.7389	0.7422	0.7454	0.7486	0.7517	0.7549
0.7	0.7580	0.7611	0.7642	0.7673	0.7704	0.7734	0.7764	0.7794	0.7823	0.7852
0.8	0.7881	0.7910	0.7939	0.7967	0.7995	0.8023	0.8051	0.8078	0.8106	0.8133
0.9	0.8159	0.8186	0.8212	0.8238	0.8264	0.8289	0.8315	0.8340	0.8365	0.8389
1.0	0.8413	0.8438	0.8461	0.8485	0.8508	0.8531	0.8554	0.8577	0.8599	0.8621
1.1	0.8643	0.8665	0.8686	0.8708	0.8729	0.8749	0.8770	0.8790	0.8810	0.8830
1.2	0.8849	0.8869	0.8888	0.8907	0.8925	0.8944	0.8962	0.8980	0.8997	0.9015
1.3	0.9032	0.9049	0.9066	0.9082	0.9099	0.9115	0.9131	0.9147	0.9162	0.9177
1.4	0.9192	0.9207	0.9222	0.9236	0.9251	0.9265	0.9279	0.9292	0.9306	0.9319
1.5	0.9332	0.9345	0.9357	0.9370	0.9382	0.9394	0.9406	0.9418	0.9429	0.9441
1.6	0.9452	0.9463	0.9474	0.9484	0.9495	0.9505	0.9515	0.9525	0.9535	0.9545
1.7	0.9554	0.9564	0.9573	0.9582	0.9591	0.9599	0.9608	0.9616	0.9625	0.9633
1.8	0.9641	0.9649	0.9656	0.9664	0.9671	0.9678	0.9686	0.9693	0.9699	0.9706
1.9	0.9713	0.9719	0.9726	0.9732	0.9738	0.9744	0.9750	0.9756	0.9761	0.9767
2.0	0.9772	0.9778	0.9783	0.9788	0.9793	0.9798	0.9803	0.9808	0.9812	0.9817
2.1	0.9821	0.9826	0.9830	0.9834	0.9838	0.9842	0.9846	0.9850	0.9854	0.9857
2.2	0.9861	0.9864	0.9868	0.9871	0.9875	0.9878	0.9881	0.9884	0.9887	0.9890
2.3	0.9893	0.9896	0.9898	0.9901	0.9904	0.9906	0.9909	0.9911	0.9913	0.9916
2.4	0.9918	0.9920	0.9922	0.9925	0.9927	0.9929	0.9931	0.9932	0.9934	0.9936
2.5	0.9938	0.9940	0.9941	0.9943	0.9945	0.9946	0.9948	0.9949	0.9951	0.9952
2.6	0.9953	0.9955	0.9956	0.9957	0.9959	0.9960	0.9961	0.9962	0.9963	0.9964
2.7	0.9965	0.9966	0.9967	0.9968	0.9969	0.9970	0.9971	0.9972	0.9973	0.9974
2.8	0.9974	0.9975	0.9976	0.9977	0.9977	0.9978	0.9979	0.9979	0.9980	0.9981
2.9	0.9981	0.9982	0.9982	0.9983	0.9984	0.9984	0.9985	0.9985	0.9986	0.9986
3.0	0.9987	0.9987	0.9987	0.9988	0.9988	0.9989	0.9989	0.9989	0.9990	0.9990

【예제 4-11】

X는 연속확률변수로서 평균이 0.1, 표준편차가 0.2인 정규분포를 따른다고 할 때, X가 −0.1에서 0.4 사이에 있을 확률을 [표 4-1]의 표를 이용해서 구하시오.

| 풀이 |

우선 주어진 변수를 표준화하여 표준정규분포를 따르는 변수로 바꾸면 주어진 조건은 다음과 같은 조건이 된다.

$$P(-0.1 \le X \le 0.4) = P\left(-1 \le Z = \frac{X-0.1}{0.2} \le 1.5\right)$$

표준정규분포는 평균 0을 중심으로 좌우대칭이므로 (−)구간을 (+)구간으로 전환하여 다음과 같이 구할 수 있다.

$$
\begin{aligned}
P(-1 \le Z \le 1.5) &= P(Z \le 1.5) - P(Z \le -1) \\
&= P(Z \le 1.5) - P(Z > 1) \\
&= P(Z \le 1.5) - (1 - P(Z \le 1)) \\
&= 0.9332 - (1 - 0.8413) = 0.7745
\end{aligned}
$$

■

4.4 경제경영 · 금융 예제

【예제 4-12】 펀드의 기대값, 표준편차, 펀드 간의 공분산과 상관계수의 계산

두 펀드의 수익률이 다음과 같이 예상될 때 두 펀드의 기대수익률, 표준편차 그리고 두 펀드 간의 공분산과 상관계수를 구해보자.

상황	확률	주식펀드	채권펀드
호황	0.5	30%	–5%
불황	0.5	–10%	10%

주식펀드의 수익률을 X, 채권펀드의 수익률을 Y라 할 때, 주식펀드와 채권펀드의 기대수익률을 구하면 다음과 같다.

$$\mu_X = 0.5 \times 30\% + 0.5 \times (-10\%) = 10\%$$

$$\mu_Y = 0.5 \times (-5\%) + 0.5 \times (10\%) = 2.5\%$$

이어서 주식펀드와 채권펀드의 표준편차를 계산하면 다음과 같다.

$$\sigma_X = \sqrt{0.5 \times (0.3 - 0.1)^2 + 0.5 \times (-0.1 - 0.1)^2} = \sqrt{0.2^2} = 0.2$$

$$\sigma_Y = \sqrt{0.5 \times (-0.05 - 0.025)^2 + 0.5 \times (0.1 - 0.025)^2} = \sqrt{0.075^2} = 0.075$$

이제 주식펀드와 채권펀드의 공분산과 상관계수를 구해보자.

$$
\begin{aligned}
cov(X, Y) &= E[(X - 0.1)(Y - 0.025)] \\
&= 0.5 \times (0.3 - 0.1)(-0.05 - 0.025) + 0.5(-0.1 - 0.1)(0.1 - 0.025)
\end{aligned}
$$

$$=-0.0075-0.0075=-0.015$$

$$\rho(X,Y)=\frac{-0.015}{0.2\times0.075}=-1$$

주어진 정보에 따라 주식펀드와 채권펀드의 상관계수를 구한 결과를 보면 두 펀드는 −1의 상관계수를 가지는 것으로 나타나, 주어진 주식펀드와 채권펀드는 서로 완전히 반대 방향으로 움직인다고 할 수 있다. ■

【예제 4-13】 정규분포의 활용

우리는 어떤 투자안이 바람직한가를 결정할 때 기대수익률과 표준편차를 비교하여 기대수익률은 높고 표준편차가 낮은 투자안을 선택하려고 한다. 그런데 만약 여러분에게 기대수익률이 10%이고 표준편차는 15%인 투자안이 제공되었다면 어떻게 하는 것이 좋을까? 쉽게 결정내리기가 어려울 것이다. 그런데 만약 해당 투자안의 수익률이 정규분포를 따른다는 것을 안다면 우리는 이 투자안에 대해서 추가적인 정보를 갖게 되기 때문에 기대값과 표준편차만을 알고 있을 때보다 좀 더 합리적인 의사결정을 내릴 수가 있다.

X 펀드는 위의 투자안에 200억원을 투자하려고 하는데 1년 동안 20억원 이상의 손실을 볼 확률이 얼마나 되는지를 확인하고 싶다고 하자. 주어진 문제를 확률 문제로 전환하면 다음과 같다.

$$P(X\le-\frac{20}{200})=P(X\le-10\%)$$

해당 투자안의 수익률이 정규분포를 따른다고 가정하였으므로 해당 변수는 다음과 같이 표준정규분포로 전환할 수 있고 [표 4-1]에 의해 다음과 같이 구할 수 있다. 즉, 200억원을 투자해서 1년 만에 20억원 이상 손실 볼 확률은 9.18%임을 알 수 있다.

$$P(X\le-10\%)=P(\frac{X-0.1}{0.15}\le\frac{-0.1-0.1}{0.15}=-1.33)$$

$$P(Z\le-1.33)=P(Z\ge1.33)=1-P(Z\le1.33)$$
$$=1-0.9082=0.0918$$

X펀드는 20억원 이상 손실 볼 가능성이 너무 높다고 판단하여 투자를 유보할 수 있을 것이다.

■

【예제 4-14】 리스크의 계산

금융분야에서는 리스크의 척도로서 VaR(Value at Risk)를 많이 사용한다. VaR는 1990년대에

J.P. Morgan이라는 투자은행에서 개발되었는데 당시 은행장은 매일 매일 자기 은행이 얼마만큼의 위험량에 노출되어 있는지를 알고 싶어 개발된 척도라고 한다.
만약 은행이 보유하고 있는 자산의 95% VaR가 1,000억원이라 한다면, 모든 상황의 95% 시나리오에 대해 이 은행은 보유자산으로부터의 손실이 1,000억원을 넘지 않는다는 의미로 해석된다. 이를 달리 해석하면 은행이 보유자산으로부터 손실 규모가 1,000억원을 넘을 가능성도 5% 정도 된다는 뜻이다.
α 신뢰수준에서 VaR는 다음과 같이 표현할 수 있고, 그림으로 나타내면 [그림 4-5]와 같다.

$$P(R \leq -VaR_{\alpha}) = 1 - \alpha$$

그림 4-5 ❙ Value at Risk

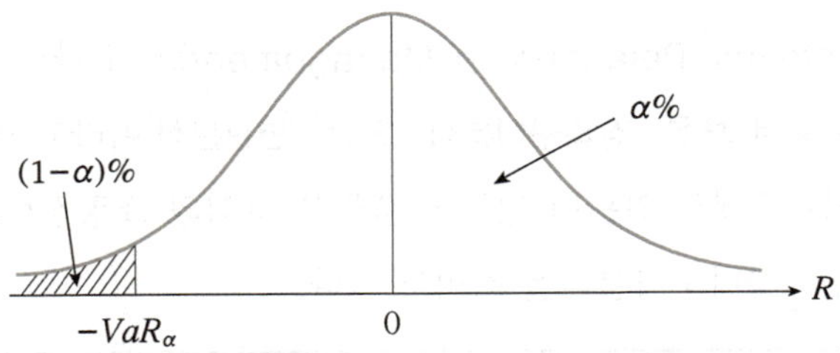

만약 R이 정규분포를 따른다고 가정하면 [표 4-1]에 의해 VaR값을 쉽게 구할 수 있다. 예를 들어 일평균 수익률이 0.4%이고 일간 표준편차가 2.3%인 포트폴리오가 있다고 할 때 정규분포를 가정한다면 이 포트폴리오의 90% VaR는 얼마일까?

❙ 풀이 ❙

$P(R \leq -VaR_{90\%}) = 10\%$

$P(Z = \dfrac{R - 0.4\%}{2.3\%} \leq \dfrac{-VaR_{90\%} - 0.4\%}{2.3\%}) = 10\%$이다. 그런데

$P(Z \leq \dfrac{-VaR_{90\%} - 0.4\%}{2.3\%})$

$= P(Z \geq \dfrac{VaR_{90\%} + 0.4\%}{2.3\%}) = 1 - P(Z \leq \dfrac{VaR_{90\%} + 0.4\%}{2.3\%}) = 10\%$이므로

$P(Z \leq \dfrac{VaR_{90\%} + 0.4\%}{2.3\%}) = 0.9$인 $VaR_{90\%}$를 구하면 된다.

[표 4-1]을 참조하면 0.9에 정확히 일치하는 z값을 찾을 수 없다. 그렇지만 z값이 1.28과 1.29 사이에 있는 것을 알 수 있는데 편의상 $z=1.285$라 하자. 그러면 90% 신뢰수준에 해당하는 VaR값은 다음과 같이 구해진다.

$$\frac{VaR_{90\%}+0.4\%}{2.3\%}=1.285 \text{이므로}$$
$$VaR_{90\%}=1.285\times2.3\%-0.4\%=2.56\%$$

90% 신뢰수준에서 해당 포트폴리오의 VaR는 2.56%로 산출되었다. 따라서 해당 포트폴리오가 하루 동안[04] −2.56% 이하의 손실이 날 가능성은 90%이고 그 이상 손실이 날 확률은 10%라고 할 수 있다. ■

※ 참고사항

아래 예제는 CRM(Customer Relationship Management)에서 가장 많이 사용하는 데이터마이닝 분석방법 중 하나로서 보통 **'장바구니분석'** 또는 **'연관분석'**이라고 불린다. *W*마트에서는 고객들이 구매하는 상품들 중에서 연관이 있는 상품들을 고객의 쇼핑경로에 배치함으로써 고객들의 구매를 유도하기 위해 장바구니분석을 하려고 한다.

	고객 1	고객 2	고객 3	고객 4	고객 5
쇼핑 리스트	콜라	콜라	맥주	스팸	고기
	주스	빵	소시지	맥주	샐러드
	빵	고기	기저귀	휴지	포도
	맥주	맥주	포도	분유	콜라
	분유	소시지	주스	기저귀	빵
	기저귀	샐러드		물휴지	스프레드 치즈

위와 같이 고객 5명의 쇼핑카트에 실린 물품으로만 미루어 볼 때, 기저귀를 구매하는 것이 맥주를 구매하는 것에 영향을 미치는지 결정하고 그 이유를 설명하시오.

| 풀이 |

위의 리스트에서 보면 기저귀를 구매하는 확률은 $P(\text{기저귀 구매})=\frac{3}{5}=0.6$이고 맥주를 구매하는 확률은 $P(\text{맥주 구매})=\frac{4}{5}=0.8$ 그리고 맥주와 기저귀를 함께 구매하는 확률은 P(맥주와 기저귀

04 우리는 문제에서 일간 평균수익률과 일간 표준편차를 가정하였기 때문에 산출되는 VaR도 일간 위험량이 되어야 한다.

구매) $= \frac{3}{5} = 0.6$이다. 이제 위에서 얻은 결과를 놓고 보면 P(맥주와 기저귀 구매)=0.6이고 P(맥주 구매)P(기저귀 구매)=0.48이 되어 두 사건이 서로 독립이기 위한 동치조건인 P(맥주와 기저귀 구매)=P(맥주 구매)P(기저귀 구매) 등식이 성립하지 않는다. 즉 두 상품을 구매하는 것은 서로 독립된 사건이 아니다. 한편, 기저귀를 구매한 고객이 맥주도 구매하는 확률을 보면 P(맥주 구매| 기저귀 구매)$= \frac{P(\text{맥주와 기저귀 구매})}{P(\text{기저귀 구매})} = \frac{0.6}{0.6} = 1$로서 반드시 일어나는 사건이다. 즉 기저귀를 구매하는 고객은 반드시 맥주를 구매한다고 추정할 수 있다. 따라서 기저귀 코너 근처에 맥주를 진열한다면 맥주의 매출 증가를 기대할 수 있다. ■

재미있는 수학이야기

1936년 미국의 대통령 선거를 앞두고 대중잡지인 〈리터러리 다이제스트(Literary Digest)〉와 여론조사 기관 갤럽(Gallup)은 각각 설문조사를 실시했다.
〈리터러리 다이제스트〉는 1천만 명에게 우편으로 설문지를 보내 240만 명에게서 응답을 받았다. 그 분석 결과를 토대로 공화당 알프레드 랜던(Alfred Landon) 후보의 당선을 예측했다. 반면 갤럽은 1,500명을 대상으로 면접조사를 실시한 결과 민주당 프랭클린 루스벨트(Franklin Roosevelt) 후보가 56%의 지지율로 당선할 것이라고 발표했다. 결과는 갤럽의 승리였다. 루스벨트는 62%라는 압도적인 지지를 받으며 대통령에 당선되었다.
왜 〈리터러리 다이제스트〉는 240만 명이라는 엄청난 표본을 대상으로 조사를 했는데도 예측에 실패했을까? 1952년 이래 미국의 여론조사기관이 8,144명 이상의 표본을 사용한 경우가 없었다는 점을 감안한다면 이는 더욱 놀라운 사실이다. 문제는 표본의 수가 아니라 표본의 질이었다. 이 잡지사는 조사를 위한 표본을 잡지의 정기구독자, 전화번호부, 자동차 등록명부, 사교클럽 인명부에서 임의로 뽑았다. 그러나 당시 잡지를 구독하는 대부분의 사람은 중산층 이상이었다. 집에 전화와 자동차를 소유하고 있다면 가난과는 거리가 멀었다. 게다가 그 해 소득이 낮은 유권자들은 민주당, 소득이 높은 유권자들은 공화당을 선호했다.
잡지사가 공화당 후보의 당선을 전망한 것은 당연한 일이었다. 이는 왜곡된 표본추출이 어떤 결과를 초래하는지 보여주는 대표적인 사례이다.

–KDI, 『click 경제교육』의 '말랑말랑 통계' 에서 발췌함–

우리는 주로 통계식을 얼마나 잘 활용하여 의미있는 내용을 추출하느냐에 관심을 쏟고 있지만, 실은 얼마나 질적으로 좋은 데이터를 사용하느냐 하는 것이 더 중요하다고 할 수 있다. 좋은 데이터의 판단 기준은 데이터가 제대로 정제된 것이냐의 문제일 수도 있고 표본의 문제일 수도 있다.

연습문제

01 A펀드에 투자하면 1년 동안 양의 수익률을 기록할 가능성이 60%이고, B펀드에 투자하면 1년 동안 양의 수익률을 기록할 가능성이 80%라 하자. 두 펀드의 수익률이 서로 독립이라고 가정할 때 1년 동안 두 펀드 모두가 양의 수익률을 기록할 가능성과 모두가 음의 수익률을 기록할 가능성을 각각 구하시오.

02 확률밀도함수가 다음과 같이 주어졌을 때 c값을 계산하시오.

$$f(x) = \begin{cases} c(100 - x^2), & -10 \le x \le 10 \\ 0 & , \text{그 외 구간} \end{cases}$$

03 수강신청기간에 수강신청을 하려고 하지만 접속자 수가 많아 접속이 수월치 않고 접속하더라도 이미 수강인원이 차서 수강 마감이 되는 경우가 많다. 수강신청을 10번 시도할 때 1번 정도 수강신청이 성공한다. 모든 학생이 같은 확률로 수강신청에 성공한다고 했을 때, 친구 두 명과 함께 3명이 수강신청을 하여 3명이 동시에 수강신청이 가능한 확률은 얼마나 될까? 이때 수강을 시도하는 학생의 수가 너무 많아서 함께 있는 세 명의 수강신청 성공확률은 다른 두 학생에 의해 영향을 받지 않는다고 가정한다.

04 기대값이 5인 확률변수 X와 기대값이 20인 확률변수 Y에 대하여 확률변수 $Z = aX + Y$를 정의하자. 이 확률변수 Z의 기대값이 15가 되도록 하려면 상수 a의 값은 무엇이 되어야 하는가?

05 두 확률변수 X와 Y가 서로 독립이면 $E(XY) = E(X)E(Y)$인 것을 활용하여 $cov(X, Y) = 0$임을 보이시오.

06 5번은 성립하지만 $cov(X, Y) = 0$이라고 해서 X와 Y가 서로 독립인 확률변수라고 할 수 없는 이유를 설명하시오.

07 A채권과 B채권이 있는데 각 채권의 1년 동안 부도확률은 각각 10%와 5%이고 두 채권이 1년 동안 동시에 부도날 확률은 4%라 하자. A채권이 부도가 났을 때 B채권이 부도날 확률은 얼마인가?

08 갑을전자주식의 수익률은 다음과 같이 예상된다고 하자. 이때 갑을전자주식에 투자할 경우 기대수익률과 표준편차는 얼마인가?

미래상황	확률	예상수익률
호전	0.4	30%
악화	0.6	−20%

09 A주식의 표준편차는 0.2이고 B주식의 표준편차는 0.12이다. 또한 A주식과 B주식 간의 공분산은 0.01이라 할 때 A주식과 B주식 간의 상관계수를 구하시오.

10 기대수익률이 10%이고 표준편차가 15%인 투자안이 있다고 하자. 만약 해당 투자안의 수익률이 정규분포를 따른다고 할 때 200억원을 투자하여 1년 동안의 성과가 −20억원에서 +20억원 사이에 있을 확률을 구하시오.

11 [예제 4-14]에서 정규분포를 가정할 때 일평균 수익률이 0.4%이고 일간 표준편차가 2.3%인 포트폴리오의 90% 신뢰수준에서의 *VaR*가 2.56%임을 구하였다. 만약 신뢰수준이 99%로 증가한다면 이때 *VaR*는 얼마로 증가하는가? 단, 99% 신뢰수준에서의 $z=2.33$이라 가정한다.

12 200억원의 이익이 발생할 가능성은 60%, 40억원의 손실이 발생할 가능성은 30%, 100억원의 손실이 발생할 가능성은 10%로 예상되는 1년짜리 프로젝트가 있다. 해당 프로젝트의 손실에 대한 확률분포를 도시해보시오. 이때 손실을 확률변수 x로 한다.

PART 2

벡터와 벡터공간

MATHEMATICS FOR ECONOMICS, MANAGEMENT AND FINANCE

CHAPTER

05 수와 벡터

인류는 자신들이 기르는 양이나 염소의 마리 수를 헤아리고 물건 등을 셀 필요가 있었을 것이다. 그래서 나온 것이 수의 개념이다. 처음에는 이러한 셈 또는 계산을 하기 위해서 기억에 의존하거나 손가락, 돌, 나뭇가지 등의 도구를 사용하였을 것이다. 그러나 생활이 점차 복잡해지고 셈을 해야 하는 물건의 양과 개수가 많아짐에 따라 셈하는 것을 말로 하거나 기호로 나타내려는 시도를 하게 되고 이런 수를 뜻하는 말이나 이를 기호로 나타내는 숫자들이 생겨난 것이다.

인류에게 있어서 수는 그것을 헤아리는 물건과 동떨어질 수 없는 물건의 성질 중의 하나로 이해되었다. 닭 두 마리의 2와 이틀의 2는 전혀 다른 것이지만 이들 사이에 2라는 공통점이 있다. 모든 물건에서 각각의 특성은 무시하고 개체의 개수가 '2' 라는 공통점을 추상화한 개념이 '수 2' 라는 것이다. 수는 추상적인 개념이다. 이런 추상화 과정을 거쳐 인류는 수의 개념을 오랜 시간을 거치면서 이해하게 되었다. 러셀(Bertrand Russell, 1872~1970, 수학자 · 철학자)은 "인류가 닭 두 마리의 2와 이틀의 2를 같은 것으로 이해하기까지는 수천 년이라는 시간이 걸렸다"라고 말하였다.

5.1 수의 집합

수(number)에는 인류가 자연적으로 생각해낸 **자연수(natural number)**만이 있는 것이 아니라 다음과 같은 다양한 수들이 존재한다.

자연수 · 정수 · 유리수 · 무리수 · 실수

가장 기본적인 수인 **자연수**(natural number)의 집합 $N=\{1,2,3,4,5,\cdots\}$에 음수와 영을 추가하면 **정수**(integer)의 집합인 $Z=\{\cdots,-4,-3,-2,-1,0,1,2,3,4,\cdots\}$가 된다. 이때, 자연수 집합 N은 정수의 집합 Z에 포함된다. **유리수**(rational number) 집합 Q는 정수 a와 $b\,(b\neq 0)$를 a/b와 같은 비율의 형태로 나타낸 수들의 집합을 말한다. 예를 들어, 1/2, −7/5, 6 등은 유리수이다. 따라서 유리수 집합 Q는 정수 집합 Z를 부분집합으로 포함한다. 이 유리수를 소수로 나타내게 되면, 소수부분이 유한개인 경우이거나 소수의 일정부분이 무한히 반복하여 순환하는 무한소수가 된다. 예컨대, $\frac{1}{2}=0.5$, $\frac{1}{5}=0.2$ 등은 소수자리가 유한개인 유한소수로 표현되는 유리수이고 $\frac{1}{3}=0.333\cdots$, $\frac{725}{999}=0.725725\cdots$ 등은 소수부분이 무한히 반복하여 순환하는 무한소수로 표현되는 유리수이다.

그림 5-1 ▌ 수 집합들 간의 관계

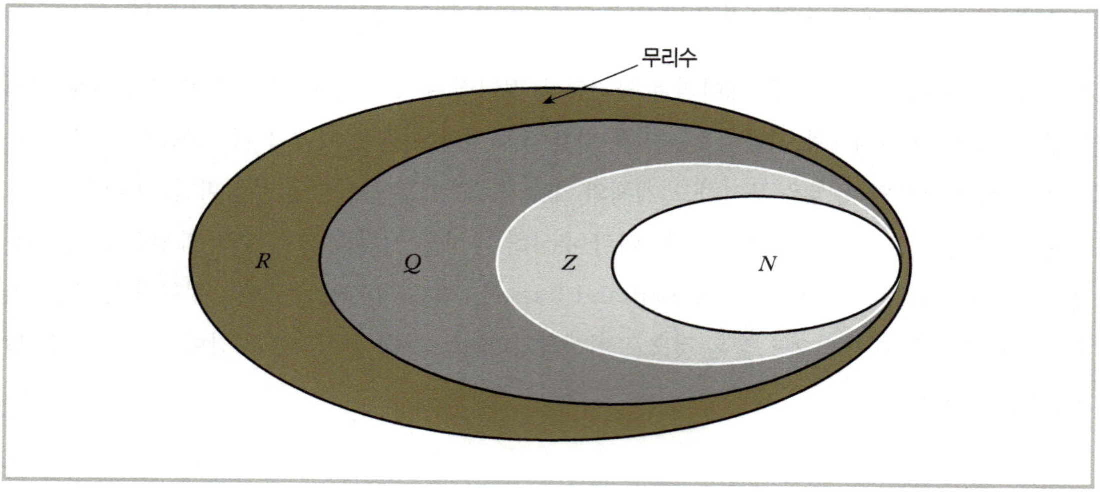

한편, 두 정수의 비율로 나타낼 수 없는 수를 **무리수**(irrational number)라고 하는데, 이 무리수는 $\sqrt{2}=1.414213\cdots$, $\pi=3.1415926\cdots$ 등과 같이 소수로 나타낼 때 순환하지 않는 무한소수로 나타내지는 수이다. 이 유리수와 무리수 집합을 합쳐서 우리가 흔히 사용하는 **실수**(real number)의 집합 R을 구성한다.

[그림 5-1]의 벤 다이어그램은 이러한 수 집합들 간의 관계를 나타낸다. 그림에서 파란색부분이 무리수이고, 흰색부분이 자연수, 자연수와 옅은 회색부분이 합쳐서 정수, 그리고 정수와 진한 회

색부분이 합쳐서 유리수를 나타낸다.

실선

실수는 필요에 따라 실선 혹은 실수 축이라고 부르는 선 위에 점으로 표현된다. [그림 5-2]에 나타난 것처럼 실선 위의 어떤 점을 선택하여 0을 나타내고 다른 어떤 점을 선택하여 1을 나타내도록 한다. 0과 1 사이의 거리를 기준으로 다른 수의 거리를 결정한다. 실선 위의 각 점은 실수와 일대일로 대응되며 그 역도 성립한다.

그림 5-2 ▌ 실수와 실선

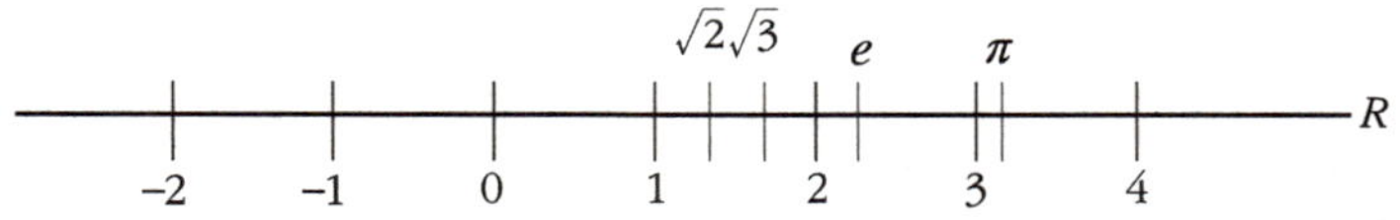

5.2 벡터

1. 벡터의 의미

벡터와 스칼라

스칼라(scalar)는 앞에서 설명했던 실수와 같이 0을 기준으로 한 크기를 말하는 것이며, 이에 반해서 **벡터(vector)**는 크기와 방향을 동시에 갖는 것이라 할 수 있다. 예를 들어, 속력을 이야기할 때 "이 차는 시속 100킬로까지 달릴 수 있다"는 단지 빠르기만을 이야기하는 반면에, 속도는 "현재 북서방향으로 시속 80킬로로 가고 있다"와 같이 빠르기와 방향에 대한 정보를 함께 포함하고 있다. 이때 속력이 스칼라라고 한다면 속도는 벡터에 해당한다. 또는 올해 기업의 투자총액이 100억원이라면 스칼라 값으로 나타낼 수 있다. 하지만 *A*기업이 R&D에 60억원과 마케팅에 40억원을 투자한 반면에 *B*기업은 R&D에 40억원, 마케팅에 60억원을 투자했다고 했을 때, 두 기업의 총투자액은 똑같이 100억원이지만, 투자의 비율이 달라지며 이것은 앞으로 두 기업의 성장 가능성이나 전략을 파악하고자 했을 때, 매우 중요한 비교정보가 된다. 이 경우, 투자액을 총투자액인 스칼라 값 100억원으로 나타내기보다는 벡터의 개념을 이용하여 A기업은 (60,40)억원 그리고 B기업은 (40,60)억원을 각각 R&D와 마케팅에 투자했다고 하는 것이 정확하고 중요한 정보가 될 것이다.

벡터의 표현

벡터는 시작점을 원점으로 하여, 방향과 크기를 가지고 있는 화살표로 나타낼 수 있는데, 이 벡터의 값을 정확히 하기 위해서 화살표의 끝점을 좌표로 표현하여 벡터를 나타낸다. 아래 그림에서 보면 점 0으로부터 점 p로 향한 화살표 $\overrightarrow{op}$는 벡터 $\boldsymbol{p}$를 나타내고 벡터 $\boldsymbol{p}$를 좌표로 표현하면 $\left(\frac{3\sqrt{2}}{2}, \frac{3\sqrt{2}}{2}\right)$이 된다.

(1) 2차원에서 벡터는 (x, y)좌표로 표현한다.

(2) 3차원에서 벡터는 (x, y, z)좌표로 표현한다.

(3) 임의의 n차원인 R^n에서의 벡터는 $(x_1, \cdots, x_n)$과 같이 표현한다.

그림 5-3 ▌ 벡터의 표현

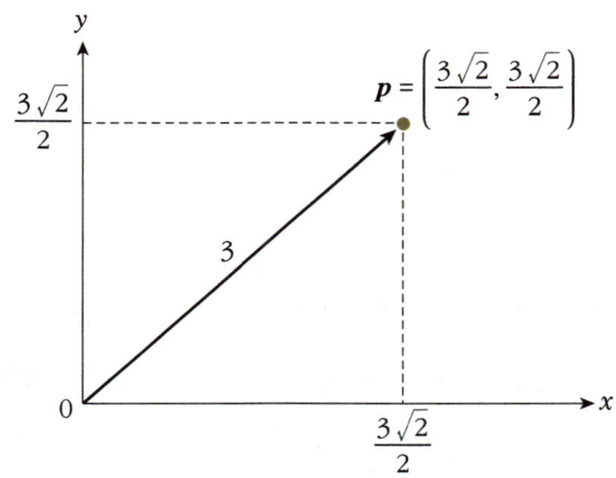

벡터의 합

벡터의 합을 구하는 방법은 기하학적으로 다음과 같이 평행사변형의 법칙과 삼각형의 법칙, 두 가지 접근방법을 생각할 수 있다.

그림 5-4 ▌ 벡터의 합

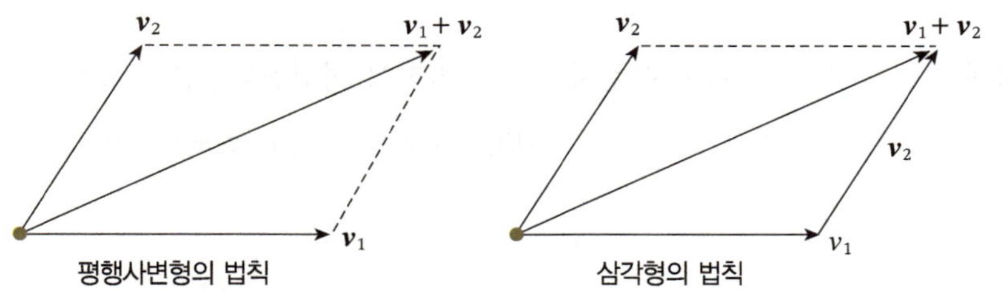

왼쪽의 그림은 평행사변형의 법칙을 이용하여 두 벡터의 합을 구한 것인데, 더하고자 하는 두 개의 벡터 $\mathbf{v_1}$, $\mathbf{v_2}$를 두 변으로 하는 평행사변형을 그린 후 두 벡터 $\mathbf{v_1}$, $\mathbf{v_2}$의 원점으로부터 평행사변형의 대각선상의 모서리점까지를 화살표로 표시한 것이 두 벡터의 합이 된다. 한편, 오른쪽의 그림은 삼각형의 법칙을 이용하여 두 벡터의 합을 구한 것인데, 우선 벡터 $\mathbf{v_1}$의 끝 점에 더하고자 하는 또 다른 벡터 $\mathbf{v_2}$의 시작점을 위치시킨 후 벡터 $\mathbf{v_1}$의 시작점으로부터 $\mathbf{v_2}$의 끝점까지 화살표를 그은 결과가 $\mathbf{v_1}+\mathbf{v_2}$가 된다.

벡터의 차

두 벡터의 차는 다음 그림에서와 같이 기하학적으로 봤을 때, 빼고자 하는 벡터의 반대방향 벡터를 더하는 것으로 해석할 수 있다.

그림 5-5 ▌ 벡터의 차

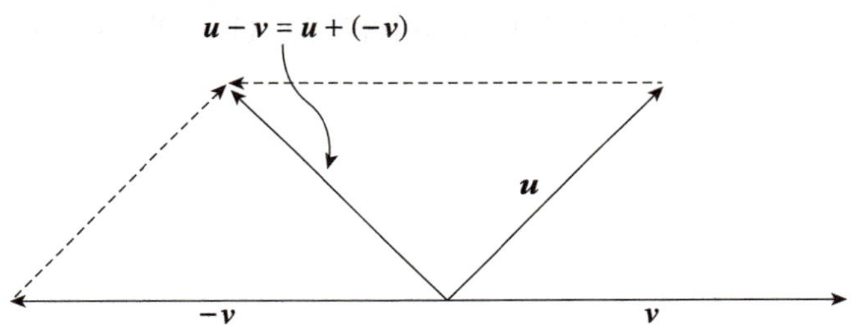

2. 벡터의 연산

좌표를 이용한 벡터의 합

두 벡터 $\boldsymbol{u}=(x_1, y_1)$와 $\boldsymbol{v}=(x_2, y_2)$가 주어졌을 때, 두 벡터의 합 $\boldsymbol{u}+\boldsymbol{v}$는 다음의 그림에서와 같이 각각의 좌표값을 더하여 $\boldsymbol{u}+\boldsymbol{v}=(x_1, y_1)+(x_2, y_2)=(x_1+x_2, y_1+y_2)$와 같이 구한다.

[그림 5-6]에서 보다시피, 이때도 평행사변형의 법칙이 성립한다. 일반적으로 임의의 n에 대하여 $\boldsymbol{u}=(x_1,\ x_2, \cdots,\ x_n)$, $\boldsymbol{v}=(y_1,\ y_2, \cdots,\ y_n)$이면, $\boldsymbol{u}+\boldsymbol{v}=(x_1+y_1,\ x_2+y_2, \cdots,\ x_n+y_n)$이다.

그림 5-6 ▌ 좌표를 이용한 벡터의 합

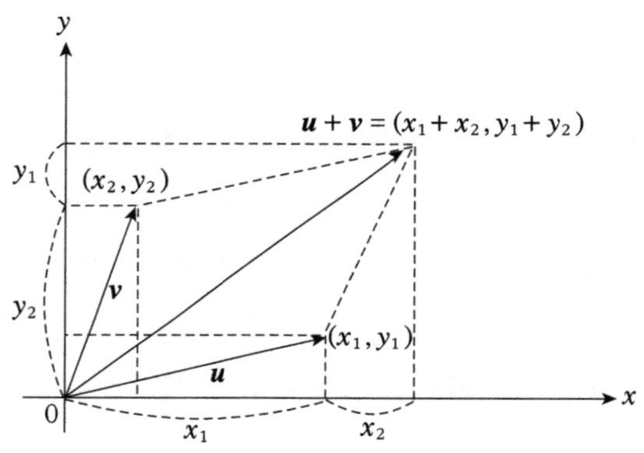

스칼라 곱

앞에서 보았다시피 괄호 안에 $(x_1, \cdots, x_n)$의 형태로 2개 이상의 원소를 나열하는 형태의 벡터에 반해서 스칼라는 일반적으로 실수 등과 같은 값을 말한다. 스칼라 값 k와 벡터 $(x_1, \cdots, x_n)$가 주어졌을 때, 이 스칼라 값 k와 벡터의 곱은 $k(x_1, \cdots, x_n)$로써 그 결과값은 $(kx_1, \cdots, kx_n)$이 된다. 예컨대, 주어진 스칼라 값 k가 3이고 주어진 벡터가 $(1, 1)$이라면 3과 $(1, 1)$의 곱은 $3(1, 1)=(3, 3)$이다.

그림 5-7 ▌ 스칼라 곱

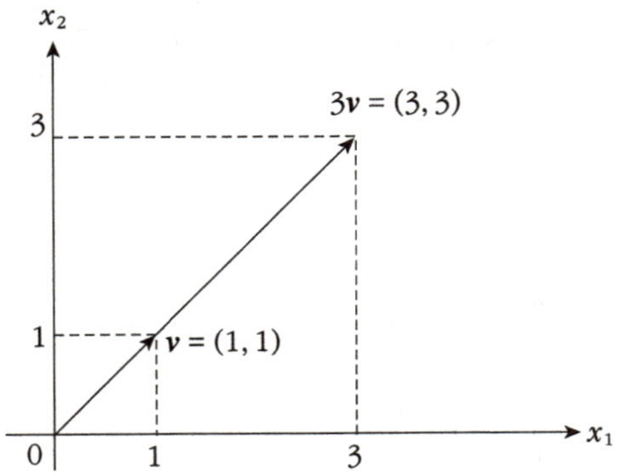

벡터의 크기

R^n 공간에서 주어진 벡터 $\boldsymbol{u} = (x_1, x_2, \cdots, x_n)$의 **크기(norm)**는 $\|\boldsymbol{u}\|$로 표현하며, 그 값은 $\|\boldsymbol{u}\| = \sqrt{x_1^2 + x_2^2 + \cdots + x_n^2}$이다. 한편, 스칼라 값 α의 크기는 $|\alpha|$로 표현하며 절대값을 크기로 갖는다. 예컨대, -3의 크기는 $|-3|$으로 3이다. 이때, 벡터 $\boldsymbol{u}$가 스칼라 값 α와 벡터 $\boldsymbol{v}$의 곱으로 이루어진 벡터 $\boldsymbol{u} = \alpha\boldsymbol{v}$라면, 벡터 $\boldsymbol{u}$의 크기는 $\|\boldsymbol{u}\| = |\alpha|\|\boldsymbol{v}\|$이다. '벡터의 크기' 는 종종 '벡터의 길이' 라고도 불린다.

【예제 5-1】

벡터 $\boldsymbol{u} = (-6, -8) = -2(3, 4)$의 크기 $\|\boldsymbol{u}\|$를 구하시오.

| 풀이 |

$\boldsymbol{u} = (-6, -8) = -2(3, 4)$로 나타낼 수 있다. 따라서, 벡터의 크기는 $\|\boldsymbol{u}\| = |-2|\|(3, 4)\| = (2)(\sqrt{3^2 + 4^2}) = 2\sqrt{25} = 2 \cdot 5 = 10$이다. ■

두 벡터의 사잇각

[그림 5-8]에서 두 벡터 $\boldsymbol{u} = (x_1, x_2)$와 $\boldsymbol{v} = (y_1, y_2)$가 주어졌을 때, 두 벡터의 사잇각을 θ라고 하면, $\cos\theta = \dfrac{x_1 y_1 + x_2 y_2}{\|\boldsymbol{u}\|\|\boldsymbol{v}\|}$이다. 그림에서 사인과 코사인을 이용하면 θ_1과 θ_2는 각각 $\cos\theta_1 = \dfrac{x_1}{\|\boldsymbol{u}\|}$,

$\cos\theta_2 = \frac{y_1}{\|\boldsymbol{v}\|}$, $\sin\theta_1 = \frac{x_2}{\|\boldsymbol{u}\|}$, $\sin\theta_2 = \frac{y_2}{\|\boldsymbol{v}\|}$의 성질을 갖는다. 여기에 사인과 코사인에 관한 공식을 적용하면 $\cos\theta = \cos(\theta_2 - \theta_1) = \cos\theta_1\cos\theta_2 + \sin\theta_1\sin\theta_2 = \frac{x_1 y_1 + x_2 y_2}{\|\boldsymbol{u}\|\|\boldsymbol{v}\|}$가 된다.

그림 5-8 ▌ 두 벡터의 사잇각의 크기

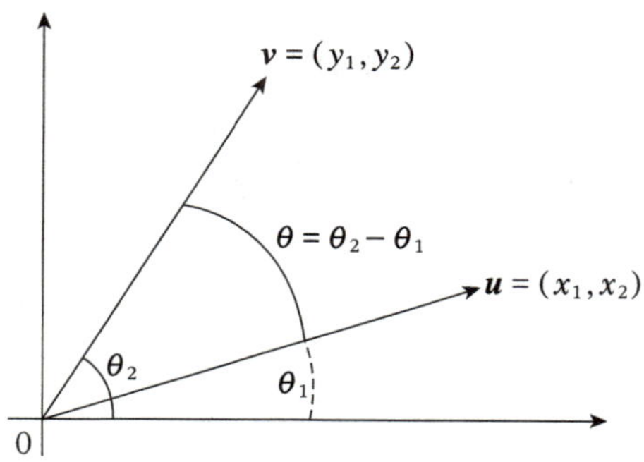

벡터의 내적(유클리드 내적)

R^n상의 두 벡터 $\boldsymbol{u} = (x_1, x_2, \cdots, x_n)$와 $\boldsymbol{v} = (y_1, y_2, \cdots, y_n)$가 주어졌을 때, $\boldsymbol{u}\cdot\boldsymbol{v}$를 $\boldsymbol{u} = (x_1, x_2, \cdots, x_n)$와 $\boldsymbol{v} = (y_1, y_2, \cdots, y_n)$의 **내적(內積)**이라고 하고 그 값은 $\boldsymbol{u}\cdot\boldsymbol{v} = x_1 y_1 + x_2 y_2 + \cdots + x_n y_n$이다. R^2상에서의 두 벡터 $\boldsymbol{u} = (x_1, x_2)$와 $\boldsymbol{v} = (y_1, y_2)$의 사잇각 θ에 대한 코사인 값은 벡터의 내적 성질을 이용하면 $\cos\theta = \frac{\boldsymbol{u}\cdot\boldsymbol{v}}{\|\boldsymbol{u}\|\|\boldsymbol{v}\|}$라고 할 수 있다. 따라서, 두 벡터의 내적은 $\boldsymbol{u}\cdot\boldsymbol{v} = \cos\theta\|\boldsymbol{u}\|\|\boldsymbol{v}\|$로 표현할 수 있으며, 그 내적의 크기는 $\theta = 0°$일 때 최대가 되고 $\theta = 90°$일 때 최소가 된다. 이때 두 벡터의 내적은 스칼라 값이 된다는 점에 주의해야 한다. 임의의 R^n 위에서의 두 벡터 $\boldsymbol{u}$와 $\boldsymbol{v}$에 대해서도 $\cos\theta = \frac{\boldsymbol{u}\cdot\boldsymbol{v}}{\|\boldsymbol{u}\|\|\boldsymbol{v}\|}$이 성립한다. 즉, 주어진 임의의 두 벡터 $\boldsymbol{u} = (u_1, u_2, \cdots, u_n)$와 $\boldsymbol{v} = (v_1, v_2, \cdots, v_n)$에 대하여 $\cos\theta = \frac{u_1 v_1 + u_2 v_2 + \cdots + u_n v_n}{\|\boldsymbol{u}\|\|\boldsymbol{v}\|}$이 성립한다.

【예제 5-2】

안로마 씨는 K대학교 앞에 커피가게를 내려고 한다. 그래서 현재 매물로 나온 커피가게에서 일일 매출이 어느 정도인지를 알아보기 위하여, 커피 종류별로 팔리고 있는 커피잔 수와 가격을 알아보았다. 그 결과 하루 평균 팔리는 커피잔의 수는 각각 아메리카노 100잔, 카푸치노 75잔, 카

페라떼 80잔, 에스프레소 22잔, 프라프치노 30잔이었고, 커피가격은 각각 1,500원, 2,000원, 2,000원, 2,000원, 2,500원이었다. 하루 평균매출은 얼마일까? 종류별 하루 평균 커피잔 수를 벡터 $\boldsymbol{u}=(100, 75, 80, 22, 30)$로 놓고, 종류별 각각의 가격을 벡터 $\boldsymbol{v}=(1500, 2000, 2000, 2000, 2500)$로 놓은 다음, 평균 일일 매출액을 벡터의 내적을 이용하여 구하시오.

| 풀이 |

위에서 알아본 일일 평균 커피종류별 매출 잔 수와 가격을 표로 정리하면 다음과 같다.

구 분	아메리카노	카푸치노	카페라떼	에스프레소	프라프치노
일일 평균 매출 잔 수	100	75	80	22	30
가 격	1,500	2,000	2,000	2,000	2,500

커피 종류별 일일 평균 매출액을 구하기 위하여 종류별로 '일일 평균 매출 잔 수×가격'을 한 후에 모든 커피종류에 대해 더하여 일일 평균 매출액을 구한다. 이때 벡터 내적을 이용하면 다음과 같이 간단히 구할 수 있다.

$$\begin{aligned}\text{하루 평균 매출액} &= \boldsymbol{u}\cdot\boldsymbol{v} \\ &= (100, 75, 80, 22, 30)\cdot(1500, 2000, 2000, 2000, 2500) \\ &= 100\times1500+75\times2000+80\times2000+22\times2000+30\times2500 \\ &= 150000+150000+160000+44000+75000 \\ &= 579{,}000\end{aligned}$$

이다. 따라서 이 커피가게의 하루 평균 매출액은 579,000원이다. ■

Cauchy-Schwartz 부등식에 관한 정리

두 벡터 $\boldsymbol{u}$와 $\boldsymbol{v}$가 주어졌을 때, $|\boldsymbol{u}\cdot\boldsymbol{v}|\le\|\boldsymbol{u}\|\|\boldsymbol{v}\|$이 성립하는데, 이를 **코시-슈바르츠 부등식**이라 한다. 이는 위의 성질을 이용하여 다음과 같이 증명된다.

증명

코사인 값은 항상 −1과 1 사이에 존재한다. 즉, $-1\le\cos\theta\le1$이다. 그런데 $\cos\theta=\dfrac{\boldsymbol{u}\cdot\boldsymbol{v}}{\|\boldsymbol{u}\|\|\boldsymbol{v}\|}$이므로 $-1\le\dfrac{\boldsymbol{u}\cdot\boldsymbol{v}}{\|\boldsymbol{u}\|\|\boldsymbol{v}\|}\le1$이다. 그러므로 양변에 $\|\boldsymbol{u}\|\|\boldsymbol{v}\|$을 곱하면 $-\|\boldsymbol{u}\|\|\boldsymbol{v}\|\le\boldsymbol{u}\cdot\boldsymbol{v}\le\|\boldsymbol{u}\|\|\boldsymbol{v}\|$이다. 즉, $|\boldsymbol{u}\cdot\boldsymbol{v}|\le\|\boldsymbol{u}\|\|\boldsymbol{v}\|$이다.

벡터의 성질

(1) **(교환법칙)** 임의의 두 벡터 $\boldsymbol{u}, \boldsymbol{v}$에 대하여 $\boldsymbol{u}+\boldsymbol{v}=\boldsymbol{v}+\boldsymbol{u}$를 만족한다.

(2) **(내적에 대한 교환법칙)** 임의의 두 벡터 $\boldsymbol{u}, \boldsymbol{v}$에 대하여 $\boldsymbol{u}\cdot\boldsymbol{v}=\boldsymbol{v}\cdot\boldsymbol{u}$를 만족한다.

(3) **(배분법칙)** 임의의 세 벡터 $\boldsymbol{u}, \boldsymbol{v}, \boldsymbol{w}$에 대하여 $\boldsymbol{u}\cdot(\boldsymbol{v}+\boldsymbol{w})=\boldsymbol{u}\cdot\boldsymbol{v}+\boldsymbol{u}\cdot\boldsymbol{w}$를 만족한다.

벡터의 크기에 관한 정리

임의의 두 벡터 $\boldsymbol{u}, \boldsymbol{v}$에 대하여 다음의 부등식을 만족한다.

$\|\boldsymbol{u}+\boldsymbol{v}\| \le \|\boldsymbol{u}\|+\|\boldsymbol{v}\|$

증명

$$\begin{aligned}
\|\boldsymbol{u}+\boldsymbol{v}\|^2 &= (\boldsymbol{u}+\boldsymbol{v})\cdot(\boldsymbol{u}+\boldsymbol{v}) && \text{(벡터의 크기에 관한 정의, 내적에 관한 정의)}\\
&= \|\boldsymbol{u}\|^2+\|\boldsymbol{v}\|^2+2\boldsymbol{u}\cdot\boldsymbol{v} && \text{(배분법칙 및 교환법칙)}\\
&\le \|\boldsymbol{u}\|^2+\|\boldsymbol{v}\|^2+2\|\boldsymbol{u}\|\|\boldsymbol{v}\| && \text{(Cauchy-Schwartz 부등식)}\\
&= (\|\boldsymbol{u}\|+\|\boldsymbol{v}\|)^2
\end{aligned}$$

【예제 5-3】

$\boldsymbol{u}$ 와 $\boldsymbol{v}$를 R^n의 임의의 벡터라고 하자. $\boldsymbol{u}$ 와 $\boldsymbol{v}$가 R^n의 벡터이면 $\boldsymbol{u}\cdot\boldsymbol{v}=\frac{1}{4}\|\boldsymbol{u}+\boldsymbol{v}\|^2-\frac{1}{4}\|\boldsymbol{u}-\boldsymbol{v}\|^2$이 성립함을 보이시오.

| 풀이 |

$$\begin{aligned}
\frac{1}{4}\|\boldsymbol{u}+\boldsymbol{v}\|^2-\frac{1}{4}\|\boldsymbol{u}-\boldsymbol{v}\|^2 &= \frac{1}{4}(\boldsymbol{u}+\boldsymbol{v})\cdot(\boldsymbol{u}+\boldsymbol{v})-\frac{1}{4}(\boldsymbol{u}-\boldsymbol{v})\cdot(\boldsymbol{u}-\boldsymbol{v}) && \text{(벡터의 크기와 내적에 관한 정의)}\\
&= \frac{1}{4}(\boldsymbol{u}^2+2\boldsymbol{u}\cdot\boldsymbol{v}+\boldsymbol{v}^2)-\frac{1}{4}(\boldsymbol{u}^2-2\boldsymbol{u}\cdot\boldsymbol{v}+\boldsymbol{v}^2) && \text{(벡터의 결합법칙, 교환법칙)}\\
&= \boldsymbol{u}\cdot\boldsymbol{v}
\end{aligned}$$

■

단위벡터와 기초벡터

길이가 1인 벡터를 **단위벡터(unit vector)**라 하며, 주어진 임의의 벡터 $\boldsymbol{u}$에 대해 $\boldsymbol{v}=\frac{\boldsymbol{u}}{\|\boldsymbol{u}\|}$를 구하면 $\boldsymbol{v}$는 $\boldsymbol{u}$와 방향이 같은 단위벡터가 된다. 단위벡터 중에서 1개의 원소만 1이고 나머지 원소는 0

인 경우를 **기초벡터**라 한다.

【예제 5-4】

3차원에서의 기초벡터를 나열하시오.

| 풀이 |

$\boldsymbol{e_1} = (1, 0, 0), \boldsymbol{e_2} = (0, 1, 0), \boldsymbol{e_3} = (0, 0, 1)$ ■

벡터의 선형결합

벡터의 **선형결합**(linear combination)이란 각 벡터에 스칼라 곱을 한 다음 각 항들을 덧셈으로 연결한 것을 말한다. 임의의 차원에서의 모든 벡터는 기초벡터의 선형결합으로 표현할 수 있다. 즉, [예제 5-4]에서 본 3차원에서의 기초벡터의 선형결합으로 다음과 같이 모든 3차원 벡터를 만들 수 있다. 즉, $\boldsymbol{u} = (x_1, x_2, x_3) = (x_1\boldsymbol{e_1} + x_2\boldsymbol{e_2} + x_3\boldsymbol{e_3})$이다. 선형결합에 대해서는 다음 장에서 자세히 다룰 것이다.

【예제 5-5】

주어진 벡터 $\boldsymbol{u} = (-3, 4)$에 대해 방향이 같은 단위벡터를 구하시오.

| 풀이 |

$\boldsymbol{u} = (-3, 4)$와 방향이 같은 단위벡터를 앞에서 주어진 방식에 의해 구해본다.

$$\frac{\boldsymbol{u}}{\|\boldsymbol{u}\|} = \frac{(-3, 4)}{\sqrt{(-3)^2 + 4^2}} \qquad \text{(단위벡터 공식)}$$

$$= \frac{(-3, 4)}{5} \qquad \text{(벡터크기 계산)}$$

$$= \left(-\frac{3}{5}, \frac{4}{5}\right) \qquad \text{(벡터의 스칼라 곱)}$$

■

3. 직교(orthogonal)

직교에 관한 정의

R^n의 두 벡터 $\boldsymbol{u}$와 $\boldsymbol{v}$가 $\boldsymbol{u} \cdot \boldsymbol{v} = 0$을 만족하면 $\boldsymbol{u}$와 $\boldsymbol{v}$는 **직교한다**라고 한다.

【예제 5-6】

두 벡터 $\boldsymbol{u}, \boldsymbol{v}$가 다음과 같이 주어졌을 때 $\boldsymbol{u}$와 $\boldsymbol{v}$가 서로 직교함을 보이시오.

$\boldsymbol{u} = (4, 1, 2), \boldsymbol{v} = (1, 0, -2)$

| 풀이 |

두 벡터가 직교한다는 것을 보이기 위해서는 두 벡터의 내적이 0이 된다는 것을 보이면 된다.

$$\begin{aligned}\boldsymbol{u} \cdot \boldsymbol{v} &= (4, 1, 2) \cdot (1, 0, -2) \\ &= (4)(1) + (1)(0) + (2)(-2) \\ &= 4 + 0 - 4 = 0\end{aligned}$$

■

피타고라스의 정리(Pythagoras theorem)

R^n의 두 벡터 $\boldsymbol{u}$와 $\boldsymbol{v}$가 서로 직교하면, $\|\boldsymbol{u}+\boldsymbol{v}\|^2 = \|\boldsymbol{u}\|^2 + \|\boldsymbol{v}\|^2$이 성립하는데, 이를 **피타고라스의 정리**라고 한다.

증명

$$\begin{aligned}\|\boldsymbol{u}+\boldsymbol{v}\|^2 &= (\boldsymbol{u}+\boldsymbol{v}) \cdot (\boldsymbol{u}+\boldsymbol{v}) \\ &= \|\boldsymbol{u}\|^2 + \|\boldsymbol{v}\|^2 + 2\boldsymbol{u} \cdot \boldsymbol{v}\end{aligned} \qquad \text{(배분법칙 및 교환법칙)}$$

이다. 그런데 $\boldsymbol{u}$와 $\boldsymbol{v}$는 서로 직교하므로 직교의 정의에 의하여 $\boldsymbol{u} \cdot \boldsymbol{v} = 0$이다. 그러므로 $\|\boldsymbol{u}+\boldsymbol{v}\|^2 = \|\boldsymbol{u}\|^2 + \|\boldsymbol{v}\|^2$이 성립한다.

투사(projection)

서로 평행이 아닌 두 벡터 $\boldsymbol{u}$와 $\boldsymbol{v}$가 주어졌을 때, 벡터 $\boldsymbol{u}$를 벡터 $\boldsymbol{v}$ 위로 직각으로 빛을 비추게 되

면 $\boldsymbol{u}$의 그림자가 $\boldsymbol{v}$ 위에 드리워진다. 이 그림자, 즉 벡터 $\boldsymbol{v}$ 위에 투사된 벡터 $\boldsymbol{u}$의 투사체를 벡터 $\boldsymbol{p} = c\boldsymbol{v}$로 놓는다. 그러면, $\boldsymbol{u} - \boldsymbol{p}$와 $\boldsymbol{v}$는 서로 직교하며 내적은 0이 된다.

그림 5-9 ▌ 벡터의 투사체

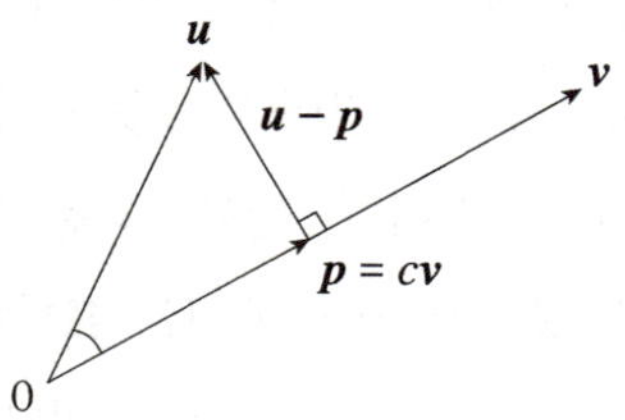

【예제 5-7】

앞에서 주어진 바와 같이 $\boldsymbol{u}$에서 $\boldsymbol{v}$로 투사하여 만들어진 벡터 $\boldsymbol{p}$를 벡터 $\boldsymbol{u}$와 $\boldsymbol{v}$를 이용하여 구하시오.

| 풀이 |

$(\boldsymbol{u} - \boldsymbol{p}) \cdot \boldsymbol{v} = \boldsymbol{u} \cdot \boldsymbol{v} - c\boldsymbol{v} \cdot \boldsymbol{v} = 0$

$\therefore c = \dfrac{\boldsymbol{u} \cdot \boldsymbol{v}}{\boldsymbol{v} \cdot \boldsymbol{v}}$

그러면, $\boldsymbol{u}$에서 $\boldsymbol{v}$로 투사한 벡터 $\boldsymbol{p} = c\boldsymbol{v} = \dfrac{\boldsymbol{u} \cdot \boldsymbol{v}}{\boldsymbol{v} \cdot \boldsymbol{v}}\boldsymbol{v}$를 구할 수 있다. ■

【예제 5-8】

두 벡터 $\boldsymbol{u}, \boldsymbol{v}$가 $\boldsymbol{u} = (1, 3)$, $\boldsymbol{v} = (3, 1)$과 같이 주어졌을 때, 벡터 $\boldsymbol{u}$를 벡터 $\boldsymbol{v}$ 위에 투사한 결과로 만들어진 벡터 $\boldsymbol{p}$를 구하고, $\boldsymbol{u} - \boldsymbol{p}$를 구하시오.

| 풀이 |

주어진 두 벡터 $\boldsymbol{u} = (1, 3)$, $\boldsymbol{v} = (3, 1)$에 대해 $\boldsymbol{p}$를 구하면,

$\boldsymbol{p} = \dfrac{\boldsymbol{u} \cdot \boldsymbol{v}}{\boldsymbol{v} \cdot \boldsymbol{v}}\boldsymbol{v} = \dfrac{3+3}{9+1}(3, 1) = \dfrac{6}{10}(3, 1) = \dfrac{3}{5}(3, 1) = \left(\dfrac{9}{5}, \dfrac{3}{5}\right)$이다.

따라서, $\boldsymbol{u} - \boldsymbol{p} = (1, 3) - \left(\dfrac{9}{5}, \dfrac{3}{5}\right) = \left(-\dfrac{4}{5}, \dfrac{12}{5}\right)$이다. ■

5.3 경제경영 · 금융 예제

【예제 5-9】 벡터를 활용한 투자비중과 예상수익률의 표시

'재산3분법' 은 재산을 한 가지 자산에 집중하지 않고 부동산 · 금융자산 · 은행예금 등으로 분산하여 관리하는 방법을 말하는데 사람마다 성격이 다르듯이 투자성향도 다르기 때문에 세 가지 자산에 대한 투자비중도 사람마다 다를 것이다. 만약 A라는 사람의 세 자산에 대한 투자비중을 각각 50%, 30%, 20%라 할 때 이번 장에서 배운 벡터로 표현하면 A의 부동산 · 금융자산 · 은행예금에 대한 투자비중 벡터는 (50, 30, 20)으로 표현할 수 있다.

벡터를 이용하여 주어진 정보를 표현하는 금융분야의 예를 하나 더 들어보기로 한다. 금융자산 중에서 대표적인 자산은 역시 주식(stock)이다. 주식의 경우에는 투자에 따른 수익률이 고정된 것이 아니라 향후 기업과 시장 상황에 따라 여러 가지 수익률이 발생할 수 있다. 예를 들어, S전자의 주식이 시장상황이 좋을 경우에는 1년간 수익률이 30%, 그냥 그럴 경우에는 10%, 또 시장 상황이 별로 안 좋을 경우에는 −20%가 예상된다고 할 때, 이와 같은 예상수익률 정보를 벡터를 이용하여 간명하게 표현할 수 있다.

S전자의 향후 1년간 예상수익률(%)을 나타내는 3차원 벡터를 $\boldsymbol{R}_S=(R_1, R_2, R_3)$라고 하면 주어진 정보는 $\boldsymbol{R}_S=(30, 10, -20)$으로 표시할 수 있다. 또한 H자동차 주식이 시장 상황이 좋을 경우에는 1년간 수익률이 25%, 그냥 그럴 경우에는 8%, 또 시장 상황이 별로 좋지 않은 경우에는 −15%가 예상된다고 하자. H자동차의 향후 1년간 예상수익률(%)을 나타내는 3차원 벡터를 $\boldsymbol{R}_H$라고 하면 $\boldsymbol{R}_H=(25, 8, -15)$로 표현된다.

이제 S전자 주식과 H자동차 주식에 반반씩 투자하여 포트폴리오를 형성하는 경우 포트폴리오의 예상수익률 벡터는 어떻게 구할 수 있을까? 앞에서 배운 '좌표를 이용한 벡터의 합' 성질과 '스칼라 곱' 성질을 이용하면 두 주식으로 이루어진 포트폴리오의 예상수익률 벡터를 표현할 수 있다. 포트폴리오의 향후 1년간 예상수익률(%)을 나타내는 3차원 벡터를 $\boldsymbol{R}_P$라고 하면,

$$
\begin{aligned}
\boldsymbol{R}_P &= 0.5\times\boldsymbol{R}_S + 0.5\times\boldsymbol{R}_H \\
&= 0.5\times(30, 10, -20) + 0.5\times(25, 8, -15) \\
&= (15, 5, -10) + (12.5, 4, -7.5) \text{ (스칼라 곱 성질)} \\
&= (27.5, 9, -17.5) \text{ (좌표를 이용한 벡터의 합 성질)}
\end{aligned}
$$

임을 알 수 있다. ■

【예제 5-10】 벡터의 내적을 활용한 포트폴리오 수익률의 표시

n개의 자산에 투자할 경우 각 자산에 대한 투자비중을 $w_1, w_2, \cdots, w_n$이라 하고 각 자산의 수익률을 $R_1, R_2, \cdots, R_n$이라 하면 n개의 자산으로 이루어진 포트폴리오의 수익률은 다음과 같이 표시된다.

$$\begin{aligned} R_P &= w_1 \times R_1 + \cdots + w_n \times R_n \\ &= \sum_{i=1}^{n} w_i R_i \end{aligned} \tag{5.1}$$

그런데 $\boldsymbol{w} = (w_1, w_2, \cdots, w_n)$벡터라 하고 $\boldsymbol{R} = (R_1, R_2, \cdots, R_n)$벡터로 정의하면 식 (5.1)에서 확인할 수 있듯이 포트폴리오의 수익률은 결국 벡터 $\boldsymbol{w}$와 $\boldsymbol{R}$의 내적임을 알 수 있다. ■

【예제 5-11】 코시-슈바르츠 부등식의 활용

첫 번째 해의 수익률이 20%이고 그 다음 두 번째 해의 수익률이 −10%라면 두 해를 평균한 연평균수익률은 얼마일까? 당연히 두 수익률을 더한 다음 2로 나눠준 5%라고 답할 것이다. 그런데 이렇게 구한 평균수익률은 평균을 구하는 여러 방법 중 한 가지 방법으로 **산술평균**(arithmetic mean)이라 불린다. 평균수익률을 구하는 다른 방법으로 **기하평균**(geometric mean)도 있는데 이 방법은 첫해의 수익률이 두 번째 해의 수익률로 재투자되는 것이기 때문에 복리계산(compounding)을 고려하는 방식이다. 앞의 예에서 기하평균 방식으로 연평균수익률을 구하면 다음과 같다.

$$\begin{aligned} (1+\bar{r}_g)^2 &= (1+0.2)(1-0.1) = 1.08 \\ \bar{r}_g &= \sqrt{1.08} - 1 = 0.039 \end{aligned}$$

따라서 기하평균은 3.9%가 되는데 이는 산술평균으로 구한 값인 5%보다 작다. 기하평균값은 산술평균값보다 항상 작은데 이는 이번 장에서 학습한 코시-슈바르츠 부등식을 이용하여 확인할 수 있다.

$|\boldsymbol{u} \cdot \boldsymbol{v}| \le \|\boldsymbol{u}\| \, \|\boldsymbol{v}\|$ (코시-슈바르츠 부등식)

$\boldsymbol{u} = (1,1)$, $\boldsymbol{v} = (\sqrt{a}, \sqrt{b})$라 하면(단, $a, b \ge 0$),

$|\boldsymbol{u} \cdot \boldsymbol{v}| = |\sqrt{a} + \sqrt{b}|$, $\|\boldsymbol{u}\| = \sqrt{1^2 + 1^2}$, $\|\boldsymbol{v}\| = \sqrt{a+b}$

코시-슈바르츠 부등식을 제곱하면,

$(\sqrt{a} + \sqrt{b})^2 \leq (1^2 + 1^2)(a+b)$

$a + b + 2\sqrt{ab} \leq 2a + 2b$

$2\sqrt{ab} \leq a + b$

$\sqrt{ab} \leq \frac{a+b}{2}$

이제 첫해 수익률을 R_1, 둘째 해 수익률을 R_2라 하고, $a = 1 + R_1$, $b = 1 + R_2$라 하면, 일반적으로 수익률은 −1보다 작을 수 없기 때문에 $a, b \geq 0$ 조건을 만족한다. 또한 위의 식은

$$\sqrt{(1+R_1)(1+R_2)} \leq \frac{(1+R_1)+(1+R_2)}{2}$$

$$\sqrt{(1+R_1)(1+R_2)} - 1 \leq \frac{(1+R_1)+(1+R_2)}{2} - 1 = \frac{R_1 + R_2}{2}$$

따라서 기하평균≤산술평균임을 알 수 있다. ■

재미있는 수학 이야기

수(數)란 수 개념을 말하는 것이고 숫자란 수를 나타내는 데 사용되는 기호를 말한다. 말하자면 연필 두 자루와 개 두 마리를 모두 둘이라고 개념화할 때 둘은 수이고, 이것을 아라비아 숫자로 표현한 것이 2라는 숫자이다. 아라비아 숫자는 0, 1, 2, 3, 4, 5, 6, 7, 8, 9 총 10가지인데, 예를 들어 일천삼십일이라는 수 개념을 1031로 표현한다.

역사상 여러 숫자가 만들어져 왔다. 초기 인류들이 제일 먼저 발명한 숫자는 가축의 수 등을 동물의 뼈 따위에 빗금을 그어 새긴 것이라고 한다. 그러나 이런 숫자는 수의 크기가 커지면 복잡해지고 쉽게 알아보기도 힘들다. 그래서 문명사회로 오면서 여러 가지 기호 숫자가 만들어졌는데 모두 그것을 발명한 사람들의 수에 대한 독특한 생각을 반영하고 있다.

아라비아숫자	1	2	3	4	5	6	10	50	100	500	1000
바빌로니아 숫자	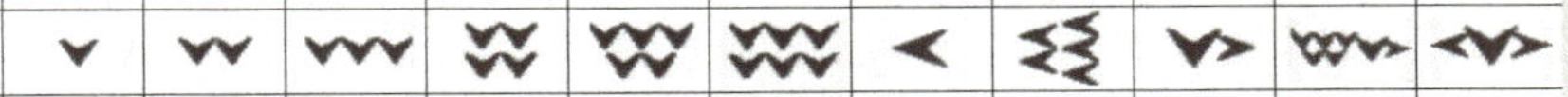										
이집트 숫자											
로마 숫자	I	II	III	IV	V	VI	X	L	C	D	M
한자 숫자	一	二	三	四	五	六	十	五十	百	五百	千

(1) 바빌로니아 숫자 : 기원전 2000년쯤부터 기원전 200년쯤까지 메소포타미아 지방에서 사용된 숫자이다. 바빌로니아인은 점토판에 철필로 긁어 만든 쐐기 모양의 표시로 숫자를 나타냈다. 60진법을 사용하였고 자릿수의 원리가 도입되었으나 0의 개념이 없어서 수를 정확히 표현하기가 어렵다.

(2) 이집트 숫자 : 이집트에서는 기원전 3400년 이전에 상형문자가 사용되었다. 상형문자로 기호를 만들고 배열하여 수를 표시하였다. 10진법을 사용하였으나 자릿수가 올라갈 때마다 새로운 그림문자를 만들고 기호를 반복하여 나타내야 하므로 표현이 불편하다.

(3) 로마 숫자 : 실용적인 로마인들은 그리스 숫자를 받아들여 발전시켜 로마 숫자를 만들었다. 5진법과 10진법을 사용하였는데, 계산은 불편하여서 아바쿠스라는 계산기로 하고 그 결과를 기록하는 데에만 사용했다고 한다.

(4) 한자 숫자 : 한자의 일부분인 한자 숫자는 이집트 숫자와 마찬가지로 상형문자이다. 10진법을 이용하지만 0과 자릿수의 개념이 없어서 여전히 계산에는 적당하지 못했다. 주판 등의 계산기를 이용하여 그러한 불편을 극복했다.

(5) 아라비아 숫자 : 기원전부터 인도에서 사용되었다고 하며, 12세기쯤 아라비아를 거쳐 유럽에 전해졌기 때문에 인도 · 아라비아 숫자라고도 한다. 오늘날 전 세계 대부분의 나라에서 사용되는 상용 숫자이다. 10진법을 이용하고 0과 자릿수의 개념이 확립되어 있다.

(출처 : http://cafe.daum.net/flowrite/수학과게시판에 있는 글 참조 편집)

연습문제

01 두 벡터 $\boldsymbol{v}$와 $\boldsymbol{u}$는 서로 직교하는 벡터이다. 이때, $\|\boldsymbol{v}\| = 3$이고 $\|\boldsymbol{u}\| = 2$라면 $\|\boldsymbol{v} + \boldsymbol{u}\|$의 값은?

02 두 개의 벡터 $\boldsymbol{u} = (-3, 1, 2)$와 $\boldsymbol{v} = (-1, 1, 2)$의 유클리드 거리와 내적을 각각 구하시오.

03 다음 내용이 맞으면 참, 틀리면 거짓으로 답하시오.
① 두 개의 벡터 $\boldsymbol{u} = (2, 1, 3)$, $\boldsymbol{v} = (1, 1, -2)$에 대하여 두 벡터의 유클리드 거리는 $\sqrt{26}$이다.
② 벡터 $\boldsymbol{v} = (-1, -2, 2)$와 직각인 단위벡터에는 $\frac{1}{3}(2, 2, 1)$가 있다.

04 벡터 $\boldsymbol{v} = (1, 2, -2)$의 길이를 구하고 $\boldsymbol{v}$와 방향이 반대인 단위벡터를 구하시오.

05 벡터 $\boldsymbol{u} = (8, -2x, x)$, $\boldsymbol{v} = (2, 4, x)$가 직교일 경우 x의 값은?

06 벡터 $\boldsymbol{u} = (2, -2, 1)$, $\boldsymbol{v} = (2, 3, 2)$의 사잇각의 코사인값을 구하시오.

07 다음에 주어진 벡터들이 서로 직교하는지 판단하고 만일 직교가 아니라면 주어진 벡터 $\boldsymbol{u}$에 대해 직교가 되는 벡터 $\boldsymbol{v}$를 찾으시오.
① $\boldsymbol{u} = (-1, 4)$, $\boldsymbol{v} = (8, 2)$
② $\boldsymbol{u} = (3, 2, -7)$, $\boldsymbol{v} = (4, 1, 3)$

08 두 벡터 $\boldsymbol{u} = (1, \sqrt{3})$, $\boldsymbol{v} = (2, 0)$가 그림과 같이 있다.

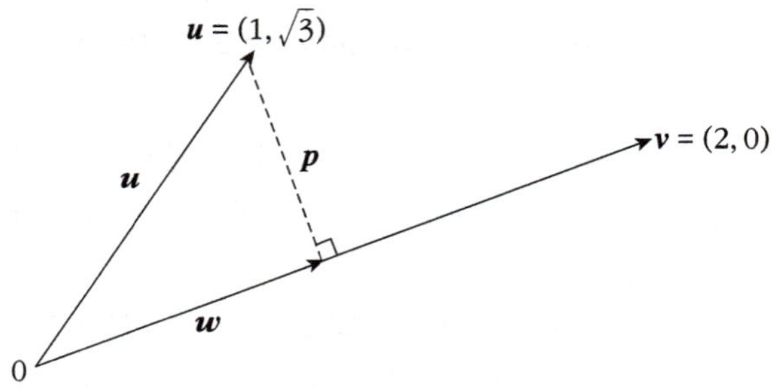

벡터 $\boldsymbol{u} = (1, \sqrt{3})$을 벡터 $\boldsymbol{v} = (2, 0)$ 위에 투사하여 얻은 벡터를 $\boldsymbol{w}$라고 하고, $\boldsymbol{p} = \boldsymbol{u} - \boldsymbol{w}$라고 할 때 $\|\boldsymbol{w} + \boldsymbol{p}\|$ 값은?

09 주어진 삼각형의 각 꼭지점을 A, B, C라고 했을 때, 다음 중 맞지 않은 것은?(아래에서 $\overrightarrow{AB}$는 점 A에서 점 B로의 벡터를 의미한다)

① 각 $\angle B$가 직각이면 $\overrightarrow{BA} \cdot \overrightarrow{BC} = 0$이다.

② $\overrightarrow{BA} \cdot \overrightarrow{BC} = 0$일 때 $\|\overrightarrow{BA}\|^2 = \|\overrightarrow{BC}\|^2 + \|\overrightarrow{AC}\|^2$이다.

③ $\overrightarrow{AB} \cdot \overrightarrow{AC}$, $\overrightarrow{BA} \cdot \overrightarrow{BC}$, $\overrightarrow{CA} \cdot \overrightarrow{CB}$ 중 적어도 2개는 양수 값을 갖는다.

④ $\|\overrightarrow{AC}\| \le \|\overrightarrow{BA}\| + \|\overrightarrow{BC}\|$

10 A마켓에서는 n가지의 상품 $T_i, i = 1, 2, \cdots, n$을 판매하고 있다. 현재 진열되어 있는 각 상품 T_i의 개수를 q_i, 판매가격을 p_i로 놓았을 때 현재 진열되어 있는 상품을 모두 팔았을 때 총 매출액을 나타낸 것은? 단, $\boldsymbol{T}, \boldsymbol{Q}, \boldsymbol{P}$는 각각 벡터 $\boldsymbol{T} = (T_1, T_2, \cdots, T_n)$, $\boldsymbol{Q} = (q_1, q_2, \cdots, q_n)$, $\boldsymbol{P} = (p_1, p_2, \cdots p_n)$을 나타낸다.

① $\boldsymbol{Q} + \boldsymbol{P}$　　② $\boldsymbol{Q} \times \boldsymbol{P}$　　③ $\|\boldsymbol{P}\|\|\boldsymbol{Q}\|$　　④ $\boldsymbol{Q} \cdot \boldsymbol{P}$

11 벡터공간 R^n 위의 벡터 $\boldsymbol{v} = (x_1, x_2, \cdots, x_n)$에 대해 다음 중 그 값이 다른 하나는?

① $\|\boldsymbol{v}\|^2$　　② $\boldsymbol{v} \cdot \boldsymbol{v}$　　③ $x_1^2 + x_2^2 + \cdots + x_n^2$　　④ $|\boldsymbol{v}^2|$

12 주어진 두 개의 벡터 $\boldsymbol{u}$와 $\boldsymbol{v}$에 대해 각각의 크기는 $\|\boldsymbol{u}\| = 2$이고 $\|\boldsymbol{v}\| = 3$이다. 또한 두 벡터의 사잇각은 $60°$이다. 이때 두 벡터의 내적(유클리드내적) $\boldsymbol{u} \cdot \boldsymbol{v}$를 구하시오.

13 서로 직각인 두 개의 벡터 $\boldsymbol{u}$와 $\boldsymbol{v}$에 대해 $\|\boldsymbol{u} + \boldsymbol{v}\| = \|\boldsymbol{u} - \boldsymbol{v}\|$임을 보이시오.

14 R^3상에서 주어진 평면 S는 점 (1,0,0)을 포함하는데 이 평면 S와 벡터 (1,1,1)는 직각이다. 이 평면의 식을 구하시오(일반적인 평면의 식은 $ax + by + cz = d$이다).

15 건국이는 여유자금을 은행예금에 70%, 펀드에 30%씩 투자하려고 한다. 펀드의 경우 시장 상황이 좋을 경우에는 1년간 수익률이 15%, 시장 상황이 별로 좋지 않은 경우에는 −15%가 예상된다고 하자. 은행예금은 시장 상황에 관계없이 1년간 5%의 예금이자를 지급한다고 한다. 건국이의 포트폴리오 수익률을 은행예금과 펀드의 수익률 벡터를 이용하여 표현하시오.

16 우산사업과 음료사업의 경우 날씨에 따라 다음과 같은 수익률(1년)이 예상된다고 하자. 비오는 계절과 청명한 계절이 반반이라고 가정할 때 우산사업과 음료사업의 기대수익률과 표준편차를 구하시오.

구분	우산사업	음료사업
비오는 계절	50%	−25%
청명한 계절	−25%	50%

17 16번 문제에서 우산사업과 음료사업에 절반씩 분산투자하는 경우 수익률 벡터를 구하시오. 단, 수익률 벡터의 첫 번째 원소는 비오는 계절에 해당하는 값이고, 두 번째 원소는 청명한 계절에 해당하는 값을 의미한다.

18 17번 문제에서 구한 수익률 벡터의 기대수익률과 표준편차를 구하고 이를 해석해보시오.

19 양건이는 자신의 재산을 부동산, 주식, 은행예금에 각각 70%, 20%, 10%씩 분할하여 운용하고 있다. 또한 양건이는 향후 1년간 부동산, 주식, 은행예금의 수익률을 각각 5%, 10%, 1%로 예상하고 있다. 앞에 주어진 재산 포트폴리오의 구성비중과 포트폴리오의 예상수익률을 벡터 $\boldsymbol{w}$와 벡터 $\boldsymbol{R}$로 표현해보시오. 또한 양건이 포트폴리오의 향후 1년간 예상수익률을 벡터의 내적 공식을 사용하여 구해보시오.

20 첫해 수익률이 10%, 둘째 해 수익률이 20%, 셋째 해 수익률이 30%로 제시된 상품이 있다. 이 상품의 연평균 수익률을 산술평균방식과 기하평균방식으로 각각 구하고 코시-슈바르츠 부등식이 성립함을 보이시오.

CHAPTER

06 벡터공간과 응용

우리가 앞 장에서 배운 **유클리드공간**(Euclidean space)인 R^n은 약 BC 300년에 그리스 수학자 유클리드가 평면과 공간상에서 거리와 각도 사이의 관계를 연구한 것을 일반화한 것이다. 이 일반화는 좌표계를 도입하여 유클리드가 생각했던 거리와 각도를 임의의 차원의 공간으로 확장한 것이다.

뿐만 아니라 앞 장에서 유클리드공간에서의 벡터에 대해서도 알아보았다. 그것이 우리가 흔히 알고 있는 벡터의 모습이다. 그런데 그와 같은 벡터로부터 덧셈과 스칼라 곱에 관련된 성질만을 뽑아서 추상적이고 보다 일반적인 **대수적 구조**[01]를 가진 **벡터공간**(vector space)을 정의할 수 있다. 유클리드공간을 추상화, 일반화한 것이 벡터공간이므로 유클리드공간은 벡터공간의 예가 된다. 이제 벡터공간에 대해서 좀 더 자세히 살펴보도록 하자.

6.1 벡터공간

n차원 유클리드공간 R^n상의 벡터가 가지고 있는 중요한 성질을 선별하여 **공리**(axiom)로 삼고, 이들 공리를 만족하는 일반화된 벡터들의 집합을 **벡터공간**(vector space)이라 하는데, 벡터공간을 정의하기 위해서는 먼저 이항연산의 개념을 이해해야 한다.

---

01 대수적 구조(algebraic structure)란 집합과 연산을 같이 묶어 생각하는 수학적 개념을 말한다.

1. 이항연산의 개념

어떤 집합 S상에서 각 순서쌍 (a, b)에 어떤 적당한 S의 원소 c를 대응시키는 규칙을 **이항연산**이라고 한다. 그러나 주의해야 할 점은 이항연산에서 순서쌍의 순서가 바뀌면 서로 다른 값을 가지게 된다는 것이다. 즉, $(a, b) \neq (b, a)$이다. 이때 이항연산을 나타내는 기호 $*$ 대신 필요에 따라 $+$, $\times$, $\circ$, $\cdot$ 등을 사용할 수 있다.

【예제 6-1】

$a, b \in R$에 대하여 이항연산 $*$을 $a * b = 2a + b$로 정의하고 $\circ$를 $a \circ b = a + ab$로 정의할 때 다음 각 값을 구하시오.

(1) $2 * 3$ (2) $2 \circ 3$ (3) $3 * 2$ (4) $3 \circ 2$ (5) $0 \circ 2$

| 풀이 |

(1) $2 * 3 = 2 \cdot 2 + 3 = 7$

(2) $2 \circ 3 = 2 + 2 \cdot 3 = 8$

(3) $3 * 2 = 2 \cdot 3 + 2 = 8$

(4) $3 \circ 2 = 3 + 3 \cdot 2 = 9$

(5) $0 \circ 2 = 0 + 0 \cdot 2 = 0$ ■

2. 벡터와 벡터공간의 정의

V가 이항연산 합(addition) $+$과 스칼라 곱(scalar multiplication) $\cdot$ 이 정의된 공집합이 아닌 집합이라고 하자. 만일 V가 다음에 나오는 덧셈에 관한 공리와 스칼라 곱에 관한 공리를 만족하면 이 $\boldsymbol{V}$를 **벡터공간**이라 하고, $\boldsymbol{V}$의 원소를 **벡터**라 부른다.

덧셈에 관한 공리(axioms for addition)

(1) **(닫힘)** 모든 $\boldsymbol{u}, \boldsymbol{v} \in \boldsymbol{V}$에 대하여 $\boldsymbol{u} + \boldsymbol{v} \in \boldsymbol{V}$이다.

(2) **(교환법칙)** 모든 $\boldsymbol{u}, \boldsymbol{v} \in \boldsymbol{V}$에 대하여 $\boldsymbol{u} + \boldsymbol{v} = \boldsymbol{v} + \boldsymbol{u}$이다.

(3) **(결합법칙)** 모든 $\boldsymbol{u}, \boldsymbol{v}, \boldsymbol{w} \in \boldsymbol{V}$에 대하여 $(\boldsymbol{u} + \boldsymbol{v}) + \boldsymbol{w} = \boldsymbol{u} + (\boldsymbol{v} + \boldsymbol{w})$이다.

(4) **(항등원)** 모든 $\boldsymbol{u} \in \boldsymbol{V}$에 대하여 $\boldsymbol{0} + \boldsymbol{u} = \boldsymbol{u} + \boldsymbol{0} = \boldsymbol{u}$를 만족하는 원소 $\boldsymbol{0}$이 $\boldsymbol{V}$에 존재한다.

(5) **(역원)** 모든 $\boldsymbol{u} \in \boldsymbol{V}$에 대하여 $\boldsymbol{u} + (-\boldsymbol{u}) = \boldsymbol{0}$을 만족하는 원소 $-\boldsymbol{u} \in \boldsymbol{V}$가 존재한다.

스칼라 곱에 관한 공리(axioms for scalar multiplication)

(6) **(닫힘)** 모든 스칼라 α에 대하여, $\boldsymbol{u} \in \boldsymbol{V}$이면 $\alpha\boldsymbol{u} \in \boldsymbol{V}$이다.

(7) **(벡터에 대한 배분법칙)** 모든 스칼라 α와 모든 $\boldsymbol{u}, \boldsymbol{v} \in \boldsymbol{V}$에 대하여 $\alpha(\boldsymbol{u} + \boldsymbol{v}) = \alpha\boldsymbol{u} + \alpha\boldsymbol{v}$이다.

(8) **(스칼라에 대한 배분법칙)** 모든 스칼라 α, β와 모든 $\boldsymbol{u} \in \boldsymbol{V}$에 대하여 $(\alpha + \beta)\boldsymbol{u} = \alpha\boldsymbol{u} + \beta\boldsymbol{u}$이다.

(9) **(결합법칙)** 모든 스칼라 α, β와 모든 $\boldsymbol{u} \in \boldsymbol{V}$에 대하여 $\alpha(\beta\boldsymbol{u}) = (\alpha\beta)\boldsymbol{u}$이다.

(10) **(항등원)** 모든 $\boldsymbol{u} \in \boldsymbol{V}$에 대하여 $1\boldsymbol{u} = \boldsymbol{u}$인 스칼라 값 1이 존재한다.

【예제 6-2】

n보다 차수가 낮거나 같고 계수가 실수인 모든 다항식의 집합 P^n이 벡터공간임을 증명하시오.

ı 풀이 ı

n차 다항식의 집합 P^n을 표현해보면 다음과 같다. $P^n = \{a_0 + a_1x + a_2x^2 + \cdots + a_nx^n \mid a_0, a_1, a_2, \cdots, a_n \in R\}$. 이 집합 P^n에 속한 임의의 두 원소 $u = a_0 + a_1x + a_2x^2 + \cdots + a_nx^n$와 $v = b_0 + b_1x + b_2x^2 + \cdots + b_nx^n$ 그리고 임의의 스칼라 값 α에 대해 덧셈과 스칼라 곱을 다음과 같이 정의한다.

$$\begin{aligned} \boldsymbol{u} + \boldsymbol{v} &= (a_0 + a_1x + a_2x^2 + \cdots + a_nx^n) + (b_0 + b_1x + b_2x^2 + \cdots + b_nx^n) \\ &= (a_0 + b_0) + (a_1 + b_1)x + (a_2 + b_2)x^2 + \cdots + (a_n + b_n)x^n \\ \alpha\boldsymbol{u} &= \alpha(a_0 + a_1x + a_2x^2 + \cdots + a_nx^n) = \alpha a_0 + \alpha a_1x + \alpha a_2x^2 + \cdots + \alpha a_nx^n \end{aligned}$$

그러면 덧셈에 관한 공리 (1), (2), (3)과 스칼라 곱에 관한 공리 (6), (7), (8), (9), (10)이 성립한다는 것은 직접적인 계산에 의해 바로 알 수 있다. 또한, P^n의 원소 중에서 계수가 모두 0인 n차 다항식 $0 = 0 + 0 \cdot x + 0 \cdot x^2 + \cdots + 0 \cdot x^n$를 정의하여 0이 덧셈에 관한 공리 (4)를 만족하는 덧셈에 관한 항등원이 된다는 것을 보일 수 있다. P^n의 각 원소 $u = a_0 + a_1x + a_2x^2 + \cdots + a_nx^n$에 대해 $-u = -a_0 + (-a_1)x + (-a_2)x^2 + \cdots + (-a_n)x^n$가 덧셈에 관한 공리 (5)를 만족하는 역원이 됨을 볼 수 있으며, 1은 스칼라 곱에 관한 공리 (10)을 만족하는 스칼라 곱에 관한 항등원이 됨을 알 수 있다. ■

한편, 어떤 집합이 앞에서 나온 덧셈에 관한 공리 5개나 스칼라 곱에 관한 공리 5개 중에서 한 개라도 만족하지 않는 것이 있다면, 그 집합은 벡터공간이 될 수 없다.

【예제 6-3】

삼중 순서쌍의 집합인 $V=\{(x,y,z) \mid x,y,z \in R\}$에 대해 이항연산 $+$, $\cdot$ 이 $(x_1,y_1,z_1)+(x_2,y_2,z_3)=(x_1+x_2,y_1+y_2,z_1+z_2)$과 $c\cdot(x,y,z)=(cx,y,z)$로 정의되었을 경우 V가 벡터공간이 되는가를 밝히시오.

| 풀이 |

집합 V가 벡터공간이기 위해서는 위에서 정의한 덧셈에 관한 공리 (1), (2), (3), (4), (5)와 스칼라 곱에 관한 공리 (6), (7), (8), (9), (10)을 만족해야 한다. 그러므로 집합 V가 벡터공간임을 보이기 위해서는 위의 10개의 공리를 모두 만족하는지를 보여야 한다. 우선, 집합 V가 공리 (1), (2), (3), (4), (5), (6), (7)을 만족함은 쉽게 보일 수 있다. 그러나 스칼라 곱에 관한 공리 (8)을 만족하는지를 확인해보면, $(\alpha+\beta)\cdot(x,y,z)=((\alpha+\beta)x,y,z)$ 이지만, $\alpha\cdot(x,y,z)+\beta\cdot(x,y,z)=(\alpha x,y,z)+(\beta x,y,z)=(\alpha x+\beta x,y+y,z+z)=((\alpha+\beta)x,2y,2z)$ 이 되며, (8)은 성립하지 않는다. 한편, 스칼라 곱에 관한 공리 (9)와 (10)은 만족한다. 따라서 V는 위의 10가지 공리내용 중에서 8번째 내용을 만족하지 않으므로 벡터공간이 아니다. ■

6.2 선형결합

임의의 k개의 벡터 $\boldsymbol{v}_1,\boldsymbol{v}_2,\cdots,\boldsymbol{v}_k$를 임의의 k개의 실수(스칼라) $a_1,\cdots,a_k$와 선형결합을 하여 $a_1\boldsymbol{v}_1+\cdots+a_k\boldsymbol{v}_k$의 형태로 만들면 $a_1\boldsymbol{v}_1+\cdots+a_k\boldsymbol{v}_k$는 $\boldsymbol{v}_1,\boldsymbol{v}_2,\cdots,\boldsymbol{v}_k$의 **선형결합(또는 1차결합 : linear combination)**이라고 부른다. 이때 k개의 벡터 $\boldsymbol{v}_1,\boldsymbol{v}_2,\cdots,\boldsymbol{v}_k$들의 선형결합으로 이루어진 집합 $\{a_1\boldsymbol{v}_1+\cdots+a_k\boldsymbol{v}_k\}$은 벡터공간 $\boldsymbol{V}$의 부분공간이다. 또한, 이렇게 선형결합으로 이루어진 공간은 벡터 $\boldsymbol{v}_1,\boldsymbol{v}_2,\cdots,\boldsymbol{v}_k$에 의해 **스팬되었다(spanned)**고 한다.

1. 스팬(span)

$S=\{\boldsymbol{v}_1, \boldsymbol{v}_2, \cdots, \boldsymbol{v}_k\}$를 R^n에 속하는 임의의 k개의 벡터들의 집합이라고 하자. $\boldsymbol{Span}(S)$는 $S=\{\boldsymbol{v}_1, \boldsymbol{v}_2, \cdots, \boldsymbol{v}_k\}$가 스팬하는 공간을 의미하며, $\boldsymbol{Span}(S)=\{\boldsymbol{v} \mid \boldsymbol{v}=\sum_{i=1}^{k} a_i \boldsymbol{v}_i, a_i \in R, \boldsymbol{v}_i \in R^n\}$으로 나타낼 수 있다(즉, $\boldsymbol{Span}(\{\boldsymbol{v}_1, \boldsymbol{v}_2, \cdots, \boldsymbol{v}_k\})=\{a_1\boldsymbol{v}_1+\cdots+a_k\boldsymbol{v}_k, a_i \in R, \boldsymbol{v}_i \in R^n\}$으로 표현된다).

[그림 6-1]에서 볼 수 있는 바와 같이 평면상에서 시점을 원점에 두고 있으며 동일직선상에 있지 않은 두 벡터 $\boldsymbol{v}_1$과 $\boldsymbol{v}_2$가 스팬하는 공간은 평면 자체가 된다.

그림 6-1 ▌ 벡터 v_1과 벡터 v_2가 스팬하는 공간

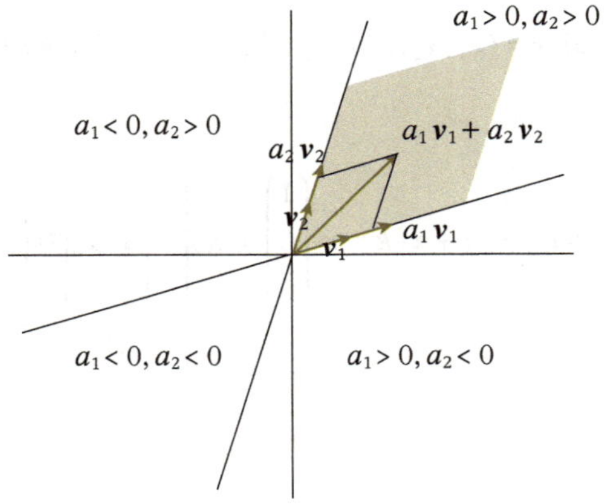

벡터공간의 차원(dimension of vector space)

벡터공간 $\boldsymbol{V}$를 스팬할 수 있는 벡터들의 집합 중에서 가장 적은 원소로 이루어진 집합의 원소의 개수를 벡터공간 $\boldsymbol{V}$의 **차원**이라고 한다.

평행한 두 벡터

주어진 벡터 $\boldsymbol{u}$에 스칼라 곱을 하여 그 결과로 벡터 $\boldsymbol{v}$가 만들어졌을 때, 벡터 $\boldsymbol{u}$와 벡터 $\boldsymbol{v}$는 서로 평행하다고 한다. 즉, 임의의 스칼라 α에 대하여 $\boldsymbol{v}=\alpha\boldsymbol{u}$이면 $\boldsymbol{u}$와 $\boldsymbol{v}$는 서로 평행이다. n차원 벡터 공간에서는 **서로 평행하지 않은** n개의 벡터를 선형결합하여 n차원 벡터공간을 만들 수 있다(스팬

할 수 있다).

【예제 6-4】

다음에 정의하는 벡터 $\boldsymbol{i}, \boldsymbol{j}, \boldsymbol{k}$는 벡터공간 R^3에 속하는 기초벡터이다.

$$\boldsymbol{i} = \begin{pmatrix} 1 \\ 0 \\ 0 \end{pmatrix},\ \boldsymbol{j} = \begin{pmatrix} 0 \\ 1 \\ 0 \end{pmatrix},\ \boldsymbol{k} = \begin{pmatrix} 0 \\ 0 \\ 1 \end{pmatrix}$$

이때 $\boldsymbol{i}, \boldsymbol{j}, \boldsymbol{k}$가 벡터공간 R^3를 스팬할 수 있음을 보이시오(즉, $\boldsymbol{i}, \boldsymbol{j}, \boldsymbol{k}$를 가지고 R^3공간상의 모든 벡터를 만들 수 있음을 보이시오).

| 풀이 |

R^3벡터공간상의 임의의 벡터 $x = (x_1, x_2, x_3)^T$는 다음과 같이 $\boldsymbol{i}, \boldsymbol{j}, \boldsymbol{k}$의 선형결합으로 표현할 수 있다.[02]

$$\boldsymbol{x} = x_1 \boldsymbol{i} + x_2 \boldsymbol{j} + x_3 \boldsymbol{k} = x_1 \begin{pmatrix} 1 \\ 0 \\ 0 \end{pmatrix} + x_2 \begin{pmatrix} 0 \\ 1 \\ 0 \end{pmatrix} + x_3 \begin{pmatrix} 0 \\ 0 \\ 1 \end{pmatrix} = \begin{pmatrix} x_1 \\ x_2 \\ x_3 \end{pmatrix}$$ ■

2. 선형독립과 선형종속

k개의 벡터 $\boldsymbol{v}_1, \boldsymbol{v}_2, \boldsymbol{v}_3, \cdots, \boldsymbol{v}_k$ 중에서 어느 한 개의 벡터도 다른 벡터들의 선형결합으로 만들어질 수 없을 때, 우리는 벡터 $\boldsymbol{v}_1, \boldsymbol{v}_2, \boldsymbol{v}_3, \cdots, \boldsymbol{v}_k$가 **선형독립(linearly independent)** 또는 **일차독립**이라고 한다. 따라서 $\boldsymbol{V}$에 속하는 벡터들 $\boldsymbol{v}_1, \boldsymbol{v}_2, \cdots, \boldsymbol{v}_k$가 **선형종속(linearly dependent)**이라는 것은 $\boldsymbol{v}_1, \boldsymbol{v}_2, \cdots, \boldsymbol{v}_k$ 중에서 일부 벡터들이 나머지 벡터들의 선형결합으로 만들어질 수 있다는 것이다.

벡터 $\boldsymbol{v}_1, \boldsymbol{v}_2, \cdots, \boldsymbol{v}_k$의 선형결합을 다음과 같이 영벡터로 놓았을 때, 이는 하나의 연립방정식이 된다.

---

02 행벡터(row vector)를 전치시키면(transpose) 열벡터(column vector)가 된다. 이에 대해서는 7장에서 자세히 다룰 것이다.

즉, $\boldsymbol{x} = (x_1, x_2, x_3)^T = \begin{pmatrix} x_1 \\ x_2 \\ x_3 \end{pmatrix}$가 된다.

$$x_1\mathbf{v}_1+x_2\mathbf{v}_2+\cdots+x_k\mathbf{v}_k=\mathbf{0}$$

여기서 x_i는 이 연립방정식의 변수이고 $x_1=x_2=\cdots=x_k=0$일 경우에 위의 방정식은 매우 자명하게 성립한다. 따라서 $x_1=x_2=\cdots=x_k=0$를 위 방정식의 **자명해**라고 한다. 이때, 이렇게 위의 식과 같이 등식의 오른쪽 항이 모두 0인 연립방정식을 **동차방정식**이라고 한다.

선형독립에 관한 정리

벡터 $\mathbf{v}_1, \mathbf{v}_2, \cdots, \mathbf{v}_k$로 이루어진 선형결합방정식 $x_1\mathbf{v}_1+x_2\mathbf{v}_2+\cdots+x_k\mathbf{v}_k=0$에 대한 유일한 해가 자명해($x_1=x_2=\cdots=x_k=0$)밖에 없을 경우에, 벡터 $\mathbf{v}_1, \mathbf{v}_2, \cdots, \mathbf{v}_k$는 선형독립이라고 한다. 반면 x_1, $x_2, \cdots, x_k$ 중에서 적어도 어느 하나가 0이 아닌 경우(비자명해를 갖는 경우)에는 벡터 $\mathbf{v}_1, \mathbf{v}_2, \cdots$, $\mathbf{v}_k$는 선형종속이다.

【예제 6-5】

세 개의 벡터 $\mathbf{v}_1=\begin{pmatrix}3\\0\\0\end{pmatrix}$, $\mathbf{v}_2=\begin{pmatrix}4\\1\\0\end{pmatrix}$, $\mathbf{v}_3=\begin{pmatrix}2\\5\\2\end{pmatrix}$가 선형독립인지 판단하시오.

ı 풀이 ı

주어진 세 벡터가 선형독립임을 보이기 위해서는 세 벡터의 선형결합방정식인 $x_1\mathbf{v}_1+x_2\mathbf{v}_2+x_3\mathbf{v}_3=0$의 유일한 해가 자명해($x_1=x_2=x_3=0$)임을 보이면 된다. 그런데 앞의 선형결합방정식은 다음과 같이 연립방정식으로 쓸 수가 있다.

$$\begin{aligned} 3x_1+4x_2+2x_3&=0\\ x_2+5x_3&=0\\ 2x_3&=0 \end{aligned}$$

이 된다. 연립방정식을 풀면 $x_1=x_2=x_3=0$을 얻는다. 그러므로 세 개의 벡터 $\mathbf{v}_1, \mathbf{v}_2, \mathbf{v}_3$는 선형독립이다. ■

6.3 기저와 차원

1. 기저

벡터공간 $\boldsymbol{V}$의 **기저(basis)**는 벡터공간 $\boldsymbol{V}$를 스팬할 수 있는 선형독립인 벡터들의 집합이다.

기저에 관한 공리

벡터 $\boldsymbol{v}_1, \boldsymbol{v}_2, \cdots, \boldsymbol{v}_k$가 다음의 두 가지 성질을 만족하면 $\boldsymbol{v}_1, \boldsymbol{v}_2, \cdots, \boldsymbol{v}_k$는 벡터공간 $\boldsymbol{V}$의 기저이다.

(1) 벡터 $\boldsymbol{v}_1, \boldsymbol{v}_2, \cdots, \boldsymbol{v}_k$가 일차(선형)독립이다.
(2) 벡터들의 집합 $\{\boldsymbol{v}_1, \boldsymbol{v}_2, \cdots, \boldsymbol{v}_k\}$가 벡터공간 $\boldsymbol{V}$를 스팬한다.

이때 벡터공간 $\boldsymbol{V}$의 기저는 여러 가지가 나올 수 있음을 다음에서 발견할 수 있다.

【예제 6-6】
$S = \{\boldsymbol{e}_1 = (1,0,0),\ \boldsymbol{e}_2 = (0,1,0),\ \boldsymbol{e}_3 = (0,0,1)\}$이 R^3의 기저가 되는지를 보이시오. 또 [예제 6-5]에서 정의한 $\boldsymbol{v}_1, \boldsymbol{v}_2, \boldsymbol{v}_3$에 대하여 $T = \{\boldsymbol{v}_1, \boldsymbol{v}_2, \boldsymbol{v}_3\}$가 R^3의 기저가 되는지를 보이시오.

| 풀이 |

Ⅰ) S가 R^3의 기저가 됨을 보이기 위해서는 (1) S가 일차독립이고, (2) S가 R^3를 스팬함을 보여야 한다.

(1) S가 일차독립인지부터 살펴보자. S가 일차독립이려면 벡터방정식 $\alpha_1\boldsymbol{e}_1 + \alpha_2\boldsymbol{e}_2 + \alpha_3\boldsymbol{e}_3 = \boldsymbol{0}$을 만족하는 해 $\alpha_1, \alpha_2, \alpha_3$가 $\alpha_1 = \alpha_2 = \alpha_3 = 0$인 경우만 존재해야 한다. 이 벡터방정식을 다시 쓰면 $\alpha_1(1,0,0) + \alpha_2(0,1,0) + \alpha_3(0,0,1) = (0,0,0)$이다. 이를 풀면 $\alpha_1 = 0, \alpha_2 = 0, \alpha_3 = 0$이므로 S는 일차독립이다.

(2) 이번에는 S가 R^3를 스팬하는지를 알아보자. R^3에 속하는 임의의 벡터를 $\boldsymbol{u} \in R^3, \boldsymbol{u} = (a,b,c)$에 대하여 $\alpha_1\boldsymbol{e}_1 + \alpha_2\boldsymbol{e}_2 + \alpha_3\boldsymbol{e}_3 = \boldsymbol{u}$를 만족하는 $\alpha_1, \alpha_2, \alpha_3$가 항상 존재하면 S는 R^3를 스팬하는 것이다. 벡터방정식 $\alpha_1\boldsymbol{e}_1 + \alpha_2\boldsymbol{e}_2 + \alpha_3\boldsymbol{e}_3 = \boldsymbol{u}$는 다시 쓰면 $\alpha_1(1,0,0) + \alpha_2(0,1,0) + \alpha_3(0,0,1) = (a,b,c)$되고 이것의 해를 구하면 $\alpha_1 = a, \alpha_2 = b, \alpha_3 = c$이다. 그러므로 모든 $\boldsymbol{u} \in R^3, \boldsymbol{u} = (a,b,c)$에 대하여 식 $\alpha_1\boldsymbol{e}_1 + \alpha_2\boldsymbol{e}_2 + \alpha_3\boldsymbol{e}_3 = \boldsymbol{u}$를 만족하는 $\alpha_1, \alpha_2, \alpha_3$는 항상 존재한다. 따라

서 S는 R^3를 스팬한다.

이제 S는 일차독립이고, R^3를 스팬하는 것을 확인하였으므로 S는 R^3의 기저이다.

Ⅱ) T는 [예제 6-5]에서 일차독립임을 확인하였으므로 모든 $\boldsymbol{u} \in R^3, \boldsymbol{u}=(a,b,c)$에 대하여 $\alpha_1\boldsymbol{v}_1+\alpha_2\boldsymbol{v}_2+\alpha_3\boldsymbol{v}_3=\boldsymbol{u}$를 만족하는 $\alpha_1, \alpha_2, \alpha_3$가 항상 존재하는지를 확인하면 된다.

이제 [예제 6-5]에서와 같이 $\alpha_1\boldsymbol{v}_1+\alpha_2\boldsymbol{v}_2+\alpha_3\boldsymbol{v}_3=\boldsymbol{u}$를 연립방정식으로 쓰면,

$$\begin{aligned} 3x_1+4x_2+2x_3&=a \\ x_2+5x_3&=b \\ 2x_3&=c \end{aligned}$$

이 되고 이 연립방정식을 풀면 $\alpha_1=(a-4b+9c)/3$, $\alpha_2=(b-5c/2)$, $\alpha_3=c/2$를 얻는다. 즉 모든 $\boldsymbol{u} \in R^3$, $\boldsymbol{u}=(a,b,c)$에 대하여 $\alpha_1\boldsymbol{v}_1+\alpha_2\boldsymbol{v}_2+\alpha_3\boldsymbol{v}_3=\boldsymbol{u}$를 만족하는 $\alpha_1, \alpha_2, \alpha_3$는 항상 존재한다. 따라서 T도 R^3를 스팬하고 R^3의 기저가 된다. ■

표준기저(standard basis)

$i=1,2,\cdots,n$에 대하여 $\boldsymbol{e}_i$를 i번째 성분만 1이고 나머지 성분은 모두 0인 R^n에 속하는 벡터 $\boldsymbol{e}_1=(1,0,\cdots,0)$, $\boldsymbol{e}_2=(0,1,0,\cdots,0)$, $\cdots$, $\boldsymbol{e}_n=(0,\cdots,0,1)$라고 했을 때 $\boldsymbol{e}_1, \boldsymbol{e}_2, \cdots, \boldsymbol{e}_n$을 R^n의 **표준단위벡터(standard unit vector)**라고 한다. 이러한 표준단위벡터들의 집합 $\{\boldsymbol{e}_1, \boldsymbol{e}_2, \cdots, \boldsymbol{e}_n\}$은 일차독립이다. 또한 R^n에 속하는 임의의 벡터 $\boldsymbol{v}=(\alpha_1, \alpha_2, \cdots, \alpha_n)$에 대하여 $\boldsymbol{v}=\alpha_1\boldsymbol{e}_1+\alpha_2\boldsymbol{e}_2+\cdots+\alpha_n\boldsymbol{e}_n$을 만족하는 $\alpha_1, \alpha_2, \cdots, \alpha_n$이 항상 존재한다. 따라서 $\{\boldsymbol{e}_1, \boldsymbol{e}_2, \cdots, \boldsymbol{e}_n\}$은 R^n의 기저가 된다. 특히, 이를 **표준기저(standard basis)**라고 한다. 이 표준기저는 기초벡터들의 집합이기도 하다. 예를 들면, $S=\{\boldsymbol{e}_1=(1,0,0), \boldsymbol{e}_2=(0,1,0), \boldsymbol{e}_3=(0,0,1)\}$은 R^3의 표준기저가 된다.

기저를 이용한 차원(dimension)의 정의

차원이란 기저벡터의 개수이다. 벡터공간 V의 **차원**을 $\dim(V)$로 표현한다. 예를 들어, n차원 벡터공간 R^n의 차원을 $\dim(R^n)=n$이라고 표현한다. 예컨대 R^2의 차원은 2이고, R^3의 차원은 3이고, R^n의 차원은 n이다.

기저와 차원에 관한 정리

집합 S가 n차원 벡터공간 $\boldsymbol{V}$의 기저이면 집합 S의 원소의 개수는 n이다.

6.4 경제경영 · 금융 예제

【예제 6-7】 주성분분석

주성분분석(Principal Component Analysis)은 분산의 설명력을 최대화하는 방향을 찾아 그로부터 데이터를 축약하여 데이터의 개체정보를 보다 보기 쉽게 표현해주는 분석으로서 다양한 분야에서 활용된다. 즉 주성분분석은 벡터공간의 기저(basis)를 바꿈으로써 새로운 좌표계로 데이터를 선형변환하기 때문에 효율적인 자료 분석이 가능하다. 보통은 표준기저(standard basis)가 간단하기 때문에 표준기저를 사용해서 데이터를 표시하지만 데이터의 성질에 근거한 기저를 사용하면 다음 예에서 보는 바와 같이 2차원의 문제를 1차원의 문제로 변환시킬 수 있다.

표준기저 $\boldsymbol{s}_1=\begin{pmatrix}1\\0\end{pmatrix}, \boldsymbol{s}_2=\begin{pmatrix}0\\1\end{pmatrix}$와 대체기저(alternative basis) $\boldsymbol{z}_1=\begin{pmatrix}1/\sqrt{2}\\1/\sqrt{2}\end{pmatrix}, \boldsymbol{z}_2=\begin{pmatrix}-1/\sqrt{2}\\1/\sqrt{2}\end{pmatrix}$를 사용해서 두 헤지펀드의 10년간 수익률을 표시한 표와 그림은 다음과 같다.[03]

표 6-1 ▌ 기저를 변환한 헤지펀드의 수익률(%)

	표준기저		대체기저	
t	X	Y	X'	Y'
1	13.0	13.0	18.4	0.0
2	9.0	10.0	13.4	0.7
3	10.0	9.0	13.4	-0.7
4	6.0	8.0	9.9	1.4
5	8.0	6.0	9.9	-1.4
6	-13.0	-13.0	-18.4	0.0
7	-9.0	-10.0	-13.4	-0.7
8	-10.0	-9.0	-13.4	0.7
9	-6.0	-8.0	-9.9	-1.4
10	-8.0	-6.0	-9.9	1.4
평균	0.0	0.0	0.0	0.0
분산	1.0	1.0	2.0	0.0

03 이 부분은 Miller의 Mathematics and Statistics for Financial Risk Management(2012)를 참조하여 작성하였다.

그림 6-2 ▌ 표준기저를 사용한 헤지펀드 수익률

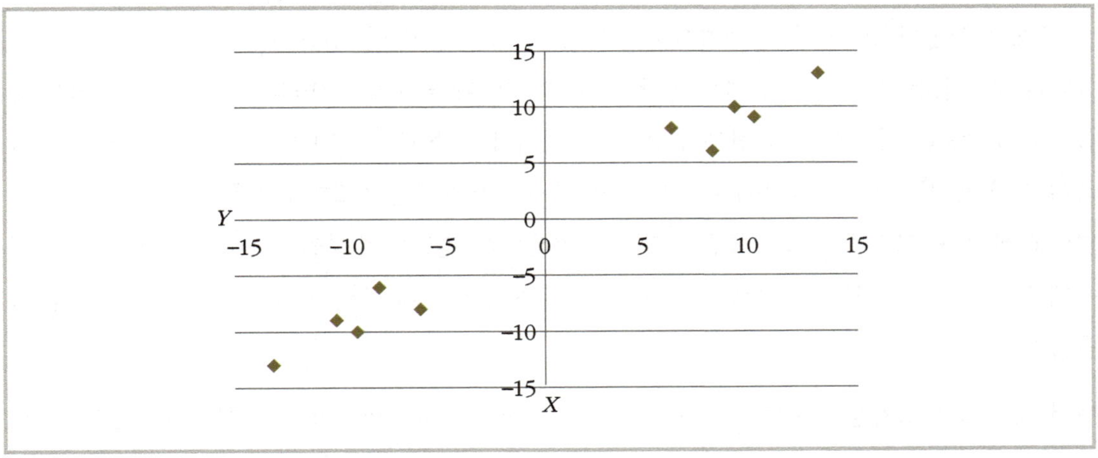

그림 6-3 ▌ 대체기저를 사용한 헤지펀드 수익률

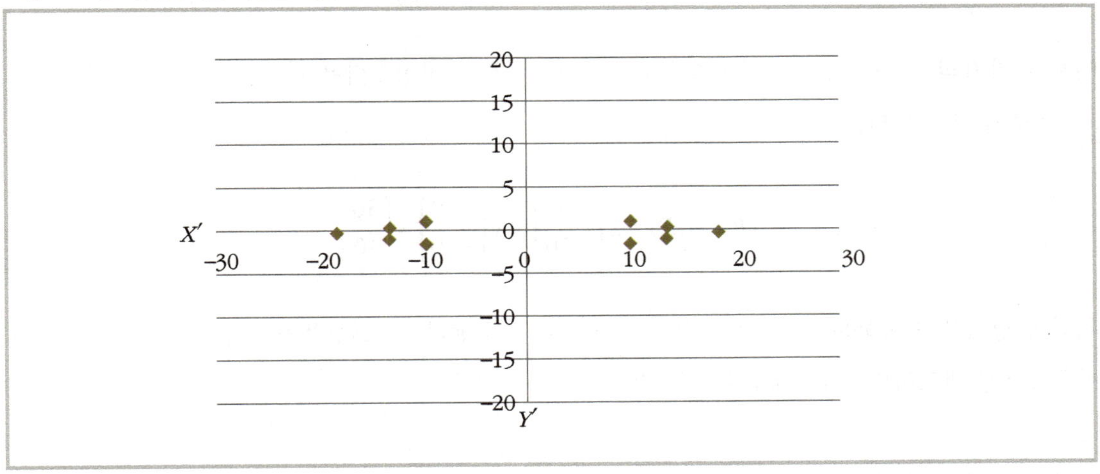

[그림 6-2]에서 볼 수 있듯이 원래 두 헤지펀드 수익률은 매우 높은 상관관계가 있고 데이터의 분산은 *X*축과 *Y*축, 두 축을 따라 발생한다. 이것을 [표 6-1]의 우측과 [그림 6-3]에서 볼 수 있듯이 대체기저를 사용해서 데이터를 선형변환시킨 결과(45° 회전시킴), 데이터의 모든 분산은 *X′* 축을 따라서만 발생함을 알 수 있다. 즉, *X*와 *Y*펀드에 의해 양쪽 방향으로 발생하는 분산을 첫 번째 주성분인 *X′* 의 분산으로만 모두 표시함으로써 보다 용이하게 펀드 전체에 대한 분산분석을 할 수 있다. 이와 같이 주성분분석에서는 첫 번째 주성분인 기저의 첫 번째 벡터가 가능한 한 많은 데이터 분산 설명력을 가질 수 있도록 기저를 선택한다. ■

【예제 6-8】 선형결합을 통한 신금융상품의 개발

이 예제는 기존의 상품들을 선형결합하여 원하는 새로운 상품을 만들어낼 수 있음을 보여주는 예이다. H상품은 경기가 좋을 경우 연간 50%, 경기가 나쁠 때는 −20%의 수익률을 제공하는 상품이고, L상품은 경기가 좋을 경우 연간 20%, 경기가 나쁠 때는 −10%의 수익률을 제공하는 상품이라 하자. 시장에는 H상품과 L상품 딱 두 가지 종류밖에는 없으며 H상품과 L상품의 수량은 많다고 해보자. 그런데 경기가 좋을 경우에는 연간 30% 정도의 수익률을 원하고 경기가 나쁠 경우에도 손해를 보지 않기를 원하는 A투자자가 있을 때 어떻게 하면 이 투자자를 만족시킬 수 있을까?

먼저 각 상품의 경기상황에 따른 예상수익률을 열벡터(column vector)로 표현하면 다음과 같다.

$$\boldsymbol{R}_H=\begin{pmatrix} 50\% \\ -20\% \end{pmatrix}, \boldsymbol{R}_L=\begin{pmatrix} 20\% \\ -10\% \end{pmatrix}$$

이제 투자자의 요구수익률을 만족하는 H상품과 L상품의 선형결합은 다음의 방정식을 만족하는 x와 y를 구하면 된다.

$$x\boldsymbol{R}_H+y\boldsymbol{R}_L=x\begin{pmatrix} 50 \\ -20 \end{pmatrix}+y\begin{pmatrix} 20 \\ -10 \end{pmatrix}=\begin{pmatrix} 30 \\ 0 \end{pmatrix}$$

위의 방정식을 만족하는 x와 y를 구하면 x=3, y=−6이 된다. 즉 H상품을 3개 매입하는 동시에 L상품을 6개 매도하면[04] A가 원하는 상품을 만들 수 있다. ■

【예제 6-9】 베이시스 포트폴리오

또한 이번 장에서 배운 기저라는 개념은 금융분야에서 매우 유용한 개념으로 쓰인다. 이를 보기 위해 금융분야에서 많이 사용되는 **다요인모형(multi-factor model)**에 대해 알아보자. 다요인모형은 어떤 금융상품의 수익률이 여러 개의 요인들(factors), 예를 들면 채권금리, 인플레이션율 등에 의해 설명된다고 상정하는 것으로, 이요인모형(two-factor model)을 예로 들면 다음과 같다.

---

04 금융분야에서 +부호는 **상품의 매입(long)**을 의미하고, −부호는 **상품의 매도(short)**를 의미한다.

$$R_i = \alpha_i + \beta_{i1} R_{F1} + \beta_{i2} R_{F2} + \varepsilon_i \tag{6.1}$$

R_i : i상품의 수익률
R_{F1} : 요인 1 포트폴리오에 대한 초과수익률
R_{F2} : 요인 2 포트폴리오에 대한 초과수익률
α_i : 상수, β_{i1}, β_{i2}: 요인 계수, ε_i : 오차항, $E(\varepsilon_i)=0$

식 (6.1)에서 **요인 포트폴리오**(factor portfolio) 또는 **기저 포트폴리오**(basis portfolio)라는 것은 한 요인에 대해서만 계수값 1을 갖고 나머지 요인에 대해서는 0의 계수값을 갖는 포트폴리오를 말한다.[05] 따라서 위의 다요인모형에서 R_{F1}은 요인 포트폴리오 1의 초과수익률[06]을 의미하고 R_{F2}는 요인 포트폴리오 2의 초과수익률을 의미한다. 이러한 요인 포트폴리오는 금융상품의 수익률을 설명하는 데 있어서 일종의 벤치마크 포트폴리오로서의 역할을 수행한다. 즉, 요인 포트폴리오들을 사용해서 다양한 상품의 수익률을 설명할 수 있게 된다.

분산이 잘 된 포트폴리오(well diversified portfolio)를 만들면 오차항이 사라지면서($E(\varepsilon_p)=0$) 위의 식은 다음의 식으로 바뀌는데 이 식은 재무분야에서 APT(Arbitrage Pricing Theory)로 불리는 유명한 식이다. APT는 위험자산에 대해 얼마의 수익률을 기대하는 것이 적정한가를 구하는 식이다.

$$E(R_p) = R_f + \beta_{p1} E(R_{F1}) + \beta_{p2} E(R_{F2}) \tag{6.2}$$

$E(R_p)$: 포트폴리오 p의 기대수익률
$E(R_{F1})$: 요인 1 포트폴리오에 대한 초과 기대수익률
$E(R_{F2})$: 요인 2 포트폴리오에 대한 초과 기대수익률
R_f : 무위험이자율

식 (6.1)과 식 (6.2)를 주의 깊게 비교해보면, 수익률이 기대수익률로 바뀌고, 개별 상품이 포트폴리오로 바뀌면서 i가 p로 바뀌고 오차항이 사라졌음을 알 수 있다. 식 (6.2)가 의미하는 바는 포트폴리오의 기대수익률은 무위험이자율과 요인 포트폴리오의 기대수익률에 의해 설명된다는 것이다.

이제 무위험이자율이 4%이고, 요인 1로 인한 초과 기대수익률이 6%, 요인 2로 인한 초과 기대수익률이 8%로 주어진 상황에서 요인 1에 대한 베타값이 0.5, 요인 2에 대한 베타값이 0.75인 포트폴리오가 있다고 하자. 이 경우 포트폴리오 p의 기대수익률이 얼마인지 식 (6.2)를 이용해서 계산해보자.

---

05 이 계수값은 재무에서 **베타(β)**로 불리며 특별한 의미를 갖는다.
06 초과수익률은 해당 요인으로 인한 수익률에서 무위험이자율을 차감한 것이다.

$$E(R_p) = 4 + 0.5(6) + 0.75(8) = 13\%$$

이로부터 포트폴리오 p의 리스크를 감안할 때 포트폴리오 p로부터 기대할 수 있는 적정수익률은 13%임을 알 수 있다. ■

※ 참고사항

임의의 벡터공간 $\boldsymbol{V}$에 대하여 W가 $\boldsymbol{V}$의 부분집합이고 벡터공간일 때, $\boldsymbol{W}$를 $\boldsymbol{V}$의 **부분공간**(**subspace**)이라고 한다. 이때 원소를 가지고 있지 않은 공집합은 부분공간이 될 수 없으며, 영벡터만을 원소로 가지고 있는 벡터공간을 **제로공간**(**zero space**)이라고 한다.

부분공간에 관한 정리

집합 W가 벡터공간 $\boldsymbol{V}$의 부분집합이고 다음에 나오는 두 개의 성질을 만족하면 $\boldsymbol{W}$는 벡터공간 $\boldsymbol{V}$의 부분공간이다.

(1) 임의의 $\boldsymbol{u} \in \boldsymbol{W}$와 $\boldsymbol{v} \in \boldsymbol{W}$에 대하여 $\boldsymbol{u} + \boldsymbol{v} \in \boldsymbol{W}$이다.

(2) 임의의 $\boldsymbol{u} \in \boldsymbol{W}$와 임의의 스칼라 값 α에 대하여 $\alpha\boldsymbol{u} \in \boldsymbol{W}$이다.

이때, 벡터공간 $\boldsymbol{V}$와 제로공간 $\{\boldsymbol{0}\}$도 벡터공간 $\boldsymbol{V}$의 부분공간이다. 그러므로 제로공간이 아닌 모든 벡터공간은 적어도 두 개의 부분공간($\boldsymbol{V}$, $\{\boldsymbol{0}\}$)을 갖는다.

재미있는 수학이야기

벡터 이야기

벡터의 개념은 르네상스 시대에 천체의 운동과 관련해서 생긴 것으로 추측된다. 16세기에 들어와서 항해술이 발달하고, 대양에서 배의 위치나 기항지의 밀물과 썰물이 이는 시각을 정확히 알기 위해서는 그 시각에 있어서의 달이나 행성의 위치를 알 필요가 있었다. 또한 그들의 운동을 알기 위해서는 곡선의 방향, 다시 말하면 접선을 그을 필요가 생기게 된 것이다. 2개의 운동을 2개의 선분의 길이와 그 방향으로 표시하면 이 2개를 합성한 운동은 그 2개의 선분을 두 변으로 하는 평행사변형의 대각선의 방향으로 진행하게 된다는 벡터의 합성에 관한 법칙은 네덜란드의 Stevin(1548~1620)과 이탈리아의 Galilei(1546~1642) 등에 의해 발견되었다고 전해지고 있다.

(출처 : café.daum.net/cjteacher에 있는 글 참조)

연습문제

01 $a, b \in R$에 대하여 이항연산 $*$을 $a * b = a - b$로 정의하고 $\circ$를 $a \circ b = a + b + ab$로 정의할 때 다음에 주어진 각 값을 구하시오.

① $3 * 5$ ② $3 \circ 5$ ③ $5 * 3$ ④ $5 \circ 3$ ⑤ $0 \circ 3$ ⑥ $0 * 3$

또한, 모든 $a \in R$에 대해 $a * b = a$이 되는 b값과 $a \circ c = a$이 되는 c값이 있는지 확인하고 있다면 그 값이 무엇인지 말하시오.

02 다음에 주어진 4개의 벡터가 서로 독립인지 판단하시오.

$\boldsymbol{v}_1 = (3, 0, -3),\ \boldsymbol{v}_2 = (-1, 1, 2),\ \boldsymbol{v}_3 = (4, 2, -2),\ \boldsymbol{v}_4 = (2, 1, 1)$

03 다음에 주어진 3개의 벡터가 서로 독립인지 판단하시오.

$$\boldsymbol{v}_1 = \begin{pmatrix} -1 \\ 0 \\ 2 \end{pmatrix},\ \boldsymbol{v}_2 = \begin{pmatrix} 0 \\ 1 \\ 1 \end{pmatrix},\ \boldsymbol{v}_3 = \begin{pmatrix} 3 \\ 2 \\ 5 \end{pmatrix}$$

04 다음 중 3차원 공간 R^3의 기저가 아닌 것은?

① $\left\{\begin{pmatrix} 1 \\ 1 \\ 0 \end{pmatrix} \begin{pmatrix} 1 \\ 1 \\ 1 \end{pmatrix} \begin{pmatrix} 0 \\ 0 \\ 1 \end{pmatrix}\right\}$ ② $\left\{\begin{pmatrix} 1 \\ 1 \\ 0 \end{pmatrix} \begin{pmatrix} -1 \\ 1 \\ 0 \end{pmatrix} \begin{pmatrix} 0 \\ 0 \\ 1 \end{pmatrix}\right\}$

③ $\left\{\begin{pmatrix} 1 \\ 0 \\ 0 \end{pmatrix} \begin{pmatrix} 0 \\ 1 \\ 0 \end{pmatrix} \begin{pmatrix} 0 \\ 0 \\ 1 \end{pmatrix}\right\}$ ④ $\left\{\begin{pmatrix} 1 \\ 1 \\ 0 \end{pmatrix} \begin{pmatrix} 1 \\ 0 \\ -1 \end{pmatrix} \begin{pmatrix} 0 \\ 1 \\ 0 \end{pmatrix}\right\}$

05 다음 중 틀린 것은?

① R^2공간의 벡터 $\boldsymbol{u}, \boldsymbol{v}, \boldsymbol{w}$가 있다고 하자. 이때 이 세 개의 벡터 중 하나는 다른 2개의 벡터의 선형결합으로 표현될 수 있다.

② R^2공간의 두 벡터 $\begin{pmatrix} \cos x \\ \sin x \end{pmatrix}, \begin{pmatrix} -\sin x \\ \cos x \end{pmatrix}$가 있다고 하자. 이때 $0 < x < 90°$인 임의의 각도 x에 대해 두 벡터는 선형독립이다.

③ $S = \{(1, 0, 0, 0), (0, 1, 0, 0), (0, 0, 1, 0), (0, 0, 0, 1)\}$를 기저로 하는 벡터공간 $\boldsymbol{V}$의 또 다른 기저를 T라고 했을 때, T의 원소의 개수는 4개이다.

④ 주어진 벡터들의 집합 $\{\boldsymbol{v}_1, \boldsymbol{v}_2, \cdots, \boldsymbol{v}_n\}$이 있을 때 만일 R^n공간에 속한 임의의 벡터 $\boldsymbol{w}$에 대하여 $\boldsymbol{w} = a_1\boldsymbol{v}_1 + a_2\boldsymbol{v}_2 + \cdots + a_n\boldsymbol{v}_n$이 되는 $a_1, a_2, \cdots, a_n$을 찾을 수 있다면 우리는 $\{\boldsymbol{v}_1, \boldsymbol{v}_2, \cdots, \boldsymbol{v}_n\}$이 R^n 공간을 스팬한다고 한다.

⑤ 서로 독립인 세 벡터 $\boldsymbol{u}_1, \boldsymbol{u}_2, \boldsymbol{u}_3$에 의해 스팬된 공간 $\boldsymbol{V}$와 또다른 세 개의 서로 독립인 벡터 $\boldsymbol{v}_1, \boldsymbol{v}_2, \boldsymbol{v}_3$에 의해 스팬된 공간 $\boldsymbol{W}$는 같은 공간이 된다.

06 다음에 주어진 두 집합 S와 T는 같은 벡터공간의 기저가 되는지 확인하시오.
$S = \{(1, 2, 2, 1), (1, 0, 2, 0), (2, 0, 4, -3)\}$, $T = \{(1, 2, 0, 1), (2, 1, 4, -1), (1, 2, 2, 4)\}$

07 역행렬이 존재하는 $n \times n$행렬 $\boldsymbol{A}$가 주어지고, $\boldsymbol{A}_i (i = 1, 2, \cdots, n)$를 행렬 $\boldsymbol{A}$의 i번째 열로 만들어진 열벡터라고 하자. 그러면 $\{\boldsymbol{A}_1, \boldsymbol{A}_2, \cdots, \boldsymbol{A}_n\}$는 R^n의 기저가 됨을 보이시오.

08 $S = \{\boldsymbol{v}_1 = (0, -1, 1, 0), \boldsymbol{v}_2 = (2, 0, 3, 1), \boldsymbol{v}_3 = (-1, 1, 1, -1), \boldsymbol{v}_4 = (3, -1, 0, 4)\}$이라고 하자. 이때 $\boldsymbol{W}$: $\boldsymbol{span}S$의 기저를 찾아보시오.

09 $S = \{\boldsymbol{v}_1 = (1, -1, -1, 2), \boldsymbol{v}_2 = (-1, 2, 3, 1), \boldsymbol{v}_3 = (2, -3, -3, 2), \boldsymbol{v}_4 = (1, 1, 1, 6)\}$이라고 하자. 이때 $\boldsymbol{W}$ $\boldsymbol{span}S$의 기저를 찾아보시오.

10 $x_1 + x_2 = x_3 + x_4$의 해집합을 S라고 하자. $\boldsymbol{W} = \boldsymbol{span}S$가 R^4의 부분공간임을 보이고 $\boldsymbol{W}$의 기저를 찾으시오.

11 $\boldsymbol{P}_2$를 2차 다항식으로 이루어진 벡터공간이라고 하자. 집합 $S = \{1, 1+t, 1+t+t^2\}$가 벡터공간 $\boldsymbol{P}_2$의 기저가 됨을 보이시오.

12 집합 $S = \{\boldsymbol{v}_1, \boldsymbol{v}_2, \cdots, \boldsymbol{v}_n\}$의 모든 원소 $\boldsymbol{v}_i$에 대해 직교하는 벡터 $\boldsymbol{u}$가 주어졌다고 하자. 이 벡터 $\boldsymbol{u}$는 S에 의해 스팬되는 모든 벡터와 직교한다는 것을 보이시오.

13 식 (6.2) APT모형을 이용하여 다음 질문에 답하시오. 무위험이자율이 4%이고, 요인 1로 인한 초과 기대수익률이 6%, 요인 2로 인한 초과 기대수익률이 8%로 주어진 상황에서 요인 1에 대한 베타값이 1.0, 요인 2에 대한 베타값이 0인 포트폴리오가 있다고 하자. 이때 포트폴리오 p의 기대수익률이 얼마인지 계산하시오.

14 13번 문제에서 포트폴리오 p의 기대수익률이 요인 1 포트폴리오와 같아짐을 확인하시오. 또한 그 이유를 설명하시오(힌트 : 초과수익률=기대수익률−무위험이자율).

15 5장 16번 문제를 다시 한 번 보기로 한다. 날씨에 따른 우산사업의 수익률과 음료사업의 수익률

을 열벡터로 표현하고 각 사업에 반반씩 투자한 포트폴리오 수익률벡터를 두 열벡터의 합으로 표현하시오.

16 A기업의 주가는 경기가 좋을 때는 40% 상승하고 경기가 보통일 때는 5% 상승하며 경기가 나쁠 때는 20% 하락한다. 이 주식 대신에 다른 두 가지 주식으로 대체하여 가치를 유지하고 싶다. 다음은 각 주식에 대해 경기가 좋을 때, 보통일 때. 경기가 나쁠 때의 주식가격의 상승률을 벡터로 표현한 것이다. 다음 중에서 대체 주식으로 적당한 것은?

① $\left\{\begin{pmatrix} 10 \\ 0 \\ -10 \end{pmatrix}, \begin{pmatrix} 20 \\ 10 \\ 0 \end{pmatrix}\right\}$ ② $\left\{\begin{pmatrix} 10 \\ -5 \\ -10 \end{pmatrix}, \begin{pmatrix} 30 \\ 0 \\ -5 \end{pmatrix}\right\}$ ③ $\left\{\begin{pmatrix} 15 \\ 5 \\ 0 \end{pmatrix}, \begin{pmatrix} 50 \\ 10 \\ -30 \end{pmatrix}\right\}$ ④ $\left\{\begin{pmatrix} 10 \\ -5 \\ -10 \end{pmatrix}, \begin{pmatrix} 20 \\ 15 \\ 0 \end{pmatrix}\right\}$

PART 3

행렬과 선형모형

CHAPTER

07 행렬

우리는 이번 장에서 행렬에 대해 공부하려고 하는데 이러한 개념은 우리의 일상생활이나 경제경영 및 금융분야와 어떤 관련이 있을까? 21세기 정보화시대를 살아가는 현대인은 정보를 수집하고 선택하며 활용할 수 있어야 하는데, 행렬은 다양한 정보를 정리하고 분석하여 의사결정을 내리는 데 큰 도움을 줄 수 있다. 우리는 사실 알게 모르게 일상생활 속에서 연립방정식을 풀 일이 많이 생긴다. 예를 들어, 만원을 가지고 한 개에 천 원하는 라면과 한 개에 오백 원 하는 생수를 사되, 라면 개수가 생수 개수의 2배가 되도록 하고 싶은 경우가 있다고 해보자. 이는 x를 라면 개수라고 하고 y를 생수 개수라고 할 때, $1{,}000x + 500y = 10{,}000$, $x = 2y$라는 두 개의 연립방정식을 푸는 문제가 된다. 이러한 방정식을 쉽게 풀기 위해서 등장한 것이 행렬인데 컴퓨터의 발달은 이러한 행렬의 계산을 쉽게 할 수 있도록 해주었다.

또한 여러분들이 좋아하는 게임에 있어서 3차원 그래픽은 대단히 중요한 것으로 이러한 3차원 그래픽을 구성하는 데 있어서도 행렬이 편리하고 강력한 제어수단이 된다. 즉, 3차원 프로그래밍을 하는 데 있어서도 행렬이 이용된다는 것이다. 행렬은 여러 개의 수식을 하나에 담을 수 있는 능력이 있기 때문에 수많은 변환들을 하나의 수식으로 조합하여 한 번의 연산으로 끝낼 수 있다. 3차원에서 회전, 이동, 축소 등의 변환이 있을 때 이것을 각각의 정점마다 순차적으로 계산하는 것이 아니라 행렬로 계산해 하나의 수식으로 만든 후 정점에 곱하면 빠른 시간 내에 계산이 가능해진다.

약 300년 전에 라이프니츠가 연립 일차방정식을 풀기 위해 행렬식을 생각한 것을 기원으로 등장하게 된 행렬은 오늘날에 다양한 분야에서 사용되고 있다. 경영과 관련하여 예산 및 자원배분 문제, 선형계획법, 금융분야의 포트폴리오 이론, 일반적인 최적화 이론, 통계분석 등 수많은 분야에서 사용되고 있는 행렬의 개념에 대해 잘 학습하도록 하자.

7.1 행렬의 기초

행렬을 이용한 연산을 하기 전에 먼저 행렬이란 무엇이고, 행렬에는 어떤 종류가 있으며, 행렬의 기본 성질이 어떠한지에 대해 알아보자.

1. 행렬의 의미

행렬(matrix)이란 **장방형**(rectangular)으로 배열한 숫자 또는 그 밖의 요소들의 모임을 말한다. 장방형으로 배열한 숫자나 요소를 **원소**(element)라고 한다. 예를 들어, 다음과 같은 표가 있다고 하자.

표 7-1 ▎ 지역과 제품별 통계표

자산 \ 상품	가	나	다
I	84	50	30
II	33	20	45

이 표를 행렬로 표시하면 다음과 같다.

$$\mathbf{A} = \begin{pmatrix} 84 & 50 & 30 \\ 33 & 20 & 45 \end{pmatrix}$$

행렬의 차원

행렬은 크기를 **차원**(dimension)으로 표시하는데, (행의 개수)×(열의 개수)의 형태로 표시한다. 아래 $\mathbf{A}$행렬의 차원 또는 크기를 $m \times n$이라고 하고 $\mathbf{A}$는 $m \times n$행렬이라고 한다.

$$\mathbf{A} = \begin{pmatrix} a_{11} & a_{12} & \dots & a_{1j} & \cdots & a_{1n} \\ a_{21} & a_{22} & \dots & a_{2j} & \cdots & a_{2n} \\ \vdots & & \ddots & & \cdot^{\cdot^{\cdot}} & \\ a_{i1} & & & a_{ij} & & a_{in} \\ \vdots & & \cdot^{\cdot^{\cdot}} & & \ddots & \\ a_{m1} & a_{m2} & & a_{mj} & & a_{mn} \end{pmatrix}$$

$m \times n$행렬

위의 행렬을 $\boldsymbol{A}=(a_{ij})_{m\times n}$으로 표시하기도 한다.

【예제 7-1】

다음에 주어진 각 행렬의 크기(차원)를 말하시오.

$$\boldsymbol{A}=\begin{pmatrix}1&2&3\\4&5&5\\7&8&9\end{pmatrix},\ \boldsymbol{B}=\begin{pmatrix}1&2&3\\3&4&5\end{pmatrix},\ \boldsymbol{C}=\begin{pmatrix}3&3&-2&5&1\\0&7&-4&2&6\\1&0&1&2&3\\2&7&6&8&2\end{pmatrix},\ \boldsymbol{D}=(2)$$

$$\boldsymbol{E}=\begin{pmatrix}12&-0\\-2&6\\12&10\\1&2\end{pmatrix},\ \boldsymbol{F}=(-1\quad 0\quad 2)$$

| 풀이 |

각 행렬의 크기는 $\boldsymbol{A}$는 3×3행렬, $\boldsymbol{B}$는 2×3행렬, $\boldsymbol{C}$는 4×5행렬, $\boldsymbol{D}$는 1×1행렬, $\boldsymbol{E}$는 4×2행렬, $\boldsymbol{F}$는 1×3행렬이다. ■

행렬의 기하학적인 의미

$m\times n$차원의 행렬은 m개의 행벡터 또는 n개의 열벡터 집합이라고 할 수 있다. 또한, 행벡터는 n개의 요소를 가지며 n차원의 공간에서 한 점으로 해석할 수 있고, 열벡터는 m개의 요소를 가지며 m차원의 공간에서 한 점으로 해석할 수 있다. 그러므로 예컨대, 2차원 공간의 (2×1) 벡터 $\boldsymbol{x}=\begin{pmatrix}x_1\\x_2\end{pmatrix}$는 2차원 공간에서 (x_1, x_2)를 좌표로 하는 점을 나타낸다. 한편, 2차원 공간에서 (2×2) 행렬 $\boldsymbol{A}=(\boldsymbol{x}\quad \boldsymbol{y})=\begin{pmatrix}a&c\\b&d\end{pmatrix}$는 2차원 공간에서 $\boldsymbol{x}=\begin{pmatrix}a\\b\end{pmatrix}$ 및 $\boldsymbol{y}=\begin{pmatrix}c\\d\end{pmatrix}$의 두 좌표로 구성된 공간을 나타낸다고 할 수 있다.

2. 행렬의 종류

행렬에는 다양한 종류가 존재한다. 하지만 이번 절에서는 우리가 행렬의 기본성질과 연산을 이해하는 데 필요한 몇 가지 종류만 소개하기로 한다.

영행렬(null matrix 또는 zero matrix)

행렬의 모든 성분이 0인 행렬을 **영행렬**이라고 하며 $\boldsymbol{O}_{m\times n}$로 표현한다. 즉, $\boldsymbol{A}=(a_{ij})_{m\times n}$에 대하여 $a_{ij}=0, \forall i=1,\cdots,m, \forall j=1,\cdots,n$일 때 $\boldsymbol{A}(=\boldsymbol{O})$는 영행렬이다. 또한, 영행렬 $\boldsymbol{O}$는 $\boldsymbol{A}+\boldsymbol{O}=\boldsymbol{O}+\boldsymbol{A}=\boldsymbol{A}$, $\boldsymbol{A}+(-\boldsymbol{A})=(-\boldsymbol{A})+\boldsymbol{A}=\boldsymbol{O}$의 성질을 가지고 있으며, 이때 행렬 $\boldsymbol{A}$와 영행렬 $\boldsymbol{O}$는 크기가 같아야 한다.

정방행렬(square matrix)

행렬의 행과 열의 크기가 같을 때 **정방행렬**이라고 한다. 즉, $A=(a_{ij})_{m\times n}$에서 $m=n$이어서 행렬이 정사각형태가 되면 정방행렬이라고 한다.

삼각행렬(triangular matrix)

정방행렬 중 대각선상 아래의 모든 원소 또는 위의 모든 원소가 0인 행렬을 **삼각행렬**이라고 한다. 예컨대, 다음과 같은 행렬은 삼각행렬이다.

$$\boldsymbol{C}=\begin{pmatrix}1&5&9\\0&-2&12\\0&0&7\end{pmatrix} \qquad \boldsymbol{D}=\begin{pmatrix}1&0&0\\5&3&0\\1&10&2\end{pmatrix}$$

대각행렬(diagonal matrix)

정방행렬 중에서 대각선상에 있는 원소들을 제외하고 나머지 원소가 모두 0인 행렬을 **대각행렬**이라고 한다. 즉, $\boldsymbol{A}=(a_{ij})_{m\times n}$에서 $a_{11}, a_{22}, \cdots, a_{nn}$을 제외한 나머지 원소들, 즉 $i\neq j$인 모든 원소에 대해 $a_{ij}=0$이면 대각행렬이라고 한다. 예컨대, 다음과 같은 행렬은 대각행렬이다.

$$\boldsymbol{C}=\begin{pmatrix}-1&0&0\\0&7&0\\0&0&3\end{pmatrix}$$

단위행렬(identity matrix)

대각행렬 중 대각원소가 모두 1일 경우에 **단위행렬**이라고 한다. 즉, 정방행렬 $\boldsymbol{A}=(a_{ij})_{n\times n}$의 원소값이 $i=j$일 때 $a_{ij}=1$이고 $i \neq j$일 때 $a_{ij}=0, \forall i=1,2,\cdots,n, \forall j=1,2,\cdots,n$이면 $\boldsymbol{A}_{n\times n}$는 단위행렬이고 $\boldsymbol{I}_n$으로 표현할 수 있다.

3. 행렬의 기본 성질

행렬을 사용하는 가장 큰 이유는 각종 변환을 행렬이라는 도구를 이용하여 간단하게 처리할 수 있기 때문이라고 하였다. 이제 행렬 간 덧셈, 뺄셈, 곱셈, 나눗셈 등에 대해 살펴봄으로써 이러한 각종 변환을 어떻게 할 수 있는지를 보도록 하자.

행렬의 덧셈과 뺄셈

두 행렬 간에 덧셈과 뺄셈은 두 행렬의 크기가 같을 때에만 가능하다. 행렬 $\boldsymbol{A}=(a_{ij})_{m\times n}$와 $\boldsymbol{B}=(b_{ij})_{m\times n}$가 주어졌을 때, 덧셈과 뺄셈은 각각 같은 위치의 원소끼리 더하거나 빼는 것으로 다음과 같이 표현된다.

$$\boldsymbol{A}+\boldsymbol{B}=(a_{ij}+b_{ij})_{m\times n},\ i=1,\cdots,m,\ \ j=1,\cdots,n.$$

$$\boldsymbol{A}-\boldsymbol{B}=(a_{ij}-b_{ij})_{m\times n},\ i=1,\cdots,m,\ \ j=1,\cdots,n.$$

【예제 7-2】

$\boldsymbol{A}=\begin{pmatrix}2 & 1 & -5\\ 1 & 0 & 2\end{pmatrix}$, $\boldsymbol{B}=\begin{pmatrix}-1 & -3 & 1\\ 5 & 3 & -2\end{pmatrix}$일 때 $\boldsymbol{A}+\boldsymbol{B}$와 $\boldsymbol{A}-\boldsymbol{B}$를 구하시오.

❙ 풀이 ❙

$$\boldsymbol{A}+\boldsymbol{B}=\begin{pmatrix}2 & 1 & -5\\ 1 & 0 & 2\end{pmatrix}+\begin{pmatrix}-1 & -3 & 1\\ 5 & 3 & -2\end{pmatrix}=\begin{pmatrix}1 & -2 & -4\\ 6 & 3 & 0\end{pmatrix}$$

$$\boldsymbol{A}-\boldsymbol{B}=\begin{pmatrix}2 & 1 & -5\\ 1 & 0 & 2\end{pmatrix}-\begin{pmatrix}-1 & -3 & 1\\ 5 & 3 & -2\end{pmatrix}=\begin{pmatrix}3 & 4 & -6\\ -4 & -3 & 4\end{pmatrix}$$

■

【예제 7-3】

$\boldsymbol{A}=\begin{pmatrix}a & b\\ c & d\end{pmatrix}$, $\boldsymbol{B}=\begin{pmatrix}p & q\\ r & s\end{pmatrix}$일 때, $\boldsymbol{A}+\boldsymbol{B}$와 $\boldsymbol{A}-\boldsymbol{B}$를 구하시오.

| 풀이 |

$$A+B=\begin{pmatrix} a & b \\ c & d \end{pmatrix}+\begin{pmatrix} p & q \\ r & s \end{pmatrix}=\begin{pmatrix} a+p & b+q \\ c+r & d+s \end{pmatrix}$$

$$A-B=\begin{pmatrix} a & b \\ c & d \end{pmatrix}-\begin{pmatrix} p & q \\ r & s \end{pmatrix}=\begin{pmatrix} a-p & b-q \\ c-r & d-s \end{pmatrix}$$

■

행렬의 곱(multiplication)

두 행렬 A와 B의 곱 AB가 정의되기 위해서는 A의 열의 수와 B의 행의 수가 같아야 한다. 이때, 행렬 $A=(a_{ij})_{m\times n}$와 $B=(b_{ij})_{n\times p}$를 곱한 결과는 m개의 행과 p개의 열을 갖은 행렬이 된다. 즉, AB의 결과행렬의 행의 수는 A의 행의 수와 같고 결과행렬의 열의 수는 B의 열의 수와 같게 된다. 또 $AB=C(=(c_{ij})_{m\times p})$라고 하면 결과행렬 C의 ij번째 원소인 c_{ij}는 A의 i번째 행과 B의 j번째 열을 내적한 값과 같게 된다. 즉, $AB=(c_{ij})_{m\times p}$일 때 $c_{ij}=\sum_{k=1}^{n}a_{ik}b_{kj}$이다. 주의할 점은 일반적으로 행렬 A, B에 대하여 $AB\neq BA$라는 것이다.

【예제 7-4】

$A=\begin{pmatrix} 1 & -1 & 4 \\ 2 & 6 & 0 \end{pmatrix}$, $B=\begin{pmatrix} 4 & 1 & 4 \\ 1 & 0 & 3 \\ 2 & 7 & 5 \end{pmatrix}$라고 할 때 AB를 구하시오.

| 풀이 |

$$AB=\begin{pmatrix} 1 & -1 & 4 \\ 2 & 6 & 0 \end{pmatrix}\begin{pmatrix} 4 & 1 & 4 \\ 1 & 0 & 3 \\ 2 & 7 & 5 \end{pmatrix}$$

$$=\begin{pmatrix} 1.4+(-1)\cdot 1+4\cdot 2 & 1\cdot 1+(-1)\cdot 0+4\cdot 7 & 1.4+(-1)\cdot 3+4\cdot 5 \\ 2\cdot 4+6\cdot 1+0\cdot 2 & 2\cdot 1+6\cdot 0+0\cdot 7 & 2\cdot 4+6\cdot 3+0\cdot 5 \end{pmatrix}$$

$$=\begin{pmatrix} 11 & 29 & 21 \\ 14 & 2 & 26 \end{pmatrix}$$

■

위의 [예제 7-4]에서 행렬 B의 열의 수는 3이고 행렬 A의 행의 수는 2이므로 B와 A의 곱인 BA는 정의될 수 없다.

【예제 7-5】

어느 대학교의 학부 및 대학원, 그리고 남녀학생수가 다음과 같은 행렬 A로 주어졌다고 하자.

$$A = \begin{array}{c} \\ (\text{남}) \\ (\text{여}) \end{array} \begin{array}{c} (\text{학부}) \quad (\text{대학원}) \\ \begin{pmatrix} 2,000 & 500 \\ 1,500 & 300 \end{pmatrix} \end{array}$$

또, 학생들의 1년분 등록금, 기숙사비는 다음의 행렬 B로 주어졌다고 하자(단위는 만원).

$$B = \begin{array}{c} \\ (\text{학부}) \\ (\text{대학원생}) \end{array} \begin{array}{c} (\text{등록금}) \quad (\text{기숙사비}) \\ \begin{pmatrix} 1,000 & 800 \\ 1,500 & 1,500 \end{pmatrix} \end{array}$$

두 행렬의 곱 AB를 구하고, 행렬의 곱 AB의 각 원소는 무엇을 의미하는지 설명하시오.

| 풀이 |

행렬의 곱셈을 그대로 적용하여 계산하고 각각의 원소(element)의 의미를 설명하면 다음과 같다.

$$AB = \begin{pmatrix} 2,000 \times 1,000 + 500 \times 1,500 & 2,000 \times 800 + 500 \times 1,500 \\ 1,500 \times 1,000 + 300 \times 1,500 & 1,500 \times 800 + 300 \times 1,500 \end{pmatrix} = \begin{pmatrix} 2,750,000 & 2,350,000 \\ 1,950,000 & 1,650,000 \end{pmatrix}$$

$$AB = \begin{pmatrix} \text{학부남학생수} \times \text{학부등록금} + \text{대학원남학생수} \times \text{대학원등록금} & \text{학부남학생수} \times \text{기숙사비} + \text{대학원남학생수} \times \text{기숙사비} \\ \text{학부여학생수} \times \text{학부등록금} + \text{대학원여학생수} \times \text{대학원등록금} & \text{학부여학생수} \times \text{기숙사비} + \text{대학원여학생수} \times \text{기숙사비} \end{pmatrix}$$

$$= \begin{pmatrix} \text{전체 남학생 등록금} & \text{전체 남학생 기숙사비} \\ \text{전체 여학생 등록금} & \text{전체 여학생 기숙사비} \end{pmatrix}$$

■

행렬의 스칼라 곱(scalar multiplication)

행렬 $A = (a_{ij})_{m \times n}$에 스칼라 α를 곱한다는 것은 행렬의 각 원소 값에 스칼라 값 α를 곱하는 것이다. 이를 다음과 같이 표시할 수 있다.

$$\alpha A = (\alpha a_{ij})_{m\times n}, \quad i = 1, \cdots, m, \quad j = 1, \cdots, n.$$

【예제 7-6】

행렬 $A = \begin{pmatrix} 1 & 2 & 3 \\ 4 & 5 & 6 \end{pmatrix}$에 스칼라 값 2를 곱한 결과를 구하시오.

| 풀이 |

$2A = 2\begin{pmatrix} 1 & 2 & 3 \\ 4 & 5 & 6 \end{pmatrix} = \begin{pmatrix} 2\cdot 1 & 2\cdot 2 & 2\cdot 3 \\ 2\cdot 4 & 2\cdot 5 & 2\cdot 6 \end{pmatrix} = \begin{pmatrix} 2 & 4 & 6 \\ 8 & 10 & 12 \end{pmatrix}$ 이다. ■

$-A$행렬이란 행렬 A에 스칼라 값 -1을 곱한 것이다. 따라서 $-A$를 $-A = (-a_{ij})_{m\times n}$와 같이 표현할 수 있다.

【예제 7-7】

주어진 행렬 $A = \begin{pmatrix} a & b \\ c & d \end{pmatrix}$에 대하여 $-A$ 행렬을 구하시오.

| 풀이 |

$-A = -\begin{pmatrix} a & b \\ c & d \end{pmatrix} = \begin{pmatrix} -a & -b \\ -c & -d \end{pmatrix}$ ■

행렬의 동치(equality)

행렬 A와 B의 각 원소 값이 같을 때, 행렬 A와 B는 **동치**라고 한다. 즉, $A = (a_{ij})_{m\times n}$, $B = (b_{ij})_{m\times n}$에 대하여 $a_{ij} = b_{ij}$, $\forall i = 1, \cdots, m$, $\forall j = 1, \cdots, n$이면 A와 B는 동치라고 하며 $A = B$로 표현한다.

벡터(vector)

$m\times n$행렬에서 행이나 열의 개수가 하나일 경우, 즉 $m = 1$ 또는 $n = 1$일 경우, 각각 행벡터와 열벡터라고 한다. 즉, 하나의 행을 갖는 행렬을 **행벡터(row vector)**라 하고, 하나의 열을 갖는 행렬

을 **열벡터**(column vector)라고 한다.

이때 $1\times n$행벡터 $\boldsymbol{r}$과 $m\times 1$열벡터 $\boldsymbol{c}$는 각각 다음과 같이 나타낼 수 있다.

$$\boldsymbol{r}=(r_1\ \ r_2\ \cdots\ r_n)\qquad \boldsymbol{c}=\begin{pmatrix} c_1\\ c_2\\ \vdots\\ c_m\end{pmatrix}$$

이제 $m\times 1$열벡터 $\boldsymbol{c_1},\boldsymbol{c_2},\cdots,\boldsymbol{c_n}$가 각각

$$\boldsymbol{c_1}=\begin{pmatrix} a_{11}\\ a_{21}\\ \vdots\\ a_{m1}\end{pmatrix},\quad \boldsymbol{c_2}=\begin{pmatrix} a_{12}\\ a_{22}\\ \vdots\\ a_{m2}\end{pmatrix},\quad \cdots,\quad \boldsymbol{c_n}=\begin{pmatrix} a_{1n}\\ a_{2n}\\ \vdots\\ a_{mn}\end{pmatrix}$$ 라고 하면

$m\times n$ 행렬인 $\boldsymbol{A}=\begin{pmatrix} a_{11} & a_{12} & \cdots & a_{1n}\\ a_{21} & a_{22} & \cdots & a_{2n}\\ \vdots & \vdots & \ddots & \vdots\\ a_{m1} & a_{m2} & \cdots & a_{mn}\end{pmatrix}$를 다음과 같이 $\boldsymbol{c_1},\boldsymbol{c_2},\cdots,\boldsymbol{c_n}$으로 분할하여,

$$\boldsymbol{A}=\begin{pmatrix} a_{11} & a_{12} & \cdots & a_{1n}\\ a_{21} & a_{22} & \cdots & a_{2n}\\ \vdots & \vdots & \vdots & \vdots\\ a_{m1} & a_{m2} & \cdots & a_{mn}\end{pmatrix}=(\boldsymbol{c_1}\quad \boldsymbol{c_2}\quad \cdots\quad \boldsymbol{c_n})$$ 로 나타낼 수 있다.

마찬가지로, $\boldsymbol{A}$는 m개의 $1\times n$행벡터 $\boldsymbol{r_1},\boldsymbol{r_2},\cdots,\boldsymbol{r_m}$를 각각 $\boldsymbol{r_1}=(a_{11}\quad a_{12}\quad \cdots\quad a_{1n})$, $\boldsymbol{r_2}=(a_2$ $a_{22}\quad \cdots\quad a_{2n})$, $\cdots$, $\boldsymbol{r_m}=(a_{m1}\quad a_{m2}\quad \cdots\quad a_{mn})$라고 정의했을 때

$$\boldsymbol{A}=\begin{pmatrix} a_{11} & a_{12} & \cdots & a_{1n}\\ a_{21} & a_{22} & \cdots & a_{2n}\\ \vdots & \vdots & \vdots & \vdots\\ a_{m1} & a_{m2} & \cdots & a_{mn}\end{pmatrix}=\begin{pmatrix}\boldsymbol{r_1}\\ \boldsymbol{r_2}\\ \vdots\\ \boldsymbol{r_m}\end{pmatrix}$$ 로 나타낼 수 있다.

만약 $\boldsymbol{A}$가 $m\times n$행렬이고 $\boldsymbol{x}$가 $n\times 1$벡터라고 하면 $\boldsymbol{y}=\boldsymbol{Ax}$는 행렬 $\boldsymbol{A}$의 열들의 선형결합으로 표시할 수 있다. 행렬 $\boldsymbol{A}$의 열벡터들을 $\boldsymbol{c_1},\boldsymbol{c_2},\cdots,\boldsymbol{c_n}$이라 하면, $\boldsymbol{c_1},\boldsymbol{c_2},\cdots,\boldsymbol{c_n}$은 각각 $m\times 1$의 열벡터이고,

$\boldsymbol{x}$를 $\boldsymbol{x}=\begin{pmatrix} x_1\\ \vdots\\ x_n\end{pmatrix}$인 열벡터라고 가정하면, 행렬의 곱에 의해 다음과 같이 된다.

$$\boldsymbol{y} = A\boldsymbol{x} = (\boldsymbol{c}_1, \boldsymbol{c}_2, \cdots, \boldsymbol{c}_n)\begin{pmatrix} x_1 \\ \vdots \\ x_n \end{pmatrix} = x_1\boldsymbol{c}_1 + \cdots + x_n\boldsymbol{c}_n$$

이와 같이 $\boldsymbol{y}$는 열벡터 $\boldsymbol{c}_1, \boldsymbol{c}_2, \cdots, \boldsymbol{c}_n$의 일차(선형)결합으로 나타낼 수 있다.

열벡터의 내적(inner product)

두 개의 열벡터 $\boldsymbol{x}, \boldsymbol{y}$의 내적은 $\boldsymbol{x} \cdot \boldsymbol{y}$로 표시하고 계산방법은 다음과 같으며, 이것은 기본적으로 앞에서 배운 행벡터의 내적과 같은 방법이다.

$\boldsymbol{x} = \begin{pmatrix} x_1 \\ x_2 \\ \vdots \\ x_n \end{pmatrix}$, $\boldsymbol{y} = \begin{pmatrix} y_1 \\ y_2 \\ \vdots \\ y_n \end{pmatrix}$일 때, 내적 값은 $\boldsymbol{x} \cdot \boldsymbol{y} = x_1 y_1 + x_2 y_2 + \cdots + x_n y_n = \sum_{i=1}^{n} x_i y_i$이다.

물론 이러한 내적의 결과는 $\boldsymbol{x}$를 행벡터로 **전치(transpose)**[01]하고 열벡터 $\boldsymbol{y}$와 행렬곱셈을 한 결과와 같게 나옴을 쉽게 확인할 수 있다.

7.2 행렬의 연산

1. 행렬연산의 기본 법칙

실수나 벡터의 연산에서와 같이 행렬의 덧셈, 뺄셈, 곱셈 그리고 스칼라 곱에서도 다음과 같은 기본 법칙이 성립한다.

(1) 행렬 $\boldsymbol{A}, \boldsymbol{B}, \boldsymbol{C}$와 영행렬 $\boldsymbol{O}$가 같은 크기일 때 다음의 법칙이 성립한다.

- 덧셈의 교환법칙 : $\boldsymbol{A} + \boldsymbol{B} = \boldsymbol{B} + \boldsymbol{A}$
- 덧셈의 결합법칙 : $(\boldsymbol{A} + \boldsymbol{B}) + \boldsymbol{C} = \boldsymbol{A} + (\boldsymbol{B} + \boldsymbol{C}) = \boldsymbol{A} + \boldsymbol{B} + \boldsymbol{C}$
- 곱셈의 결합법칙 : $(\boldsymbol{AB})\boldsymbol{C} = \boldsymbol{A}(\boldsymbol{BC})$
- 분배법칙 : $\boldsymbol{A}(\boldsymbol{B} + \boldsymbol{C}) = \boldsymbol{AB} + \boldsymbol{AC}$, $(\boldsymbol{A} + \boldsymbol{B})\boldsymbol{C} = \boldsymbol{AC} + \boldsymbol{BC}$

---

01 행렬과 벡터의 전치에 대해서는 뒤에 자세히 설명한다.

- 덧셈에 대한 항등원 : $\boldsymbol{A}+\boldsymbol{O}=\boldsymbol{O}+\boldsymbol{A}=\boldsymbol{A}$
- 덧셈에 대한 A의 역원 : $\boldsymbol{A}+(-\boldsymbol{A})=(-\boldsymbol{A})+\boldsymbol{A}=\boldsymbol{O}$

특히 $n\times n$ 영행렬 $\boldsymbol{O}_n$과 임의의 $n\times n$ 행렬 $\boldsymbol{A}_n$에 대하여 $\boldsymbol{O}_n\boldsymbol{A}_n=\boldsymbol{A}_n\boldsymbol{O}_n=\boldsymbol{O}_n$과 $\boldsymbol{I}_n\boldsymbol{A}_n=\boldsymbol{A}_n\boldsymbol{I}_n=\boldsymbol{A}_n$이 성립한다.

(2) 임의의 실수 k, l과 행렬 $\boldsymbol{A}, \boldsymbol{B}$에 대하여 다음의 법칙이 성립한다.

- 결합법칙 : $(kl)\boldsymbol{A}=k(l\boldsymbol{A})$
- 분배법칙 : $(k+l)\boldsymbol{A}=k\boldsymbol{A}+l\boldsymbol{A},\ k(\boldsymbol{A}+\boldsymbol{B})=k\boldsymbol{A}+k\boldsymbol{B}$

특히 $\boldsymbol{B}=k\boldsymbol{I}$ 일 때, $\boldsymbol{BA}=(k\boldsymbol{I})\boldsymbol{A}=k(\boldsymbol{IA})=k\boldsymbol{A}$과 $\boldsymbol{AB}=\boldsymbol{A}(k\boldsymbol{I})=k(\boldsymbol{AI})=k\boldsymbol{A}$이 성립한다.

거듭제곱의 표현

정방행렬의 반복적 곱셈을 다음과 같이 간단히 거듭제곱으로 표현할 수 있다.

$$\boldsymbol{A}^2=\boldsymbol{AA}=\boldsymbol{A}\times\boldsymbol{A},\ \boldsymbol{A}^3=\boldsymbol{AAA}=\boldsymbol{A}\times\boldsymbol{A}\times\boldsymbol{A},\ \boldsymbol{A}^n=\boldsymbol{AAA}\cdots\boldsymbol{A}=\overbrace{\boldsymbol{A}\times\boldsymbol{A}\times\cdots\times\boldsymbol{A}}^{n\text{개}}$$

【예제 7-8】

임의의 n에 대하여 $\boldsymbol{A}$와 $\boldsymbol{B}$가 $n\times n$정방행렬일 때 $(\boldsymbol{A}+\boldsymbol{B})^2=\boldsymbol{A}^2+\boldsymbol{AB}+\boldsymbol{BA}+\boldsymbol{B}^2$임을 보이시오.

| 풀이 |

$$\begin{aligned}(\boldsymbol{A}+\boldsymbol{B})^2&=(\boldsymbol{A}+\boldsymbol{B})(\boldsymbol{A}+\boldsymbol{B})\\&=(\boldsymbol{A}+\boldsymbol{B})\boldsymbol{A}+(\boldsymbol{A}+\boldsymbol{B})\boldsymbol{B}\quad(\text{분배법칙})\\&=\boldsymbol{AA}+\boldsymbol{BA}+\boldsymbol{AB}+\boldsymbol{BB}\quad(\text{분배법칙})\\&=\boldsymbol{A}^2+\boldsymbol{AB}+\boldsymbol{BA}+\boldsymbol{B}^2\quad(\text{교환법칙, 거듭제곱의 표현})\end{aligned}$$

■

거듭제곱에 관한 정리

정방행렬의 거듭제곱은 다음의 두 가지 성질을 만족한다.

(1) $\boldsymbol{A}^{-n}=(\boldsymbol{A}^{-1})^n=(\boldsymbol{A}^n)^{-1}$

(2) $A^n A^k = A^{n+k}$

2. 역행렬과 전치행렬

행렬의 연산과정에서 가장 많이 쓰이는 **역행렬(inverse matrix)**과 **전치행렬(transpose matrix)**에 대해 알아보도록 하자.

역행렬(inverse matrix)

$(n \times n)$ 정방행렬 A에 대하여 $AB = BA = I_n$가 되는 행렬 B가 존재할 때 그 정방행렬 B를 A의 **역행렬**이라고 하며, A^{-1}로 나타낸다. 일반적인 역행렬의 성질에 관해서는 9장에서 역변환과 함께 자세히 다룰 것이다.

전치행렬(transpose matrix)

주어진 행렬 A의 각각의 ij번째 원소를 ji번째 자리로 옮겨 놓았을 때 그 결과 행렬을 A의 **전치행렬**이라고 하며 A^T로 표현한다.

즉, $A = (a_{ij})_{m \times n} = \begin{pmatrix} a_{11} & a_{12} & \cdots & a_{1n} \\ a_{21} & a_{22} & \cdots & a_{2n} \\ \vdots & \vdots & & \vdots \\ a_{m1} & a_{m2} & \cdots & a_{mn} \end{pmatrix}$ 일 때, A의 전치행렬 A^T는

$A^T = (a_{ji})_{n \times m} = \begin{pmatrix} a_{11} & a_{21} & \cdots & a_{m1} \\ a_{12} & a_{22} & \cdots & a_{m2} \\ \vdots & \vdots & & \vdots \\ a_{1n} & a_{2n} & \cdots & a_{mn} \end{pmatrix}$ 이다.

이때, $A^T = (a_{ij})^T_{m \times n} = (a_{ji})_{n \times m} = (a^T_{ij})_{n \times m}$ 등과 같이 표현할 수도 있다. 또 A^T를 A^t로 쓰기도 한다.

【예제 7-9】

$A = \begin{pmatrix} 0 & -1 \\ 6 & 2 \\ -7 & 4 \end{pmatrix}$, $B = \begin{pmatrix} 0 & 2 & 7 \\ 2 & 3 & -4 \\ -7 & 4 & 3 \end{pmatrix}$, $C = \begin{pmatrix} 8 & 6 & 3 \\ -6 & 2 & 9 \end{pmatrix}$의 전치행렬을 구하시오.

| 풀이 |

$$A^T=\begin{pmatrix}0&6&-7\\-1&2&4\end{pmatrix},\ B^T=\begin{pmatrix}0&2&-7\\2&3&4\\7&-4&3\end{pmatrix},\ C^T=\begin{pmatrix}8&-6\\6&2\\3&9\end{pmatrix}$$ ■

전치행렬에 관한 정리

임의의 주어진 행렬 A와 B의 전치행렬에 관하여 다음의 성질을 만족한다. 다음에 나오는 k는 임의의 스칼라 값(실수)을 말한다.

(1) $(A^T)^T=A$

(2) $(A+B)^T=A^T+B^T$

(3) $(AB)^T=B^TA^T$

(4) $(kA)^T=kA^T$

(5) $(A^{-1})^T=(A^T)^{-1}$

3. 대칭행렬(symmetric matrix)과 외대칭행렬(skew-symmetric matrix)

정방행렬 중에서 성질 $A^T=A$을 만족하는 행렬을 **대칭행렬**이라고 하고 $A^T=-A$를 만족하는 행렬을 **외대칭행렬**이라고 한다. 이때 AA^T, A^TA는 모두 대칭행렬이기는 하지만 대부분의 경우에 $AA^T\neq A^TA$ 이라는 점에 유의해야 한다.

【예제 7-10】

주어진 두 행렬 A와 B에 대해 대칭행렬인지 외대칭행렬인지를 판단하시오.

$$A=(a_{ij})_{3\times3}=\begin{pmatrix}-3&2&5\\2&0&8\\5&8&4\end{pmatrix},\quad B=(b_{ij})_{3\times3}=\begin{pmatrix}0&-2&3\\2&0&6\\-3&-6&0\end{pmatrix}$$

| 풀이 |

행렬 $\boldsymbol{A}$는 $\boldsymbol{A}^T = \begin{pmatrix} -3 & 2 & 5 \\ 2 & 0 & 8 \\ 5 & 8 & 4 \end{pmatrix} = \boldsymbol{A}$를 만족하므로 대칭행렬이다.

행렬 $\boldsymbol{B}$는 $\boldsymbol{B}^T = \begin{pmatrix} 0 & 2 & -3 \\ -2 & 0 & -6 \\ 3 & 6 & 0 \end{pmatrix} = (-1)\begin{pmatrix} 0 & -2 & 3 \\ 2 & 0 & 6 \\ -3 & -6 & 0 \end{pmatrix} = (-1)\boldsymbol{B}$를 만족하므로 외대칭행렬이다. ■

【예제 7-11】

$\boldsymbol{A} = \begin{pmatrix} 1 & 0 \\ 1 & 1 \end{pmatrix}$와 $\boldsymbol{B} = \begin{pmatrix} 3 & 3 & 3 \\ 2 & 2 & 2 \end{pmatrix}$가 주어졌을 때, $\boldsymbol{AB}$와 $\boldsymbol{B}^T\boldsymbol{A}^T$를 구하고 $(\boldsymbol{AB})^T = \boldsymbol{B}^T\boldsymbol{A}^T$임을 확인하시오.

| 풀이 |

$\boldsymbol{AB}$와 $\boldsymbol{B}^T\boldsymbol{A}^T$를 계산하면 각각 $\boldsymbol{AB} = \begin{pmatrix} 1 & 0 \\ 1 & 1 \end{pmatrix}\begin{pmatrix} 3 & 3 & 3 \\ 2 & 2 & 2 \end{pmatrix} = \begin{pmatrix} 3 & 3 & 3 \\ 5 & 5 & 5 \end{pmatrix}$와 $\boldsymbol{B}^T\boldsymbol{A}^T = \begin{pmatrix} 3 & 2 \\ 3 & 2 \\ 3 & 2 \end{pmatrix}\begin{pmatrix} 1 & 1 \\ 0 & 1 \end{pmatrix} = \begin{pmatrix} 3 & 5 \\ 3 & 5 \\ 3 & 5 \end{pmatrix}$가 된다. 그런데 앞에서 구한 $\boldsymbol{AB}$에 대한 전치행렬을 구하면 $(\boldsymbol{AB})^T = \begin{pmatrix} 3 & 3 & 3 \\ 5 & 5 & 5 \end{pmatrix}^T = \begin{pmatrix} 3 & 5 \\ 3 & 5 \\ 3 & 5 \end{pmatrix}$이 되어 $(\boldsymbol{AB})^T = \boldsymbol{B}^T\boldsymbol{A}^T$임을 확인할 수 있다. ■

대칭행렬에 관한 정리

$\boldsymbol{A}, \boldsymbol{B}$가 동일차원의 대칭행렬이면 $(\boldsymbol{AB})^T = \boldsymbol{B}^T\boldsymbol{A}^T = \boldsymbol{BA}$이다.

【예제 7-12】

$\boldsymbol{A}$가 주어진 임의의 정방행렬일 때, 행렬 $\boldsymbol{A}$는 대칭행렬과 외대칭행렬의 합으로 나타낼 수 있음을 보이시오.

| 풀이 |

행렬 $\boldsymbol{P}$를 $\boldsymbol{P} = \frac{1}{2}(\boldsymbol{A} + \boldsymbol{A}^T)$로 놓자. 그러면 $\boldsymbol{P}^T = \frac{1}{2}(\boldsymbol{A} + \boldsymbol{A}^T)^T$이다. 그런데 전치행렬에 관한 정리에

의해 $(\boldsymbol{A}+\boldsymbol{A}^T)^T=\boldsymbol{A}^T+(\boldsymbol{A}^T)^T=\boldsymbol{A}^T+\boldsymbol{A}$이다. 그러면 $\boldsymbol{P}^T=\frac{1}{2}(\boldsymbol{A}+\boldsymbol{A}^T)=\boldsymbol{P}$가 되어 $\boldsymbol{P}$는 정의에 의해 대칭행렬임을 알 수 있다.

한편, 행렬 $\boldsymbol{Q}$를 $\boldsymbol{Q}=\frac{1}{2}(A-\boldsymbol{A}^T)$로 놓자. 그러면 $\boldsymbol{Q}^T=\frac{1}{2}(A-\boldsymbol{A}^T)^T$이다. 그런데 전치행렬에 관한 정리에 의해 $(A-\boldsymbol{A}^T)^T=\boldsymbol{A}^T-(\boldsymbol{A}^T)^T=\boldsymbol{A}^T-\boldsymbol{A}$이다. 그러면 $\boldsymbol{Q}^T=-\frac{1}{2}(A-\boldsymbol{A}^T)=-\boldsymbol{Q}$가 되어 $\boldsymbol{Q}$는 정의에 의해 외대칭행렬임을 알 수 있다.

그런데 $\boldsymbol{A}=\boldsymbol{P}+\boldsymbol{Q}$이므로 $\boldsymbol{A}$는 대칭행렬 $\boldsymbol{P}$와 외대칭행렬 $\boldsymbol{Q}$의 합으로 나타내어짐을 알 수 있다. ■

7.3 행렬식

1. 행렬식의 계산

행렬식(determinants)은 정방행렬에 수를 대응시키는 함수라고 할 수 있다. 행렬식은 정방행렬에서만 계산할 수 있는데 정방행렬 $\boldsymbol{A}$의 행렬의 값, 즉 행렬식을 $\det(\boldsymbol{A})$ 또는 $|\boldsymbol{A}|$로 나타낸다. 또, 행렬식 $|\boldsymbol{A}|$를 다음과 같이 행렬의 원소 값들을 표기하여 나타내기도 한다.

$$\det(\boldsymbol{A})=|\boldsymbol{A}|=\begin{vmatrix} a_{11} & a_{12} & \dots & a_{1j} & \cdots & a_{1n} \\ a_{21} & a_{22} & \dots & a_{2j} & \cdots & a_{2n} \\ \vdots & & \ddots & & \cdot^{\cdot^{\cdot}} & \\ a_{i1} & & & a_{ij} & & a_{in} \\ \vdots & & \cdot^{\cdot^{\cdot}} & & \ddots & \\ a_{n1} & a_{n2} & & a_{nj} & & a_{nn} \end{vmatrix}$$

예를 들어, 2차 정방행렬 $\boldsymbol{A}=\begin{pmatrix} a_{11} & a_{12} \\ a_{21} & a_{22} \end{pmatrix}$의 행렬식은 $|\boldsymbol{A}|=\begin{vmatrix} a_{11} & a_{12} \\ a_{21} & a_{22} \end{vmatrix}=a_{11}a_{22}-a_{12}a_{21}$이고,

3차 정방행렬 $\boldsymbol{A}=\begin{pmatrix} a_{11} & a_{12} & a_{13} \\ a_{21} & a_{22} & a_{23} \\ a_{31} & a_{32} & a_{33} \end{pmatrix}$의 행렬식은

$$|\boldsymbol{A}|=\begin{vmatrix} a_{11} & a_{12} & a_{13} \\ a_{21} & a_{22} & a_{23} \\ a_{31} & a_{32} & a_{33} \end{vmatrix}=a_{11}a_{22}a_{33}+a_{12}a_{23}a_{31}+a_{13}a_{21}a_{32}-a_{11}a_{23}a_{32}-a_{12}a_{21}a_{33}-a_{13}a_{22}a_{31}$$이다.

참고로, 3차 정방행렬의 행렬식을 좀 더 쉽게 구하기 위해 위의 그림과 같이 행렬식 오른쪽에 첫

번째 열과 두 번째 열을 쓴 다음에 점선을 따라서 같은 선 위의 세 개의 값을 곱한 값에 점선 끝에 표기된 부호(+ 또는 −값)를 준 후에, 그 6개의 결과 값을 더하면 앞의 3차 정방행렬의 행렬식을 구할 수 있다.

그림 7-1 ▌ 3차 행렬식의 계산

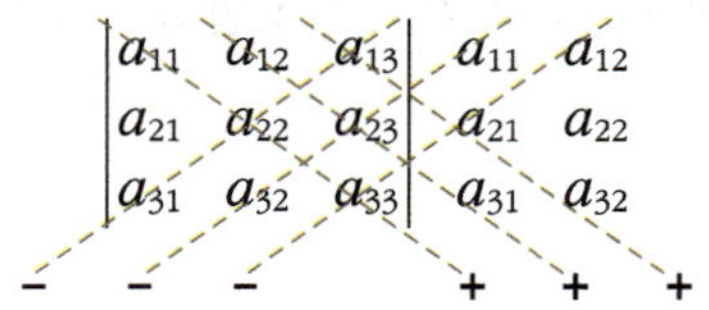

일반적인 $(n \times n)$ 행렬의 행렬식 계산

$n \times n$행렬의 행렬식은 **라플라스 전개(Laplace expansion)**를 반복하여 적용함으로써 행렬의 차수를 2×2나 3×3으로 축소하여 구한다. 즉, 0이 많이 포함된 임의의 행이나 열을 기준 행이나 기준 열로 선택하고 각 원소에 대응하는 **소행렬식(minor determinant)**을 구하여 행렬의 차수를 점차 줄여 나간다.

행렬 $\boldsymbol{A}$가 다음과 같이 주어졌다고 하자.

$$\boldsymbol{A} = \begin{pmatrix} a_{11} & a_{12} & \cdots & a_{1n} \\ a_{21} & a_{22} & \cdots & a_{2n} \\ \vdots & \vdots & \ddots & \vdots \\ a_{n1} & a_{n2} & \cdots & a_{nn} \end{pmatrix}$$

위의 $(n \times n)$행렬 $\boldsymbol{A}$에서 i번째 행을 기준 행으로 선택하여 $\boldsymbol{A}$의 행렬식은 다음과 같이 소행렬식을 이용하여 전개하는데 이를 **라플라스 전개**라고 일컫는다.

$$|\boldsymbol{A}| = (-1)^{i+1} a_{i1} M_{i1} + (-1)^{i+2} a_{i2} M_{i2} + \cdots + (-1)^{i+j} a_{ij} M_{ij} + \cdots + (-1)^{i+n} a_{in} M_{in}$$

이때 소행렬식 M_{ij}는 원래의 행렬 $\boldsymbol{A}$의 i번째 행과 j번째 열을 제외한 $(n-1) \times (n-1)$행렬의 행렬식을 말한다. 따라서 반복적으로 라플라스 전개를 적용하여 직접 계산이 가능한 2×2나 3×3으로 행렬의 차수를 축소시켜 행렬식을 구한다.

【예제 7-13】

4×4행렬 A를 $A=\begin{pmatrix}1 & 0 & 3 & -2\\ 4 & -1 & 3 & 0\\ 0 & 0 & 5 & 0\\ 0 & 1 & 3 & 2\end{pmatrix}$라고 정의했을 때, 이 행렬의 행렬식을 구하시오.

| 풀이 |

0이 가장 많은 행이 3행이므로 행렬 A의 3행을 기준 행으로 선택하여 위의 라플라스 전개를 이용하면,

$$\begin{aligned}|A| &= (-1)^{3+1}a_{31}M_{31}+(-1)^{3+2}a_{32}M_{32}+(-1)^{3+3}a_{33}M_{33}+(-1)^{3+4}a_{34}M_{34}\\ &= 0\cdot M_{31}-0\cdot M_{32}+5M_{33}-0\cdot M_{34}=5M_{33}\end{aligned}$$

이다. 그런데 M_{33}는 3×3행렬이므로 3차 정방행렬식에 의해 $M_{33}=\begin{vmatrix}1 & 0 & -2\\ 4 & -1 & 0\\ 0 & 1 & 2\end{vmatrix}=1\cdot(-1)\cdot2+0+(-2)\cdot4\cdot1-0-0-0=-10$이다. 그러므로 $|A|=5M_{33}=5\cdot(-10)=-50$이다. ■

2. 행렬식에 관한 정리

(1) 전치행렬의 행렬식

전치행렬의 행렬식은 원행렬의 행렬식과 같다. 즉, $|A|=|A^T|$이다.

(2) 임의의 두 행(또는 두 열)을 서로 바꾸는 경우의 행렬식

임의의 두 행(또는 두 열)을 서로 바꾸는 경우에는 행렬식의 부호만 바뀌고 행렬식의 절대값은 같아진다. 즉, A의 두 행을 서로 바꾼 행렬을 $\overline{A}$라고 하면, $|\overline{A}|=-|A|$이 된다.

(3) 임의의 한 행(또는 한 열)에 스칼라 k를 곱한 경우의 행렬식

행렬 A의 한 행이나 열에 스칼라 k를 곱하면 원행렬식에 k를 곱한 값과 같다. 즉, 행렬 A의 한 행에 스칼라 k를 곱한 행렬을 $\overline{A}$라 할 경우, 행렬 $\overline{A}$의 행렬식은 $|\overline{A}|=k|A|$이 된다.

(4) 행렬 A에 스칼라 k를 곱한 스칼라 배(scalar multiple)의 행렬식

주어진 $(n\times n)$행렬 A에 스칼라값 k를 곱한 kA의 행렬식은 A의 행렬식에 k^n를 곱한 값인 $k^n|A|$이다. 즉, n차행렬 A에 대해 $|kA|=k^n|A|$이 된다

(5) 한 행(또는 열)에 스칼라 k를 곱하여 다른 행(또는 열)에 더하거나 뺄 경우

한 행(또는 열)에 스칼라 k를 곱하여 다른 행(또는 열)에 더하거나 뺄 경우에는 행렬식이 변하지 않는다. 즉, 행렬 $\boldsymbol{A}$의 한 행에 스칼라 k를 곱하여 행렬 $\boldsymbol{A}$의 다른 행에 더하여 만들어진 행렬을 행렬 $\overline{\boldsymbol{A}}$라고 하면, $|\overline{\boldsymbol{A}}| = |\boldsymbol{A}|$이 된다.

(6) 임의의 두 행(또는 열)이 서로 비례할 때

한 행(열)이 또 다른 행(열)에 스칼라 k를 곱한 것과 같거나 두 행(또는 열)이 동일할 경우 행렬식은 0이 된다. 이와 같은 경우에 두 행(또는 열)을 선형종속(linear dependent)이라 한다.

(7) 두 행렬의 곱 AB의 행렬식

두 행렬의 곱 $\boldsymbol{AB}$가 정의될 경우, $\boldsymbol{AB}$의 행렬식은 각 행렬식의 곱과 같다. 즉, 두 정방행렬 $\boldsymbol{A}$와 $\boldsymbol{B}$가 주어졌을 때, $|\boldsymbol{AB}| = |\boldsymbol{A}||\boldsymbol{B}| = |\boldsymbol{B}||\boldsymbol{A}| = |\boldsymbol{BA}|$이다.

(8) 역행렬의 행렬식

원행렬의 역행렬이 존재할 때 역행렬의 행렬식은 1을 원행렬의 행렬식으로 나눈 값과 같다. 즉, $|\boldsymbol{A}^{-1}| = \frac{1}{|\boldsymbol{A}|}$이다(단, $|\boldsymbol{A}| \neq 0$).

역행렬과 행렬식

$\boldsymbol{A}$의 역행렬이 존재하면 $|\boldsymbol{A}| \neq 0$이고 $|\boldsymbol{A}| \neq 0$이면 $\boldsymbol{A}$의 역행렬이 존재한다. 자세한 내용은 9장에서 다루기로 한다.

【예제 7-14】

주어진 행렬 $\boldsymbol{A} = \begin{pmatrix} a_{11} & a_{12} \\ a_{21} & a_{22} \end{pmatrix}$에 대해 앞의 행렬식에 관한 정리 (1)부터 (7)까지 성립함을 보이시오.

| 풀이 |

행렬식 $|\boldsymbol{A}| = a_{11}a_{22} - a_{12}a_{21}$에 대해 7가지 정리가 성립함을 보인다.

(1) $\boldsymbol{A}$의 전치행렬 $\boldsymbol{A}^T = \begin{pmatrix} a_{11} & a_{21} \\ a_{12} & a_{22} \end{pmatrix}$의 행렬식도 $|\boldsymbol{A}^T| = a_{11}a_{22} - a_{12}a_{21}$이 된다. 따라서 (1) 전치행렬의 행렬식에 관한 정리를 만족한다.

(2) 행렬 $\boldsymbol{A}$의 1행과 2행을 서로 바꾼 행렬을 $\overline{\boldsymbol{A}}$라 할 경우, 행렬 $\overline{\boldsymbol{A}} = \begin{pmatrix} a_{21} & a_{22} \\ a_{11} & a_{12} \end{pmatrix}$의 행렬식은

$|\overline{A}| = a_{21}a_{12} - a_{22}a_{11} = -(a_{11}a_{22} - a_{12}a_{21}) = -|A|$가 되어 원래의 행렬인 $\overline{A}$의 행렬식에서 부호만 바뀌게 된다.

(3) 행렬 A의 1행에 스칼라 k를 곱한 행렬을 $\overline{A}$라 할 경우, 행렬 $\overline{A} = \begin{pmatrix} ka_{11} & ka_{12} \\ a_{21} & a_{22} \end{pmatrix}$의 행렬식은 $|\overline{A}| = ka_{11}a_{22} - ka_{12}a_{21} = k(a_{11}a_{22} - a_{12}a_{21}) = k|A|$가 되어 A의 행렬식은 행렬 A의 행렬식에 스칼라 k를 곱한 것과 같게 된다.

(4) kA 의 행렬식은 위의 (3)을 이용하여 $|kA| = \begin{vmatrix} ka_{11} & ka_{12} \\ ka_{21} & ka_{22} \end{vmatrix} = k\begin{vmatrix} a_{11} & a_{12} \\ ka_{21} & ka_{22} \end{vmatrix} = k^2\begin{vmatrix} a_{11} & a_{12} \\ a_{21} & a_{22} \end{vmatrix} = k^2|A|$이다. 따라서 2차 정방행렬 A에 스칼라 k를 곱한 스칼라 배의 행렬식은 $k^2|A|$가 됨을 알 수 있다.

(5) 행렬 A의 1행에 스칼라 k를 곱하여 행렬 A의 2행에 더한 행렬을 행렬 $\overline{A}$라 할 경우, 행렬 $\overline{A} = \begin{pmatrix} a_{11} & a_{12} \\ a_{21} + ka_{11} & a_{22} + ka_{12} \end{pmatrix}$의 행렬식을 구하면, $|\overline{A}| = a_{11}(a_{22} + ka_{12}) - a_{12}(a_{21} + ka_{11}) = a_{11}a_{22} + ka_{11}a_{12} - a_{12}a_{21} - ka_{11}a_{12} = a_{11}a_{22} - a_{12}a_{21} = |A|$ 이 되어 $|A| = |\overline{A}|$가 성립함을 알 수 있다. 또 행렬 A의 2행에 스칼라 k를 곱하여 행렬 A의 1행에 더한 행렬을 행렬 $\overline{A}$라 할 경우도 마찬가지로 $|A| = |\overline{A}|$가 성립함을 알 수 있다.

(6) 행렬 A의 1행에 스칼라 k를 곱한 값이 행렬 A의 2행일 경우, 행렬 $\begin{pmatrix} a_{11} & a_{12} \\ ka_{11} & ka_{12} \end{pmatrix}$의 행렬식을 구하면 다음과 같이 $|A| = a_{11}ka_{12} - a_{11}ka_{12} = k(a_{11}a_{12} - a_{11}a_{12}) = 0$이 됨을 알 수 있다.

(7) 위에서 주어진 행렬 A와 또 다른 행렬 $B = \begin{pmatrix} b_{11} & b_{12} \\ b_{21} & b_{22} \end{pmatrix}$가 주어졌다고 하자. 그러면 두 행렬의 각각의 행렬식은 $|A| = a_{11}a_{22} - a_{12}a_{21}$와 $|B| = b_{11}b_{22} - b_{12}b_{21}$이고 그 두 행렬식의 곱은 $|A||B| = (a_{11}a_{22} - a_{12}a_{21})(b_{11}b_{22} - b_{12}b_{21}) = a_{11}a_{22}b_{11}b_{22} - a_{12}a_{21}b_{11}b_{22} + a_{12}a_{21}b_{12}b_{21} - a_{11}a_{22}b_{12}b_{21} = |B||A|$이다.

한편 AB 의 행렬식을 구하면,

$$|AB| = \begin{vmatrix} a_{11}b_{11} + a_{12}b_{21} & a_{11}b_{12} + a_{12}b_{22} \\ a_{21}b_{11} + a_{22}b_{21} & a_{21}b_{12} + a_{22}b_{22} \end{vmatrix} = \cancel{a_{11}a_{21}b_{11}b_{12}} + a_{11}a_{22}b_{11}b_{22} + a_{12}a_{21}b_{21}b_{12} +$$

$$\cancel{a_{12}a_{22}b_{21}b_{22}} - \cancel{a_{11}a_{21}b_{12}b_{11}} - a_{11}a_{22}b_{12}b_{21} - a_{12}a_{21}b_{11}b_{22} - \cancel{a_{12}a_{22}b_{21}b_{22}}$$

가 된다. 마찬가지로 BA의 행렬식을 구하면 $|BA| = a_{11}a_{22}b_{11}b_{22} - a_{12}a_{21}b_{11}b_{22} + a_{11}a_{22}b_{12}b_{21} + a_{11}a_{22}b_{12}b_{21}$이 된다. 따라서 $|AB| = |A||B| = |B||A| = |BA|$이 됨을 알 수 있다.

【예제 7-15】

$A = \begin{pmatrix} a & b & c \\ d & e & f \\ g & h & i \end{pmatrix}$이고 $|A| = 50$일 때, 행렬 $\begin{pmatrix} 2a & 2b & 2c \\ d & e & f \\ g & h & i \end{pmatrix}$에 대한 행렬식의 값은?

ㅣ풀이ㅣ

행렬 $\begin{pmatrix} 2a & 2b & 2c \\ d & e & f \\ g & h & i \end{pmatrix}$는 주어진 행렬 A의 1행에 실수 값 2를 곱해서 만들어진 행렬이다. 따라서 행렬식에 관한 정리 (3)에 의해서 $\begin{vmatrix} 2a & 2b & 2c \\ d & e & f \\ g & h & i \end{vmatrix} = 2|A| = 2 \cdot 50 = 100$이다. ■

【예제 7-16】

행렬 $A = \begin{pmatrix} -3 & 2 & 1 & -6 \\ 0 & 1 & -5 & 3 \\ 2 & 0 & 1 & 4 \\ 1 & 1 & 0 & 2 \end{pmatrix}$의 행렬식을 구하시오.

ㅣ풀이ㅣ

$$|A| = \begin{vmatrix} -3 & 2 & 1 & -6 \\ 0 & 1 & -5 & 3 \\ 2 & 0 & 1 & 4 \\ 1 & 1 & 0 & 2 \end{vmatrix}$$

$$= \begin{vmatrix} 0 & 3 & 2 & 0 \\ 0 & 1 & -5 & 3 \\ 2 & 0 & 1 & 4 \\ 1 & 1 & 0 & 2 \end{vmatrix} \quad \text{(행렬식에 관한 정리(5), 행연산 } r_1 + r_3 + r_4 \rightarrow r_1\text{)}$$

$$= \begin{vmatrix} 0 & 3 & 2 & 0 \\ 0 & 1 & -5 & 3 \\ 0 & -2 & 1 & 0 \\ 1 & 1 & 0 & 2 \end{vmatrix} \quad \text{(행렬식에 관한 정리(5), 행연산 } r_3 + (-2)r_4 \rightarrow r_3\text{)}$$

$$=\begin{vmatrix} 0 & 0 & 0 & 1 \\ 3 & 1 & -2 & 1 \\ 2 & -5 & 1 & 0 \\ 0 & 3 & 0 & 2 \end{vmatrix} \quad \text{(전치행렬의 행렬식)}$$

$$=(-1)^{1+4}\begin{vmatrix} 3 & 1 & -2 \\ 2 & -5 & 1 \\ 0 & 3 & 0 \end{vmatrix} \quad \text{(1행을 기준행으로 한 라플라스 전개식)}$$

$$=-3(-1)^{3+2}\begin{vmatrix} 3 & -2 \\ 2 & 1 \end{vmatrix} \quad \text{(3행을 기준행으로 한 라플라스 전개식)}$$

$$=3[(3)(1)-(-2)(2)]=21$$

따라서 행렬 $\boldsymbol{A}$의 행렬식은 21이다. ■

7.4 경제경영 · 금융 예제

【예제 7-17】 행렬을 이용한 금융상품의 손익 표시

우리는 3장에서 콜옵션과 풋옵션에 대해서 간단히 배운 적이 있다. A주식과 A주식에 대한 풋옵션을 현재 가격으로 취득할 때 1년 후 손익상황을 행렬을 이용하여 표시해보도록 하자. A주식의 현재가격은 10,000원이고 1년 후 12,000원으로 오르거나 8,000원으로 하락할 것으로 예상된다고 하고, A주식에 대한 풋옵션의 현재가격은 1,000원(행사가격은 9,500원)이라 하자. 1년 후 풋옵션의 가치는 주가가 12,000원으로 상승할 때에는 0원, 8,000원으로 하락할 때에는 1,500원이 된다.

이제 A주식과 풋옵션을 보유할 경우의 1년 후 손익을 나타내는 행렬을 $\boldsymbol{P}$라 하자. 그러면 행렬 $\boldsymbol{P}$의 첫 행은 1년 후 A주식 보유로 인한 손익을 나타내고 2행은 1년 후 풋옵션 보유로 인한 손익을 나타낸다. 또한 행렬 $\boldsymbol{P}$의 첫 열은 주식이 상승할 경우를 말하고 2열은 주식이 하락할 경우를 의미한다. 1년 후 주식이 상승한다면 주식 보유로 인한 손익은 2,000원(=12,000−10,000)이 되고 풋옵션 보유로 인한 손익은 −1,000원(=0−1,000)이 된다. 또한 1년 후 주식이 하락한다면 주식 보유로 인한 손익은 −2,000원(=8,000−10,000)이 되고 풋옵션 보유로 인한 손익은 500원(=1,500−1,000)이 되기 때문에 1년 후 손익행렬 $\boldsymbol{P}$는 다음과 같이 구해진다.

$$P = \begin{pmatrix} 2,000 & -2,000 \\ -1,000 & 500 \end{pmatrix}$$

만약 1년 후 주가가 12,000원으로 상승할 확률이 0.5, 8,000원으로 하락할 확률이 0.5라 한다면 주식과 풋옵션 포지션으로 인한 기대손익은 각각 얼마가 될까? 1년 후 주가가 오를 확률과 내릴 확률을 나타내는 벡터를 $\boldsymbol{q} = \begin{pmatrix} 0.5 \\ 0.5 \end{pmatrix}$라 하고, 주식과 풋옵션 포지션의 기대손익을 나타내는 벡터를 $\boldsymbol{\pi} = \begin{pmatrix} \pi_1 \\ \pi_2 \end{pmatrix}$라 하면 $\boldsymbol{\pi}$는 다음과 같이 주어진다.

$$\boldsymbol{\pi} = \boldsymbol{Pq} = \begin{pmatrix} 2,000 & -2,000 \\ -1,000 & 500 \end{pmatrix}\begin{pmatrix} 0.5 \\ 0.5 \end{pmatrix} = \begin{pmatrix} 0 \\ -250 \end{pmatrix}$$ ■

【예제 7-18】 포트폴리오 수익률, 기대수익률, 분산의 계산

현대 포트폴리오 이론은 여러 자산에 투자하면 전체 수익률과 위험에 어떤 현상이 발생하는가를 밝힌 이론으로서 1990년 노벨경제학상을 받은 마코위츠에 의해 개발되었기 때문에 **마코위츠 이론(Markowitz theory)**이라고도 한다. 이번 장에서 학습한 행렬을 이용하면 여러 자산으로 이루어진 포트폴리오의 수익률은 물론 기대수익률과 분산도 쉽게 표현할 수 있을 뿐만 아니라 계산할 수 있다.

이제 두 개의 주식으로 포트폴리오를 구성하였을 때 포트폴리오의 수익률, 기대수익률, 분산을 계산해보자. 주식 1에 대한 투자비중을 w_1, 주식 2에 대한 투자비중을 w_2라 하고, 투자자의 투자예산을 전액 주식 1과 주식 2에 투자한다고 가정한다면 $w_1 + w_2 = 1$이 되어야 한다. 주식 1과 주식 2의 수익률을 각각 r_1과 r_2로 놓고 포트폴리오의 수익률을 r_p로 놓았을 때, 이 두 가지 주식으로 구성된 포트폴리오의 수익률은 다음과 같이 표현된다.

$$r_p = w_1 r_1 + w_2 r_2 \tag{7.1}$$

포트폴리오의 기대수익률은 식 (7.1)에 기대값을 취한 것이므로 다음과 같이 표현된다.

$$E(r_p) = E(w_1 r_1 + w_2 r_2) = w_1 E(r_1) + w_2 E(r_2) \tag{7.2}$$

$E(r_p)$: 포트폴리오의 기대수익률
$E(r_1)$: 주식 1의 기대수익률
$E(r_2)$: 주식 2의 기대수익률

식 (7.2)에서 볼 수 있는 바와 같이 포트폴리오의 기대수익률은 각각의 주식에 대한 기대수익률을 투자비중으로 가중한 값의 합임을 알 수 있다.

또한 포트폴리오의 위험을 나타내는 분산은 다음과 같이 주어진다. 아래에서 *Var*은 제4장에서 배운 바 있는 분산 연산자(variance operator)를 의미한다.

$$\sigma_p^2 = Var(w_1 r_1 + w_2 r_2) = w_1^2 \sigma_1^2 + w_2^2 \sigma_2^2 + 2w_1 w_2 \sigma_{12} \tag{7.3}$$

σ_p^2 : 포트폴리오의 분산
σ_1^2 : 주식 1의 분산
σ_2^2 : 주식 2의 분산
σ_{12} : 주식 1과 주식 2의 공분산

식 (7.3)에서 볼 수 있는 바와 같이 포트폴리오의 분산은 개별 주식의 분산을 단순히 가중평균한 것이 아니라 개별주식 간의 상관관계를 나타내는 공분산을 함께 고려해야 함을 뜻하고 있다. 다시 말해, 여러 주식으로 포트폴리오를 구성하면 **공분산효과**가 발생하여 항상 위험이 줄어든다는 것을 알 수 있다. 특히, 공분산이 작을수록 이 효과는 커진다.

위의 논의를 일반화해서 n개의 자산으로 구성된 포트폴리오로 확장시켜면 식 (7.1), (7.2), (7.3)은 다음과 같이 쓸 수 있다.

$$r_p = \sum_{i=1}^{n} w_i r_i \tag{7.1$'$}$$

$$E(r_p) = \sum_{i=1}^{n} w_i E(r_i) \tag{7.2$'$}$$

$$\begin{aligned} \sigma_p^2 &= \sum_{i=1}^{n} \sum_{j=1}^{n} w_i w_j \sigma_{ij} \\ &= \sum_{i=1}^{n} w_i^2 \sigma_i^2 + \sum_{\substack{i=1 \\ i \neq j}}^{n} \sum_{j=1}^{n} w_i w_j \sigma_{ij} \end{aligned} \tag{7.3$'$}$$

이제 행렬을 사용해서 n개의 자산으로 구성된 포트폴리오의 수익률, 기대수익률 및 분산을 표시하면 다음과 같다.

$$\begin{aligned} r_p &= \boldsymbol{w}^T \boldsymbol{r} \\ E(r_p) &= \boldsymbol{w}^T \boldsymbol{\mu}_p \\ \sigma_p^2 &= \boldsymbol{w}^T \Sigma \boldsymbol{w} \end{aligned} \tag{7.4}$$

여기서 $\boldsymbol{w}^T = (w_1, w_2, \cdots, w_n)$,

$$\boldsymbol{r}=\begin{pmatrix} r_1 \\ r_2 \\ \vdots \\ r_n \end{pmatrix},\ \boldsymbol{\mu}_p=\begin{pmatrix} E(r_1) \\ E(r_2) \\ \vdots \\ E(r_n) \end{pmatrix},\ \boldsymbol{\Sigma}=\begin{pmatrix} \sigma_1^2 & \sigma_{12} & \cdots & \sigma_{1n} \\ \sigma_{21} & \sigma_2^2 & \cdots & \sigma_{2n} \\ \vdots & & \ddots & \vdots \\ \sigma_{n1} & \sigma_{n2} & \cdots & \sigma_n^2 \end{pmatrix}$$

A자산과 B자산의 기대수익률, 분산 및 공분산이 다음과 같을 때 A자산에 30%, B자산에 70% 투자한 포트폴리오의 기대수익률과 분산을 식 (7.4)를 이용해서 구해보자.

표 7-2 ▌ A자산과 B자산에 대한 정보

	A자산	B자산	공분산
기대수익률	0.2	0.15	
분산	0.09	0.04	−0.01

주어진 정보를 행렬 형태로 변환하면 다음과 같다.

$$\boldsymbol{w}=\begin{pmatrix} 0.3 \\ 0.7 \end{pmatrix},\ \boldsymbol{\mu}_p=\begin{pmatrix} 0.2 \\ 0.15 \end{pmatrix},\ \boldsymbol{\Sigma}=\begin{pmatrix} 0.09 & -0.01 \\ -0.01 & 0.04 \end{pmatrix} \tag{7.5}$$

이제 식 (7.5)를 식 (7.4)에 대입하면 포트폴리오의 기대수익률과 분산을 다음과 같이 계산할 수 있다.

$$\begin{aligned} E(r_p) &= \boldsymbol{w}^T\boldsymbol{\mu}_p = (0.3\ \ 0.7)\begin{pmatrix} 0.2 \\ 0.15 \end{pmatrix} = 0.3\times 0.2 + 0.7\times 0.15 = 0.165 \\ \sigma_p^2 &= \boldsymbol{w}^T\Sigma\boldsymbol{w} = (0.3\ \ 0.7)\begin{pmatrix} 0.09 & -0.01 \\ -0.01 & 0.04 \end{pmatrix}\begin{pmatrix} 0.3 \\ 0.7 \end{pmatrix} \\ &= (0.3\times 0.09 + 0.7\times(-0.01)\ \ 0.3\times(-0.01)+0.7\times 0.04)\begin{pmatrix} 0.3 \\ 0.7 \end{pmatrix} \\ &= (0.02\ \ 0.025)\begin{pmatrix} 0.3 \\ 0.7 \end{pmatrix} = 0.02\times 0.3 + 0.025\times 0.7 = 0.0235 \end{aligned} \tag{7.6}$$

식 (7.6)에서 확인할 수 있는 바와 같이 두 자산으로 이루어진 포트폴리오의 기대수익률은 각 자산의 기대수익률 사이에 위치하고 있으나(가중평균), 포트폴리오의 분산은 각 자산의 분산 사이에 위치하는 것이 아니라 오히려 합쳤음에도 불구하고 더 작아지는 현상이 발생하고 있음을 눈여겨보아야 한다. 이는 두 자산의 공분산이 음의 값을 가지기 때문인 것으로 공분산효과에 의해 포트폴리오의 위험이 급격히 감소하고 있는 것이다. ■

【예제 7-19】 행렬의 곱셈을 이용한 환율 계산

우리나라와 미국의 환율을 나타내는 **환율표**가 다음과 같다고 하자.

표 7-3 ▌ 환율표

	한국	미국
한국	1	1,150
미국	0.0009	1

이제 우리나라 화폐 10만원과 미국 화폐 100달러가 각각 상대방 국가의 화폐로는 얼마가 되는지 행렬의 곱셈을 이용하여 구해보자. 이를 위해 위의 환율표를 행렬 $\boldsymbol{A}$라 하고, 환전하기 전의 화폐 금액을 행렬 $\boldsymbol{X}$, 환전하려는 국가 화폐로의 환전금액을 행렬 $\boldsymbol{B}$라 할 때, 다음과 같은 행렬의 곱셈식이 성립한다.

$$\boldsymbol{AX}=\boldsymbol{B} \Rightarrow \begin{pmatrix} 1 & 1{,}150 \\ 0.0009 & 1 \end{pmatrix}\begin{pmatrix} 0 & 10\text{만원} \\ 100\text{달러} & 0 \end{pmatrix}=\begin{pmatrix} 11.5\text{만원} & 10\text{만원} \\ 100\text{달러} & 90\text{달러} \end{pmatrix} \tag{7.7}$$

즉, 위의 곱셈식으로부터 미국 화폐 100달러는 우리나라 화폐 11.5만원에 해당하고, 우리나라 화폐 10만원은 미국 화폐 90달러에 해당함을 알 수 있다.

※ 참고사항

규모가 큰 행렬을 쉽게 다루기 위해서는 원래의 행렬을 다음과 같이 몇 개의 **부분행렬(submatrix)**로 분할하여 생각할 수 있다.

$$\boldsymbol{A}=\begin{pmatrix} a_{11} & a_{12} & a_{13} & \vdots & a_{14} & \vdots & a_{15} & a_{16} \\ a_{21} & a_{22} & a_{23} & \vdots & a_{24} & \vdots & a_{25} & a_{26} \\ \cdots & \cdots & \cdots & \cdots & \cdots & \cdots & \cdots & \cdots \\ a_{31} & a_{32} & a_{33} & \vdots & a_{34} & \vdots & a_{35} & a_{36} \end{pmatrix}=\begin{pmatrix} \boldsymbol{A}_{11} & \boldsymbol{A}_{12} & \boldsymbol{A}_{13} \\ \boldsymbol{A}_{21} & \boldsymbol{A}_{22} & \boldsymbol{A}_{23} \end{pmatrix}$$

여기서 $\boldsymbol{A}_{11}=\begin{pmatrix} a_{11} & a_{12} & a_{13} \\ a_{21} & a_{22} & a_{23} \end{pmatrix}$, $\boldsymbol{A}_{12}=\begin{pmatrix} a_{14} \\ a_{24} \end{pmatrix}$, $\boldsymbol{A}_{22}=(a_{34})$ 등이 부분행렬이다. 따라서 원래의 행렬 $\boldsymbol{A}$는 6개의 부분행렬로 구성될 수 있다. 이때 원래의 행렬 $\boldsymbol{A}$를 **분할행렬**이라고 부르는데, 좀더 정확히 말하면 분할된 행렬이라고 표현될 수 있을 것이다.

앞부분에서 보았듯이 행렬의 각 행을 각각 하나의 부분행렬로 만들면 행렬 $\boldsymbol{A}$를 3개의 부분행렬로 나눌 수 있다.

즉, $\boldsymbol{A}_1=(a_{11}\ a_{12}\ \cdots\ a_{16})$, $\boldsymbol{A}_2=(a_{21}\ a_{22}\ \cdots\ a_{26})$, $\boldsymbol{A}_3=(a_{31}\ a_{32}\ \cdots\ a_{36})$일 때, $\boldsymbol{A}=\begin{pmatrix} \boldsymbol{A}_1 \\ \boldsymbol{A}_2 \\ \boldsymbol{A}_3 \end{pmatrix}$로 쓸 수 있다. 마찬가지로, 행렬의 각 열을 각각의 부분행렬로 만들면 행렬 $\boldsymbol{A}$를 6개의 열벡터로 분할하여 생각할 수도 있다. 즉, $\boldsymbol{B}_1=\begin{pmatrix} a_{11} \\ a_{21} \\ a_{31} \end{pmatrix}$, $\boldsymbol{B}_2=\begin{pmatrix} a_{12} \\ a_{22} \\ a_{32} \end{pmatrix}$,…일 때, 행렬 $\boldsymbol{A}$를 $\boldsymbol{A}=(\boldsymbol{B}_1\ \boldsymbol{B}_2\ \boldsymbol{B}_3\ \boldsymbol{B}_4\ \boldsymbol{B}_5\ \boldsymbol{B}_6)$로도 표현할 수 있다.

분할행렬의 덧셈과 뺄셈

$\boldsymbol{A}$와 $\boldsymbol{B}$가 같은 크기의 행렬이고 각각의 부분행렬들의 크기가 같을 때, $\boldsymbol{A}$와 $\boldsymbol{B}$의 덧셈과 뺄셈은 각각의 부분행렬의 덧셈과 뺄셈에 대해 구할 수 있다. 단, 각각 같은 위치에 있는, 예컨대 $\boldsymbol{A}_{11}$과 $\boldsymbol{B}_{11}$ 등 부분행렬의 크기가 같을 때 덧셈과 뺄셈이 가능하다.

$\boldsymbol{A}=\begin{pmatrix} \boldsymbol{A}_{11} & \boldsymbol{A}_{12} \\ \boldsymbol{A}_{21} & \boldsymbol{A}_{22} \end{pmatrix}$ 그리고 $\boldsymbol{B}=\begin{pmatrix} \boldsymbol{B}_{11} & \boldsymbol{B}_{12} \\ \boldsymbol{B}_{21} & \boldsymbol{B}_{22} \end{pmatrix}$일 때, $\boldsymbol{A}$와 $\boldsymbol{B}$, $\boldsymbol{A}_{11}$과 $\boldsymbol{B}_{11}$, $\boldsymbol{A}_{12}$와 $\boldsymbol{B}_{12}$, $\boldsymbol{A}_{21}$과 $\boldsymbol{B}_{21}$ 그리고 $\boldsymbol{A}_{22}$와 $\boldsymbol{B}_{22}$의 크기가 같다고 하면,

$$\boldsymbol{A}+\boldsymbol{B}=\begin{pmatrix} \boldsymbol{A}_{11}+\boldsymbol{B}_{11} & \boldsymbol{A}_{12}+\boldsymbol{B}_{12} \\ \boldsymbol{A}_{21}+\boldsymbol{B}_{21} & \boldsymbol{A}_{22}+\boldsymbol{B}_{22} \end{pmatrix}$$

$$\boldsymbol{A}-\boldsymbol{B}=\begin{pmatrix} \boldsymbol{A}_{11}-\boldsymbol{B}_{11} & \boldsymbol{A}_{12}-\boldsymbol{B}_{12} \\ \boldsymbol{A}_{21}-\boldsymbol{B}_{21} & \boldsymbol{A}_{22}-\boldsymbol{B}_{22} \end{pmatrix}$$

가 성립한다.

분할행렬의 곱셈

$$AB = \begin{pmatrix} A_{11}B_{11} + A_{12}B_{21} & A_{11}B_{12} + A_{12}B_{22} \\ A_{21}B_{11} + A_{22}B_{21} & A_{21}B_{12} + A_{22}B_{22} \end{pmatrix}$$

단, 분할행렬의 곱셈은 각각의 부분행렬의 곱셈이 가능할 때 정의될 수 있다.

재미있는 수학이야기 1

유언비어

"발 없는 말이 천리 간다"라는 속담이 있듯이 말이란 이사람 저 사람으로 전달되면서 변질되어 나중에는 전혀 엉뚱한 소문으로 퍼진다. 이제 콩이라는 사실이 콩으로(또한 팥이 팥으로) 전달될 확률이 0.9이고, 콩이 팥으로(또한 팥이 콩으로) 전달될 확률이 0.1이라고 할 때, 다음과 같은 표를 얻을 수 있다.

표 7-4 ▌ 콩과 팥이 전달될 확률

구분	콩	팥
콩	0.9	0.1
팥	0.1	0.9

이제 위의 표를 행렬로 표현하면 $P = \begin{pmatrix} 0.9 & 0.1 \\ 0.1 & 0.9 \end{pmatrix}$가 되고, P^2을 구하면 다음과 같다.

$$P^2 = \begin{pmatrix} 0.9 \times 0.9 + 0.1 \times 0.1 & 0.9 \times 0.1 + 0.1 \times 0.9 \\ 0.1 \times 0.9 + 0.9 \times 0.1 & 0.1 \times 0.1 + 0.9 \times 0.9 \end{pmatrix} = \begin{pmatrix} 0.82 & 0.18 \\ 0.18 & 0.82 \end{pmatrix}$$

아래 그림에서 알 수 있듯이 행렬 P^2은 두 사람에게 전달될 때, 콩이 콩 또는 팥이 팥으로 전달될 확률이 0.82이고 콩이 팥으로 또는 팥이 콩으로 잘못 전달될 확률이 0.18임을 나타낸다.

마찬가지로 P^3, P^4, …을 계산하면 다음과 같다.

$$P^3 = \begin{pmatrix} 0.756 & 0.244 \\ 0.244 & 0.756 \end{pmatrix}, \ P^4 = \begin{pmatrix} 0.705 & 0.295 \\ 0.295 & 0.705 \end{pmatrix}, \cdots\cdots$$

이와 같이 무한히 계산하면, 다음과 같은 행렬로 수렴한다.

그림 7-2 ▌ 콩이 사실일 때 전달경로

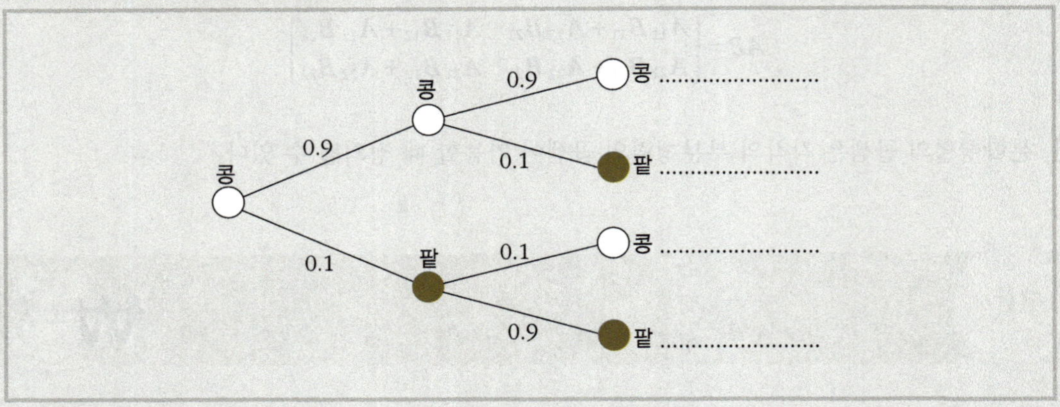

$$\lim_{n \to \infty} \boldsymbol{P}^n = \begin{pmatrix} 0.5 & 0.5 \\ 0.5 & 0.5 \end{pmatrix}$$

이 결과는 콩이라는 사실이 몇백 번 전달되면 콩이라고 전달되는 확률과 팥이라고 전달되는 확률이 같음을 나타낸다. 따라서 많은 사람을 거쳐서 떠도는 소문이란 얼마나 근거 없이 퍼지는지 알 수 있다.

(출처 : 경남대 학습지원센터에 게시된 게시물을 참조로 약간 수정함)

재미있는 수학 이야기 2

행렬과 행렬식의 역사

역사적으로는 행렬보다 행렬식에 관한 이론이 먼저 나왔다. 1693년 라이프니츠(Leibniz, G. W.; 1646~1716)가 로피탈(L' Hospital, F.A.; 1661~1704)에게 보낸 편지에서 미지수가 3개인 연립일차방정식을 다루었는데, 두 개의 변수를 소거하는 방법에서 행렬식을 다루었다고 하는 것이 정설이다. 그러나 이것은 실제 이론의 발전에는 큰 영향을 주지 못하였다. 그 후 크래머(Cramer, G.; 1704~1752)를 거쳐 코시(Cauchy, A. L.; 1789~1857)에 이르러 오늘날의 행렬식에 가까운 형태로 발전하였다. 행렬식(determinant)이란 말은 1815년에 코시가 처음으로 명확하게 정의하고 사용하였다고 한다. 코시에 의하여 확립된 행렬식의 이론은 그 후에 야코비(Jacobi, K. G. J.; 1804~1851)에 의하여 더욱 발전하였으며, 야코비가 도입한 함수 행렬식은 실베스터(Sylvester, J.; 1814~1897)에 의하여 야코비 행렬식(Jacobian)이란 이름이 붙여졌고, 이것은 현대해석학에서 누구나 배우게 되는 개념이 되었다. 한편, 행렬(matrix)에 관한 이론은 행렬식보다는 상당히 늦게 영국의 수학자 케일리(Cayley, A.; 1821~1895)에 의하여 시작되었다. 행렬은 변환의 이론에 대해 그가 1858년에 발표한 논문으로부터 발전한 것이다. 케일리가 생각한 행렬은 케일리 자신과 실베스터, 프로베니우스(Frobenius, G. F.; 1849~1917) 등에 의하여 선형대수학으로 발전하였다. 실베스터 소거법이라는 이름은 케일리가 실베스터의 공을 찬양하여 붙인 것이고, matrix라는 이름은 실베스터가 지은 것이라고 한다.

(출처 : 경남대 학습지원센터에 게시된 게시물)

연습문제

01 주어진 두 개의 행렬 $A=\begin{pmatrix} 1 & 5 & 3 \\ -1 & 2 & 0 \\ 0 & 3 & 7 \end{pmatrix}$와 $B=\begin{pmatrix} 2 & -1 & 4 \\ 0 & 7 & 3 \\ 4 & 1 & 5 \end{pmatrix}$에 대해 $A+B$와 $A-B$ 그리고 AB와 BA를 구하시오.

02 임의의 $n \times n$행렬 A, B, C와 $n \times n$단위행렬 I 그리고 임의의 실수값 α가 주어졌을 때, 다음 중 참인 것과 거짓인 것을 판단하고 거짓이면 반례를 드시오.

① $AB = AC$이면 $A = O$ 또는 $B = C$이다.

② $AB = BA$이면 $(AB)^2 = A^2B^2$이다.

③ $A^2 + A = O$이면 A의 역행렬은 존재하지 않는다.

④ A, B가 역행렬을 가지면 $A(A^{-1} + B^{-1})B = A + B$이다.

⑤ A의 역행렬이 존재하고 $\alpha \neq 0$이면 $(\alpha A)^{-1} = \frac{1}{\alpha}A^{-1}$이다.

03 A기업은 대형 자동차인 L1모델, 중형 자동차인 M1모델과 소형 자동차인 S1모델을 미국과 유럽에 판매하고 있다. 그런데 그 나라의 여러 가지 환경을 고려하여 나라마다 제품의 원가와 판매가가 다르다. 나라별로 다음 행렬 S에 표시된 양만큼 각 모델의 자동차를 팔았다.

$$S = \begin{matrix} \\ (\text{미국}) \\ (\text{유럽}) \end{matrix} \begin{matrix} (\text{L1}) & (\text{M1}) & (\text{S1}) \\ \end{matrix} \begin{pmatrix} 5{,}000 & 1{,}500 & 2{,}000 \\ 1{,}500 & 3{,}000 & 2{,}000 \end{pmatrix}$$

그리고 다음 행렬 P는 자동차 L1, M1, S1의 대당 가격행렬이고, 행렬 C는 L1, M1, S1의 대당 원가행렬이다(단위는 만달러이다).

$$P = \begin{pmatrix} 6 \\ 4 \\ 2 \end{pmatrix} \text{ 그리고 } C = \begin{pmatrix} 4.0 \\ 3.5 \\ 2.2 \end{pmatrix}$$

행렬의 곱 $SP, SC, SP - SC$를 구하고, 이 행렬들의 의미를 설명하시오.

04 I가 $n \times n$단위행렬이고 A는 $A^3 = O$가 되는 $n \times n$행렬일 때, $(A+I)$의 역행렬을 찾으시오.

05 2×2행렬 A, B에 대하여 $A + B = \begin{pmatrix} 1 & 3 \\ 2 & 4 \end{pmatrix}$, $AB + BA = \begin{pmatrix} 2 & 2 \\ 2 & 0 \end{pmatrix}$이다. 이때, $A^2 + B^2$을 구하면?

① $\begin{pmatrix} 7 & 15 \\ 10 & 20 \end{pmatrix}$ ② $\begin{pmatrix} 5 & 13 \\ 8 & 22 \end{pmatrix}$ ③ $\begin{pmatrix} 9 & 17 \\ 12 & 24 \end{pmatrix}$ ④ $\begin{pmatrix} 8 & 2 \\ 12 & 4 \end{pmatrix}$

06 2×2행렬 A, B에 대하여 $|A+B|=2$, $|A|=-3$, $|B|=2$이다. 이때, $\frac{1}{2}(A^2B+AB^2)$의 행렬식을 구하면?

① 6 ② −6 ③ 3 ④ −3

07 A와 B가 $n\times n$행렬일 때, 다음 중 틀린 것은?

① $(AB)^{-1}(AB)^2AB=(AB)^2$

② $(AB)^{-1}BA=I$

③ $AB=\lambda I$ 이면 $\det(A)\det(B)=\lambda^n$

④ $\det(AB)=\det(A^T)\det(B^T)$

08 $\begin{pmatrix} 2 & 3 & 0 & 4 \\ 0 & 5 & -1 & 6 \\ 1 & 0 & -2 & 3 \\ -3 & 2 & 0 & 5 \end{pmatrix}$의 행렬식을 구하시오.

09 $A=\begin{pmatrix} 0 & 0 & 1 \\ 1 & 0 & 0 \\ 0 & 1 & 0 \end{pmatrix}$에 대해 $A^{99}\begin{pmatrix} x \\ y \\ z \end{pmatrix}=\begin{pmatrix} 1 \\ 2 \\ 3 \end{pmatrix}$일 때, x, y, z를 각각 구하시오.

10 $\begin{vmatrix} a & b & c \\ d & e & f \\ g & h & i \end{vmatrix}=50$일 때, 행렬식 $\begin{vmatrix} a & b & c \\ a-d & b-e & c-f \\ g & h & i \end{vmatrix}$를 구하시오.

11 2×2단위행렬 I에 대해 대각행렬 $A=\begin{pmatrix} x & 0 \\ 0 & y \end{pmatrix}$가 $A^3=I$를 만족시키는 x와 y를 찾고, $A^{10}-A$를 구하시오.

12 주어진 행렬의 행렬식을 구하시오.

① $A=\begin{pmatrix} 1 & 1 & 1 & 1 \\ 1 & 1 & 1 & 2 \\ 1 & 1 & 3 & 1 \\ 1 & 4 & 1 & 1 \end{pmatrix}$ ② $A=\begin{pmatrix} 2 & -1 & 0 & -1 \\ -1 & 2 & -1 & 0 \\ 0 & -1 & 2 & -1 \\ -1 & 0 & -1 & 2 \end{pmatrix}$

13 $n \times n$행렬 D_n를 $D_n = \begin{pmatrix} 2 & -1 & 0 & \cdots & & 0 \\ -1 & 2 & -1 & & & \vdots \\ 0 & -1 & 2 & \cdots & & \\ \vdots & & & \ddots & & \\ & & & & 2 & -1 \\ 0 & \cdots & & & -1 & 2 \end{pmatrix}$라고 정의했을 때, 이 행렬의 행렬식을 구하시오.

14 $A = \begin{pmatrix} 1 & 1 \\ -2 & -2 \end{pmatrix}$와 $B = \begin{pmatrix} 1 & 2 & 3 \\ 1 & 2 & 3 \end{pmatrix}$가 주어졌을 때, AB와 $B^T A^T$를 구하고 $(AB)^T = B^T A^T$임을 확인하시오.

15 다음과 같이 주어진 행렬 $A = \begin{pmatrix} 0 & -3 & 4 \\ 3 & 0 & -7 \\ -4 & 7 & 0 \end{pmatrix}$에 대하여 $A(A + A^T)$를 계산한 결과 다음과 같은 행렬 $C = \begin{pmatrix} * & * & * \\ p & * & * \\ * & q & * \end{pmatrix} = A(A + A^T)$를 얻었다. 행렬 C의 (2,1)번째 원소값 p와 (3,2)번째 원소값 q를 더하면 얼마가 되는가?

16 [예제 7-15]에서 1주일 후 주가가 130원으로 상승하거나, 80원으로 하락할 것으로 예상될 경우 주식을 보유하는 동시에 행사가격이 100원인 콜옵션을 보유했을 때 1주일 후 손익상황을 행렬로 표시하시오. 단, 현재주가는 100원이고, 콜옵션의 가격은 0원이라고 가정한다.

17 16번 행렬의 행렬식을 계산하시오.

18 삼성전자에 60%, 현대자동차에 40%를 투자하는 뮤추얼펀드가 있다 하자. 삼성전자의 기대수익률과 표준편차는 각각 20%, 10%이고 현대자동차의 기대수익률과 표준편차는 15%, 8%라 하자. 두 주식 간의 공분산이 0.004라 할 때 뮤추얼펀드의 기대수익률과 표준편차를 본문의 식 (7.6)을 이용하여 구하시오.

19 [예제 7-19]와 같은 환율표를 사용할 경우 우리나라 화폐 50만원과 미국 화폐 50달러가 각각 상대방 국가의 화폐로는 얼마가 되는지 행렬의 곱셈을 이용하여 구해보시오.

20 일본 화폐 100엔은 한국 화폐 1,000원으로, 한국 화폐 1,500원은 일본 화폐 120엔으로 각각 환전되었다고 할 때, [예제 7-19]에서처럼 환전하기 전의 화폐금액 행렬을 X, 환전하려는 국가 화폐

로의 환전금액 행렬을 $\boldsymbol{B}$라 할 때 $\boldsymbol{X}$와 $\boldsymbol{B}$를 각각 구하시오. 단, 환율표 $\boldsymbol{A}$는 다음과 같다고 가정한다.

	일본	한국
일본	1	
한국		1

21 (상급 문제) 두 개의 행렬 $\boldsymbol{A}$와 $\boldsymbol{B}$가 다음과 같이 부분행렬로 나뉘었다고 하자. 분할행렬의 곱셈을 이용하여 $\boldsymbol{AB}$를 구하시오.

$$\boldsymbol{A}=\left(\begin{array}{cc|ccc} 4 & 3 & -2 & 1 & 4 \\ 2 & -5 & 6 & 3 & -1 \end{array}\right) \quad \boldsymbol{B}=\left(\begin{array}{cc|c} 0 & -1 & 3 \\ 2 & -1 & 6 \\ \hline 5 & 2 & 1 \\ -3 & 4 & -1 \\ 2 & -1 & 2 \end{array}\right)$$

CHAPTER

08 연립일차방정식과 해법

7장에서 예를 들었듯이 제한된 돈을 가지고 라면과 생수를 각각 몇 개씩 사야 하는가와 같은 문제는 가장 간단한 연립방정식의 실생활 예라 할 수 있다. 그뿐만 아니라 경제 경영 및 금융문제에서도 이러한 연립방정식의 예를 얼마든지 접하게 된다. 왜냐하면 결국 경제 경영 및 금융문제는 제한된 자원을 가지고 원하는 목적을 달성할 수 있는 가장 효율적인 해법을 찾는 것이기 때문이다. 예를 들어, 경제학에서 우리는 항상 재화의 공급과 수요가 균형을 이루는 문제를 다루게 되는데, 이는 재화의 공급방정식과 수요방정식을 일치시키는 재화의 가격과 양을 결정하는 연립방정식의 문제라 할 수 있다. 또한 3장에서 예를 든 손익분기점 분석도 연립방정식의 예에 해당한다.

7장에서 우리가 공부한 행렬은 정보화시대를 살아가는 현대인들이 정보를 수집해서 활용하는 데 있어 큰 도움을 준다. 실제로 행렬은 이번 장에서 다루려고 하는 연립방정식을 쉽게 풀 수 있도록 도와주고, 컴퓨터의 발달은 이러한 행렬의 계산을 쉽게 할 수 있도록 길을 열어주었다. 이번 장에서 연립방정식과 연립방정식을 어떻게 푸는지에 대해 알아보도록 하자.

8.1 연립일차방정식

1. 일차방정식의 해

연립일차방정식을 보기 전에 먼저 가장 간단한 일차방정식과 그의 해에 대해 알아보도록 하자.

일차방정식의 정의

일차방정식(linear equation)이란 n개의 변수 $x_1, x_2, \cdots, x_n$와 상수 $a_1, a_2, \cdots, a_n, b$를 이용하여

$a_1x_1+a_2x_2+\cdots a_nx_n=b$와 같이 **일차결합** 또는 **선형결합**으로 표현된 방정식을 말한다. 이때, $a_1,a_2,\cdots,a_n,b$는 실수이고 $a_1,a_2,\cdots,a_n$ 중 적어도 하나는 0이 아니다.

【예제 8-1】

다음에서 일차방정식과 일차방정식이 아닌 것을 구분하시오.

(A) $-x+2y=1$ (B) $y=x+\frac{1}{4}z+5$ (C) $x_1+2x_2-3x_3=8$

(D) $x_1+x_2+\cdots+x_n=1$ (E) $3xy+x+y=5$ (F) $2x+3y+x^2=4$

(G) $x+\sin y=0$ (H) $\sqrt{x}-y=1$

ı 풀이 ı

(A), (B), (C), (D)는 일차방정식이고, (E), (F), (G), (H)는 일차방정식이 아니다. ■

일차방정식의 해

x_1에 값 s_1을, x_2에 값 s_2를, $\cdots$, x_n에 값 s_n을 각각 대체하였을 때 일차방정식을 만족한다면, 이 $(s_1,s_2,\cdots,s_n)$를 일차방정식의 **해(solution)** 또는 **근(root)**이라고 한다.

【예제 8-2】

일차방정식 $2x_1-x_2+x_3=-3$에 대한 다음 질문에 답하시오.

(1) $x_1=1,\ x_2=2,\ x_3=-3$이 위 일차방정식의 해가 되는지를 확인하시오.

(2) $x_2=1,\ x_3=1$이 위 일차방정식의 해가 되기 위한 x_1의 값을 구하시오.

ı 풀이 ı

(1) $x_1=1,\ x_2=2,\ x_3=-3$을 위의 식에 대입하면 $2(1)-(2)+(-3)=-3$이므로 위 일차방정식의 해가 된다.

(2) $x_2=1,\ x_3=1$을 주어진 식에 대입하고 x_1에 관하여 풀면 $x_1=(x_2-x_3-3)/2=(1-1-3)/2=-\frac{3}{2}$이다. 이제 $x_1=-\frac{3}{2},\ x_2=1,\ x_3=1$이 주어진 일차방정식의 해가 되는지를 확인하기 위해 주어진 식에 대입해보면 $2(-\frac{3}{2})-(1)+(1)=-3$이 되어 주어진 일차방정식의 해가 됨을 볼 수 있다. 즉, $x_1=-\frac{3}{2},x_2=1,x_3=1$은 주어진 방정식에 대해서 (1)에서 구한 해 외의 다른 해가 된다. ■

일차방정식 $2x_1 - x_2 + x_3 = -3$의 무한히 많은 해를 나타내는 방법은 두 변수에 대입하는 임의의 값을 매개변수(parameter) t, s로 나타내고 나머지 변수에 관해서 방정식을 푸는 것이다.

【예제 8-3】

일차방정식 $2x_1 - x_2 + x_3 = -3$의 해를 매개변수를 이용하여 구하시오.

| 풀이 |

$x_2 = s$, $x_3 = t$를 주어진 식에 대입하고 x_1에 관하여 풀면 $x_1 = \frac{1}{2}s - \frac{1}{2}t - \frac{3}{2}$이다. 따라서, 일차방정식 $2x_1 - x_2 + x_3 = -3$의 해를 매개변수를 이용하여 일반적인 형태로 풀면 $x_1 = \frac{1}{2}s - \frac{1}{2}t - \frac{3}{2}$, $x_2 = s$, $x_3 = t$로 나타낼 수 있다. ■

해집합

일차방정식의 모든 가능한 해의 집합을 **해집합(solution set)**이라 한다. 두 변수 x와 y의 일차방정식 $a_1x + a_2y = b$ (a_1, a_2, b는 실수이며, a_1, a_2 중 적어도 하나는 0이 아님)의 해집합은 R^2에서 x축의 절편이 b/a_1, y축의 절편이 b/a_2인 직선이 된다. 이때, 만일 $a_1 = 0$이면 $y = b/a_2$인 x축에 평행한 직선인 되고 $a_2 = 0$이면 $x = b/a_1$인 y축에 평행한 직선이 된다. 또한, 세 변수 x, y, z의 일차방정식 $a_1x + a_2y + a_3z = b$ (a_1, a_2, a_3, b는 실수이며, a_1, a_2, a_3 중 적어도 하나는 0이 아님)의 해집합은 R^3에서 x축의 절편이 b/a_1, y축의 절편이 b/a_2, z축의 절편이 b/a_3인 평면이 된다. 이때, $a_1 = 0$이면 평면은 x와 평행하게 되고 $a_2 = 0$이면 y축과 평행 그리고 $a_3 = 0$이면 z축과 평행하게 된다.

【예제 8-4】

일차방정식 $x + 3y = 3$의 해집합을 그래프를 이용하여 구하시오.

| 풀이 |

해집합은 그림과 같이 R^2에서 x축의 절편이 3, y축의 절편이 1인 직선이 된다.

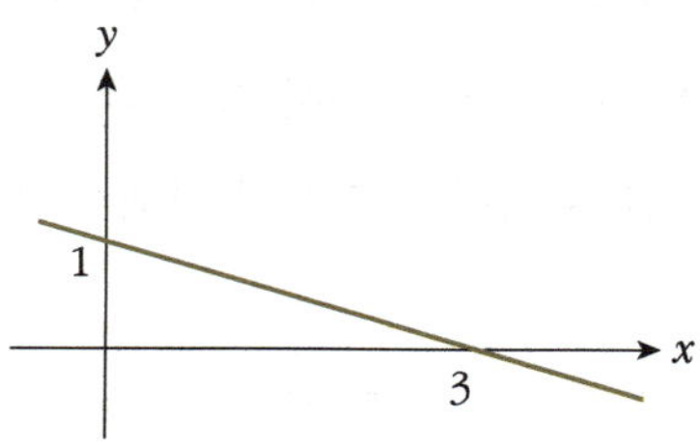

■

【예제 8-5】

세 변수 x, y, z의 일차방정식 $2x+3y+4z=12$의 해집합을 그래프를 이용하여 구하시오.

| 풀이 |

주어진 방정식을 만족시키는 R^3상에서의 해집합은 다음 그림과 같이 x축의 절편이 6, y축의 절편이 4, z축의 절편이 3인 평면이 된다.

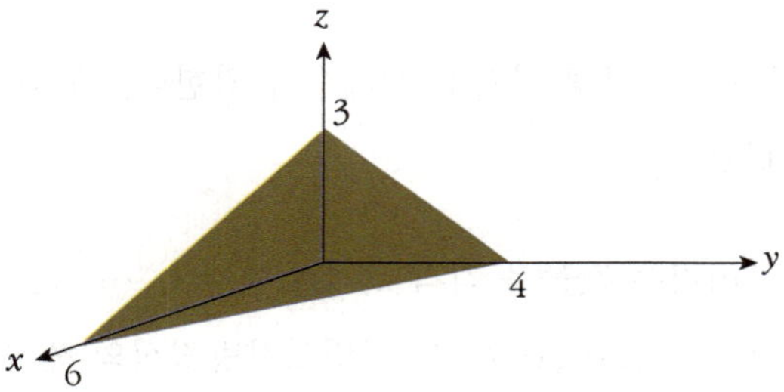

그림에서 보이는 평면은 해집합의 일부분만을 표시한 것이며, 이 평면을 확장한 것이 해집합이다. ■

2. 연립일차방정식의 해

우리는 위에서 방정식이 한 개인 일차방정식과 그의 해에 대해 살펴보았다. 이제 방정식이 하나가 아니라 여러 개일 경우로 확장해보자. **선형대수(linear algebra)**는 이러한 연립일차방정식의 해를 찾는 방법을 제공해준다.

연립일차방정식

유한 개의 일차방정식 모임을 **연립일차방정식(system of linear equations)** 또는 **선형계(linear system)**라고 한다. 이때 방정식에 나타나는 변수들을 **미지수(unknowns)**라고 부른다. 예를 들어, 두 개의 일차방정식을 모아놓은 다음 식은 3개의 미지수 x_1, x_2, x_3와 2개의 방정식으로 된 연립일차방정식이다.

$$\begin{cases} 6x_1 - 2x_2 + x_3 = 3 \\ x_1 - 3x_2 + 5x_3 = -15 \end{cases}$$

연립일차방정식의 해

다음은 n개의 미지수와 m개의 방정식을 갖는 연립일차방정식을 의미한다.

$$\begin{cases} a_{11}x_1 + a_{12}x_2 + \cdots + a_{1n}x_n = b_1 \\ a_{21}x_1 + a_{22}x_2 + \cdots + a_{2n}x_n = b_2 \\ \quad \vdots \qquad\quad \vdots \qquad\quad \ddots \qquad \vdots \qquad \vdots \\ a_{m1}x_1 + a_{m2}x_2 + \cdots + a_{mn}x_n = b_m \end{cases} \tag{8.1}$$

여기서 a_{ij}는 i번째 방정식에서 j번째 미지수의 계수를 말한다. 즉, a_{21}은 2번째 방정식의 1번째 미지수인 x_1의 계수를 나타낸다.

위의 연립일차방정식에서 미지수 값들을 각각 $x_1 = s_1,\ x_2 = s_2, \cdots, x_n = s_n$로 대체하였을 때 m개의 방정식이 모두 만족되면 이 $(s_1, s_2, \cdots, s_n)$는 이 연립일차방정식의 해가 된다.

【예제 8-6】

연립일차방정식 $\begin{cases} 5x_1 + 4x_2 - 3x_3 = 3 \\ -10x_1 - 6x_2 + 2x_3 = -2 \end{cases}$에 대한 다음 질문에 답하시오.

(1) $x_1 = -1,\ x_2 = 2,\ x_3 = 0$이 위 연립일차방정식의 해임을 보이시오.

(2) $x_1 = 1,\ x_2 = -2,\ x_3 = -2$도 위 연립일차방정식의 해임을 보이시오.

(3) $x_1 = 1,\ x_2 = 1,\ x_3 = 2$은 위 연립일차방정식의 해가 아님을 보이시오.

| 풀이 |

(1) 이 연립방정식의 미지수에 $x_1 = -1,\ x_2 = 2,\ x_3 = 0$을 대입하면,

$\begin{cases} 5(-1) + 4(2) - 3(0) = 3 \\ -10(-1) - 6(2) + 2(0) = -2 \end{cases}$이 되어 두 방정식을 모두 만족시킨다.

따라서 $x_1 = -1,\ x_2 = 2,\ x_3 = 0$은 주어진 방정식의 해가 된다.

(2) 같은 방식으로 $x_1 = 1,\ x_2 = -2,\ x_3 = -2$도 역시 위의 연립일차방정식을 만족시킴을 확인할 수 있다. 따라서 $x_1 = 1,\ x_2 = -2,\ x_3 = -2$도 위 연립일차방정식의 또 다른 해가 된다.

(3) $x_1 = 1,\ x_2 = 1,\ x_3 = 2$은 두 식 중에서 위의 식은 만족하지만, 아래 식은 만족하지 못한다. 따라서 $x_1 = 1,\ x_2 = 1,\ x_3 = 2$은 두 개의 일차방정식 모두를 만족시키지는 못하므로 주어진 연립일차방정의 해가 될 수 없다. ■

연립일차방정식의 해에 대해서 살펴보면, 유일한 하나의 해가 존재하는 경우, 무한히 많은 해가 존재하는 경우, 해가 존재하지 않는 경우 등 세 가지가 있는데, 이 중에서 첫 번째와 두 번째의 경우는 적어도 하나의 해가 존재하는 경우로서 **무모순(consistent)**이라고 하며, 세 번째의 경우에는 해가 존재하지 않으므로 **모순(inconsistent)**이라 한다.

【예제 8-7】

연립일차방정식 $\begin{cases} x+2y=2 \\ -2x-4y=-6 \end{cases}$이 모순인지, 무모순인지를 판단하시오.

❙ 풀이 ❙

두 방정식의 해를 그림으로 표현하면 다음과 같다. 두 방정식의 해가 되는 그래프는 서로 평행이 되어 교차하는 점이 없다. 즉, 동시에 두 개의 직선 위에 존재하는 점이 없고 이는 두 방정식을 동시에 만족하는 점이 없다는 것으로서 위의 연립방정식의 해가 존재하지 않는다는 것이다. 그러므로 주어진 연립일차방정식은 모순이다.

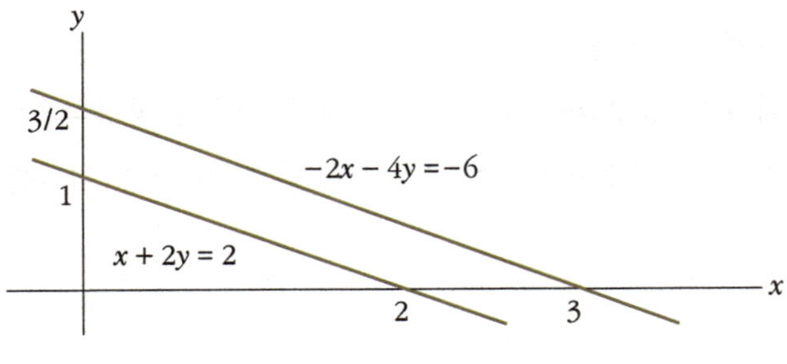

■

【예제 8-8】

연립일차방정식 $\begin{cases} x+2y=2 \\ -2x-4y=-4 \end{cases}$가 모순인지, 무모순인지를 판단하고 무모순이면 해를 구하시오.

❙ 풀이 ❙

두 방정식의 해를 그림으로 표현하면 다음에서 보는 바와 같이 각 방정식의 해가 되는 두 그래프가 겹치게 되어 동시에 두 개의 직선 위에 존재하는 점이 무한히 많게 된다. 따라서 주어진 연립일차방정식은 무모순이다. 또한, 임의의 실수 $t \in R$에 대해 $x=-2t$, $y=t+1$인 모든 점은 위의 두 방정식을 모두 만족하여 주어진 연립방정식의 해가 된다.

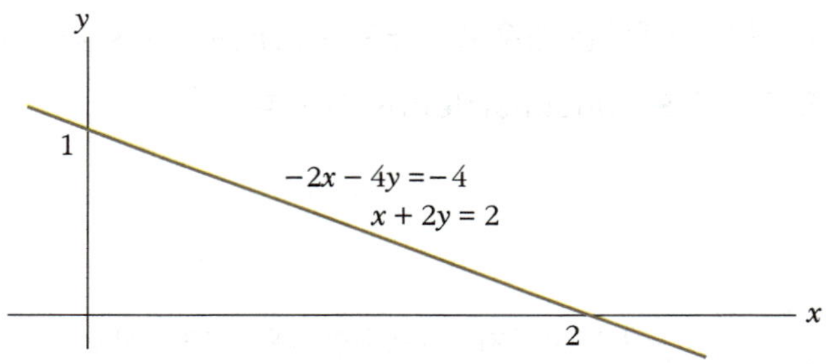

■

연립일차방정식의 해법

같은 해를 갖고 있으면서도 해를 찾기가 쉬운 형태의 새로운 연립일차방정식으로 변환하면 쉽게 해를 구할 수 있다. 연립일차방정식을 풀기 쉬운 형태로 변환하기 위해서 다음과 같은 세 가지 방법을 적절히 단계적으로 적용한다.

(1) i번째 방정식과 j번째 방정식을 교환한다.
(2) i번째 방정식에 0이 아닌 상수 a를 곱하여 이를 새로운 i번째 방정식으로 한다.
(3) j번째 방정식에 0이 아닌 상수 c를 곱한 후 i번째 방정식에 더한 결과를 새로운 i번째 방정식으로 한다.

【예제 8-9】

위에 주어진 세 가지 방법을 적절히 적용하여 연립일차방정식 $\begin{cases} 2x+y+z=5 \\ 4x-6y=-2 \\ -2x+7y+2z=9 \end{cases}$ 를 풀기 쉬운 다른 연립일차방정식의 형태로 변환해서 해를 구하고, 그 해가 원래 주어진 방정식의 해임을 확인하시오.

| 풀이 |

첫 번째 방정식에 −2를 곱하여 두 번째 방정식에 더한 결과를 두 번째 방정식으로 하고 첫 번째 방정식을 세 번째 방정식에 더한 결과를 세 번째 방정식으로 하면 $\begin{cases} 2x+y+z=5 \\ -8y-2z=-12 \\ 8y+3z=14 \end{cases}$가 된다. 이제

이 연립방정식의 두 번째 방정식을 세 번째 방정식에 더한 결과를 세 번째 방정식으로 하면 $\begin{cases} 2x+y+z=5 \\ -8y-2z=-12 \\ z=2 \end{cases}$를 얻는다. 따라서 맨 아랫줄로부터 $z=2$를 바로 얻을 수 있으며 이 $z=2$를 두 번째 방정식에 대입하여 $y=1$을 얻는다. 이제 $y=1$, $z=2$를 첫 번째 방정식에 대입하면 $x=1$을 얻는다.

이렇게 변환하여 얻은 연립방정식 $\begin{cases} 2x+y+z=5 \\ -8y-2z=-12 \\ z=2 \end{cases}$를 만족하는 해 $x=1$, $y=1$, $z=2$는 원래의 연립방정식 $\begin{cases} 2x+y+z=5 \\ 4x-6y=-2 \\ -2x+7y+2z=9 \end{cases}$를 만족하는 해임을 알 수 있다. ■

8.2 행렬과 연립일차방정식

우리는 앞 절에서 연립일차방정식과 그 해법에 대해 공부했다. 이번 절에서는 행렬을 이용하여 연립일차방정식의 해를 어떻게 간단히 구할 수 있는지 공부하기로 하자. **행렬대수**(matrix algebra)를 이용하면 대규모의 방정식체계를 간결하게 표현할 수 있을 뿐만 아니라 **가우스소거법**(Gauss elimination method)이나 **크래머공식**(Cramer's rule) 등을 이용하여 해를 손쉽게 구할 수 있다.

1. 행렬연산

확대행렬

앞 절에서 m개의 방정식과 n개의 미지수를 갖는 연립일차방정식은 식 (8.1)과 같이 표현할 수 있다고 하였다. 식 (8.1)은 다음과 같이 계수행렬 $\boldsymbol{A}, \boldsymbol{b}$와 미지수 행렬 $\boldsymbol{x}$를 이용하여 $\boldsymbol{Ax}=\boldsymbol{b}$와 같이 행렬의 관계식으로 표현할 수 있는데, 이때 $\boldsymbol{A}, \boldsymbol{b}$와 $\boldsymbol{x}$는 각각

$$A=\begin{pmatrix} a_{11} & a_{12} & \cdots & a_{1n} \\ a_{21} & a_{22} & \cdots & a_{2n} \\ \vdots & \vdots & \ddots & \vdots \\ a_{m1} & a_{m2} & \cdots & a_{mn} \end{pmatrix}\ \boldsymbol{b}=\begin{pmatrix} b_1 \\ b_2 \\ \vdots \\ b_m \end{pmatrix}\ \boldsymbol{x}=\begin{pmatrix} x_1 \\ x_2 \\ \vdots \\ x_n \end{pmatrix}$$ 를 나타낸다.

이때 $\begin{pmatrix} a_{11} & a_{12} & \cdots & a_{1n} & b_1 \\ a_{21} & a_{22} & \cdots & a_{2n} & b_2 \\ \vdots & \vdots & \ddots & \vdots & \vdots \\ a_{m1} & a_{m2} & \cdots & a_{mn} & b_m \end{pmatrix}$를 $A\boldsymbol{x}=\boldsymbol{b}$의 **확대행렬**(augmented matrix)이라고 하고 $(\boldsymbol{A}:\boldsymbol{b})$와 같이 표기한다.

【예제 8-10】

연립일차방정식 $\begin{cases} -2x+x_2+3x_3=0 \\ x_1-3x_3=1 \\ 4x_1-6x_2+8x_3=8 \end{cases}$ 을 행렬의 관계식으로 나타내고 이 관계식의 확대행렬을 구하시오.

| 풀이 |

$$A=\begin{pmatrix} -2 & 1 & 3 \\ 1 & 0 & -3 \\ 4 & -6 & 8 \end{pmatrix}\ \boldsymbol{b}=\begin{pmatrix} 0 \\ 1 \\ 8 \end{pmatrix}\ \boldsymbol{x}=\begin{pmatrix} x_1 \\ x_2 \\ x_3 \end{pmatrix}$$ 이고 확대행렬은 $(\boldsymbol{A}:\boldsymbol{b})=\begin{pmatrix} -2 & 1 & 3 & 0 \\ 1 & 0 & -3 & 1 \\ 4 & -6 & 8 & 8 \end{pmatrix}$이다. ■

기본행연산

$m\times n$행렬 $A=(a_{ij})_{m\times n}$에 대한 **기본행연산**(elementary row operation)이란 행렬 A에 다음에 열거한 세 가지 연산의 조합을 행하는 것이다.

(1) p번째 행과 q번째 행을 교환한다. $(r_p\to r'_q, r_q\to r'_p)$

(2) p번째 행에 $a(a\neq 0)$를 곱한다. $(r_p\times a\to r'_p)$

(3) p번째 행에 q번째 행$\times a(a\neq 0)$를 더한다. $(r_p+r_q\times a\to r'_p)$

여기서 r_p와 r_q는 기존 행렬(기본행연산을 수행하기 전의 행렬)의 p번째 행과 q번째 행을 나타내며 r'_p와 r'_q는 새로운 행렬(기본행연산을 수행한 후의 행렬)의 p번째 행과 q번째 행을 나타낸다.

【예제 8-11】

다음은 행렬에 기본행연산을 취하여 변형되는 과정을 보여준 것이다. 각 단계에서 취해진 기본 행연산을 설명하시오.

$$\begin{pmatrix}4 & 1 & -3\\ 1 & -2 & 5\\ 9 & 6 & 3\end{pmatrix} \to \text{(i)} \to \begin{pmatrix}4 & 1 & -3\\ 1 & -2 & 5\\ 3 & 2 & 1\end{pmatrix} \to \text{(ii)} \to \begin{pmatrix}3 & 3 & -8\\ 1 & -2 & 5\\ 3 & 2 & 1\end{pmatrix} \to \text{(iii)} \to \begin{pmatrix}1 & -2 & 5\\ 3 & 3 & -8\\ 3 & 2 & 1\end{pmatrix}$$

| 풀이 |

단계 (i)에서 주어진 행렬에 $r_3 \times (\frac{1}{3}) \to r'_3$(3번째 행 $\times \frac{1}{3} \to$ 새로운 3번째 행)을 행하여 $\begin{pmatrix}4 & 1 & -3\\ 1 & -2 & 5\\ 3 & 2 & 1\end{pmatrix}$이 되었다. 다음에 단계 (ii)에서 $r_1 + r_2 \times (-1) \to r'_1$(1번째 행 + 2번째 행 $\times(-1) \to$ 새로운 1번째 행)을 행하여 $\begin{pmatrix}3 & 3 & -8\\ 1 & -2 & 5\\ 3 & 2 & 1\end{pmatrix}$이 되었다. 이제 마지막으로 단계 (iii)에서 $r_1 \to r'_2$, $r_2 \to r'_1$(1번째 행과 2번째 행을 교환)을 행하여 $\begin{pmatrix}1 & -2 & 5\\ 3 & 3 & -8\\ 3 & 2 & 1\end{pmatrix}$이 되었다. ■

행동치

어떤 행렬 $\boldsymbol{A}$에 대하여 유한 번의 기본행연산을 수행한 결과로 나타난 행렬을 $\boldsymbol{B}$라고 하였을 때, 이 행렬 $\boldsymbol{B}$는 $\boldsymbol{A}$와 **행동치**(row equivalent)라고 한다.

【예제 8-12】

다음에 나오는 두 행렬이 행동치임을 보이시오.

$$\boldsymbol{A} = \begin{pmatrix}4 & 1 & -3\\ 1 & -2 & 5\\ 9 & 6 & 3\end{pmatrix},\ \boldsymbol{B} = \begin{pmatrix}1 & -2 & 5\\ 3 & 3 & -8\\ 3 & 2 & 1\end{pmatrix}$$

| 풀이 |

[예제 8-11]에서 보았듯이 행렬 $\boldsymbol{A}$에 대하여 $r_3 \times (\frac{1}{3}) \to r'_3$을 한 후에 $r_1 + r_2 \times (-1) \to r'_1$을 하고 마

지막으로 $r_1 \to r'_2, r_2 \to r'_1$을 하면 행렬 $\boldsymbol{B}$를 얻는다. 즉, 행렬 $\boldsymbol{A}$에 세 번의 기본행연산을 하여 행렬 $\boldsymbol{B}$를 얻었다. 따라서 $\boldsymbol{A}$와 $\boldsymbol{B}$는 행동치이다. ■

기본행렬

항등행렬 $\boldsymbol{I}_n$에 한 번의 기본행연산을 수행하여 얻은 행렬을 **기본행렬**(elementary matrix)이라고 한다.

【예제 8-13】

다음에 나오는 각각의 행렬이 기본행렬인지 판단하고 그 이유를 설명하시오.

$$\boldsymbol{E}_1 = \begin{pmatrix} 0 & 0 & 1 \\ 0 & 1 & 0 \\ 1 & 0 & 0 \end{pmatrix} \quad \boldsymbol{E}_2 = \begin{pmatrix} 1 & -2 & 0 \\ 0 & 1 & 0 \\ 0 & 0 & 1 \end{pmatrix} \quad \boldsymbol{E}_3 = \begin{pmatrix} 1 & 0 & 0 \\ 0 & 1 & 0 \\ 0 & 0 & 5 \end{pmatrix}$$

| 풀이 |

항등행렬에 $r_1 \to r'_3, r_3 \to r'_1$을 하면 $\boldsymbol{E}_1$을 얻는다. 따라서 $\boldsymbol{E}_1$은 기본행렬이다. 항등행렬에 $r_1 + r_2 \times (-2) \to r'_1$를 하면 $\boldsymbol{E}_2$가 된다. 그러므로 $\boldsymbol{E}_2$도 기본행렬이다. 마지막으로 항등행렬에 $r_3 \times (5) \to r'_3$를 하면 $\boldsymbol{E}_3$가 된다. 따라서 $\boldsymbol{E}_3$도 기본행렬이다. ■

기본행연산에 관한 정리

$m \times n$행렬 $\boldsymbol{A}$에 한 번의 기본행연산을 수행한 결과로 행렬 $\boldsymbol{B}$를 얻었을 때, 동일한 기본행연산을 항등행렬에 적용하여 얻은 기본행렬을 $\boldsymbol{E}$라고 하면, $\boldsymbol{B} = \boldsymbol{EA}$가 된다.

【예제 8-14】

다음의 행렬 $\boldsymbol{A}$와 $\boldsymbol{B}$는 행동치이다. $\boldsymbol{B} = \boldsymbol{EA}$가 되는 기본행렬 $\boldsymbol{E}$를 구하시오.

$$\boldsymbol{A} = \begin{pmatrix} 2 & 1 & 2 & 1 \\ 3 & -1 & 2 & -1 \\ 0 & 2 & 1 & 2 \end{pmatrix}, \quad \boldsymbol{B} = \begin{pmatrix} 2 & 1 & 2 & 1 \\ 1 & -2 & 0 & -2 \\ 0 & 2 & 1 & 2 \end{pmatrix}$$

| 풀이 |

행렬 $\boldsymbol{A}$에 $r_2+r_1\times(-1)\to r'_2$를 행하면 행렬 $\boldsymbol{B}$가 된다. 따라서 항등행렬에 동일한 기본행연산을 취하면 $\boldsymbol{E}=\begin{pmatrix}1&0&0\\-1&1&0\\0&0&1\end{pmatrix}$가 되며, 행렬계산을 통해 $\boldsymbol{B}=\boldsymbol{EA}$가 됨을 확인할 수 있다. ■

행동치에 관한 정리

$m\times n$행렬 $\boldsymbol{A}$와 $\boldsymbol{B}$에 대하여 $\boldsymbol{A}$와 $\boldsymbol{B}$가 행동치이면 $\boldsymbol{B}=\boldsymbol{E}_k\boldsymbol{E}_{k-1}\cdots\boldsymbol{E}_2\boldsymbol{E}_1\boldsymbol{A}$를 만족하는 유한 개의 기본행렬 $\boldsymbol{E}_1,\boldsymbol{E}_2,\cdots,\boldsymbol{E}_k$가 존재하고 그 역도 성립한다.

【예제 8-15】

다음의 행렬 $\boldsymbol{A}$와 $\boldsymbol{B}$는 행동치이다. $\boldsymbol{B}=\boldsymbol{E}_k\boldsymbol{E}_{k-1}\cdots\boldsymbol{E}_2\boldsymbol{E}_1\boldsymbol{A}$가 되는 유한개의 기본행렬 $\boldsymbol{E}_1,\boldsymbol{E}_2,\cdots,\boldsymbol{E}_k$를 구하시오.

$$\boldsymbol{A}=\begin{pmatrix}1&-2&1&-4\\1&3&7&2\\1&-12&-11&-16\end{pmatrix},\ \boldsymbol{B}=\begin{pmatrix}1&-2&1&-4\\0&5&6&6\\0&0&0&0\end{pmatrix}$$

| 풀이 |

행렬 $\boldsymbol{A}$에 몇 번의 기본행연산을 수행하여 행렬 $\boldsymbol{B}$를 구해보자. 우선 $\boldsymbol{A}$에 $r_2+r_1\times(-1)\to r'_2$, 즉 1행에 -1을 곱하여 2행에 더하는 기본행연산을 수행해보자. 이는 다음과 같이 기본행렬을 행렬 $\boldsymbol{A}$에 곱해서 얻은 결과와 같게 되는데 그 결과는 $\boldsymbol{E}_1\boldsymbol{A}=\begin{pmatrix}1&0&0\\-1&1&0\\0&0&1\end{pmatrix}\begin{pmatrix}1&-2&1&-4\\1&3&7&2\\1&-12&-11&-16\end{pmatrix}=$
$\begin{pmatrix}1&-2&1&-4\\0&5&6&6\\1&-12&-11&-16\end{pmatrix}$이다.

다음 단계에서는 $\boldsymbol{E}_1\boldsymbol{A}$에 $r_3+r_1\times(-1)\to r'_3$, 즉 1행에 -1을 곱하여 3행에 더하는 기본행연산을 수행한다. 이렇게 해서 얻은 행렬은 다음과 같이 $\boldsymbol{E}_1\boldsymbol{A}$ 앞에 $\boldsymbol{E}_2$를 곱한 결과와 같다. 즉, $\boldsymbol{E}_2(\boldsymbol{E}_1\boldsymbol{A})=\begin{pmatrix}1&0&0\\0&1&0\\-1&0&1\end{pmatrix}\begin{pmatrix}1&-2&1&-4\\0&5&6&6\\1&-12&-11&-16\end{pmatrix}=\begin{pmatrix}1&-2&1&-4\\0&5&6&6\\0&-10&-12&-12\end{pmatrix}$를 얻게 된다.

이제 마지막 단계로 E_2E_1A에 $r_3+r_2\times(2)\rightarrow r'_3$, 즉 2행에 2를 곱하여 3행에 더하는 기본행연산을 수행하여 $E_3(E_2E_1A)=\begin{pmatrix}1&0&0\\0&1&0\\0&2&1\end{pmatrix}\begin{pmatrix}1&-2&1&-4\\0&5&6&6\\0&-10&-12&-12\end{pmatrix}=\begin{pmatrix}1&-2&1&-4\\0&5&6&6\\0&0&0&0\end{pmatrix}$를 얻는데, 여기서 마지막으로 얻은 맨 오른쪽 행렬이 B이다.

따라서, 행렬 A에 지금까지 수행한 기본행연산을 차례대로 적용하면 $\begin{pmatrix}1&-2&1&-4\\0&5&6&6\\0&0&0&0\end{pmatrix}=B$가 되며, 이것은 $E_3E_2E_1A$와 같다. 즉, $\begin{pmatrix}1&-2&1&-4\\0&5&6&6\\0&0&0&0\end{pmatrix}=B=(E_3E_2E_1)A=\begin{pmatrix}1&0&0\\-1&1&0\\-3&2&1\end{pmatrix}$
$\begin{pmatrix}1&-2&1&-4\\1&3&7&2\\1&-12&-11&-16\end{pmatrix}$이다.

그러므로 $A=\begin{pmatrix}1&-2&1&-4\\1&3&7&2\\1&-12&-11&-16\end{pmatrix}$, $B=\begin{pmatrix}1&-2&1&-4\\0&5&6&6\\0&0&0&0\end{pmatrix}$일 때, $B=E_3E_2E_1A$가 되기 위한 기본행렬들은 $E_1=\begin{pmatrix}1&0&0\\-1&1&0\\0&0&1\end{pmatrix}$ $E_2=\begin{pmatrix}1&0&0\\0&1&0\\-1&0&1\end{pmatrix}$ $E_3=\begin{pmatrix}1&0&0\\0&1&0\\0&2&1\end{pmatrix}$이다. ■

행사다리꼴행렬(row echelon form matrix)

$m\times n$행렬 A가 아래의 성질을 모두 만족했을 때, 행렬 A를 **행사다리꼴행렬**이라고 한다.

(1) 0으로만 구성된 행은 행렬의 아래쪽에 위치해야 한다.

(2) 각 행의 0이 아닌 첫 번째 요소는 1이어야 한다. 이때 1인 첫 번째 요소를 **선행 1(leading 1)**이라 한다.

(3) 선행 1의 위치는 아래쪽 행일수록 오른쪽 열에 있어야 한다.

【예제 8-16】

다음 두 행렬이 행사다리꼴행렬인지를 판단하고 그 이유를 설명하시오.

$$A=\begin{pmatrix}1&0&2&5\\1&1&-1&-2\\0&0&1&0\end{pmatrix},\quad B=\begin{pmatrix}1&0&0&-6\\0&1&3&1\\0&0&-4&8\end{pmatrix}$$

| 풀이 |

행렬 A는 행사다리꼴행렬이 아니다. 그 이유는 두 번째 행의 선행위치가 첫 번째 행의 선행위치보다 오른쪽에 위치해야 하는데, 첫 번째 선행과 같은 위치인 첫 번째 열에 위치하고 있다. 또한 행렬 B도 행사다리꼴행렬이 아니다. 그 이유는 세 번째 행의 선행이 1이 아니고 -4이기 때문이다. ■

기약 행사다리꼴행렬(reduced row echelon form matrix)

행사다리꼴행렬이 만족해야 하는 위의 3가지 성질 외에 네 번째 성질, 즉 선행 1이 포함된 열(column)에서 선행 1을 제외한 모든 요소는 0이라는 성질을 추가로 만족하는 행렬을 **기약 행사다리꼴행렬**이라 한다.

【예제 8-17】

다음에 나열된 행렬을 보고 기약 행사다리꼴행렬에 속하는 것, 행사다리꼴행렬에 속하는 것 또는 두 가지 모두에 해당하지 않는 것을 구분하시오.

$$A=\begin{pmatrix}1&3&0&-1\\0&1&0&5\\0&0&0&0\end{pmatrix},\quad B=\begin{pmatrix}1&0&0&0&-3\\0&0&1&0&1\\0&0&0&1&2\end{pmatrix},\quad C=\begin{pmatrix}1&2&3&4&0\\0&0&1&-1&3\\0&0&0&1&1\\0&0&0&0&1\\0&0&0&0&0\end{pmatrix},\quad D=\begin{pmatrix}1&0&0&3\\0&0&0&0\\0&0&1&3\end{pmatrix},$$

$$E=\begin{pmatrix}1&0&0&1\\0&1&0&2\\0&0&1&-2\end{pmatrix},\quad F=\begin{pmatrix}1&0&1&-3\\0&1&2&5\\0&1&1&4\\0&0&1&-1\end{pmatrix},\quad G=\begin{pmatrix}1&0&0&3\\0&1&0&5\\0&0&1&2\\0&0&0&0\end{pmatrix},\quad H=\begin{pmatrix}0&1&0&0&-2\\1&0&0&1&3\\0&0&1&0&5\end{pmatrix}$$

| 풀이 |

B, E, G는 기약 행사다리꼴행렬이고 A, C는 기약 행사다리꼴은 안 되지만 행사다리꼴행렬은 된다. 나머지 D, F, H는 기약 행사다리꼴도 행사다리꼴도 아닌 행렬이다. ■

2. 연립일차방정식의 해법

행렬대수를 이용하여 연립일차방정식의 해를 구하는 방법에는 기본행연산을 반복 적용하여 구하는 가우스소거법 및 가우스-조단소거법이 있으며, 행렬식을 사용하여 구하는 크래머공식 두 가지가 있다. 여기서는 가우스소거법과 가우스-조단소거법에 대해서만 살펴본다.

가우스소거법(Gaussian elimination method)

가우스소거법은 행렬의 행연산을 통해 행사다리꼴 행렬로 변형하여 푸는 방법이다. 연립일차방정식 $\boldsymbol{Ax}=\boldsymbol{b}$의 해를 구하기 위한 가우스소거법을 설명하면 다음과 같다.

- **단계 1** : 확대행렬 $(\boldsymbol{A}:\boldsymbol{b})$을 구성한다.
- **단계 2** : 기본행연산을 사용하여 확대행렬을 행사다리꼴행렬로 변환한다.
- **단계 3** : 단계 2로부터 구한 행사다리꼴행렬에 대응하는 연립일차방정식은 원래 주어진 연립일차방정식과 같은 해를 갖는다. 따라서 행사다리꼴행렬의 각 행에 대응하는 방정식을 **선행변수(leading variable)**에 대해서 풀어 해를 구한다. 이때 맨 마지막 행에 해당하는 방정식부터 풀어서 구한 값을 그 앞의 행 방정식들에 대입하여 풀어나간다. 행사다리꼴행렬에서 모두 0으로 된 행에 대응하는 방정식은 어떤 변수값에 대해서도 만족하므로 모두 0으로 된 맨 마지막 행에 해당하는 방정식은 풀 필요가 없다.

【예제 8-18】

다음의 연립방정식의 해를 가우스소거법으로 구해보자.

$$\begin{cases} 2x+y+z=5 \\ 4x-6y=-2 \\ -2x+7y+2z=9 \end{cases}$$

| 풀이 |

다음은 주어진 연립방정식의 확대행렬이다.

$$\begin{pmatrix} 2 & 1 & 1 & 5 \\ 4 & -6 & 0 & -2 \\ -2 & 7 & 2 & 9 \end{pmatrix}$$

기본행연산 $r_2+r_1\times(-2)\rightarrow r'_2$, $r_3+r_1\rightarrow r'_3$을 수행하면 위의 확대행렬은 다음과 같이 변형된다.

$$\begin{pmatrix} 2 & 1 & 1 & 5 \\ 0 & -8 & -2 & -12 \\ 0 & 8 & 3 & 14 \end{pmatrix}$$

여기에서 세 번째 행에 대하여 $r_3+r_2\rightarrow r'_3$을 수행하면 위의 행렬은 다음과 같이 변형된다.

$$\begin{pmatrix} 2 & 1 & 1 & 5 \\ 0 & -8 & -2 & -12 \\ 0 & 0 & 1 & 2 \end{pmatrix}$$

이제 첫 번째 행에 $r_1\times(1/2)\rightarrow r'_1$을 수행하면 $\begin{pmatrix} 1 & 1/2 & 1/2 & 5/2 \\ 0 & -8 & -2 & -12 \\ 0 & 0 & 1 & 2 \end{pmatrix}$가 되고, 마지막으로 두 번째 행에 $r_2\times(-1/8)\rightarrow r'_2$을 수행하면 $\begin{pmatrix} 1 & 1/2 & 1/2 & 5/2 \\ 0 & 1 & 1/4 & 3/2 \\ 0 & 0 & 1 & 2 \end{pmatrix}$가 된다.

이 확대행렬을 연립방정식으로 나타내면 $\begin{cases} x+\frac{1}{2}y+\frac{1}{2}z=\frac{5}{2} \\ y+\frac{1}{4}z=\frac{3}{2} \\ z=2 \end{cases}$ 이 된다.

이를 맨 아랫방정식부터 선행변수에 대해서 풀어 위의 방정식에 대입해 나가면 $x=1, y=1, z=2$를 얻고, 이 해는 원래의 연립방정식을 만족하는 해임을 알 수 있다. ■

【예제 8-19】

연립일차방정식 $\begin{cases} x_1-2x_2+x_3-4x_4=1 \\ x_1+3x_2+7x_3+2x_4=2 \\ x_1-12x_2-11x_3-16x_4=5 \end{cases}$ 의 해를 가우스소거법을 이용하여 구하시오.

| 풀이 |

위 연립방정식의 확대행렬은 $\begin{pmatrix} 1 & -2 & 1 & -4 & 1 \\ 1 & 3 & 7 & 2 & 2 \\ 1 & -12 & -11 & -16 & 5 \end{pmatrix}$이다.

확대행렬에서 1행의 선행 1이 포함된 열에서 선행 1을 제외한 나머지 요소를 0으로 만들기 위해 기본행연산 $r_2+r_1\times(-1)\to r'_2$, $r_3+r_1\times(-1)\to r'_3$을 수행하면 다음과 같이 변형된다.

$$\begin{pmatrix} 1 & -2 & 1 & -4 & 1 \\ 0 & 5 & 6 & 6 & 1 \\ 0 & -10 & -12 & -12 & 4 \end{pmatrix}$$

이 확대행렬에 기본행연산 $r_3+r_2\times 2\to r'_3$를 수행하면 다음과 같은 확대행렬이 만들어진다.

$$\begin{pmatrix} 1 & -2 & 1 & -4 & 1 \\ 0 & 5 & 6 & 6 & 1 \\ 0 & 0 & 0 & 0 & 6 \end{pmatrix}$$

이제 마지막으로 두 번째 행에 1/5을 곱하여 확대행렬 $\begin{pmatrix} 1 & -2 & 1 & -4 & 1 \\ 0 & 1 & 6/5 & 6/5 & 1/5 \\ 0 & 0 & 0 & 0 & 6 \end{pmatrix}$을 얻는다.

그런데 위의 행렬에서 3행을 방정식으로 전환해보면 $0x_1+0x_2+0x_3+0x_4=6$이 된다. 즉, 위 행렬에 해당하는 연립방정식의 맨 아랫방정식을 만족하는 해는 존재할 수가 없다. 그러므로 이 연립방정식을 만족하는 해는 존재하지 않으며, 이 연립방정식은 모순이 된다. ■

【예제 8-20】

연립일차방정식 $\begin{cases} x_1-2x_2+x_3-4x_4=1 \\ x_1+3x_2+7x_3+2x_4=2 \\ x_1-12x_2-11x_3-16x_4=-1 \end{cases}$ 의 해를 가우스소거법을 이용하여 구하시오.

| 풀이 |

위 연립방정식의 확대행렬은 $\begin{pmatrix} 1 & -2 & 1 & -4 & 1 \\ 1 & 3 & 7 & 2 & 2 \\ 1 & -12 & -11 & -16 & -1 \end{pmatrix}$이다. 확대행렬에서 1행의 선행 1이 포함된 열에서 선행 1을 제외한 나머지 요소를 0으로 만들기 위해 기본행연산 $r_2+r_1\times(-1)\to r'_2$, $r_3+r_1\times(-1)\to r'_3$을 수행하면 다음과 같이 변형된다.

$$\begin{pmatrix} 1 & -2 & 1 & -4 & 1 \\ 0 & 5 & 6 & 6 & 1 \\ 0 & -10 & -12 & -12 & -2 \end{pmatrix}$$

이 확대행렬에 기본행연산 $r_3+r_2\times 2\to r'_3$를 수행하면 다음과 같은 확대행렬이 만들어진다.

$$\begin{pmatrix} 1 & -2 & 1 & -4 & 1 \\ 0 & 5 & 6 & 6 & 1 \\ 0 & 0 & 0 & 0 & 0 \end{pmatrix}$$

이제 마지막으로 두 번째 행에 1/5을 곱하여 확대행렬 $\begin{pmatrix} 1 & -2 & 1 & -4 & 1 \\ 0 & 1 & 6/5 & 6/5 & 1/5 \\ 0 & 0 & 0 & 0 & 0 \end{pmatrix}$을 얻는다.

그런데 위 행렬의 3행을 방정식으로 전환해보면 $0x_1+0x_2+0x_3+0x_4=0$이 된다. 즉, 어떠한 값을 x_1, x_2, x_3, x_4에 대입해도 항상 성립한다. 그러므로 이 행은 의미가 없다. 이제 행렬의 두 번째 행으로부터 $x_2+\frac{6}{5}x_3+\frac{6}{5}x_4=\frac{1}{5}$을 얻는다. 이제 x_3에 임의의 실수값 $t \in R$를 대입하고 x_4에 임의의 실수값 $s \in R$를 대입할 때 $x_2=\frac{1}{5}(1-6t-6s)$이기만 하면 $x_2+\frac{6}{5}x_3+\frac{6}{5}x_4=\frac{1}{5}$을 만족한다. 이제 x_2, x_3, x_4의 값을 행렬의 첫 번째 행으로부터 얻은 방정식 $x_1-2x_2+x_3-4x_4=1$에 대입하면 $x_1=\frac{7}{5}-\frac{17}{5}t+\frac{8}{5}s$가 된다. ■

앞의 [예제 8-19]에서 보았듯이 연립방정식의 확대행렬에 행연산을 하여 얻은 행사다리꼴 행렬의 맨 아래행에서 맨오른쪽 값(방정식에서 우항에 해당하는 값)이 0이 아니고 나머지 값들은 0이 나올 때 이 연립방정식은 해가 없다. 즉 모순이다. 이것은 다음에 나오는 가우스-조단소거법을 이용할 때도 마찬가지이다.

가우스-조단소거법(Gauss-Jordan elimination method)

앞의 가우스소거법은 기본행연산의 반복적인 적용을 통해 행사다리꼴행렬로 변형하여 해를 구하는 방법이나, 가우스-조단소거법은 기본행연산을 반복 적용하여 기약 행사다리꼴행렬로 변형하여 해를 구하는 방법이다. 연립일차방정식의 해를 구하기 위한 가우스-조단소거법의 절차는 다음과 같다.

- **단계 1** : 확대행렬 $(\boldsymbol{A} : \boldsymbol{b})$을 구성한다.
- **단계 2** : 기본행연산을 사용하여 확대행렬을 기약 행사다리꼴형렬로 변환한다.
- **단계 3** : 단계 2로부터 구한 기약 행사다리꼴행렬에 대응하는 연립일차방정식은 원래 주어진 연립일차방정식과 같은 해를 갖는다. 기약 행사다리꼴행렬의 각 행에 대응하는 방정식을 맨 아래에 있는 방정식부터 차례로 선행변수에 대해서 풀어 해를 구한다. 기약 행사다리꼴행렬에서 모두 0으로 된 행에 대응하는 방정식은 어떤 변수값에 대해서도 만족하므로 무시한다.

【예제 8-21】

다음 연립방정식 $\begin{cases} 2x+y+z=5 \\ 4x-6y=-2 \\ -2x+7y+2z=9 \end{cases}$ 의 해를 가우스-조단소거법을 이용하여 구하시오.

| 풀이 |

다음은 주어진 연립방정식의 확대행렬이다.

$$\begin{pmatrix} 2 & 1 & 1 & 5 \\ 4 & -6 & 0 & -2 \\ -2 & 7 & 2 & 9 \end{pmatrix}$$

기본행연산 $r_2+r_1\times(-2)\rightarrow r'_2$, $r_3+r_1\times 1\rightarrow r'_3$을 수행하면 위의 확대행렬은 다음과 같이 변형된다.

$$\begin{pmatrix} 2 & 1 & 1 & 5 \\ 0 & -8 & -2 & -12 \\ 0 & 8 & 3 & 14 \end{pmatrix}$$

이제 세 번째 행에 대하여 $r_3+r_2\times 1\rightarrow r'_3$을 수행하면 위의 행렬은 다음과 같이 변형된다.

$$\begin{pmatrix} 2 & 1 & 1 & 5 \\ 0 & -8 & -2 & -12 \\ 0 & 0 & 1 & 2 \end{pmatrix}$$

이제 이 확대행렬을 행사다리꼴행렬로 변환하기 위하여 $r_1\times(1/2)\rightarrow r'_1$, $r_2\times(-1/8)\rightarrow r'_2$를 수행하여 $\begin{pmatrix} 1 & 1/2 & 1/2 & 5/2 \\ 0 & 1 & 1/4 & 3/2 \\ 0 & 0 & 1 & 2 \end{pmatrix}$를 얻는다.

이제 이 행사다리꼴행렬을 기약 행사다리꼴행렬로 변환하기 위하여 우선, $r_1+r_3\times(-1/2)\rightarrow r'_1$, $r_2+r_3\times(-1/4)\rightarrow r'_2$를 수행하면 확대행렬은 $\begin{pmatrix} 1 & 1/2 & 0 & 3/2 \\ 0 & 1 & 0 & 1 \\ 0 & 0 & 1 & 2 \end{pmatrix}$가 된다. 마지막으로 여기에 $r_1+r_2\times(-1/2)\rightarrow r'_1$를 수행하여 기약 행사다리꼴 확대행렬인 $\begin{pmatrix} 1 & 0 & 0 & 1 \\ 0 & 1 & 0 & 1 \\ 0 & 0 & 1 & 2 \end{pmatrix}$를 얻는다. 이를 연립방

정식의 형태로 나타내면 $\begin{cases} x=1 \\ y=1 \\ z=2 \end{cases}$ 이 된다. 즉, 연립방정식의 해 $x=1, y=1, z=2$를 얻는다. ■

8.3 경제경영 · 금융 예제

【예제 8-22】 승진결정 문제에의 활용

이번 예제에서 볼 수 있는 바와 같이 우리는 일상 경영활동에서 연립일차방정식을 활용할 일이 많다. K기업은 최근에 미들카라고 하는 중형급 승용차와 스몰카라고 하는 소형급 승용차를 개발하여 시판을 시작하였다. 판매량을 늘리기 위해 사원들에게 중형차 1대를 팔 때마다 100만원을, 그리고 소형차 1대를 팔 때마다 50만원을 성과급으로 제공하였다. 그런데 연말에 승진시기가 되어 김 대리와 이 대리가 나란히 승진 후보에 올랐는데 두 사람의 모든 실적이 거의 비슷하여 누구를 먼저 승진시켜야 할지 결정하기가 어려운 상황이다. 그래서 올해의 중형 승용차 판매실적이 좋은 사람을 먼저 승진시키기로 결정하였다.

김 대리와 이 대리에게 모두 각각 500만원씩 차량판매에 대한 성과급이 지급되었으며, 김 대리가 판매한 차량은 모두 8대이고 이 대리가 판매한 차량은 모두 7대라는 것은 기록되어 있다. 하지만 중형차와 소형차의 판매 대수를 기록해 놓지 않아 누가 더 많은 중형차를 판매했는지 알 수가 없다. 따라서 두 사람 중 누구를 승진시킬지 결정하기 위해서 두 사람이 각각 몇 개의 중형차와 소형차를 판매했는지를 구해야 한다.

이제 이 문제를 풀기 위해 문제를 연립일차방정식 형태로 변환시키도록 하자. 김 대리가 판매한 중형차 대수를 m_1, 소형차 대수를 s_1로 놓고, 이 대리가 판매한 중형차 대수를 m_2, 소형차 대수를 s_2로 놓자. 이제 문제에서 주어진 조건들을 이용하여 두 개의 연립일차방정식을 세우면 다음과 같다.

$$\begin{cases} m_1+s_1=8 \\ 100m_1+50s_1=500 \end{cases} \qquad \begin{cases} m_2+s_2=7 \\ 100m_2+50s_2=500 \end{cases}$$

위의 두 연립일차방정식을 각각 풀면 $m_1=2, s_1=6, m_2=3, s_2=4$임을 알 수 있다. 즉, 김 대리는 중형차 2대와 소형차 6대를 팔고, 이 대리는 중형차 3대와 소형차 4대를 판매한 것을 알 수 있다. 그러므로 중형차를 더 많이 판매한 이 대리가 올해 먼저 승진할 사람이다. ■

【예제 8-23】 케인즈의 국민소득모형

다음은 경제학에 자주 나오는 간단한 케인즈의 국민소득모형이다.

$$\begin{cases} Y = C + I_0 + G_0 \\ C = \alpha + \beta Y \end{cases} \qquad \alpha > 0, 0 < \beta < 1 \tag{8.2}$$

여기서 Y와 C는 내생변수인 국민소득과 소비지출을 나타내고, I_0와 G_0는 외생적으로 결정되는 투자와 정부지출을 나타낸다. 위 방정식의 첫 번째 식은 국민소득과 계획된 총지출이 같다는 균형조건식을 의미하고, 두 번째 식은 소비가 소득의 선형함수임을 의미한다.

식 (8.2)는 식 (8.3)과 같이 배열할 수 있으므로 식 (8.2)를 식 (8.4)와 같이 행렬의 관계식으로 나타낼 수 있고 또 관계식의 확대행렬은 식 (8.5)와 같다.

$$\begin{cases} Y - C = I_0 + G_0 \\ -\beta Y + C = \alpha \end{cases} \tag{8.3}$$

$$\boldsymbol{Ax} = \boldsymbol{b} \tag{8.4}$$

여기서 $\boldsymbol{A} = \begin{pmatrix} 1 & -1 \\ -\beta & 1 \end{pmatrix}$, $\boldsymbol{x} = \begin{pmatrix} Y \\ C \end{pmatrix}$, $\boldsymbol{b} = \begin{pmatrix} I_0 + G_0 \\ \alpha \end{pmatrix}$

$$(\boldsymbol{A} : \boldsymbol{b}) = \begin{pmatrix} 1 & -1 & I_0 + G_0 \\ -\beta & 1 & \alpha \end{pmatrix} \tag{8.5}$$

이제 크래머의 공식(참고사항 참조요망)을 적용하여 식 (8.4)를 풀면 해를 다음과 같이 구할 수 있다.

$$Y = \frac{\Delta_1}{|\boldsymbol{A}|} = \frac{1}{|\boldsymbol{A}|}\begin{vmatrix} I_0 + G_0 & -1 \\ \alpha & 1 \end{vmatrix} = \frac{I_0 + G_0 + \alpha}{1 - \beta}$$

$$C = \frac{\Delta_2}{|\boldsymbol{A}|} = \frac{1}{|\boldsymbol{A}|}\begin{vmatrix} 1 & I_0 + G_0 \\ -\beta & \alpha \end{vmatrix} = \frac{\alpha + \beta(I_0 + G_0)}{1 - \beta}$$

■

【예제 8-24】 연립일차방정식을 이용한 옵션가격의 산출

우리는 [예제 7-17]에서 투자자가 주식과 풋옵션을 각각 10,000원과 1,000원(행사가격은 9,500원)에 취득할 때 1년 후 주가가 12,000원으로 상승하거나 8,000원으로 하락할 경우 투자자의 1년 후 손익상황이 $\boldsymbol{P}=\begin{pmatrix} 2,000 & -2,000 \\ -1,000 & 500 \end{pmatrix}$가 됨과 동시에, 1년 후 주가가 오를 확률과 내릴 확률을 나타내는 벡터를 $\boldsymbol{q}=\begin{pmatrix} 0.5 \\ 0.5 \end{pmatrix}$라고 할 때 $\boldsymbol{\pi}=\boldsymbol{Pq}=\begin{pmatrix} 2,000 & -2,000 \\ -1,000 & 500 \end{pmatrix}\begin{pmatrix} 0.5 \\ 0.5 \end{pmatrix}=\begin{pmatrix} 0 \\ -250 \end{pmatrix}$임을 보았다. 이때 풋옵션의 현재 가격은 1,000원으로, 주가가 1년 후 상승할 확률과 하락할 확률은 각각 0.5로 가정하였다.

이번에는 현재 풋옵션의 가격, 1년 후 주가가 12,000원으로 상승할 확률과 8,000원으로 하락할 확률 모두를 모른다고 하였을 때, 1년 후 주식과 풋옵션의 기대손익이 모두 0이 되도록 하는 풋옵션 현재 가격 p와 주가가 상승할 확률 q_1 및 하락할 확률 q_2를 구하는 문제를 보기로 하자(단, $q_1+q_2=1$). 이때 $\boldsymbol{P}, \boldsymbol{q}, \boldsymbol{\pi}$는 다음과 같이 변하며 p, q_1, q_2로 이루어진 동차연립일차방정식은 다음과 같은 형태로 표시된다.

$$\boldsymbol{\pi}=\boldsymbol{Pq}=\begin{pmatrix} 2,000 & -2,000 \\ -p & 1,500-p \end{pmatrix}\begin{pmatrix} q_1 \\ q_2 \end{pmatrix}=\begin{pmatrix} 2,000q_1-2,000q_2 \\ -pq_1+(1,500-p)q_2 \end{pmatrix}=\begin{pmatrix} 0 \\ 0 \end{pmatrix}$$

$$\begin{cases} 2,000q_1-2,000q_2=0 \\ -pq_1+(1,500-p)q_2=0 \\ q_1+q_2=1 \end{cases} \tag{8.6}$$

이제 식 (8.6)을 풀면 첫 번째 식과 세 번째 식에 의해 $q_1=q_2=0.5$임을 알 수 있고 이를 두 번째 식에 대입하면 $p=750$원임을 알 수 있다.

$\boldsymbol{q}=\begin{pmatrix} q_1 \\ q_2 \end{pmatrix}$가 $\boldsymbol{Pq}=\begin{pmatrix} 0 \\ 0 \end{pmatrix}, \boldsymbol{q}=\begin{pmatrix} q_1 \\ q_2 \end{pmatrix}, q_1>0, q_2>0, q_1+q_2=1$을 만족할 때 **마팅게일 측도(martingale measure)**라 하는데, 여기서 $\boldsymbol{q}$의 의미는 주식을 보유하든 풋옵션을 보유하든 관계없이 기대이익이 모두 0이 되도록 만드는 확률로 해석할 수 있다. 우리는 연립방정식을 푼 결과 위의 조건을 만족하는 풋옵션의 현재가치가 750원임을 구했는데, 이와 같이 마팅게일 측도를 사용하면 다양한 상품의 가치 또는 가격을 구할 수 있다.

또한 위의 연립방정식을 가우스소거법에 의해 구해보도록 하자. 위 연립방정식의 확대행렬은

$\begin{pmatrix} 2{,}000 & -2{,}000 & 0 \\ -p & 1{,}500-p & 0 \\ 1 & 1 & 1 \end{pmatrix}$인데, 첫째 행에 1/2000을 곱해주고 난 다음 첫째 행에 −1을 곱하여 셋째 행에 더해주고, 또 1/2000을 곱해준 첫째 행에 p를 곱하여 둘째 행에 더해주면 $\begin{pmatrix} 1 & -1 & 0 \\ 0 & 1{,}500-2p & 0 \\ 0 & 2 & 1 \end{pmatrix}$과 같이 변형된다. 세 번째 행에 의해 $2q_2=1$, 즉 $q_2=0.5$를 구하고, 첫 번째 행에 의해 $q_1-q_2=q_1-0.5=0$, 즉 $q_1=0.5$를 구한다. 또한 두 번째 행에 의해 $p=750$를 구한다.

■

※ 참고사항

기본행 연산을 반복적용하여 구하는 방법 외에도 크래머의 공식을 이용하여 연립방정식을 푸는 방법이 있는데 여기서는 이 방법을 소개하기로 한다.

주어진 연립방정식을 행렬로 표시하여 다음과 같은 행렬의 관계식을 얻었다고 하자.

$$\begin{pmatrix} a_{11} & a_{12} & \cdots & a_{1n} \\ a_{21} & a_{22} & \cdots & a_{2n} \\ \vdots & & \cdots & \vdots \\ a_{n1} & a_{n2} & \cdots & a_{nn} \end{pmatrix}\begin{pmatrix} x_1 \\ x_2 \\ \vdots \\ x_n \end{pmatrix}=\begin{pmatrix} b_1 \\ b_2 \\ \vdots \\ b_n \end{pmatrix} \tag{8.7}$$

크래머의 공식을 이용하여 행렬관계식 $\boldsymbol{Ax}=\boldsymbol{b}$의 해를 구하는 과정은 다음과 같다. 계수행렬의 행렬식이 0이 아닌 경우, 즉 $|\boldsymbol{A}|\neq 0$이면 (8.7) 연립방정식은 단 하나의 해를 갖는데, 해의 j번째 원소 값을 구하기 위한 일반공식은 다음과 같다.

$$x_j=\frac{\Delta_j}{|\boldsymbol{A}|}=\frac{1}{|\boldsymbol{A}|}\begin{vmatrix} a_{11} & a_{12} & \cdots & a_{1\,j-1} & b_1 & a_{1\,j+1} & \cdots & a_{1n} \\ a_{21} & a_{22} & \cdots & a_{2\,j-1} & b_2 & a_{2\,j+1} & \cdots & a_{2n} \\ a_{31} & a_{32} & \cdots & a_{3\,j-1} & b_3 & a_{3\,j+1} & \cdots & a_{3n} \\ \vdots & & \ddots & & \vdots & & & \vdots \\ a_{i1} & a_{i2} & \cdots & a_{i\,j-1} & b_i & a_{i\,j+1} & \cdots & a_{in} \\ a_{i+11} & a_{i+12} & & a_{i+1\,j-1} & b_{i+1} & a_{i+1\,j+1} & & a_{i+1n} \\ \vdots & & \iddots & & \vdots & & & \vdots \\ a_{n1} & a_{n2} & \cdots & a_{n\,j-1} & b_n & a_{n\,j+1} & \cdots & a_{nn} \end{vmatrix},\quad j=1,2,\cdots,n \tag{8.8}$$

여기서 Δ_j는 행렬 A에서 j번째 열을 제거한 후 연립방정식의 우항의 벡터인 $\begin{pmatrix} b_1 \\ b_2 \\ \vdots \\ b_n \end{pmatrix}$를 행렬 A의 j 번째 열에 대체해 삽입하여 얻은 행렬의 행렬식이 된다.

【예제 8-25】

다음의 이원일차연립방정식의 해를 크래머의 공식을 이용하여 구해보시오. 또 기존의 연립방정식의 풀이방법을 이용해서 풀어보고 크래머 공식으로부터 구한 해와 비교해보시오.

$$\begin{cases} a_{11}x_1 + a_{12}x_2 = b_1 \\ a_{21}x_1 + a_{22}x_2 = b_2 \end{cases}$$

| 풀이 |

먼저 기존의 방식으로 연립방정식을 풀어보자. 연립방정식의 첫 번째 식에 a_{21}를 곱하고 두 번째 식에 a_{11}를 곱하면 $\begin{cases} a_{11}a_{21}x_1 + a_{12}a_{21}x_2 = b_1 a_{21} \\ a_{11}a_{21}x_1 + a_{11}a_{22}x_2 = b_2 a_{11} \end{cases}$를 얻는다. 이제 첫 번째 식에서 두 번째 식을 빼면 $(a_{12}a_{21} - a_{11}a_{22})x_2 = b_1 a_{21} - b_2 a_{11}$를 얻는다. 만일, $a_{11}a_{22} - a_{12}a_{21} \neq 0$인 것을 가정하면 등식의 양쪽을 $a_{11}a_{22} - a_{12}a_{21}$로 나누어 $x_2 = \dfrac{b_2 a_{11} - b_1 a_{21}}{a_{11}a_{22} - a_{21}a_{12}}$를 구할 수 있다. 이제 연립방정식의 첫 번째 식에 방금 구한 x_2값을 대입하면 $x_1 = \dfrac{b_1 a_{22} - b_2 a_{12}}{a_{11}a_{22} - a_{21}a_{12}}$를 구할 수 있다.

이제 크래머의 공식을 이용하여 연립방정식의 해를 구해보기로 하자. 주어진 이원일차연립방정식을 행렬로 나타내면 다음과 같다.

$$\begin{pmatrix} a_{11} & a_{12} \\ a_{21} & a_{22} \end{pmatrix} \begin{pmatrix} x_1 \\ x_2 \end{pmatrix} = \begin{pmatrix} b_1 \\ b_2 \end{pmatrix}$$

이 연립방정식이 단 하나의 해를 갖기 위한 필요충분조건은 계수행렬의 행렬식이 0이 아니어야 한다. 따라서 첫 번째 해법에서와 마찬가지로 $|A| = \begin{vmatrix} a_{11} & a_{12} \\ a_{21} & a_{22} \end{vmatrix} = a_{11}a_{22} - a_{12}a_{21} \neq 0$을 가정한다. 이제 크래머의 공식을 적용하면 연립방정식의 해는 다음과 같이 구해진다.

$$x_1 = \frac{\Delta_1}{|A|} = \frac{1}{|A|}\begin{vmatrix} b_1 & a_{12} \\ b_2 & a_{22} \end{vmatrix} = \frac{b_1 a_{22} - b_2 a_{12}}{a_{11}a_{22} - a_{21}a_{12}}$$

$$x_2 = \frac{\Delta_2}{|A|} = \frac{1}{|A|}\begin{vmatrix} a_{11} & b_1 \\ a_{21} & b_2 \end{vmatrix} = \frac{b_2 a_{11} - b_1 a_{21}}{a_{11}a_{22} - a_{21}a_{12}}$$

이는 기존의 방식으로 푼 해와 동일함을 확인할 수 있다. ■

※ 참고사항

연립방정식의 해에 관한 정리

$$\begin{cases} a_{11}x_1 + a_{12}x_2 + \cdots + a_{1n}x_n = b_1 \\ a_{21}x_1 + a_{22}x_2 + \cdots + a_{2n}x_n = b_2 \\ \vdots \quad \vdots \quad \vdots \quad \vdots \quad \vdots \\ a_{m1}x_1 + a_{m2}x_2 + \cdots + a_{mn}x_n = b_m \end{cases} \tag{8.9}$$

으로 이루어진 연립방정식에서 $m < n$이면 위 연립일차방정식은 무한히 많은 해를 갖는다.

식 (8.9)에서는 방정식의 오른쪽 항이 어떠한 상수라도 가질 수 있었다. 그런데 다음과 같이 오른쪽 항이 모두 0인 연립일차방정식을 특별히 **동차연립일차방정식**(homogeneous linear equation system)이라고 한다.

$$\begin{cases} a_{11}x_1 + a_{12}x_2 + \cdots + a_{1n}x_n = 0 \\ a_{21}x_1 + a_{22}x_2 + \cdots + a_{2n}x_n = 0 \\ \vdots \quad \vdots \quad \vdots \quad \vdots \quad \vdots \\ a_{m1}x_1 + a_{m2}x_2 + \cdots + a_{mn}x_n = 0 \end{cases} \tag{8.10}$$

이를 행렬형태로 표시하면 $\boldsymbol{Ax} = \mathbf{0}$이 된다. 이때 모든 변수가 0인 해 $x_1 = x_2 = \cdots x_n = 0$을 **자명해**(trivial solution)라고 하고, 그렇지 않은 해를 **비자명해**(nontrivial solution)라 한다.

동차연립일차방정식에 관한 정리

방정식의 수가 m개이고 변수의 수가 n개인 동차연립일차방정식에서 $m < n$이면 동차연립일차방정식은 항상 비자명해를 갖는다.

【예제 8-26】

동차연립일차방정식 $\begin{cases} x-y+2z=0 \\ x+y=0 \end{cases}$가 비자명해를 갖는지 확인하시오.

| 풀이 |

위 동차연립방정식의 확대행렬은 $\begin{pmatrix} 1 & -1 & 2 & 0 \\ 1 & 1 & 0 & 0 \end{pmatrix}$이며, 이에 기본행연산을 하여 기약 행사다리꼴로 변형시키면 $\begin{pmatrix} 1 & 0 & 1 & 0 \\ 0 & 1 & -1 & 0 \end{pmatrix}$이 된다. 따라서 위의 동차연립일차방정식에 대한 해는 모든 실수 $t \in R$에 대해서 $x=-t, y=t, z=t$이다. 따라서 이 동차연립일차방정식은 비자명해를 갖는다. ■

※ 참고사항

A의 크기가 $m \times n$일 때 동차연립일차방정식 $\boldsymbol{Ax}=\mathbf{0}$의 해들로 이루어진 공간을 동차연립일차방정식 $\boldsymbol{Ax}=\mathbf{0}$의 해공간이라고 부르며 이 공간은 R^n의 부분공간이 된다. 또한, 동차연립일차방정식 $\boldsymbol{Ax}=\mathbf{0}$의 해공간은 계수행렬 $\boldsymbol{A}$의 **영공간**(null space)이라고 하며 $\boldsymbol{Ax}=\mathbf{0}$의 해공간의 차원은 A의 **영공간차원**(nullity)이라고 부른다.

$Ax=0$ 해공간의 기저를 찾는 방법

- **단계 1** : $\boldsymbol{Ax}=\mathbf{0}$의 해를 가우스소거법 또는 가우스-조단소거법으로 구한다. 만일 동차연립일차방정식 $\boldsymbol{Ax}=\mathbf{0}$이 자명해만을 가지면 $\boldsymbol{A}$의 영공간(null space)은 제로공간으로 불리는 $\{\mathbf{0}\}$으로서 이 영공간의 기저는 없다. 물론, 이때 $\boldsymbol{A}$의 영공간의 차원은 0이다.
- **단계 2** : 매개변수를 계수로 사용한 벡터들의 일차결합으로 1단계에서 구한 비자명해를 표현한다. 이 벡터들의 집합 S는 해공간 $\boldsymbol{W}$를 스팬한다.
- **단계 3** : $\boldsymbol{W}$의 기저를 찾는다.

【예제 8-27】

다음과 같은 동차연립일차방정식의 해공간의 기저를 찾으시오.

$$\begin{cases} x_1 - 2x_2 + x_3 - 4x_4 = 0 \\ x_1 + 3x_2 + 7x_3 + 2x_4 = 0 \\ x_1 - 12x_2 - 11x_3 - 16x_4 = 0 \end{cases}$$

| 풀이 |

- **단계 1** : 위 동차연립일차방정식의 확대행렬은 $\begin{pmatrix} 1 & -2 & 1 & -4 & 0 \\ 1 & 3 & 7 & 2 & 0 \\ 1 & -12 & -11 & -16 & 0 \end{pmatrix}$이다. 앞의 [예제 8-19]에서 풀었듯이 위의 확대행렬에 기본행연산 $r_2 + r_1 \times (-1) \rightarrow r'_2$, $r_3 + r_1 \times (-1) \rightarrow r'_3$을 수행한 후에 또 한 번 기본행연산 $r_3 + r_2 \times 2 \rightarrow r'_3$를 수행하면 다음과 같은 확대행렬 $\begin{pmatrix} 1 & -2 & 1 & -4 & 0 \\ 0 & 5 & 6 & 6 & 0 \\ 0 & 0 & 0 & 0 & 0 \end{pmatrix}$이 만들어진다. 마지막으로 기본행연산 $r_2 \times (1/5) \rightarrow r'_2$을 수행하면 행사다리꼴 확대행렬 $\begin{pmatrix} 1 & -2 & 1 & -4 & 0 \\ 0 & 1 & 6/5 & 6/5 & 0 \\ 0 & 0 & 0 & 0 & 0 \end{pmatrix}$을 얻는다.

  그런데 위 행렬의 3행을 방정식으로 전환해보면 $0x_1 + 0x_2 + 0x_3 + 0x_4 = 0$이 된다. 즉, 어떠한 값을 x_1, x_2, x_3, x_4에 대입해도 항상 성립한다. 그러므로 이 행은 의미가 없다. 이제 행렬의 두 번째 행으로부터 $x_2 + \frac{6}{5}x_3 + \frac{6}{5}x_4 = 0$을 얻는다. 이제 x_3에 임의의 실수값 $t \in R$를 대입하고 x_4에 임의의 실수값 $s \in R$를 대입하면, $x_2 = -\frac{1}{5}(6t + 6s)$가 $x_2 + \frac{6}{5}x_3 + \frac{6}{5}x_4 = 0$을 만족한다. 이제 x_2, x_3, x_4의 값을 행렬의 첫 번째 행으로부터 얻은 방정식 $x_1 - 2x_2 + x_3 - 4x_4 = 0$에 대입하면 $x_1 = -\frac{17}{5}t + \frac{8}{5}s$가 된다.

- **단계 2** : 따라서 위의 동차연립일차방정식의 해는 $\left(-\frac{17}{5}t + \frac{8}{5}s, -\frac{6}{5}t - \frac{6}{5}s, t, s\right)^T, s \in R, t \in R$로 나타낼 수 있다.

  이 동차연립일차방정식의 해공간은 $\left(-\frac{17}{5}, -\frac{6}{5}, 1, 0\right)^T$와 $\left(\frac{8}{5}, -\frac{6}{5}, 0, 1\right)^T$ 두 개의 벡터에 의해 스팬된다.

- **단계 3** : 그러므로 주어진 동차연립일차방정식의 해공간을 $\boldsymbol{W}$라고 하고 $S = \left\{\left(-\frac{17}{5}, -\frac{6}{5}, 1, 0\right)\left(\frac{8}{5}, -\frac{6}{5}, 0, 1\right)^T\right\}$라고 했을 때 $\boldsymbol{W} = \boldsymbol{Span}(S)$이다. 집합 S에 있는 두 개의 벡터가 서로 독립이므로 해공간 $\boldsymbol{W}$의 기저는 S이다. ■

재미있는수학이야기

재미있는 수학 이야기

베네치아 브레시아에서 태어난 타르탈리아(1499~1557)는 3차 방정식을 푸는 방법을 발견하고 탄도 과학(彈道科學)을 일으킨 이탈리아 수학자이다.

프랑스가 브레시아를 점령했을 때(1512) 기병에 의해 그의 턱과 입천장이 찢어졌다. 이 때문에 언어 장애가 생겨 타르탈리아(말더듬이라는 뜻)라는 별명을 얻었고 그는 이를 받아들였다. 1534년 수학교사로서 베네치아에 정착했다. x항이 없는 3차 방정식 $x^3+mx^2+n=0$의 해를 풀었다는 그의 주장은 1535면 볼로냐에 있는 수학교수 델 페로의 제자 피오르가 낸 수학문제 경쟁에 그를 뛰어들게 했다. 델 페로는 x^2항이 없는 3차 방정식 $x^3+px+q=0$의 해를 구했으나 비밀로 했고 그가 죽을 때 피오르에게 전했다. 피오르가 해를 가지고 있다는 소식을 들은 후, 타르탈리아는 스스로 노력하여 해를 구하게 되었다. 그 결과, 피오르와의 시합에서 타르탈리아는 피오르가 낸 문제를 모두 풀었지만 피오르는 타르탈리아의 문제를 풀지 못해 결국 타르탈리아가 우승을 했다.

타르탈리아의 포술(砲術)에 대한 논문 〈새로운 과학 Nova Scientia〉 (1537)은 떨어지는 물체의 법칙을 세우는 데 중요한 선구적 연구였다. 그가 논문을 발표한 뒤 곧 밀라노의 내과의사이며 강연자인 카르다노로부터 3차 방정식에 대한 그의 해를 출판하라는 요청을 받았다. 타르탈리아는 처음에는 거절했으나 스페인 육군의 포병 고문이 되려는 희망으로 비밀을 지키는 조건 아래 카르다노에게 털어놓았다. 그러나 1545년 카르다노는 타르탈리아와의 약속을 어기고 그의 〈위대한 예술 Ars magna〉에 이 해를 발표했다. 〈다양한 질문과 발견 Quesiti et inventioni diverse〉 (1546)에서 타르탈리아는 카르다노의 배신에 대해 호되게 비난했다. 이로 인해 카르다노의 제자 페라리와 타르탈리아 사이에 6개의 서신이 계속해서 오고갔다. 그들의 싸움은 1548년 공개토론에서 최고에 달했는데 결국은 말더듬이인 타르탈리아가 페라리에게 토론에서 지고 말았다. 타르탈리아는 브레시아에서 강연자로서의 자리를 잃고 베네치아로 돌아갔다. 그의 가장 잘 알려진 업적은 기초수학을 백과사전처럼 다룬 〈수와 측도에 대한 논문 Trattato di numeri et misure〉 (3권, 1556~60)이다. 또한 그는 에우클레이데스(유클리드)와 아르키메데스의 번역물을 출판했다.

-ENCYCLOPEDIA BRITANNICA online Korea의 내용을 편집하였음-

연습문제

01 다음 중 연립방정식의 해가 아닌 것은?

$$\begin{cases} x_1+x_2-x_4+x_5=2 \\ 2x_2+3x_3-x_5=1 \\ 2x_2-x_3+5x_4=2 \end{cases}$$

① $x_1=0,\ x_2=1,\ x_3=0,\ x_4=0,\ x_5=1$

② $x_1=4,\ x_2=-1,\ x_3=1,\ x_4=1,\ x_5=0$

③ $x_1=\frac{7}{8},\ x_2=\frac{9}{8},\ x_3=\frac{1}{4},\ x_4=1,\ x_5=1$

④ $x_1=\frac{9}{8},\ x_2=\frac{7}{8},\ x_3=-\frac{1}{4},\ x_4=0,\ x_5=0$

02 연립방정식이 다음과 같이 주어졌을 때 보기에서 맞는 것을 고르시오.

$$\begin{cases} x_1+x_2+x_3+\cdots+x_{10}=y_1 \\ x_2+x_3+\cdots+x_{10}=y_2 \\ x_3+\cdots+x_{10}=y_3 \\ \vdots \\ x_9+x_{10}=y_9 \\ x_{10}=y_{10} \end{cases}$$

① $x_5=y_5-y_4-y_3-y_2-y_1$
② $x_1=y_1-y_2$
③ $x_5=y_5-x_4$
④ $x_4=y_5-x_3$

03 두 개의 방정식으로 이루어진 연립일차방정식을 풀었더니 임의의 매개변수 t에 대하여 그 해가 $x=1-t, y=1+2t, z=t$라고 하는 일반 해를 얻었다. 이 해를 가질 수 없는 연립일차방정식을 고르시오.

① $\begin{cases} x+z=1 \\ y-2z=1 \end{cases}$
② $\begin{cases} x+z=2 \\ x+y-2z=1 \end{cases}$
③ $\begin{cases} x+y-z=2 \\ y-2z=1 \end{cases}$
④ $\begin{cases} x+z=1 \\ 2x+y=3 \end{cases}$

04 연립일차방정식 $\begin{cases} kx+z=1 \\ y+kz=1 \end{cases}$가 주어졌다. 다음에서 맞는 것은?

① $k=1$이면 무모순이며 무한히 많은 해가 존재한다.

② $k=0$이면 무모순이며 해는 유일하게 1개 존재한다.

③ $k=-1$이면 모순이며 해가 존재하지 않는다.

④ $k=2$이면 모순이며 무한히 많은 해가 존재한다.

05 다음 연립방정식의 확대행렬을 만들고 행연산을 취하여 행사다리꼴행렬로 변환시키시오.

$$\begin{cases} -2x+3y+4z &= -1 \\ x-2z+2w &= 1 \\ y+z-w &= 0 \\ 3x+y-2z-w &= 3 \end{cases}$$

06 다음 연립방정식의 확대행렬에 대한 행사다리꼴행렬과 기약 행사다리꼴행렬을 구하시오.

$$\begin{cases} -2x+2y-4z-6w &= -4 \\ -3x+6y+3z-15w &= -3 \\ 5x-8y-z+17w &= 9 \\ x+y+11z+7w &= 7 \end{cases}$$

07 다음 연립방정식을 행사다리꼴행렬을 이용하여 푸시오.

$$\begin{cases} 2x+y+z=0 \\ x-y-4z=3 \\ 6x+y+4z=5 \end{cases}$$

08 다음에 주어진 행렬 $\boldsymbol{A}$가 $\boldsymbol{I}$와 행동치가 되도록 하는 기본행렬을 구하시오. 즉, $\boldsymbol{I}=\boldsymbol{E}_7\boldsymbol{E}_6\cdots\boldsymbol{E}_1\boldsymbol{A}$가 되는 $\boldsymbol{E}_1, \boldsymbol{E}_2, \boldsymbol{E}_3, \boldsymbol{E}_4, \boldsymbol{E}_5, \boldsymbol{E}_6, \boldsymbol{E}_7$를 구하시오.

$$\boldsymbol{A}=\begin{pmatrix} 1 & 1 & 1 \\ 1 & -1 & 1 \\ 1 & -1 & -1 \end{pmatrix}$$

09 A씨는 주식을 매입하려고 한다. A씨는 주당 6만원짜리를 140주 사려는 계획을 세우고 그에 맞게 예산을 준비했다. 그런데 A씨가 원하는 가격의 주식은 없고 대신 다른 주식들을 조합하여 A씨가 원하던 주당가격과 주식수가 되도록 각 주식의 수를 선택해야 하는 상황이다. 주식값은 각각 주당 3만원, 4만원, 8만원짜리가 있다고 하자. 그런데 A씨는 3만원짜리 주식수가 4만원짜리 주식수의 2배가 되도록 하고 싶다. 3만원, 4만원, 8만원짜리 주식수를 각각 x, y, z로 놓고 각 주식수를 구할 수 있는 연립방정식을 세우고 x, y, z를 구하시오.

10 투자자가 주식과 풋옵션을 각각 11,000원과 p원(행사가격은 10,000원)에 취득할 때 1년 후 주가가 12,000원으로 상승하거나 9,000원으로 하락할 경우 1년 후 주식과 풋옵션 각각의 기대손익이 모두 0이 되도록 하는 현재 풋옵션 가격 p와 주가가 상승할 확률 q_1 및 하락할 확률 q_2를 구하시오(단, $q_1+q_2=1$).

11 투자자가 주식과 콜옵션을 각각 10,000원과 c원(행사가격은 10,000원)에 취득할 때 1년 후 주가가 11,000원으로 상승하거나 9,000원으로 하락할 경우 1년 후 주식과 콜옵션의 기대손익이 모두 0이 되도록 만드는 현재 콜옵션 가격 c와 주가가 상승할 확률 q_1 및 하락할 확률 q_2를 구하시오 (단, $q_1+q_2=1$).

12 (상급 문제) 크래머 방법을 이용하여 다음 연립방정식을 푸시오.

$$\begin{cases} x \quad\quad -2z = 3 \\ \quad -y \quad +3z = 1 \\ 2x \quad\quad +5z = 0 \end{cases}$$

CHAPTER

09 선형변환

9.1 변환의 의미

앞에서 배운 집합 A에서 집합 B로의 함수가 집합 A의 각각의 원소에 대해 집합 B의 원소값을 하나씩 대응시키는 것이었다면, 벡터공간 $\boldsymbol{V}$에서 벡터공간 $\boldsymbol{W}$로의 **변환**(transformation)은 함수의 확장된 개념으로서 벡터공간 $\boldsymbol{V}$의 각각의 벡터(함수, 식 등)에 대해 벡터공간 $\boldsymbol{W}$에 있는 벡터(함수, 식 등)를 각각 하나씩 대응시키는 것이라고 할 수 있다. 결국 제3장에서 배운 함수와 이번 장에서 배우게 될 변환은 같은 개념이라고 할 수 있다. 단지, 독립변수들과 종속변수들을 벡터로 표현하여 독립변수 벡터를 종속변수 벡터로 변환시키는 함수를 변환이라고 부르는 것이다.

경제 및 경영분야에서는 모든 활동을 **투입요소**(inputs)와 **산출물**(outputs)의 관계로 해석하여 이의 관계를 파악하고 이를 개선하고자 한다. 이때 투입요소들을 하나의 벡터로 표시하고 산출물들을 다른 벡터로 표시할 수 있기 때문에, 이들 간의 관계를 파악하고 개선한다는 것은 결국 이번 장에서 배우게 될 변환에 대한 내용 및 성질을 이해하는 것으로 바꿔 말할 수 있다. 그러므로 경제학 및 경영학을 잘 이해하기 위해서 변환에 대해 잘 배워두도록 하자.

변환에서 상(象)의 정의

벡터공간 $\boldsymbol{V}$에서 벡터공간 $\boldsymbol{W}$로의 변환을 $F: \boldsymbol{V} \to \boldsymbol{W}$로 나타낸다. 변환에서의 여러 가지 명칭은 함수에서와 같이, 변환 F가 $\boldsymbol{v} \in \boldsymbol{V}$에 대하여 $\boldsymbol{w} \in \boldsymbol{W}$를 대응시키면 $\boldsymbol{w} = F(\boldsymbol{v})$로 쓰고 $\boldsymbol{w}$를 F에 의한 $\boldsymbol{v}$의 **상**(image) 또는 값(value)이라고 한다. 반대로 $\boldsymbol{v}$는 변환 F에 의한 $\boldsymbol{w}$의 **원상**(pre-image)이라고 부른다. 또한 함수부분에서와 마찬가지로 $\boldsymbol{W}$에 속한 벡터들 중에서 모든 $\boldsymbol{v} \in \boldsymbol{V}$에 대해 변환 F에 의한 상들의 집합인 $\{\boldsymbol{w} \mid \boldsymbol{w} = F(\boldsymbol{v}), \boldsymbol{v} \in \boldsymbol{V}\}$를 **치역**(range)이라고 부르며 $ran(F)$로 나타

낸다. 이때 $ran(F)$는 $\mathbf{W}$의 부분집합이다.

【예제 9-1】

$F: R^3 \to R^4$를 $F(x, y, z) = (x, 2y+3, x+z, z-1)$로 정의되는 변환이라고 하자. 이때 $F(1, 1, 1)$의 상을 구하시오.

ı 풀이 ı

$F(1, 1, 1) = (1, 2\times1+3, 1+1, 1-1) = (1, 5, 2, 0)$이다. 따라서 F에 의한 $(1, 1, 1)$의 상은 $(1, 5, 2, 0)$이다. ■

1. 선형변환의 의미

경제경영분야의 많은 경우 투입요소들과 산출물들 간의 관계는 주로 선형함수로 표현된다. 다시 말해 투입요소들을 나타내는 벡터를 산출물들을 나타내는 벡터로 변환시키는 경우에 주로 선형변환이 많기 때문에 선형변환에 대해 잘 알아두어야 한다.

선형변환의 정의

$\mathbf{V}$와 $\mathbf{W}$가 벡터공간이고 F를 $\mathbf{V}$에서 $\mathbf{W}$로의 변환이라고 할 때 다음의 두 가지 성질, 가산성과 동차성을 만족하면 **선형변환**(linear transformation) 또는 **일차변환**이라고 한다.

(1) $\mathbf{V}$에 속하는 임의의 벡터 $\mathbf{u}$와 $\mathbf{v}$에 대하여, $F(\mathbf{u}+\mathbf{v}) = F(\mathbf{u}) + F(\mathbf{v})$ (가산성)

(2) $\mathbf{V}$에 속하는 임의의 벡터 $\mathbf{v}$와 스칼라 c에 대하여, $F(c\mathbf{v}) = cF(\mathbf{v})$ (동차성)

【예제 9-2】

$F: R^3 \to R^2$를 $F(x, y, z) = (x, y+1)$로 정의된 함수라고 하자. F가 선형변환인가를 확인하시오.

ı 풀이 ı

두 벡터 $\mathbf{u} = (u_1, u_2, u_3), \mathbf{v} = (v_1, v_2, v_3)$와 스칼라 c에 대하여

$F(\mathbf{u}+\mathbf{v}) = F(u_1+v_1, u_2+v_2, u_3+v_3)$ (벡터 합의 정의 식)

$= (u_1+v_1, u_2+v_2+1)$ (식 $F(x, y, z) = (x, y+1)$)

이다. 한편,

$F(\boldsymbol{u})+F(\boldsymbol{v})=(u_1, u_2+1)+(v_1, v_2+1)$ (식 $F(x,y,z)=(x,y+1)$)

$=(u_1+v_1, u_2+v_2+2)$ (벡터 합의 정의 식)

이다. 따라서 $F(\boldsymbol{u})+F(\boldsymbol{v})\neq F(\boldsymbol{u}+\boldsymbol{v})$이 되어 가산성을 만족하지 않는다.

그뿐만 아니라,

$F(c\boldsymbol{u})=F(cu_1, cu_2, cu_3)$ (스칼라 곱의 정의 식)

$=(cu_1, cu_2+1)$ (식 $F(x,y,z)=(x,y+1)$)

이다. 반면에

$cF(\boldsymbol{u})=c(u_1, u_2+1)=(cu_1, cu_2+c)$ (식 $F(x,y,z)=(x,y+1)$과 스칼라 곱의 정의)이다.

따라서 $cF(\boldsymbol{u})\neq F(c\boldsymbol{u})$가 되어 동차성도 만족하지 않는다. 그러므로 F는 선형변환이 아니다. ■

선형연산자

$F:\boldsymbol{V}\rightarrow\boldsymbol{V}$와 같이 벡터공간 $\boldsymbol{V}$에서 벡터공간 $\boldsymbol{V}$, 즉 같은 공간으로의 선형변환을 **선형연산자** (linear operator)라고 한다.

【예제 9-3】

$F:R^2\rightarrow R^2$이 $F(x,y)=(x,3y)$이라고 하자. F가 선형연산자가 되는가를 보이시오.

| 풀이 |

두 벡터 $\boldsymbol{u}=(u_1, u_2), \boldsymbol{v}=(v_1, v_2)$와 스칼라 c에 대하여

$F(\boldsymbol{u}+\boldsymbol{v})=F(u_1+v_1, u_2+v_2)$ (벡터 합의 정의 식)

$=(u_1+v_1, 3(u_2+v_2))$ (식 $F(x,y)=(x,3y)$)

$=(u_1, 3u_2)+(v_1, 3v_2)$ (벡터 합의 정의 식)

$=F(\boldsymbol{u})+F(\boldsymbol{v})$ (식 $F(x,y)=(x,3y)$)

으로 가산성을 만족하고,

$F(c\boldsymbol{u})=F(cu_1, cu_2)$ (스칼라 곱의 정의 식)

$=(cu_1, 3cu_2)$ (식 $F(x,y)=(x,3y)$)

$=c(u_1, 3u_2)$ (스칼라 곱의 정의 식)

$=cF(\boldsymbol{u})$ (식 $F(x,y)=(x,3y)$)

으로 동차성도 만족한다. 따라서 F는 R^2공간에서 같은 공간인 R^2로의 선형변환이므로 선형연산자가 된다. ■

【예제 9-4】

$\boldsymbol{V}$와 $\boldsymbol{W}$가 벡터공간이고 F를 $\boldsymbol{V}$에서 $\boldsymbol{W}$로의 선형변환이라고 할 때, 다음을 증명하시오.

(1) $F(\mathbf{0}_V) = \mathbf{0}_W$ (여기서, $\mathbf{0}_V$와 $\mathbf{0}_W$는 각각 벡터공간 $\boldsymbol{V}$와 $\boldsymbol{W}$에서의 영벡터를 말한다.)

(2) $F(a\boldsymbol{u} + b\boldsymbol{v}) = aF(\boldsymbol{u}) + bF(\boldsymbol{v})$

| 풀이 |

(1)
$$\begin{aligned} F(0_V) &= F(\boldsymbol{u} + (-\boldsymbol{u})) \\ &= F(\boldsymbol{u}) + F(-\boldsymbol{u}) \\ &= F(\boldsymbol{u}) - F(\boldsymbol{u}) \\ &= \mathbf{0}_W \end{aligned}$$

(2)
$$\begin{aligned} F(a\boldsymbol{u} + b\boldsymbol{v}) &= F(a\boldsymbol{u}) + F(b\boldsymbol{v}) \\ &= aF(\boldsymbol{u}) + bF(\boldsymbol{v}) \end{aligned}$$
■

2. 일대일 선형변환

일대일 선형변환

벡터공간 $\boldsymbol{V}$에서 벡터공간 $\boldsymbol{W}$로의 선형변환 F에서, 즉 $F : \boldsymbol{V} \rightarrow \boldsymbol{W}$에서 $\boldsymbol{V}$의 모든 벡터 $\boldsymbol{u}$와 $\boldsymbol{v}$에 대

그림 9-1 ▌ 일대일 선형변환

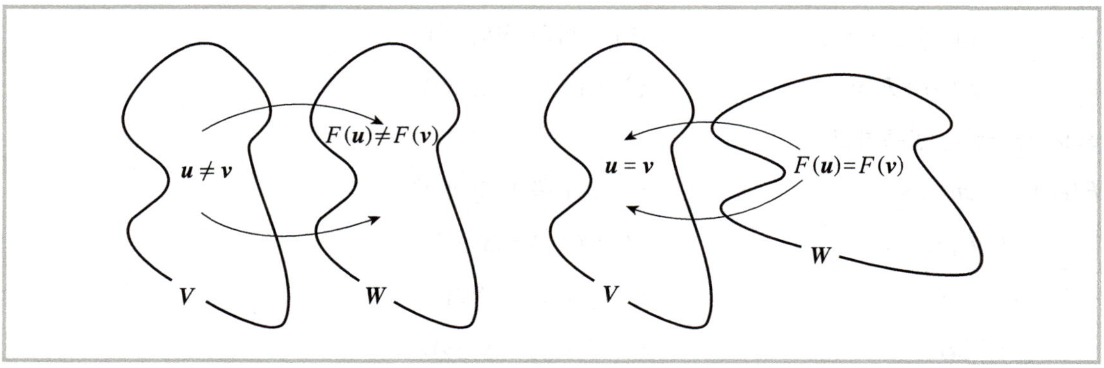

해서, 만일 $\boldsymbol{u} \neq \boldsymbol{v}$이면 $F(\boldsymbol{u}) \neq F(\boldsymbol{v})$가 되는 조건을 만족하면 선형변환 F를 **일대일(one-to-one) 선형변환**이라 한다. 그리고 이는 관계식 '$F(\boldsymbol{u}) = F(\boldsymbol{v}) \Rightarrow \boldsymbol{u} = \boldsymbol{v}$' 와 동치(대우관계)임을 알 수 있다. 한편, 선형변환 F의 치역(range)이 $\boldsymbol{W}$와 같을 때, 즉 $ran(F) = \boldsymbol{W}$일 때, F는 $\boldsymbol{V}$에서 $\boldsymbol{W}$ **위로의 (onto) 선형변환**이라고 한다.

【예제 9-5】

선형변환 $F : R^2 \to R^2$을 $F(x, y) = (x + y, x - y)$이라 하자. F가 일대일 선형변환인가를 확인하시오.

| 풀이 |

$\boldsymbol{u} = (u_1, u_2), \boldsymbol{v} = (v_1, v_2)$라고 하고 $F(\boldsymbol{u}) = F(\boldsymbol{v})$라 하자. F가 일대일 선형변환임을 확인하려면 $\boldsymbol{u} = \boldsymbol{v}$임을 보이면 된다.

$F(\boldsymbol{u}) = F(\boldsymbol{v}) \Rightarrow (u_1 + u_2, u_1 - u_2) = (v_1 + v_2, v_1 - v_2)$ (변환 F의 정의)

$\Rightarrow u_1 + u_2 = v_1 + v_2$ & $u_1 - u_2 = v_1 - v_2$ (벡터 동치의 정의)

이제 $u_1 + u_2 = v_1 + v_2$와 $u_1 - u_2 = v_1 - v_2$를 풀면 $u_1 = v_1$이고 $u_2 = v_2$이다. 그런데 $u_1 = v_1$이고 $u_2 = v_2$이면 $\boldsymbol{u} = \boldsymbol{v}$이다(벡터 동치의 정의). 그러므로 일대일 선형변환의 정의에 의하여 F는 일대일 선형변환이다. ■

9.2 선형변환의 행렬

1. 행렬변환

행렬변환

$\boldsymbol{A}$가 $m \times n$행렬이고 $\boldsymbol{x}$가 R^n에 속하는 열벡터이면 $\boldsymbol{Ax}$는 R^m에 속하는 열벡터이다. 즉, $\boldsymbol{x}$의 왼쪽에 $m \times n$행렬 $\boldsymbol{A}$를 곱하는 것은 R^n의 벡터를 R^m의 벡터에 대응시키는 변환이라 할 수 있으며, $F(\boldsymbol{x}) = \boldsymbol{Ax}$를 **행렬변환**(matrix transformation)이라고 한다. 이러한 행렬변환은 $\boldsymbol{A}$의 곱(multiplication by $\boldsymbol{A}$) 또는 **변환** $\boldsymbol{A}$(transformation $\boldsymbol{A}$)라고 부르기도 하며 행렬 $\boldsymbol{A}$를 강조하여

$F_A : R^n \to R^m$ 또는 $F_A(\boldsymbol{x}) = \boldsymbol{Ax}$로 나타내기도 한다.

행렬변환에 관한 정리

$m \times n$행렬 $\boldsymbol{A}$에 대하여 $F(\boldsymbol{x}) = \boldsymbol{Ax}$로 주어진, 실수공간 R^n에서 R^m으로의 변환 F는 선형변환이다. 즉, R^n에서 R^m으로의 변환 F가 행렬변환이면 F는 선형변환이다.

증명

F가 선형변환임을 보이기 위해서는 모든 $\boldsymbol{x}, \boldsymbol{y} \in R^n$와 임의의 스칼라값 $\alpha \in R$에 대하여 $F(\boldsymbol{x}+\boldsymbol{y}) = F(\boldsymbol{x}) + F(\boldsymbol{y})$ 이고 $F(\alpha\boldsymbol{x}) = \alpha F(\boldsymbol{x})$임을 보이면 된다. 그런데 $F(\boldsymbol{x}+\boldsymbol{y}) = \boldsymbol{A}(\boldsymbol{x}+\boldsymbol{y}) = \boldsymbol{Ax}+\boldsymbol{Ay}$ (행렬의 성질)이고 $F(\boldsymbol{x})+F(\boldsymbol{y}) = \boldsymbol{Ax}+\boldsymbol{Ay}$($F$의 정의)이므로 $F(\boldsymbol{x}+\boldsymbol{y}) = F(\boldsymbol{x})+F(\boldsymbol{y})$임을 알 수 있다. 또한 $F(\alpha\boldsymbol{x}) = \boldsymbol{A}(\alpha\boldsymbol{x}) = \alpha\boldsymbol{Ax} = \alpha F(\boldsymbol{x})$이므로 정의에 의해 F는 선형변환이다.

【예제 9-6】

행렬 $\boldsymbol{A} = \begin{pmatrix} 1 & 5 \\ 1 & -4 \end{pmatrix}$에 대하여 $F_A(\boldsymbol{x}) : R^2 \to R^2$가 $F_A(\boldsymbol{x}) = \boldsymbol{Ax}$로 정의된 행렬변환이라고 하자.

$F_A(\boldsymbol{x}) = \begin{pmatrix} 4 \\ -5 \end{pmatrix}$을 만족하는 R^2의 벡터 $\boldsymbol{x}$를 찾으시오.

| 풀이 |

$\begin{pmatrix} 1 & 5 \\ 1 & -4 \end{pmatrix}\begin{pmatrix} x_1 \\ x_2 \end{pmatrix} = \begin{pmatrix} 4 \\ -5 \end{pmatrix}$의 해를 구하면 $x_1 = -1, x_2 = 1$이 된다. 따라서 구하는 벡터는 $\boldsymbol{x} = \begin{pmatrix} -1 \\ 1 \end{pmatrix}$이다. ■

【예제 9-7】

벡터 $\boldsymbol{v}$는 R^2 위의 임의의 벡터이고, $F_\theta(\boldsymbol{v})$는 벡터 $\boldsymbol{v}$를 아래 그림에서와 같이 시계반대방향으로 θ도만큼 회전시킨 벡터라고 하자. 그러면 F_θ는 R^2에서 R^2로의 함수(변환)가 된다. 이때 F_θ를 행렬변환 $F_\theta(\boldsymbol{v}) = \boldsymbol{Av}$로 나타내었을 때, 행렬 $\boldsymbol{A}$를 구하시오.

그림 9-2 ▌ θ도 회전에 해당하는 행렬변환의 예

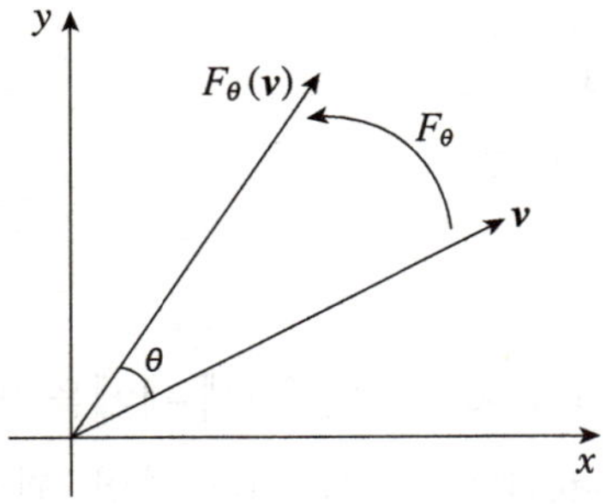

| 풀이 |

$A=\begin{pmatrix} a & b \\ c & d \end{pmatrix}$라고 놓자. R^2공간의 기저는 $\left\{\begin{pmatrix}1\\0\end{pmatrix},\begin{pmatrix}0\\1\end{pmatrix}\right\}$이므로 모든 $v=\begin{pmatrix}x\\y\end{pmatrix}\in R^2$에 대해 $v=x\begin{pmatrix}1\\0\end{pmatrix}+y\begin{pmatrix}0\\1\end{pmatrix}$로 표현된다. 따라서 $F_\theta(v)=Av=xA\begin{pmatrix}1\\0\end{pmatrix}+yA\begin{pmatrix}0\\1\end{pmatrix}$로 나타내진다. 그런데 시계 반대방향으로 두 벡터 $\begin{pmatrix}1\\0\end{pmatrix}$과 $\begin{pmatrix}0\\1\end{pmatrix}$를 돌리면 그림과 같이 $(1,0)$은 $(\cos\theta, \sin\theta)$로 그리고 $(0,1)$은 $(-\sin\theta, \cos\theta)$로 변환된다.

그림 9-3 ▌ 기저벡터의 θ도 회전

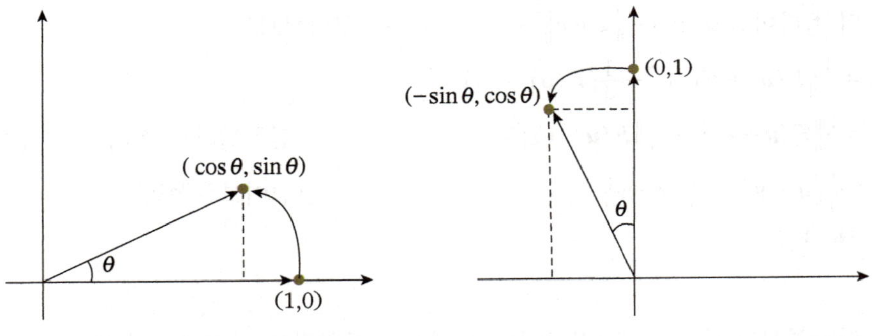

따라서 $A\begin{pmatrix}1\\0\end{pmatrix}=\begin{pmatrix} a & b \\ c & d \end{pmatrix}\begin{pmatrix}1\\0\end{pmatrix}=\begin{pmatrix}\cos\theta\\ \sin\theta\end{pmatrix}$, $A\begin{pmatrix}0\\1\end{pmatrix}=\begin{pmatrix} a & b \\ c & d \end{pmatrix}\begin{pmatrix}0\\1\end{pmatrix}=\begin{pmatrix}-\sin\theta\\ \cos\theta\end{pmatrix}$이고 이로부터 $a=\cos\theta$, $b=$

$-\sin\theta, c=\sin\theta,\ d=\cos\theta$를 얻는다. 따라서 $F_\theta(\boldsymbol{v})=\begin{pmatrix}\cos\theta & -\sin\theta\\ \sin\theta & \cos\theta\end{pmatrix}\boldsymbol{v}$로 나타낼 수 있고, $\boldsymbol{A}=\begin{pmatrix}\cos\theta & -\sin\theta\\ \sin\theta & \cos\theta\end{pmatrix}$임을 알 수 있다. ■

직교연산자

길이보존성질(length preserving property)인 $\|F(\boldsymbol{v})\|=\|\boldsymbol{v}\|$을 만족하는 선형연산자 $F: R^n \to R^n$를 **직교연산자(orthogonal operator)**라고 한다. 예를 들어, 원점을 중심으로 한 회전이나 원점을 중심으로 하는 대칭 등은 벡터의 크기(또는 길이)가 보존되는 직교연산자이다.

직교연산자에 관한 정리

$F: R^n \to R^n$이 R^n에서의 선형연산자이면 다음 두 명제는 동치이다.

(1) R^n의 모든 벡터 $\boldsymbol{v}$에 대해서 $\|F(\boldsymbol{v})\|=\|\boldsymbol{v}\|$ (길이보존성질)

(2) R^n의 모든 벡터 $\boldsymbol{u}$와 $\boldsymbol{v}$에 대해서 $F(\boldsymbol{u})\cdot F(\boldsymbol{v})=\boldsymbol{u}\cdot\boldsymbol{v}$ (유클리드내적 보존성질)

증명

((1) ⇒ (2)) 일차연산자 $F: R^n \to R^n$가 길이보존성질을 가지고 있으며 $\boldsymbol{u}$와 $\boldsymbol{v}$를 R^n의 임의의 벡터라고 하자.

$\boldsymbol{u}$와 $\boldsymbol{v}$가 R^n의 벡터이면 $\boldsymbol{u}\cdot\boldsymbol{v}=\frac{1}{4}\|\boldsymbol{u}+\boldsymbol{v}\|^2-\frac{1}{4}\|\boldsymbol{u}-\boldsymbol{v}\|^2$이 성립하므로,

$$
\begin{aligned}
F(\boldsymbol{u})\cdot F(\boldsymbol{v}) &= \frac{1}{4}\|F(\boldsymbol{u})+F(\boldsymbol{v})\|^2-\frac{1}{4}\|F(\boldsymbol{u})-F(\boldsymbol{v})\|^2 \\
&= \frac{1}{4}\|F(\boldsymbol{u}+\boldsymbol{v})\|^2-\frac{1}{4}\|F(\boldsymbol{u}-\boldsymbol{v})\|^2 && \text{(선형변환의 정의, 가산성)} \\
&= \frac{1}{4}\|\boldsymbol{u}+\boldsymbol{v}\|^2-\frac{1}{4}\|\boldsymbol{u}-\boldsymbol{v}\|^2 && \text{(길이보존성질)} \\
&= \boldsymbol{u}\cdot\boldsymbol{v}
\end{aligned}
$$

이다.

((2) ⇒ (1)) 일차연산자 $F: R^n \to R^n$가 유클리드내적 보존성질을 가지고 있으며 $\boldsymbol{u}$와 $\boldsymbol{v}$를 R^n의 임의의 벡터라고 하자. $\|\boldsymbol{v}\|=\sqrt{\boldsymbol{v}\cdot\boldsymbol{v}}$이므로,

$$
\begin{aligned}
\|F(\boldsymbol{v})\| &= \sqrt{F(\boldsymbol{v})\cdot F(\boldsymbol{v})} \\
&= \sqrt{\boldsymbol{v}\cdot\boldsymbol{v}} && \text{(유클리드내적 보존성질)}
\end{aligned}
$$

$$= \|\boldsymbol{v}\|$$

이다.

【예제 9-8】

F_θ를 [예제 9-7]에서와 같이 원점을 중심으로 시계 반대방향으로 θ만큼 회전시키는 연산자라고 하자. 이는 직교연산자임을 보이시오.

| 풀이 |

[예제 9-7]에서 $F_\theta(\boldsymbol{v}) = \begin{pmatrix} \cos\theta & -\sin\theta \\ \sin\theta & \cos\theta \end{pmatrix} v = \begin{pmatrix} \cos\theta & -\sin\theta \\ \sin\theta & \cos\theta \end{pmatrix}\begin{pmatrix} v_1 \\ v_2 \end{pmatrix}$임을 구했다. 그러므로

$F_\theta(\boldsymbol{v}) = \begin{pmatrix} v_1\cos\theta - v_2\sin\theta \\ v_1\sin\theta + v_2\cos\theta \end{pmatrix}$이고

$$\begin{aligned}
\|F_\theta(\boldsymbol{v})\|^2 &= (v_1\cos\theta - v_2\sin\theta)^2 + (v_1\sin\theta + v_2\cos\theta)^2 \\
&= v_1^2\cos^2\theta + v_2^2\sin^2\theta - 2v_1v_2\cos\theta\sin\theta + v_1^2\sin^2\theta + v_2^2\cos^2\theta + 2v_1v_2\cos\theta\sin\theta \\
&= v_1^2(\cos^2\theta + \sin^2\theta) + v_2^2(\sin^2\theta + \cos^2\theta) \\
&= v_1^2 + v_2^2 \qquad (\sin^2\theta + \cos^2\theta = 1) \\
&= \|\boldsymbol{v}\|^2
\end{aligned}$$

이다. 그러므로 $\|F_\theta(\boldsymbol{v})\| = \|\boldsymbol{v}\|$로서 F_θ는 직교연산자이다. ■

합성변환에 관한 정리

벡터공간 $\boldsymbol{V}$에서 $\boldsymbol{W}$로의 선형변환 F와 벡터공간 $\boldsymbol{W}$에서 벡터공간 $\boldsymbol{Z}$로의 선형변환 G가 주어졌을 때, 벡터공간 $\boldsymbol{V}$에서 벡터공간 $\boldsymbol{Z}$로의 변환 H를 $H(\boldsymbol{v}) = G(F(\boldsymbol{v})) \in \boldsymbol{Z}$라고 정의했을 때, F와 G의 합성변환인 H는 선형변환이고 $H = G \circ F$로도 표현한다.

증명

변환은 함수의 확장된 개념으로서 함수의 성질 모두를 가지고 있다. 그러므로 주어진 변환 F와 G에 대해 벡터공간 $\boldsymbol{V}$에서 벡터공간 $\boldsymbol{Z}$로의 합성변환 H를 정의할 수 있다.

(1) $\boldsymbol{u}, \boldsymbol{v} \in \boldsymbol{V}$에 대하여

$$G \circ F(\boldsymbol{u} + \boldsymbol{v}) = G \circ (F(\boldsymbol{u}) + F(\boldsymbol{v})) \qquad (F\text{: 선형변환, 선형변환의 가산성})$$

$$= G(F(\boldsymbol{u})) + G(F(\boldsymbol{v})) \qquad (G\text{: 선형변환, 선형변환의 가산성})$$
$$= G \circ F(\boldsymbol{u}) + G \circ F(\boldsymbol{v})$$

이므로 $H = G \circ F$는 가산성을 만족한다.

(2) $\alpha \in R, \boldsymbol{u} \in \boldsymbol{V}$에 대하여

$$G \circ F(\alpha\boldsymbol{u}) = G \circ (\alpha F(\boldsymbol{u})) \qquad (F\text{: 선형변환, 선형변환의 동차성})$$
$$= \alpha G(F(\boldsymbol{u})) \qquad (G\text{: 선형변환, 선형변환의 동차성})$$
$$= \alpha G \circ F(\boldsymbol{u})$$

이므로 $H = G \circ F$는 동차성을 만족한다. 따라서 (1)과 (2)에 의하여 합성변환 $H = G \circ F$는 선형변환이다.

2. 역변환과 역행렬

역변환

F_A가 R^n에서 R^n으로의 선형연산자이고 동시에 일대일변환이면, $F_B \circ F_A : R^n \to R^n$이고 $F_B \circ F_A(\boldsymbol{x}) = \boldsymbol{x}$인 F_A의 **역변환**(inverse transform) F_B가 존재한다. 이때 $F_B = F_A^{-1}$로 표시한다. R^n에서 R^n으로의 일대일 선형연산자 F_A가 $F_A(\boldsymbol{x}) = \boldsymbol{A}\boldsymbol{x}$로 주어졌을 때, F_A의 역변환 F_A^{-1}은 행렬 $\boldsymbol{A}$의 역행렬 $\boldsymbol{A}^{-1}$에 의해 $F_A^{-1}(x) = \boldsymbol{A}^{-1}\boldsymbol{x}$로 나타내어진다.

우리는 7장 행렬부분에서 이미 역행렬에 대해 간단히 언급하였으나 이번 장에서 역행렬의 성질에 대해 자세히 다루려고 한다. 그에 앞서 앞에서 정의했던 역행렬을 다시 한 번 요약하여 정의하면 다음과 같다.

역행렬

$n \times n$정방행렬 $\boldsymbol{A}$에 대해 $\boldsymbol{AB} = \boldsymbol{BA} = \boldsymbol{I}_{n\times n}$이 되는 $n \times n$정방행렬 $\boldsymbol{B}$가 존재하면 $\boldsymbol{B}$를 $\boldsymbol{A}$의 **역행렬**(inverse matrix)이라 하고 $\boldsymbol{B} = \boldsymbol{A}^{-1}$로 나타낸다. 임의의 $n \times n$ 행렬 $\boldsymbol{A}$에 대해 $\det(A) = 0$이면 $\boldsymbol{A}$의 역행렬이 존재하지 않는다. 정방행렬 $\boldsymbol{A}$가 역행렬을 가질 때 $\boldsymbol{A}$를 **비특이행렬**(nonsingular matrix)이라 하고, 역행렬을 갖지 않을 때 **특이행렬**(singular matrix)이라고 한다. 다시 말해, 역행렬이 존재하기 위해서는 비특이행렬이어야 함을 알 수 있다.

역행렬의 성질

A, B, C가 $n\times n$정방행렬이고 각각의 역행렬이 존재할 때, 다음의 성질을 만족한다.

(1) $(A^{-1})^{-1}=A$

(2) $(AB)^{-1}=B^{-1}A^{-1}$

(3) $(ABC)^{-1}=C^{-1}B^{-1}A^{-1}$

(4) $(A^{-1})^T=(A^T)^{-1}$

여인수(cofactor)

주어진 $n\times n$행렬 A의 **소행렬식**(minor) M_{ij}를 7장 행렬식 계산에서 했던 것과 같이 A에서 i번째 행과 j번째 열을 제외한 $(n-1)\times(n-1)$행렬의 행렬식이라고 정의한다. 그러면 **여인수** (cofactor) A_{ij}를 소행렬식 M_{ij}를 이용하여 $A_{ij}=(-1)^{i+j}M_{ij}$로 정의한다.

여인수를 이용하여 역행렬을 구하는 방법

(1) 2×2행렬에 대한 역행렬 공식

$A=\begin{pmatrix} a & b \\ c & d \end{pmatrix}$가 주어졌을 때 $A^{-1}=\dfrac{1}{ad-bc}\begin{pmatrix} d & -b \\ -c & a \end{pmatrix}$ $(ad\neq bc)$

만일 $ad-bc=0$이면 A의 역행렬은 존재하지 않는다.

(2) $n\geq 3$일 때, $|A|=0$이면 A의 역행렬은 존재하지 않는다. 그러나 $|A|\neq 0$라고 한다면,

$A=\begin{pmatrix} a_{11} & a_{12} & a_{13} & \cdots & a_{1n} \\ a_{21} & a_{22} & a_{23} & \cdots & a_{2n} \\ a_{31} & a_{32} & a_{33} & \cdots & a_{3n} \\ \vdots & \vdots & \vdots & & \vdots \\ a_{n1} & a_{n2} & a_{n3} & \cdots & a_{nn} \end{pmatrix}$이 주어졌을 때

A의 역행렬은 $A^{-1}=\dfrac{1}{\det(A)}\begin{pmatrix} A_{11} & A_{21} & \cdots & A_{n1} \\ A_{12} & A_{22} & \cdots & A_{n2} \\ A_{13} & A_{22} & \cdots & A_{n3} \\ \vdots & \vdots & & \vdots \\ A_{1n} & A_{2n} & \cdots & A_{nn} \end{pmatrix}$으로 정의될 수 있다. 이때, 등식의 오른쪽 행렬을 보면 (i번째 행, j번째 열) 원소의 자리에 여인수 A_{ji}가 들어간다는 것에 주의해야 한다.

【예제 9-9】

$\begin{pmatrix} a & b \\ c & d \end{pmatrix}$의 역행렬을 여인수를 이용하여 구하시오.

| 풀이 |

$\begin{pmatrix} a & b \\ c & d \end{pmatrix}$의 여인수는 각각 $A_{11}=d,\ A_{12}=-c,\ A_{21}=-b,\ A_{22}=a$이고 $\begin{vmatrix} a & b \\ c & d \end{vmatrix}=ad-bc$이다.

따라서 $\begin{pmatrix} a & b \\ c & d \end{pmatrix}^{-1}=\dfrac{1}{ad-bc}\begin{pmatrix} d & -b \\ -c & a \end{pmatrix}$이다. ■

【예제 9-10】

$\boldsymbol{A}=\begin{pmatrix} 1 & -1 & 4 \\ 0 & 0 & 3 \\ 1 & 1 & 1 \end{pmatrix}$의 역행렬을 여인수를 이용하여 구하시오.

| 풀이 |

먼저 행렬 $\boldsymbol{A}$의 행렬식을 구한다. 이때, $\boldsymbol{A}$의 행 3개 중에서 두 번째 행에 원소값 0이 가장 많이 들어 있으므로 행렬 $\boldsymbol{A}$의 2번째 행을 중심으로 앞에서 배운 라플라스 전개식을 이용하여 행렬식을 구하면, $|\boldsymbol{A}|=(-1)^{2+1}a_{21}M_{21}+(-1)^{2+2}a_{22}M_{22}+(-1)^{2+3}a_{23}M_{23}$이고 여기서 $a_{21}=0, a_{22}=0$, $a_{23}=3$이므로 앞의 식을 다시 쓰면 $|\boldsymbol{A}|=-3M_{23}$이다.

그런데 소행렬식 M_{23}의 값을 구하면 $M_{23}=\begin{vmatrix} 1 & -1 \\ 1 & 1 \end{vmatrix}=2$이므로 $\det(\boldsymbol{A})=-6$이다.

이제 $A_{ij}=(-1)^{i+j}M_{ij}$로 정의된 여인수 값을 구하면, $A_{11}=(-1)^{1+1}M_{11}=\begin{vmatrix} 0 & 3 \\ 1 & 1 \end{vmatrix}=-3$, $A_{12}=(-1)^{1+2}M_{12}=-\begin{vmatrix} 0 & 3 \\ 1 & 1 \end{vmatrix}=3$, $A_{13}=(-1)^{1+3}M_{13}=\begin{vmatrix} 0 & 0 \\ 1 & 1 \end{vmatrix}=0$이고, 마찬가지로 나머지 여인수 값들을 구하면

$A_{21}=-\begin{vmatrix} -1 & 4 \\ 1 & 1 \end{vmatrix}=5$, $A_{22}=\begin{vmatrix} 1 & 4 \\ 1 & 1 \end{vmatrix}=-3$, $A_{23}=-\begin{vmatrix} 1 & -1 \\ 1 & 1 \end{vmatrix}=-2$, $A_{31}=\begin{vmatrix} -1 & 4 \\ 0 & 3 \end{vmatrix}=-3$, $A_{32}=-\begin{vmatrix} 1 & 4 \\ 0 & 3 \end{vmatrix}=-3$,

$A_{33}=\begin{vmatrix} 1 & -1 \\ 0 & 0 \end{vmatrix}=0$이다.

그러므로 여기서 구한 각 값들을 역행렬식 $\boldsymbol{A}^{-1}=\dfrac{1}{\det(\boldsymbol{A})}\begin{pmatrix} A_{11} & A_{21} & \cdots & A_{n1} \\ A_{12} & A_{22} & \cdots & A_{n2} \\ A_{13} & A_{23} & \cdots & A_{n3} \\ \vdots & \vdots & & \vdots \\ A_{1n} & A_{2n} & \cdots & A_{nn} \end{pmatrix}$에 대입하면,

$$A^{-1} = \frac{1}{-6}\begin{pmatrix} -3 & 5 & -3 \\ 3 & -3 & -3 \\ 0 & -2 & 0 \end{pmatrix} = \begin{pmatrix} \frac{1}{2} & -\frac{5}{6} & \frac{1}{2} \\ -\frac{1}{2} & \frac{1}{2} & \frac{1}{2} \\ 0 & -\frac{1}{3} & 0 \end{pmatrix}$$ 를 얻는다. ■

【예제 9-11】

$A = \begin{pmatrix} a & b & 0 \\ c & d & 0 \\ 0 & 0 & 1 \end{pmatrix}$의 역행렬이 존재하기 위한 조건을 찾으시오.

| 풀이 |

행렬 A의 역행렬이 존재하기 위해서는 A가 비특이행렬, 즉 $\det(A) \neq 0$이어야 한다. 그런데 $\det(A) = \begin{vmatrix} a & b & 0 \\ c & d & 0 \\ 0 & 0 & 1 \end{vmatrix} = ad - bc$이므로 역행렬이 존재하기 위한 조건은 $ad - bc \neq 0$이다. ■

9.3 경제경영 · 금융 예제

【예제 9-12】 경영의사결정에 활용

기아자동차는 k-7과 k-5 두 가지 차종을 생산하는데 각 자동차에는 차체 1개와 바퀴 4개가 각각 소요된다. 차체와 바퀴를 만드는 데 들어가는 철과 고무의 양(kg)이 다음 [표 9-1]과 같을 때 k-7을 100대, k-5를 200대 생산하려고 한다면 철과 고무가 각각 몇 kg씩 필요한지 이번 장에서 학습한 선형변환을 활용하여 구해보자.

표 9-1 ▌ 부품별 원재료량

부품별 원재료	차체	바퀴
철	200	10
고무	0	20

각 자동차의 생산량을 $\boldsymbol{v}=\begin{pmatrix} v_1 \\ v_2 \end{pmatrix}$라 하고, 차체와 바퀴의 필요량을 $\boldsymbol{w}=\begin{pmatrix} w_1 \\ w_2 \end{pmatrix}$, 그리고 철과 고무의 필요량을 $\boldsymbol{z}=\begin{pmatrix} z_1 \\ z_2 \end{pmatrix}$라고 하자. 그리고 주어진 정보를 이용하여 k-7과 k-5 생산량 벡터를 차체와 바퀴 벡터로 변환시키는 행렬을 $\boldsymbol{A}=\begin{pmatrix} 1 & 1 \\ 4 & 4 \end{pmatrix}$, 또한 차체와 바퀴 벡터를 철과 고무 벡터로 변환시키는 행렬을 $\boldsymbol{B}=\begin{pmatrix} 200 & 10 \\ 0 & 20 \end{pmatrix}$라고 하면, $\boldsymbol{w}=\begin{pmatrix} w_1 \\ w_2 \end{pmatrix}=\boldsymbol{Av}=\begin{pmatrix} 1 & 1 \\ 4 & 4 \end{pmatrix}\begin{pmatrix} 100 \\ 200 \end{pmatrix}=\begin{pmatrix} 300 \\ 1,200 \end{pmatrix}$이 되고, $\boldsymbol{z}=\begin{pmatrix} z_1 \\ z_2 \end{pmatrix}=\boldsymbol{Bw}=\begin{pmatrix} 200 & 10 \\ 0 & 20 \end{pmatrix}\begin{pmatrix} 300 \\ 1,200 \end{pmatrix}=\begin{pmatrix} 72,000 \\ 24,000 \end{pmatrix}$가 된다. 즉, $\boldsymbol{z}=\boldsymbol{Bw}=\boldsymbol{B}(\boldsymbol{Av})=\begin{pmatrix} 72,000 \\ 24,000 \end{pmatrix}$가 되어 철은 72,000kg이 필요하고, 고무는 24,000kg이 필요함을 알 수 있다. ■

【예제 9-13】 선형변환의 일종인 마르코프 과정

마르코프 과정(Markov process)은 물리학, 기상학 등에서도 널리 사용되지만 경제경영 및 금융분야에서도 많이 사용되는 수학적 모형으로서, 이번 장에서 배운 선형변환의 일종이다. 마르코프 과정은 인구이동, 시장점유율 변화, 재고변화, 주가변화 등을 예측하는 데 사용된다. 이 과정은 과거의 변화를 토대로 경제, 경영, 금융분야의 해당 변수들이 갖고 있는 동태적 성격을 파악하여 미래 변화를 예측하는 것이다.

마르코프 과정을 설명하기 위해서 간단한 예를 들어보자. 현대차는 기아차의 k-7모델에 대항해서 새로운 그랜저를 출시하려고 한다고 하자. 과거에 그랜저를 산 고객이 1년 후 자동차 교체 시 계속 그랜저를 살 확률이 50%, k-7모델로 바꿀 확률도 50%라 하고, 또한 k-7모델을 산 고객이 계속 k-7모델을 구입할 확률이 60%, 그랜저로 바꿀 확률을 40%라 가정해보자. 아울러 현재 그랜저와 k-7모델의 시장점유율은 각각 90%와 10%라고 할 때, 두 자동차의 1년 후 시장점유율과 2년 후 시장점유율을 계산해보자.

우선 주어진 정보를 행렬과 벡터 형태로 표시하면 다음과 같다. $\boldsymbol{A}$ 행렬을 $\begin{pmatrix} a_{11} & a_{12} \\ a_{21} & a_{22} \end{pmatrix}$라 하면 a_{11}은 현재 그랜저를 보유하고 있는 고객이 1년 후 그랜저로 유지할 확률이고 a_{12}는 k-7을 보유하고 있는 고객이 1년 후 그랜저로 바꿀 확률이다. 또한 a_{21}은 현재 그랜저를 보유하고 있는 고객이 1년 후 k-7으로 바꿀 확률이고 a_{22}는 현재 k-7을 보유하고 있는 고객이 1년 후 k-7으로 유지할 확률이다. 벡터 $\boldsymbol{v}$는 현재 그랜저와 k-7의 시장점유율을 나타낸다.

$$A = \begin{pmatrix} 0.5 & 0.4 \\ 0.5 & 0.6 \end{pmatrix}, \quad v = \begin{pmatrix} 0.9 \\ 0.1 \end{pmatrix}$$

이제 1년 후의 시장점유율 $f(v) = Av$가 되며, 2년 후 시장점유율은 $f(f(v)) = A^2v$가 된다.

$$f(v) = Av = \begin{pmatrix} 0.5 & 0.4 \\ 0.5 & 0.6 \end{pmatrix}\begin{pmatrix} 0.9 \\ 0.1 \end{pmatrix} = \begin{pmatrix} 0.49 \\ 0.51 \end{pmatrix},$$

$$f(f(v)) = A^2v = \begin{pmatrix} 0.5 & 0.4 \\ 0.5 & 0.6 \end{pmatrix}\begin{pmatrix} 0.5 & 0.4 \\ 0.5 & 0.6 \end{pmatrix}\begin{pmatrix} 0.9 \\ 0.1 \end{pmatrix}$$

$$= \begin{pmatrix} 0.5 & 0.4 \\ 0.5 & 0.6 \end{pmatrix}\begin{pmatrix} 0.49 \\ 0.51 \end{pmatrix} = \begin{pmatrix} 0.449 \\ 0.551 \end{pmatrix}$$

즉, 주어진 정보하에서 1년 후의 그랜저의 점유율은 49%, k-7의 점유율은 51%가 되며, 2년 후에는 그랜저의 점유율이 44.9%, k-7의 점유율은 55.1%로 변화할 것으로 예상된다. 위의 예에서 f는 특정 시점의 시장상태를 다음 시점의 시장상태로 변환하여 주며, R^2에서 R^2로의 선형변환을 나타낸다. 이러한 선형변환을 마르코프 과정이라 한다. ■

【예제 9-14】 신용등급의 전이행렬

신용평가기관들은 채권을 발행하는 기업 자체와 발행채권 등에 대한 **신용등급(credit rating)**을 매기고 있다. 이는 기업과 채권에 대한 신용정보를 투자자들에게 제공함으로써 투자자들이 옳은 결정을 내릴 수 있도록 하고, 또 기업들도 적정한 가격에 채권을 원활히 발행할 수 있도록 하기 위한 것이다. 신용평가기관들은 가장 우량한 기업과 채권에는 AAA의 신용등급을 부여하고, 그 다음 그룹에는 AA의 신용등급을, 가장 신용도가 낮은 그룹에는 C등급을 부여한다.

신용평가기관들이 제공하는 신용정보 중에 **전이행렬(transition matrix)**이라는 것이 있다. 이는 신용등급이 1년 후에 어떤 신용등급으로 전이 또는 변환될 확률을 표시한 것으로서 투자자들에게 중요한 정보가 된다. 다음은 Standard and Poor's라는 미국의 글로벌 신용평가기관이 미국 기업들에 대해서 신용등급의 1년 후 전이확률을 구해 놓은 표이다.

[표 9-2]는 BBB 등급의 채권이 BBB 등급으로 1년간 그대로 있을 확률이 86.93%, A등급으로 상승할 확률이 5.95%, BB등급으로 하락할 확률이 5.3%, 그리고 도산할 확률이 0.18%임을 알려주고 있다. 만약 1년 후 신용등급의 변화에 따른 채권가치가 신용등급별로 주어진다면, 이에 전이행렬을 곱해서 해당 채권의 1년 후 예상가격을 구할 수 있다. 다시 말해, 이때 전이행렬은 해

표 9-2 ▌ 1년기준 전이행렬(단위 : %)

최초 등급	1년 후 등급							
	AAA	AA	A	BBB	BB	B	CCC	도산
AAA	90.81	8.33	0.68	0.06	0.12	0	0	0
AA	0.70	90.65	7.79	0.64	0.06	0.14	0.02	0
A	0.09	2.27	91.05	5.52	0.74	0.26	0.01	0.06
BBB	0.02	0.33	5.95	86.93	5.30	1.17	0.12	0.18
BB	0.03	0.14	0.67	7.73	80.53	8.84	1.00	1.06
B	0	0.11	0.24	0.43	6.48	83.46	4.07	5.20
CCC	0.22	0	0.22	1.30	2.38	11.24	64.86	19.79

자료 : S&P's

당 채권의 신용등급 변화 상황에 따라 주어지는 등급별 채권가치들(벡터)을 해당 채권의 예상가격치(스칼라값)로 변경시키는 선형연산자의 역할을 수행하는 것으로 볼 수 있다.

한편 n년 후의 전이행렬을 $\boldsymbol{T}_n$이라 하고 1년 기준 전이행렬을 $\boldsymbol{T}_1$이라 할 때, n년 후의 전이행렬을 구하려면 1년 기준 전이행렬을 다음과 같이 n번 곱해서 구할 수 있다.

$$\boldsymbol{T}_n = \boldsymbol{T}_1^n$$ ■

【예제 9-15】 **행렬의 곱셈을 이용한 환율 계산**

우리는 7장에서 행렬의 곱셈을 이용하면 환율을 계산할 수 있음을 배웠다. 곱셈식 (7.7)을 다시 한 번 써보면 다음과 같다.

$$\boldsymbol{AX} = \boldsymbol{B} \Rightarrow \begin{pmatrix} 1 & 1{,}150 \\ 0.0009 & 1 \end{pmatrix} \begin{pmatrix} 0 & 10\text{만원} \\ 100\text{달러} & 0 \end{pmatrix} = \begin{pmatrix} 11.5\text{만원} & 10\text{만원} \\ 100\text{달러} & 90\text{달러} \end{pmatrix}$$

위 식은 환율표 행렬 $\boldsymbol{A}$와 환전하기 전의 금액 행렬 $\boldsymbol{X}$가 주어졌을 때 환전한 후의 금액을 구하는 식이었다. 이번에는 환전하기 전의 행렬 $\boldsymbol{X}$와 환전한 후의 행렬 $\boldsymbol{B}$가 주어졌을 때 환율표 행렬 $\boldsymbol{A}$를 어떻게 구할 수 있는지 보도록 하자.

먼저 위 식의 양변에 $\boldsymbol{X}^{-1}$를 곱한 다음, 여인수를 이용하여 역행렬을 계산하면 **환율표 행렬 $\boldsymbol{A}$**는 다음과 같이 계산된다.

$$\boldsymbol{A} = \boldsymbol{BX}^{-1} \Rightarrow \begin{pmatrix} 11.5\text{만원} & 10\text{만원} \\ 100\text{달러} & 90\text{달러} \end{pmatrix} \frac{1}{-1{,}000\text{만}} \begin{pmatrix} 0 & -10\text{만} \\ -100 & 0 \end{pmatrix}$$

$$=\frac{1}{-1,000만}\begin{pmatrix}-1,000만 & -115억 \\ -9,000 & -1,000만\end{pmatrix}=\begin{pmatrix}1 & 1,150 \\ 0.0009 & 1\end{pmatrix}$$

이는 우리가 7장에서 원래 사용했던 환율표와 정확히 같음을 확인할 수 있다.

연습문제

01 다음과 같이 $F: R^2 \rightarrow R^2$인 변환이 정의되어 있다. 다음 중 선형변환이라고 할 수 있는 것은?

① $F(x, y) = (x, x+y)$ ② $F(x, y) = (xy, y)$

③ $F(x, y) = (y, 1)$ ④ $F(x, y) = (x^2, 0)$

02 $F: R^3 \rightarrow R^3$을 $F(x, y, z) = (x+1, y+z, z)$으로 정의되는 변환이라고 하자. $F(0, 1, 1)$의 상을 구하시오. 또 이 변환이 선형변환인지를 판단하고 그 이유를 설명하시오.

03 다음과 같이 선형변환 $F: R^4 \rightarrow R^2$가 $F(x_1, x_2, x_3, x_4) = (x_1 + x_2, x_3 - x_4)$로 정의되었다. F가 일대일 변환인지 판단하고 그 이유를 설명하시오.

04 다음과 같이 선형변환 $F: R^3 \rightarrow R^3$가 $F(x_1, x_2, x_3) = (3x_1, x_1 - x_2, 2x_1 + x_2 + x_3)$로 정의되었다. F가 일대일 변환인지 판단하고 $\boldsymbol{A}$를 $F(\boldsymbol{v}) = \boldsymbol{A}\boldsymbol{v}, \boldsymbol{v} \in R^3$가 되는 행렬이라고 했을 때 $(\boldsymbol{A}^2 - \boldsymbol{I})(\boldsymbol{A} - 3\boldsymbol{I}) = \boldsymbol{O}$가 됨을 보이시오.

05 R^n에서 R^n으로의 직교연산자 F와 G가 있다. 두 변환의 합성변환인 $H = G \circ F$도 직교연산자가 되는지 판단하고 그 이유를 설명하시오.

06 변환 $F_\theta: R^2 \rightarrow R^2$는 벡터 $\boldsymbol{v} \in R^2$를 시계반대방향으로 $\boldsymbol{\theta}$도만큼 회전시킨 벡터로 변환시키는 행렬변환 $F_\theta(\boldsymbol{v}) = \boldsymbol{A}\boldsymbol{v}$라고 하자. 행렬변환 $G: R^2 \rightarrow R^2$를 정의하여 합성변환 $H = G \circ F$가 모든 벡터 $\boldsymbol{v} \in R^2$를 자기 자신으로 보내는 행렬변환 $H(\boldsymbol{v}) = G \circ F(\boldsymbol{v}) = \boldsymbol{v} \in R^2$를 구하고 싶다. 이러한 행렬변환 $G(\boldsymbol{v}) = \boldsymbol{B}\boldsymbol{v}\,(\boldsymbol{B}: 2 \times 2)$가 존재하는지 판단하고 만일 존재한다면 2×2행렬 $\boldsymbol{B}$를 구하시오.

07 R^n에서 R^n으로의 선형변환 F가 $F(\boldsymbol{x}) = \boldsymbol{A}\boldsymbol{x}$로 정의되었다. 다음에 나오는 행렬 $\boldsymbol{A}$ 중에 $F(\boldsymbol{x}) = \boldsymbol{A}\boldsymbol{x}$를 직교연산자라고 할 수 없는 것은?

① $\boldsymbol{A} = \begin{pmatrix} \frac{\sqrt{3}}{2} & -\frac{1}{2} \\ \frac{1}{2} & \frac{\sqrt{3}}{2} \end{pmatrix}$ ② $\boldsymbol{A} = \begin{pmatrix} 0 & 1 \\ 0 & 1 \end{pmatrix}$

③ $\boldsymbol{A} = \begin{pmatrix} \frac{\sqrt{3}}{2} & \frac{1}{2} \\ -\frac{1}{2} & \frac{\sqrt{3}}{2} \end{pmatrix}$ ④ $\boldsymbol{A} = \begin{pmatrix} 0 & 1 \\ -1 & 0 \end{pmatrix}$

08 임의의 실수 k에 대하여 $\boldsymbol{A}=\begin{pmatrix}1 & k\\0 & 1\end{pmatrix}$라고 했을 때, 임의의 벡터 $\boldsymbol{v}=\begin{pmatrix}a\\b\end{pmatrix}\in R^2$에 대하여 일차변환 $F(\boldsymbol{v})=\boldsymbol{Av}$를 정의했을 때, 임의의 자연수 n에 대하여 $\boldsymbol{A}^n\boldsymbol{v}$를 계산한 결과를 a, b, k, n을 이용하여 나타내시오.

09 $\boldsymbol{A}=\begin{pmatrix}1 & 0 & 0\\1 & 1 & 0\\1 & 1 & 1\end{pmatrix}$의 역행렬을 여인수를 이용하여 구하시오.

10 일차변환 $F_A: R^2\to R^2$가 $F_A=\boldsymbol{Ax}$에 의해 정의되었다. 이때 주어진 행렬 $\boldsymbol{A}$와 그에 따른 변환의 성질이 맞지 않은 것은?

① $\boldsymbol{A}=\begin{pmatrix}c & 0\\0 & c\end{pmatrix}$는 이차 평면에서의 벡터를 같은 방향으로 크기만 c배만큼 늘린다.

② $\boldsymbol{A}=\begin{pmatrix}0 & -1\\1 & 0\end{pmatrix}$는 벡터를 원점을 중심으로 시계반대방향으로 90° 만큼 회전시킨다.

③ $\boldsymbol{A}=\begin{pmatrix}1 & 0\\0 & 0\end{pmatrix}$는 이차원 평면 위의 모든 벡터$\begin{pmatrix}x\\y\end{pmatrix}$를 y축 위로 투사한 결과를 낳는다.

④ $\boldsymbol{A}=\begin{pmatrix}0 & 1\\1 & 0\end{pmatrix}$는 $y=x$에 의해 만들어진 직선을 $\boldsymbol{A}$에 의해 정의된 일차변환으로 변환된 그 결과도 같은 직선이 되도록 한다.

11 F_A가 $\boldsymbol{A}$의 곱으로 정의된 행렬변환이라고 할 때 $F_A(\boldsymbol{x})=\boldsymbol{b}$를 만족하는 벡터 $\boldsymbol{x}$를 구하시오.

$$\boldsymbol{A}=\begin{pmatrix}1 & 2 & 0\\0 & -1 & 3\\2 & 5 & -3\end{pmatrix},\ \boldsymbol{b}=\begin{pmatrix}1\\-1\\3\end{pmatrix}$$

12 일차변환 $F_A: R^2\to R^2$, $F_A(u_1, u_2)=\begin{pmatrix}a & 3\\1 & a-2\end{pmatrix}\begin{pmatrix}u_1\\u_2\end{pmatrix}$, 즉 $F_A(\boldsymbol{u})=\boldsymbol{Au}$가 주어졌다.

여기에 또 다른 일차변환 $F_B: R^2\to R^2$, $F_B(v_1, v_2)=\begin{pmatrix}b_{11} & b_{12}\\b_{21} & b_{22}\end{pmatrix}\begin{pmatrix}v_1\\v_2\end{pmatrix}$를 정의하여 모든 $\boldsymbol{u}\in R^2$에 대하여 $F_B\circ F_A(\boldsymbol{u})=\boldsymbol{u}$가 되도록 하고 싶다. 이것이 가능하도록 하는 a값을 구하시오.

13 $F(x, y)=(x+1, y-1)$는 평행이동을 하는 변환이다. 그렇다면 그래프 $y=x$를 변환 F에 의해 이동시키면 어떤 직선이 되는가?

14 다음 중 역행렬이 존재하는 것은?

① $\begin{pmatrix} 7 & 4 & 0 \\ 3 & 1 & 0 \\ 1 & -2 & 0 \end{pmatrix}$ ② $\begin{pmatrix} 9 & 4 & 1 \\ 9 & 4 & 1 \\ 4 & 6 & 6 \end{pmatrix}$

③ $\begin{pmatrix} 1 & 0 & 0 \\ 3 & 1 & 8 \\ 0 & 7 & -1 \end{pmatrix}$ ④ $\begin{pmatrix} -2 & 1 & -4 \\ 1 & 1 & 2 \\ 3 & 0 & 6 \end{pmatrix}$

15 본문의 마르코프 과정에 대한 자동차 점유율 예제에서 3년 후 그랜저의 점유율과 k-7의 점유율을 구하시오.

16 신용등급의 전이행렬은 어떤 선형연산자의 역할을 수행하는가?

17 만약 1년 후 신용등급의 전이행렬이 다음과 같을 때 2년 후 A등급이 B등급 이하로 떨어질 확률을 구하시오.

최초 등급	1년 후 등급		
	A	B	C
A	80%	10	10
B	10	80	10
C	0	20	80

18 7장 20번 문제를 다시 한 번 살펴보기로 하자. 일본 화폐 100엔은 한국 화폐 1,000원으로, 한국 화폐 1,500원은 일본 화폐 120엔으로 각각 환전되었고, 환율표는 다음과 같이 주어졌을 때 다음의 환율표를 완성하시오.

	일본	한국
일본	1	
한국		1

PART 4

함 수

MATHEMATICS FOR ECONOMICS, MANAGEMENT AND FINANCE

CHAPTER

10 함수와 수열의 극한

9장까지는 일정시점에 변수값이 고정되어 있다는 가정하에 변수 간의 관계를 분석하였는데, 일정시점에서 일정기간으로 분석을 확장할 때 변수값이 변화할 수 있기 때문에 **변화량 분석**에 기초하여 함수관계를 볼 필요가 있다. 이러한 분석에 초점을 맞추는 수학이론이 **미분**이며, 이에 기초가 되는 함수의 극한과 연속성 등의 개념에 대해 이번 장에서 배우기로 한다.

10.1 함수의 극한과 연속성

함수는 한 개의 변수로만 이루어진 일변수함수와 여러 개의 변수로 이루어진 **다변수함수**(functions of several variables)로 구분하기도 한다. 변수가 한 개인 경우의 함수가 현실적인 여러 문제에서 발생하는 것은 사실이나, 실제로는 여러 개의 변수를 가지고 있는 함수가 더 많이 쓰인다고 할 수 있다. 예컨대, 사각형의 넓이는 일반적으로 가로와 세로라고 하는 두 개의 변수에 의해 정해진다.

함수의 극한과 연속성에 대해 설명함에 있어 우선 이해하기 쉬운 일변수함수에 대해서 살핀 다음, 다변수함수의 경우로 확장해보도록 하자.

1. 일변수함수의 극한과 연속성

1) 일변수함수의 극한

함수의 극한 개념을 이해하기 위해서는 먼저 수렴의 개념부터 이해해야 한다.

수렴의 개념

값이 어떤 값 p에 한없이 가까워질 때, "x는 p에 **수렴(converge)**한다" 또는 "x는 p에 접근(approach)한다"라고 하고 간단히 $x \to p$로 표현한다.

함수의 극한의 개념

함수 $f(x)$에서 x값이 어떤 값 p에 수렴할 때 $f(x)$가 C에 수렴하면 C를 $f(x)$의 **극한(limit)**이라고 한다.

극한

$f(x)$에서 x가 p의 왼쪽에서 p에 접근할 때 $f(x)$가 어떤 값 L에 접근하면 L을 $f(x)$의 **좌측극한(left-side limit)** 또는 좌극한이라고 하고 이를 $\lim_{x \to p^-} f(x) = L$과 같이 표기한다. 또 x가 p의 오른쪽에서 p에 접근할 때 $f(x)$가 어떤 값 R에 접근하면 R을 $f(x)$의 **우측극한(right-side limit)** 또는 우극한이라고 하고 이를 $\lim_{x \to p^+} f(x) = R$과 같이 표기한다.

이때 우측극한(R)과 좌측극한(L)이 같을 수도 있고 다를 수도 있다. 만일 $L = R$이면 "x값이 어떤 값 p에 수렴할 때 $f(x)$의 **극한이 존재한다**"고 하고 이를 $\lim_{x \to p} f(x) = L(= R)$로 표현한다.

다음의 [그림 10-1] (a)는 점 p에서의 우측극한값 $\lim_{x \to p^+} f(x) = R$과 좌측극한 값 $\lim_{x \to p^-} f(x) = L$이 다른 경우이다. (b)의 경우에도 그림에서 보듯이, $\lim_{x \to p^+} f(x) = R$에서 R은 $-\infty$이고 $\lim_{x \to p^-} f(x) = L$에서 L은 ∞이다. 따라서 다음 그림의 경우에는 두 경우 모두 x가 점 p에 접근할 때 함수의 극한값 $\lim_{x \to p} f(x)$이 존재하지 않는다고 한다.

그림 10-1 ▌ 함수의 극한값 존재 여부

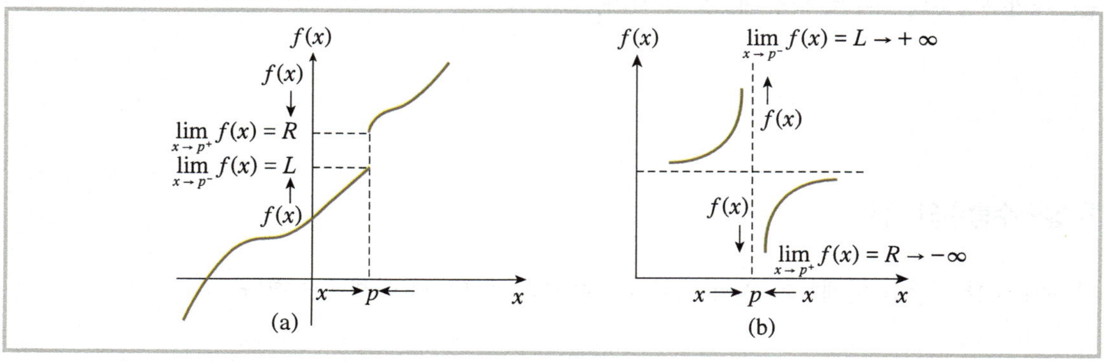

【예제 10-1】

다음에 주어진 함수 $f(x)$가 각각 $p=0$에서 극한이 존재하는지 여부를 판단하시오.

(1) $f(x)=\dfrac{2}{x}$ (2) $f(x)=\begin{cases} 1 & x \ge 0 \\ -1 & x<0 \end{cases}$ (3) $f(x)=\sin\left(\dfrac{1}{x}\right)^{\circ}$

| 풀이 |

위의 세 함수의 그래프를 그리면 다음과 같이 나타내어진다.

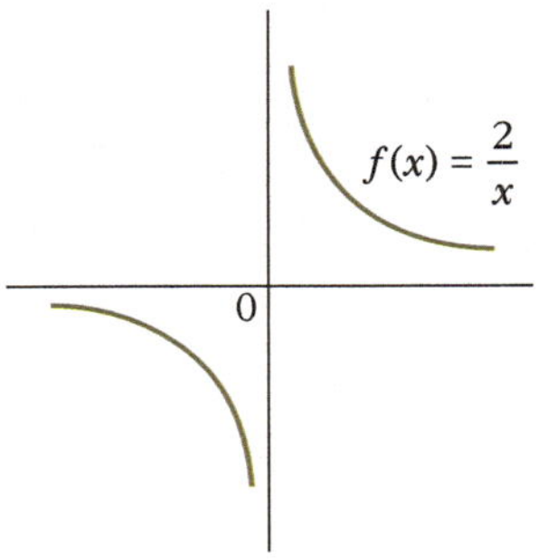

(1)

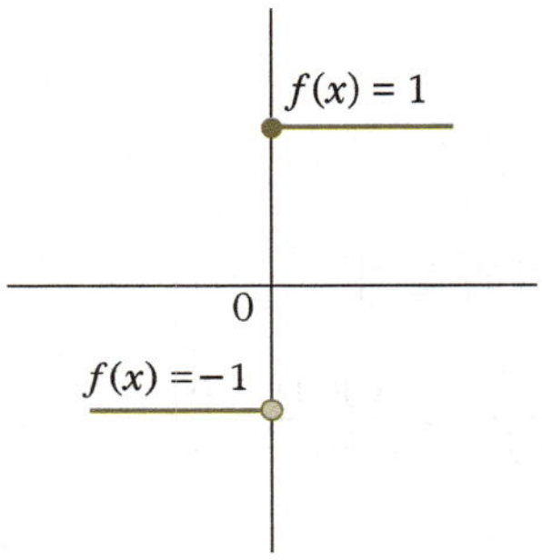

(2)

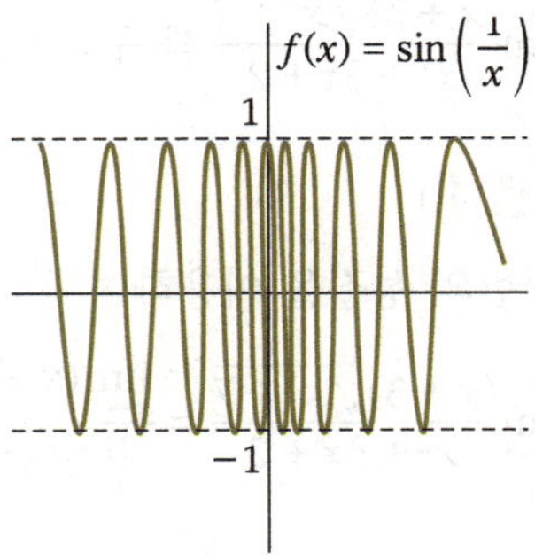

(3)

위의 그림에서 보듯이 (1)의 경우 $p=0$에서 $\lim_{x\to 0^-} f(x)=-\infty$이고 $\lim_{x\to 0^+} f(x)=\infty$이다. 따라서 $p=0$에서 극한이 존재하지 않는다. 그리고 (2)의 경우에도 $\lim_{x\to 0^-} f(x)=-1$이고 $\lim_{x\to 0^+} f(x)=1$이다. 따라서 $p=0$에서 극한이 존재하지 않는다. (3)의 경우에는 x가 점 $p=0$에 접근하면서 그 값이 계속적으로 -1과 1 사이에서 진동한다. 따라서 $\lim_{x\to 0^-} f(x)$과 $\lim_{x\to 0^+} f(x)$이 아예 정의되지 않는다. (3)번과 같은 경우, "x가 p에 접근할 때 $f(x)$는 진동한다"라고 하고 이때 $\lim_{x\to 0} f(x)$는 존재하지 않음을 알 수 있다. ■

극한에 관한 성질

함수 $f(x)$와 $g(x)$가 점 p에서 극한값을 가질 때,

(1) 임의의 상수 a에 대하여, $\lim_{x\to p} a=a$

(2) $\lim_{x\to p} x=p$

(3) $\lim_{x\to p}[f(x)\pm g(x)]=\lim_{x\to p} f(x)\pm\lim_{x\to p} g(x)$

(4) $\lim_{x\to p} f(x)g(x)=\lim_{x\to p} f(x)\lim_{x\to p} g(x)$

(5) $\lim_{x \to p} g(x) \neq 0$일 때, $\lim_{x \to p} [f(x)/g(x)] = \lim_{x \to p} f(x) / \lim_{x \to p} g(x)$

(6) 임의의 자연수 n에 대하여 $\lim_{x \to p} f(x)^n = [\lim_{x \to p} f(x)]^n$

(7) $g(x) \leq f(x)$ 이면, $\lim_{x \to p} g(x) \leq \lim_{x \to p} f(x)$

(8) $\lim_{x \to p} g(x) = \lim_{x \to p} f(x)$이고 $g(x) \leq h(x) \leq f(x)$이면 $\lim_{x \to p} g(x) = \lim_{x \to p} h(x) = \lim_{x \to p} f(x)$

【예제 10-2】

$\lim_{x \to 3} \frac{(x+3)\sqrt{x^2+7}}{x^2+3x+2}$를 구하시오.

| 풀이 |

극한의 성질을 이용하여 구하면 다음과 같다.

$$\lim_{x \to 3} \frac{(x+3)\sqrt{x^2+7}}{x^2+3x+2} = \frac{\lim_{x \to 3}(x+3)\sqrt{x^2+7}}{\lim_{x \to 3}(x^2+3x+2)} = \frac{(6)(4)}{20} = \frac{6}{5}$$ ■

2) 일변수함수의 연속성

연속함수(continuous function)

다음과 같은 3가지 조건을 만족하는 함수 $f(x)$는 점 p에서 **연속**(continuous)이라고 정의한다.

(1) 함수 $f(x)$가 점 p에서 정의되어 있다.

(2) 함수 $f(x)$의 x값이 p값에 수렴할 때 $f(x)$의 극한이 존재한다.

(3) (2)번의 극한이 $f(p)$와 같다. 즉, $\lim_{x \to p} f(x) = f(p)$이다.

다음 그림에서 점 p에서의 좌측극한값 L과 우측극한값 R이 같아 x가 점 p에 접근할 때 극한값이 존재한다. 또한 점 p에서 그 함수 f의 극한값 $\lim_{x \to p} f(x)$이 함수값 $f(p)$와 같아 함수 f는 점 p에서 연속이다.

그림 10-2 ▌ 연속함수의 예

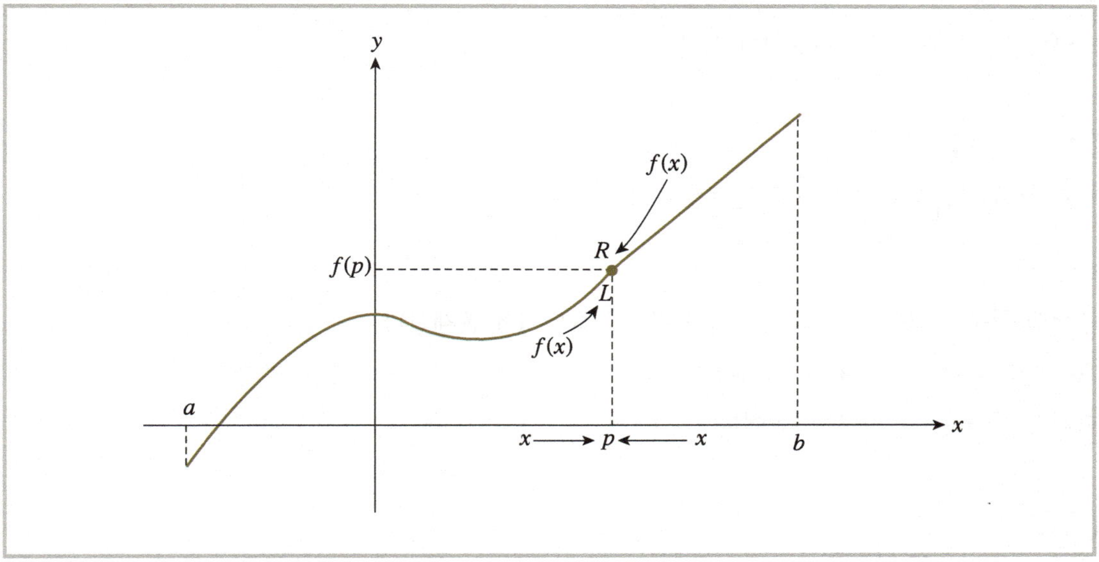

그러나 [그림 10-3]에서와 같이 점 p에서의 우측극한값 $\lim_{x \to p^+} f(x) = R$과 좌측극한값 $\lim_{x \to p^-} f(x) = L$이 같아 x가 점 p에 접근할 때 함수의 극한값이 존재한다고 하더라도 그림 (a)에서와 같이 점 p에서 함수가 정의되어 있지 않거나 그림 (b)에서와 같이 그 극한값 $\lim_{x \to p} f(x)$이 함수값 $f(p)$와 다를 경우에 함수 $f(x)$는 점 p에서 연속이라고 할 수 없다. 이렇게 함수가 연속하지 않을 경우에 함수가 **불연속(discontinuous)**이라고 한다.

그림 10-3 ▌ 불연속함수의 예

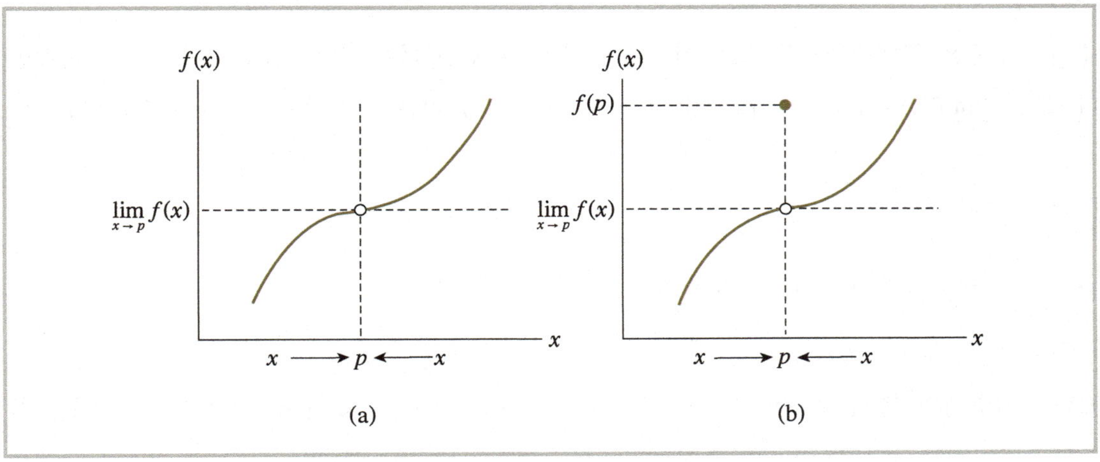

함수가 개구간 $(a, +\infty)$, $(-\infty, b)$, $(-\infty, \infty)$ 또는 (a, b) 안에 있는 모든 점에서 연속일 때 함수 $y=f(x)$는 그 구간에서 연속이라 한다.

【예제 10-3】

함수 $f(x)=|x|$의 $x=0$에서의 연속성을 조사하시오.

| 풀이 |

주어진 함수의 자연정의역[01]은 실수이며 0은 정의역에 존재한다.

$f(0)=0$, $\lim_{x\to 0} f(x)=\lim_{x\to 0}|x|=0$이다.

따라서 $f(x)$는 $x=0$에서 연속이다. ■

【예제 10-4】

임의의 실수 p와 임의의 자연수 n에 대하여, 함수 $f(x)=x^n$의 점 p에서의 연속성을 조사하시오.

| 풀이 |

주어진 함수의 자연정의역은 모든 실수이며 p는 정의역에 존재한다.

또한, $\lim_{x\to p} f(x)=\lim_{x\to p} x^n=p^n$이고 $f(p)=p^n$이다. 따라서 $f(x)$는 $x=p$에서 연속이다. ■

【예제 10-5】

임의의 상수 a에 대하여, 상수함수 $f(x)=a$가 모든 실수영역에서 연속함수인지를 조사하시오.

| 풀이 |

주어진 함수의 자연정의역은 모든 실수이며, 따라서 실수선상의 모든 점 p는 정의역에 존재한다. 또한, $\lim_{x\to p} f(x)=\lim_{x\to p} a=a$이고 $f(p)=a$이다. 따라서 $f(x)$는 모든 실수점 p에서 연속이다. ■

【예제 10-6】

함수 $f(x)=\dfrac{x^2-1}{x+1}$의 $x=-1$에서의 연속성을 조사하시오.

| 풀이 |

$f(x)$의 자연정의역은 $\{x\in R\,|\,x\neq -1\}$이다. 즉, $(-\infty, -1)\cup(-1, +\infty)$에서 정의된다. 따라서 -1에

---

01 자연정의역이란 함수가 정의되고 어떤 값을 가질 수 있는 모든 영역을 말한다.

서는 함수값이 존재하지 않는다. 그러므로 연속함수의 정의 (1)을 만족하지 않아, $f(x)$는 $x=-1$에서 불연속이다. ■

【예제 10-7】

함수 $f(x)=\begin{cases}\dfrac{x^2-1}{x+1}, & x\neq -1\\ 0, & x=-1\end{cases}$의 $x=-1$에서의 연속성을 조사하시오.

| 풀이 |

$f(x)$의 자연정의역은 모든 실수이고 $f(-1)=0$이 정의되어 있다. 또한 -1에서의 함수의 극한 $\lim_{x\to -1} f(x)=-2$가 존재한다. 그러나 $\lim_{x\to -1} f(x)\neq f(-1)=0$이 되어 연속성의 정의 (3)을 만족하지 않는다. 따라서, $f(x)$는 $x=-1$에서 불연속이다. 만일 $f(x)$의 -1에서의 값이 $f(-1)=-2$로 정의되었다면, 이 함수는 -1에서 연속이었을 것이다. ■

함수의 연속성에 관한 성질

함수 f와 g가 점 p에서 연속이면,

(1) $f+g$는 점 p에서 연속이다.

(2) $f-g$는 점 p에서 연속이다.

(3) fg는 점 p에서 연속이다.

(4) $g(p)\neq 0$일 때 f/g는 점 p에서 연속이다.

(5) f^n는 점 p에서 연속이다.

(6) $f(p)>0$이고 n이 정수일 때 $\sqrt[n]{f}$는 점 p에서 연속이다.

다항함수의 연속성에 관한 정리

다항함수(polynomial)는 모든 실수영역에서 연속이다.

증명

$f(x)$가 다항함수라고 하자. 다항함수는 임의의 자연수 n에 대하여 $f(x)=a_0+a_1x+\cdots+a_nx^n$의

형태로 정의되고 모든 실수 p는 $f(x)$의 정의역에 속한다. [예제 10-4]와 [예제 10-5]에 의해 상수 함수 $f(x)=a$와 임의의 자연수 n에 대한 함수 $g(x)=x^n$이 모든 실수영역에서 연속임을 알고 있다. 아울러 함수의 연속성에 관한 성질 (1)과 (3)을 적용하면 $f(x)=a_0+a_1x+\cdots+a_nx^n$는 모든 점 p에서 연속임을 알 수 있다.

유리함수의 연속성에 관한 정리

유리함수는 분모가 0이 되는 점을 제외한 모든 점에서 연속이다.

증명

유리함수는 임의의 다항함수 f와 g에 대해 f/g의 형태이고 이 유리함수의 정의역은 $g(p)\neq 0$인 모든 실수영역이다. 그런데 위의 함수의 연속성에 관한 정리 (4) "$g(p)\neq 0$일 때 f/g는 p에서 연속이다"를 적용하면, 유리함수는 분모가 0이 되는 점을 제외한 모든 점에서 연속임을 알 수 있다.

합성함수의 극한에 관한 정리

$\lim_{x\to a} g(x)=L$이고 함수 f가 L에서 연속이면, $\lim_{x\to a} f(g(x))=f(L)$이다.

즉, $\lim_{x\to a} f(g(x))=f\left(\lim_{x\to a} g(x)\right)$이다.

합성함수의 연속성에 관한 정리

함수 g가 점 p에서 연속이고 f가 $g(p)$에서 연속이면 합성함수 $f\circ g$도 p에서 연속이다.

증명

합성함수의 극한에 관한 정리에 의하여 $\lim_{x\to p} f(g(x))=f\left(\lim_{x\to p} g(x)\right)$이다. 이제 점 p에서 $f\circ g$의 함수값과 극한값이 같음을 보여야 한다. 그런데 $g(x)$도 점 p에서 연속이므로 $\lim_{x\to p} g(x)=g(p)$이다. 그러므로 $\lim_{x\to p} f\circ g(x)=f(g(p))=(f\circ g)(p)$이 되어 합성함수 $f\circ g$도 p에서 연속이다.

중간값 정리(intermediate value theorem)

함수 f가 폐구간 $[a, b]$에서 연속이고 k는 $f(a)$와 $f(b)$ 사이의 임의의 수라고 하자. 그러면 $f(c)=k$을 만족하는 수 $c \in [a, b]$가 적어도 하나는 존재한다.

그림 10-4 ▌ 중간값 정리

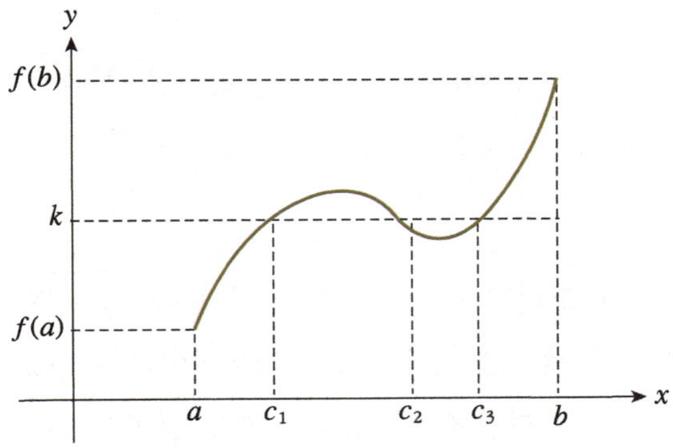

위의 그림에서와 같이 **중간값 정리**는 중간값 c가 적어도 하나 존재한다는 것을 말해주고 있으나 c를 찾아내는 방법에 대해서는 알려주지 않는다. 이러한 종류의 정리를 **존재정리(existence theorem)**라고 한다.

【예제 10-8】

방정식 $2x^3-5x^2+3x-1=0$이 1과 2 사이에서 근을 가짐을 보이시오.

| 풀이 |

$f(x)=2x^3-5x^2+3x-1$라고 하자. 우선 $f(x)$는 다항식으로서 연속함수임은 앞에서 보았다. 이제 $a=1$, $b=2$, $k=0$으로 놓으면 $f(1)=-1<0$, $f(2)=1>0$이므로 $f(1)<0<f(2)$이고 중간값 정리에 의해 $f(c)=0$을 만족하는 c가 적어도 하나 1과 2 사이에 존재한다. 즉, 방정식 $f(x)=2x^3-5x^2+3x-1$은 $(1, 2)$에서 적어도 하나의 근 c를 갖는다. ■

2. 다변수함수의 극한과 연속성

3장 함수부분에서도 보았듯이 이변수함수는 $f(x,y)$로 표시되고, $n \geq 3$, $n \in N$에 대한 다변수함수는 $f(x_1,\ x_2,\ \cdots,\ x_n)$의 형태로 표현된다. 이제 다음 [예제 10-9]를 통해 다변수함수의 개념을 이해하도록 하자.

【예제 10-9】

$f(x,\ y) = \sqrt{1-x^2-y^2}$일 때, 이 이변수함수의 정의역을 찾고 이 함수를 그래프로 표현하시오. 또한, 그래프 위에 $f(0.5, 0.5)$를 표시하시오.

| 풀이 |

위 함수는 $1-x^2-y^2 \geq 0$일 때 정의된다. 그러므로 주어진 함수의 정의역은 $x^2+y^2 \leq 1$이다. [그림 10-5]에서 xy평면에 어두운 색으로 표현된 것이 정의역이다. $z=f(x,\ y)$로 놨을 때, 그래프는 $x^2+y^2+z^2=1$인 구(球)를 $z=0$인 평면을 중심으로 반으로 잘라서 구의 윗부분만 엎어놓은 모습이라고 할 수 있다. 그림에서 $f(0.5,\ 0.5)$는 $x=0.5$, $y=0.5$에서의 z값으로서 구의 표면에 표시된 것이다.

그림 10-5 ▌ 이변수함수의 정의역과 그래프

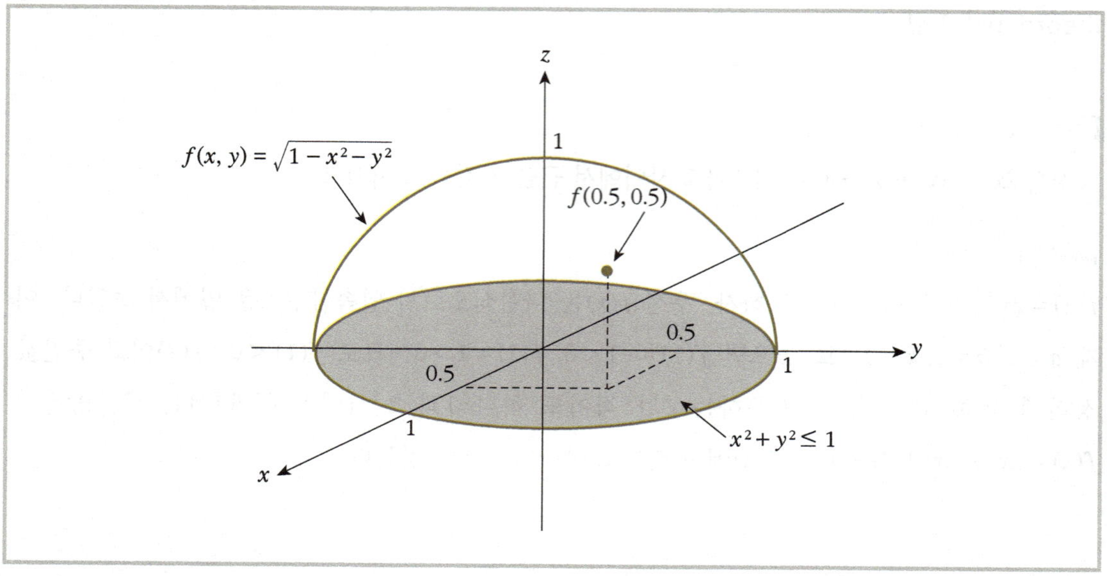

■

10.2 수열의 극한

1. 무한수열의 극한

무한수열(infinite sequence) $a_1, a_2, a_3, \cdots, a_n, \cdots$의 극한은 다음에 나오는 세 가지 중의 한 가지 경우가 된다.

(1) $\lim_{n\to\infty} a_n = \alpha$일 때, 실수값 $\alpha \in R$에 "수렴한다(converge)"고 한다.

(2) (1)의 경우가 아닐 때 "발산한다(diverge)"고 한다. 특히, $\lim_{n\to\infty} a_n = \infty$일 때 양의 무한대로 발산, $\lim_{n\to\infty} a_n = -\infty$일 때 음의 무한대로 발산이라고 한다.[02]

수열의 극한값에 관한 성질

무한수열 $\{a_n\}$, $\{b_n\}$의 극한이 $\lim_{n\to\infty} a_n = \alpha$, $\lim_{n\to\infty} b_n = \beta$($\alpha$, β는 실수값)일 때,

(1) $\lim_{n\to\infty} ka_n = k\lim_{n\to\infty} a_n = k\alpha$

(2) $\lim_{n\to\infty} (a_n \pm b_n) = \lim_{n\to\infty} a_n \pm \lim_{n\to\infty} b_n = \alpha \pm \beta$

(3) $\lim_{n\to\infty} a_n b_n = (\lim_{n\to\infty} a_n)(\lim_{n\to\infty} b_n) = \alpha\beta$

(4) $\lim_{n\to\infty} \dfrac{b_n}{a_n} = \dfrac{\lim_{n\to\infty} b_n}{\lim_{n\to\infty} a_n} = \dfrac{\beta}{\alpha}$(단, $\alpha \neq 0$)

(5) $a_n < b_n$이고 $\lim_{n\to\infty} a_n = \alpha$, $\lim_{n\to\infty} b_n = \beta$이면 $a \leq \beta$이다.

(6) $a_n < b_n < c_n$이고 $\lim_{n\to\infty} a_n = \lim_{n\to\infty} c_n = \alpha$이면 $\lim_{n\to\infty} b_n = \alpha$이다.

【예제 10-10】

다음 무한수열이 수렴하는지 발산하는지를 언급하고, 수렴하면 그 극한값을 구하시오.

(1) $a_n = \dfrac{n^2}{n-1}$ (2) $a_n = \dfrac{n^2+2}{n(n+1)}$

---

02 (2)에서 $\lim_{n\to\infty} a_n = \infty$ 또는 $\lim_{n\to\infty} a_n = -\infty$ 경우가 아니면 "진동한다(vibrate)"고 하기도 한다.

| 풀이 |

(1) $\lim_{n\to\infty} a_n = \lim \dfrac{n}{1-\dfrac{1}{n}} = \infty$이므로 발산한다.

(2) $\lim_{n\to\infty} a_n = \lim_{n\to\infty} \dfrac{n^2+2}{n^2+n} = \lim_{n\to\infty} \dfrac{1+\dfrac{2}{n^2}}{1+\dfrac{1}{n}} = \dfrac{\lim_{n\to\infty}\left(1+\dfrac{2}{n^2}\right)}{\lim_{n\to\infty}\left(1+\dfrac{1}{n}\right)} = \dfrac{1}{1} = 1$이므로 극한값 1로 수렴한다. ■

2. 무한등비수열의 극한

이미 고등학교 때 배웠듯이 자기 자신을 계속해서 곱해 나가는 값들을 **등비수열(geometric sequence)**이라 하는데, **무한등비수열** $\{r^n\}$은 $r \in R$에 따라 다음과 같은 성질이 있다.

(1) $-1 < r < 1$일 때, $\lim_{n\to\infty} r^n = 0$으로 수렴한다.

(2) $r = 1$일 때, $\lim_{n\to\infty} r^n = 1$로 수렴한다.

(3) $|r| > 1$ 또는 $r = -1$일 때, $\lim_{n\to\infty} r^n$은 발산한다(특히 $r = -1$일 때 $\lim_{n\to\infty} r_n$은 진동한다고 하기도 한다).

따라서, $-1 < r \leq 1$일 때 무한등비수열 $\{r^n\}$이 수렴함을 알 수 있다. 또한 무한등비수열 $\{ar^{n-1}\}$(첫째 항이 a이고 공비가 r인 무한등비수열)은 $a = 0$ 또는 $-1 < r \leq 1$일 경우 수렴한다.

【예제 10-11】

다음 극한값을 구하시오.

(1) $\lim_{n\to\infty} \dfrac{4^n-1}{2^n+1}$

(2) $\lim_{n\to\infty} \dfrac{2^n-1}{3^n+1}$

| 풀이 |

(1) $\lim_{n\to\infty} \dfrac{4^n-1}{2^n+1} = \lim_{n\to\infty} \dfrac{(2)^n - \left(\dfrac{1}{2}\right)^n}{(1)^n + \left(\dfrac{1}{2}\right)^n} = \dfrac{\lim_{n\to\infty}\left[(2)^n - \left(\dfrac{1}{2}\right)^n\right]}{\lim_{n\to\infty}\left[(1)^n - \left(\dfrac{1}{2}\right)^n\right]} = \dfrac{\infty}{1} = \infty$

(2) $\lim_{n\to\infty}\frac{2^n-1}{3^n+1}=\lim_{n\to\infty}\frac{\left(\frac{2}{3}\right)^n-\left(\frac{1}{3}\right)^n}{1+\left(\frac{1}{3}\right)^n}=\frac{0}{1}=0$ ■

3. 무한급수의 극한

무한수열 $\{a_n\}$의 각 항을 +기호로 연결한 식 $a_1+a_2+a_3+\cdots a_n+\cdots=\sum_{n=1}^{\infty}a_n$을 **무한급수(infinite series)**라 하고, 무한급수 $\sum_{n=1}^{\infty}a_n$에서 제n항까지의 합 $S_n=\sum_{k=1}^{n}a_k=a_1+a_2+a_3+\cdots+a_n$을 무한급수의 제$n$항까지의 **부분합(partial sum)**이라 한다. 부분합으로 이루어진 수열 $S_1, S_2, S_3,\cdots, S_n,\cdots$이 S에 수렴하면 무한급수는 S에 수렴한다고 하고 $\sum_{n=1}^{\infty}a_n=\lim_{n\to\infty}S_n=S$를 무한급수의 극한이라 한다. 한편, $\lim_{n\to\infty}S_n$이 발산하면 무한급수는 발산한다고 한다.

무한급수의 성질

$\sum_{n=1}^{\infty}a_n=S,\ \sum_{n=1}^{\infty}b_n=T$일 때,

(1) $\sum_{n=1}^{\infty}ca_n=c\sum_{n=1}^{\infty}a_n=cS$ (c는 상수)

(2) $\sum_{n=1}^{\infty}(a_n\pm b_n)=\sum_{n=1}^{\infty}a_n\pm\sum_{n=1}^{\infty}b_n=S\pm T$

【예제 10-12】

다음 무한급수의 수렴과 발산을 조사하고, 수렴하면 총합을 구하시오.

(1) $\lim_{n\to\infty}\sum_{k=1}^{n}\frac{2}{k(k+2)}$ (2) $\lim_{n\to\infty}\sum_{k=0}^{n}(\sqrt{k+1}-\sqrt{k})$ (3) $\lim_{n\to\infty}\left(1+\frac{1}{2}+\frac{1}{4}+\frac{1}{8}+\cdots+\frac{1}{2^n}\right)$

| 풀이 |

(1) $S_n=\sum_{k=1}^{n}\frac{2}{k(k+2)}$이라고 하면,

$$S_n=\frac{2}{1\cdot3}+\frac{2}{2\cdot4}+\frac{2}{3\cdot5}+\cdots+\frac{2}{n(n+2)}$$

$$=\left(\frac{1}{1}-\frac{1}{3}\right)+\left(\frac{1}{2}-\frac{1}{4}\right)+\left(\frac{1}{3}-\frac{1}{5}\right)+\cdots+\left(\frac{1}{n}-\frac{1}{n+2}\right)$$

위의 식을 정리하면 $S_n = 1 + \frac{1}{2} - \frac{1}{n+1} - \frac{1}{n+2}$이다.

그러므로 $\lim_{n\to\infty}\left(\sum_{k=1}^{n}\frac{2}{k(k+2)}\right) = \lim_{n\to\infty}S_n = \lim_{n\to\infty}\left(1 + \frac{1}{2} - \frac{1}{n+1} - \frac{1}{n+2}\right) = \frac{3}{2}$이다.

따라서, 무한급수 $\sum_{k=1}^{\infty}\frac{2}{k(k+1)}$는 $\frac{3}{2}$으로 수렴한다.

(2) $S_n = \sum_{k=0}^{n}(\sqrt{k+1} - \sqrt{k})$라고 하면,

$S_n = (\sqrt{1} - 0) + (\sqrt{2} - \sqrt{1}) + \cdots + (\sqrt{n} - \sqrt{n-1}) + (\sqrt{n+1} - \sqrt{n}) = \sqrt{n+1}$이다.

그런데 $\lim_{n\to\infty}S_n = \lim_{n\to\infty}(\sqrt{n+1}) = \infty$이므로 무한급수 $\sum_{k=0}^{\infty}(\sqrt{k+1} - \sqrt{k})$는 발산한다.

(3) $S_n = 1 + \frac{1}{2} + \frac{1}{4} + \frac{1}{8} + \cdots + \frac{1}{2^n}$이라고 하면, $S_n - \frac{1}{2}S_n = 1 - \left(\frac{1}{2}\right)^{n+1}$ 로부터

$S_n = \dfrac{1 - \left(\frac{1}{2}\right)^{n+1}}{1 - \frac{1}{2}} = 2 - \left(\frac{1}{2}\right)^n$를 얻는다. 이제 이렇게 얻은 S_n의 n을 ∞로 보내면,

$\lim_{n\to\infty}\left(1 + \frac{1}{2} + \frac{1}{4} + \frac{1}{8} + \cdots + \frac{1}{2^n}\right) = \lim_{n\to\infty}S_n = \lim_{n\to\infty}\left[2 - \left(\frac{1}{2}\right)^n\right] = 2$가 된다.

따라서, 무한급수 $\sum_{n=0}^{\infty}\left(\frac{1}{2}\right)^n$은 2로 수렴한다. ■

4. 무한등비급수의 극한

첫째 항이 a, 공비가 r인 무한등비수열 $\{ar^{n-1}\}$의 합으로 이루어진 무한급수 $\sum_{n=1}^{\infty}ar^{n-1} = a + ar + ar^2 + ar^3 + \cdots + ar^{n-1} + \cdots$을 첫째 항이 a, 공비가 r인 **무한등비급수(infinite geometric series)** 라 한다.

무한등비급수의 수렴과 발산에 관한 성질

무한등비급수 $\sum_{n=1}^{\infty}ar^{n-1}$은

(1) $|r|<1$일 때 또는 $a=0$일 때 수렴하고 합이 존재한다. 또한 이 무한등비급수는 $S = \sum_{n=1}^{\infty}ar^{n-1} = \frac{a}{1-r}$로 수렴한다.[03]

(2) $|r| \geq 1$일 때 발산한다.

【예제 10-13】

다음 무한등비급수의 수렴과 발산을 조사하고, 수렴하면 총합을 구하시오.

(1) $\frac{1}{2}-\frac{1}{2^2}+\frac{1}{2^3}-\frac{1}{2^4}\cdots$

(2) $1+0.1+0.01+0.001+\cdots$

(3) $\lim_{n\to\infty}\sum_{k=1}^{n}(\sqrt{2}-1)^k$

(4) $\lim_{n\to\infty}\sum_{k=1}^{n}\left(\frac{1}{\sqrt{2}-1}\right)^k$

| 풀이 |

(1) $S_n=\frac{1}{2}-\frac{1}{2^2}+\frac{1}{2^3}-\cdots+\left(\frac{1}{2}\right)\left(-\frac{1}{2}\right)^{n-1}=\frac{1}{2}\left[1-\frac{1}{2}+\frac{1}{2^2}+\cdots+\left(-\frac{1}{2}\right)^{n-1}\right]$이라고 정의하면, $2S_n=1-\frac{1}{2}+\frac{1}{2^2}+\cdots+\left(-\frac{1}{2}\right)^{n-1}$이다. 이제 앞의 S_n에 관한 식에 $2S_n$에 관한 식을 더하면 $S_n+2S_n=1+\frac{1}{2}\left(-\frac{1}{2}\right)^{n-1}$이다. 따라서 $S_n=\frac{1}{3}\left[1+\frac{1}{2}\left(-\frac{1}{2}\right)^{n-1}\right]$이고 n을 ∞로 보내면 $S=\lim_{n\to\infty}S_n=\frac{1}{3}$을 얻는다.

또 $r=-\frac{1}{2}$에 대해 무한등비급수의 수렴과 발산에 관한 성질 (1)을 이용하면 $S=\frac{\frac{1}{2}}{1-\left(-\frac{1}{2}\right)}=\frac{1}{3}$이 되어 같은 결과를 얻는다.

(2) $S_n=1+\frac{1}{10}+\left(\frac{1}{10}\right)^2+\cdots+\left(\frac{1}{10}\right)^{n-1}$라고 정의하면, S_n에 $\frac{1}{10}$을 곱하여 $\frac{1}{10}S_n=\frac{1}{10}+\left(\frac{1}{10}\right)^2+\cdots+\left(\frac{1}{10}\right)^n$를 만든다. S_n 식으로부터 $\frac{1}{10}S_n$의 식을 빼면 $S_n\left(1-\frac{1}{10}\right)=1-\left(\frac{1}{10}\right)^n$를 얻는다. 즉, $S_n=\frac{1-\left(\frac{1}{10}\right)^n}{1-\frac{1}{10}}=\frac{10}{9}\left[1-\left(\frac{1}{10}\right)^n\right]$를 얻는다. 이제, n을 ∞로 보내면 $S=\lim_{n\to\infty}S_n=\frac{10}{9}$이 됨을 알 수 있다. 또 위의 무한등비급수의 성질을 이용하여 $a=1, r=\frac{1}{10}$로 놓고 계산하면 같은 값이 나옴을 알 수 있다.

(3) $S_n=\sum_{k=1}^{n}(\sqrt{2}-1)^k$으로 정의하면 (2)와 마찬가지 방법으로, $S_n(1-(\sqrt{2}-1))=(\sqrt{2}-1)-(\sqrt{2}-1)^{n+1}$

---

03 무한등비급수의 n항까지의 부분합 $S_n=\sum_{k=1}^{n}ar^{k-1}=\frac{a(1-r^n)}{1-r}$이다.

을 구하고 이를 정리하여 $S_n=(\frac{1}{2-\sqrt{2}})((\sqrt{2}-1)-(\sqrt{2}-1)^{n+1})$를 구한다. 이제 n을 ∞로 보내면 $S=\lim_{n\to\infty}S_n=\frac{\sqrt{2}-1}{\sqrt{2}(\sqrt{2}-1)}=\frac{1}{\sqrt{2}}$이 된다. 또는 $r=\sqrt{2}-1$과 $a=\sqrt{2}-1$일 때 무한등비급수의 성질을 이용하여 $S=\frac{\sqrt{2}-1}{1-(\sqrt{2}-1)}=\frac{1}{\sqrt{2}}$을 얻을 수 있다.

(4) $S_n=\sum_{k=1}^{n}\left(\frac{1}{\sqrt{2}-1}\right)^k$으로 정의하면, $S_n=\sum_{k=1}^{n}\left(\frac{\sqrt{2}+1}{\sqrt{2}+1}\frac{1}{\sqrt{2}-1}\right)^k=\sum_{k=1}^{n}(\sqrt{2}+1)^k$이 된다. 위에서와 마찬가지 방법으로, $S_n(1-(\sqrt{2}+1))=(\sqrt{2}+1)-(\sqrt{2}+1)^{n+1}$을 구하고 이를 정리하여 $S_n=\frac{1}{\sqrt{2}}((\sqrt{2}+1)^{n+1}-(\sqrt{2}+1))$를 구한다. 이제 n을 ∞로 보내면 $S=\lim_{n\to\infty}S_n=\infty$가 된다. 즉, 무한등비급수 $\lim_{n\to\infty}\sum_{k=1}^{n}\left(\frac{1}{\sqrt{2}-1}\right)^k$는 양의 무한대로 발산한다. ■

10.3 경제경영 · 금융 예제

【예제 10-14】 연금과 영속연금의 가치계산

여러 해에 걸쳐 매 기간 일정한 금액의 현금이 발생하는 경우를 **연금(annuity)**이라 하는데 연금의 현재가치의 합계는 다음과 같이 표시할 수 있다.

$$PV=\sum_{t=1}^{n}\frac{c}{(1+i)^t} \tag{10.1}$$

c : 연금
t : 연금 발생시점
n : 연금 종료시점
i : 할인율

그런데 위의 식은 다음과 같이 변형할 수 있기 때문에 n개의 항을 할인하여 일일이 더할 필요 없이 다음 식을 활용하여 쉽게 계산할 수 있다.[04]

04 공비와 초항이 각각 $1/(1+i)$와 $c/(1+i)$이고 기간이 n인 무한등비급수의 부분합이다.

$$PV = \frac{\frac{c}{1+i}\left(1-\left(\frac{1}{1+i}\right)^n\right)}{1-\frac{1}{1+i}} = c\left[\frac{1-\frac{1}{(1+i)^n}}{i}\right] \quad (10.2)$$

예를 들어, 매년 100만원씩 연금을 10년간 받는다고 할 때 할인율이 5%인 경우 연금의 현재가치 합계는 식 (10.2)에 의해 다음과 같이 계산된다.

$$PV = 100\left[\frac{1-\frac{1}{1.05^{10}}}{0.05}\right] = 100 \times 7.7217 = 772.17\text{만원}$$

연금의 특수한 경우로서 동일한 금액을 영속적으로 받을 수 있는 **영속연금(perpetuity)**이 있다. 영속연금의 예로서는 만기가 없는 채권인 **영속채권(consol)**[05]과 매년 동일한 배당금을 지급하는 **우선주(preferred stock)**[06]가 있다. 이러한 영속채권이나 우선주와 같은 영속연금의 가치는 어떻게 구할까?

영속연금의 가치(P)는 영속연금의 현재가치를 말하는 것으로서 매 기간 동일한 c라는 연금이 계속 발생하는 것을 할인하여 더한 것이다. 그러므로 이는 식 (10.2)에서 기간이 무한대 ($n \to \infty$)인 무한등비급수에 해당하므로 영속연금의 현재가치의 합은 다음과 같이 표현된다.

$$PV = \frac{c}{i} \quad (10.3)$$

예를 들어, 매년 100만원씩 지급하는 영속연금이 있다 하자. 만약 이 영속연금에 적합한 할인율이 5%라고 한다면 이 영속연금의 가치 또는 가격은 100만원을 5%로 할인한 2,000만원이 된다는 것이다. 100만원씩 무한정 받으므로 영속연금의 합계가 무한히 클 것으로 생각되지만 **화폐의 시간가치(time value of money)**에 의해 먼 훗날의 100만원은 거의 0원에 가깝기 때문에 100만원씩 무한정 받는 것이나 지금 당장 2,000만원을 목돈으로 한 번에 받는 것이나 동일하다는 것이다.

만약 식 (10.1)에서 다른 조건은 동일하고 연금액수가 c원으로 일정한 것이 아니라 매년 g%씩 증가하여 지급된다면(첫해 말에 $c \times (1+g)$원이 지급된다고 가정) 이 영속연금의 가치는 얼마가 될

05 영국은 제2차 세계대전의 전후 자금을 마련하기 위하여 만기가 없는 영속채권을 발행한 적이 있다.
06 주식(stock)에는 의결권이 있는 보통주(common stock)와 의결권이 없는 우선주(preferred stock)가 있다.

까? 이 경우 영속연금의 합계를 나타내는 식은 다음과 같이 표현된다.

$$PV=\sum_{t=1}^{\infty}\frac{c(1+g)^t}{(1+i)^t}=\sum_{t=1}^{\infty}\left[\frac{c(1+g)}{1+i}\right]\left(\frac{1+g}{1+i}\right)^{t-1} \quad (10.4)$$

c : 연금
g : 연금의 성장률
i : 할인율
t : 연금 발생시점

식 (10.4)를 보면 초항 $a=c(1+g)/(1+i)$이고 공비 $r=(1+g)/(1+i)$인 무한등비급수이므로 앞 본문의 무한등비급수 공식의 a와 r 대신에 주어진 식을 각각 대입하면 식 (10.4)는 다음과 같이 변형된다.

$$PV=\frac{\frac{c(1+g)}{1+i}}{1-\frac{1+g}{1+i}}=\frac{c(1+g)}{i-g} \quad \text{단,} \left|\frac{1+g}{1+i}\right|<1 \quad (10.5)$$

예로써, 최초 연금 100만원이 즉시 지급되고 이어서 매년 3%씩 증가해서 지급되는 영속연금이 있을 때 최초연금 100만원을 제외한 이 영속연금의 가치는 식 (10.5)에 의해 5,150만원임을 알 수 있다(할인율은 5%로 가정).

$$PV=\frac{100(1.03)}{0.05-0.03}=5{,}150\text{만원}$$

여기서 무한등비급수가 수렴할 조건을 만족하기 위해서는 성장률(g)이 할인율(i)보다 작아야 함을 잊지 말아야 한다. 한편, 즉시 지급된 최초연금 c를 포함한 영속연금의 가치는 $c+\frac{c(1+g)}{i-g}=\frac{c(i-g)+c(1+g)}{i-g}=\frac{c(1+i)}{i-g}$가 된다. ■

【예제 10-15】 보통주의 가치평가

식 (10.5)를 보통주 주식에 대해서 적용하면 **고든모형**(Gordon model)이라는 유명한 주가평가모형이 된다. 다시 말해 매 기간 g%씩 배당을 영속적으로 증가시켜 지급하는 기업의 경우 해당 기업의 보통주 주가는 다음과 같이 결정된다는 것이다. 아래에서 D_0는 직전 기에 지급된 배당을 의미하고, r_E은 보통주 주식의 할인율을 의미한다.

$$PV = \frac{D_0(1+g)}{r_E - g} \tag{10.6}$$

식 (10.6)을 이용하여 직전 연도 배당금이 주당 만원($D_0 = 10{,}000$원)이고 매년 5%씩 배당금을 영속적으로 증가시키는 기업이 있다고 할 때 이 기업의 보통주 주가를 구해보자. 단, 이 기업 보통주 주식의 할인율은 20%로 가정한다. 보통주 주식의 경우에는 리스크가 크기 때문에 그에 상응하여 할인율도 보통 높아진다. 리스크에 상응하여 할인율을 얼마나 높여야 하는가는 1장에서 설명한 CAPM 식을 사용하여 해결한다. 이때 할인율을 재무관리에서는 **주식의 자본비용(cost of equity capital)**이라 한다.

주어진 정보를 식 (10.6)에 대입하면, 현재 이 기업의 보통주 주가는 1만원(1.05)/(0.2−0.05) = 70,000원이 된다. 식 (10.6)을 보면, 직전 배당금이 크거나 성장률이 높은 기업일수록 주가가 높고 할인율이 높은 기업일수록 주가가 낮음을 알 수 있다. 즉 고든모형은 보통주 주가를 설명하는 핵심변수가 직전 배당금, 성장률, 할인율 세 가지임을 말하고 있다. 여기서 할인율은 해당 기업의 리스크를 반영하는 것으로서 리스크가 큰 기업일수록 할인율이 커지기 때문에 리스크가 낮은 기업들에 비해 주가가 낮게 된다. ■

【예제 10-16】 무한등비급수를 이용한 기업가치의 계산

이번 장에서 배운 무한등비급수는 기업의 현재가치를 계산하는 데에도 활용된다. 기업의 현재가치는 매년 실현되는 현금흐름을 일정한 크기의 할인율로 평가해서 구할 수 있기 때문이다. 만약 첫해 말 현금흐름이 10억원으로 예상되고 그 이후 매년 5%씩 성장할 것으로 예상되는 기업이 있다고 할 때 할인율이 10%라 한다면, 이 기업의 현재가치는 다음과 같이 계산된다.

$$V = \sum_{t=1}^{\infty} \frac{10\text{억원}(1+0.05)^{t-1}}{(1+0.1)^t} = \frac{10\text{억원}}{0.1-0.05} = 200\text{억원}$$ ■

※ 참고사항 : 다변수함수의 극한

앞에서는 일변수함수의 극한에 대해 공부했는데 여기서는 다변수함수 중에서 가장 간단한 이변수함수의 극한에 대한 정의를 살펴보도록 하자. 변수가 3개 이상의 경우에는 사실상 변수가 2개인 경우와 같기 때문에 생략하기로 한다.

이변수함수에서 극한

이변수함수 $f(x,y)$가 점 (a,b)를 중심으로 한 주위에서 정의되었다고 하자. 모든 $\varepsilon>0$에 대해 어떤 값 $\delta>0$가 있어서 $0<\sqrt{(x-a)^2+(y-b)^2}<\delta$인 모든 (x,y)에 대해 $|f(x,\ y)-L|<\varepsilon$일 때, 함수 $f(x,y)$는 (a,b)에서 극한값 L을 갖는다고 하고 $\lim_{(x,y)\to(a,b)} f(x,\ y)=L$로 표현한다.

위의 정의를 간단히 설명하면 다음과 같다. (x,y)가 점 (a,b)에 접근할 때 $f(x,y)$가 어떤 일정한 값 L에 접근하면, 함수 $f(x,y)$는 (a,b)에서 극한이 존재한다고 한다. 여기서 주의할 점은 (x,y)가 점 (a,b)에 접근하는 데 있어서 어떠한 방향에서 접근을 하더라도 $f(x,y)$는 항상 같은 값 L에 접근해야 한다는 것이다. 앞절에서 공부한 바와 같이 변수가 한 개의 경우에도 x값이 점 p에 왼쪽으로부터 접근할 때와 오른쪽으로부터 접근할 때의 극한값들[좌측극한 $\lim_{x\to p^-} f(x)$과 우측극한 $\lim_{x\to p^+} f(x)$]이 같을 경우에만 p에서 $f(x)$의 극한이 존재한다고 했다는 점을 상기하자.

다음에 보는 바와 같이 이변수함수의 경우에도 일변수함수의 덧셈, 뺄셈, 곱셈, 나눗셈에 대한 극한값의 성질이 그대로 유지된다.

이변수함수의 극한값에 관한 성질

$f(x,y)$와 $g(x,y)$가 점 (a,b)에서 극한값을 가질 때,

(1) $\lim_{(x,y)\to(a,b)} [f(x,y)\pm g(x,y)]=\lim_{(x,y)\to(a,b)} f(x,y)\pm\lim_{(x,y)\to(a,b)} g(x,y)$

(2) $\lim_{(x,y)\to(a,b)} [(fg)(x,y)]=\left[\lim_{(x,y)\to(a,b)} f(x,y)\right]\left[\lim_{(x,y)\to(a,b)} g(x,y)\right]$

(3) $\lim_{(x,y)\to(a,b)} g(x,y)\neq 0$일 때, $\lim_{(x,y)\to(a,b)}\left[\dfrac{f(x,y)}{g(x,y)}\right]=\dfrac{\lim_{(x,y)\to(a,b)} f(x,y)}{\lim_{(x,y)\to(a,b)} g(x,y)}$

(4) 자연수 n에 대해서 $\lim_{(x,y)\to(a,b)} (f(x,y))^n=\left(\lim_{(x,y)\to(a,b)} f(x,y)\right)^n$ 등의 성질을 가진다.

【예제 10-17】

다음과 같은 이변수함수의 극한값을 구하시오.

(1) $\lim_{(x,y)\to(-1,2)} (x^3y-xy^2)(x-1)$

(2) $\lim_{(x,y)\to(1,2)} \dfrac{x-y}{\sqrt{x^2+y^2}}$

| 풀이 |

(1) x^3y-xy^2과 $x-1$은 각각 x와 y에 관한 다항함수의 곱셈과 덧셈 그리고 뺄셈으로 이루어진 이변수 다항함수로서 일변수함수 부분에서 나온 극한값에 관한 정리를 이용하여, $\lim_{(x,y)\to(-1,2)}(x^3y-xy^2)=(-1)^3(2)-(-1)(2)^2=2$이고 $\lim_{(x,y)\to(-1,2)}(x-1)=(-1)-1=-2$임을 알 수 있다. 이제 여기에 이변수함수의 극한값에 관한 정리(2)를 이용하여 계산하면 다음과 같이 주어진다.

$$\lim_{(x,y)\to(-1,2)}(x^3y-xy^2)(x+1)=\left[\lim_{(x,y)\to(-1,2)}(x^3y-xy^2)\right]\left[\lim_{(x,y)\to(-1,2)}(x+1)\right]=(2)(-2)=-4\text{이다.}$$

(2) $x=1,\ y=2$에서 $x-y$와 $\sqrt{x^2+y^2}$의 극한값은 각각 $\lim_{(x,y)\to(1,2)}(x-y)=(1)-(2)=-1$과 $\lim_{(x,y)\to(1,2)}\sqrt{x^2+y^2}=\sqrt{1^2+2^2}=\sqrt{5}$임을 알 수 있다. 그러므로 이변수함수의 극한값에 관한 정리 (3)을 이용하면 $\lim_{(x,y)\to(1,2)}\dfrac{x-y}{\sqrt{x^2+y^2}}=\dfrac{\lim_{(x,y)\to(1,2)}(x-y)}{\lim_{(x,y)\to(1,2)}\sqrt{x^2+y^2}}=\dfrac{-1}{\sqrt{5}}$이다. ■

【예제 10-18】

$\lim_{(x,y)\to(0,0)}\dfrac{x^2-y^2}{x^2+y^2}$가 존재하는지 여부를 알아보시오.

| 풀이 |

이 함수는 점 $p=(0,0)$에서는 정의되지 않는 유리함수이다. 이제 점 (x,y)가 $p=(0,0)$에 한없이 가까워질수록 $f(x,y)=\dfrac{x^2-y^2}{x^2+y^2}$도 한없이 가까워지는 값이 존재하는지를 살펴보자.

먼저 x축 위의 임의의 값 $(x,0)$에 대해서 함수 $f(x,y)$의 값은 $f(x,0)=\dfrac{x^2-0}{x^2+0}=1$이다. 따라서 x값이 x축을 따라서 0에 접근하게 되면 $\lim_{(x,y)\to(0,0)}f(x,0)=\lim_{(x,y)\to(0,0)}1=1$이 된다. 한편, y축 위의 모든 값$(0,y)$에 대해서 함수 $f(x,y)$의 값은$f(0,y)=\dfrac{0-y^2}{0+y^2}=-1$이다. 그러므로 $\lim_{(x,y)\to(0,0)}f(0,y)=\lim_{(x,y)\to(0,0)}-1=-1$이 된다. 즉, (x,y)가 점 $(0,0)$에 접근하는 데 있어서 x축을 따라서 점 $(0,0)$에 접근할 경우 $f(x,y)$는 1에 접근하는 반면에, (x,y)가 y축을 따라서 $(0,0)$에 접근하게 되면 $f(x,y)$는 -1에 접근한다.

그러므로 (x,y)가 $(0,0)$에 접근할 때 $f(x,y)$는 일정한 값 L에 접근한다고 할 수 없다. 따라서, $\lim_{(x,y)\to(0,0)}\dfrac{x^2-y^2}{x^2+y^2}$는 존재하지 않는다. ■

【예제 10-19】

$\lim_{(x,y)\to(0,0)} \frac{xy}{x^2+y^2}$가 존재하는지 여부를 알아보시오.

| 풀이 |

함수 $f(x,y)=\frac{xy}{x^2+y^2}$는 점 $p=(0,0)$에서 $\frac{0}{0}$의 형태로서 정의되지 않는 함수이다. 이 함수가 $(0,0)$에서 극한값을 갖기 위해서는 점 $(0,0)$을 중심으로 모든 방향에서 $(0,0)$에 접근할 때 함수 $f(x, y)$도 어떤 일정한 값에 접근해야 한다. 이제 함수 $f(x, y)=\frac{xy}{x^2+y^2}$를 직선 $y=mx$를 따라 $(0,0)$에 접근하도록 해본다.

그러면 $\lim_{(x,y)\to(0,0)} \frac{xy}{x^2+y^2}=\lim_{x\to 0}\frac{x(mx)}{x^2+(mx)^2}=\lim_{x\to 0}\frac{mx^2}{(1+m^2)x^2}=\lim_{x\to 0}\frac{m}{1+m^2}=\frac{m}{1+m^2}$이 된다. 따라서 함수 $f(x,y)=\frac{xy}{x^2+y^2}$의 $(0,0)$에서의 극한값은 m값에 따라 다르게 되어 접근하는 방향에 따라 극한값이 다르다는 의미이므로 결국 $(0,0)$에서의 극한값이 존재하지 않는다. ■

※ 참고사항 : 다변수함수의 연속성

여기에서도 세 변수 이상의 경우에는 이변수함수의 경우와 같기 때문에 생략하기로 하고 이변수함수의 연속성에 대해서만 논의하기로 한다.

이변수함수의 연속성(continuity)

이변수함수 $f(x,y)$가 다음에 나오는 세 가지 조건을 만족할 때 (a,b)에서 연속이라고 한다.

(1) 함수 $f(x,y)$가 (a,b)에서 정의된다.
(2) (x,y)가 (a,b)에 접근함에 따라 $f(x,y)$의 극한값이 존재한다.
(3) $\lim_{(x,y)\to(a,b)} f(x,y)=f(a,b)$이다.

【예제 10-20】

함수 $f(x,y)=\frac{1}{x^2-y^2}$의 연속성 여부를 확인하시오.

| 풀이 |

$f(x,y)=\frac{1}{x^2-y^2}$는 $x^2\neq y^2$에서 정의되는 유리함수이다. $a^2\neq b^2$가 아닌 임의의 점 (a,b)에서 이변

수함수의 극한값에 관한 정리를 적용하면 $\lim_{(x,y)\to(a,b)} \frac{1}{x^2-y^2} = \frac{1}{a^2-b^2}$이다. 게다가 $f(a,b) = \frac{1}{a^2-b^2}$ $(a^2 \neq b^2)$이다. 따라서 $f(x,y) = \frac{1}{x^2-y^2}$는 $a^2 \neq b^2$를 만족하는 모든 점 (a,b)에서 이변수함수의 연속성에 관한 정의의 세 가지 조건을 모두 만족한다. ■

연습문제

01 다음과 같은 무한수열이 주어져 있다. 각각의 극한값을 구하시오.

① $1, \frac{4}{5}, \frac{5}{7}, \frac{2}{3}, \cdots$

② $3, \frac{4}{3}, 1, \frac{6}{7}, \cdots$

02 다음 무한급수의 결과를 구하시오.

① $\sum_{n=0}^{\infty} \frac{1}{(n+1)(n+2)}$

② $\lim_{n \to \infty} \sum_{k=1}^{n} \left(\frac{1}{\sqrt{3}-1} \right)^k$

03 다음 수열의 극한을 구하시오.

① $\lim_{n \to \infty} \left(\sqrt{n^2+1} - \sqrt{n^2-1} \right)$

② $\lim_{n \to \infty} \frac{n^2}{(n-1)(n+1)}$

③ $A = \begin{pmatrix} 1 & 0 \\ 0 & \frac{1}{2} \end{pmatrix}$일 때 $\lim_{n \to \infty} A^n$

04 갑과 을, 두 사람이 동시에 각각의 인터넷 쇼핑몰을 열어 커피를 판매하기로 했다. 그런데 을은 이미 몇 명의 고객이 확보되어 있어서 이미 200kg의 커피는 팔린 것이나 마찬가지이다. 하지만 쇼핑몰을 오픈하고 나니, 갑의 마케팅이 뛰어나 갑의 커피가 을의 커피보다 2배로 많이 팔린다. 처음 오픈했을 때, 갑이 판매한 커피의 양을 $a_1(a_1 = 0)$, 을이 판매한 커피의 양을 a_2(이미 팔린 200kg 커피가 있으므로 $a_2 = 200$)라고 하자. 갑이 $a_2$kg의 커피를 판매했을 때, 을이 판매한 커피의 양을 a_3, 갑이 총 $a_3$kg의 커피를 판매했을 때 을의 총판매량을 a_4라고 하자. 이와 같은 방법으로 계속하여 점 $a_n(n = 1, 2, 3, \cdots)$을 정한다. 그러면 갑과 을의 총판매량의 차이가 1kg이 안 될 때 갑의 총판매량은 다음 중 어디에 속하는가?

① a_4와 a_5 사이

② a_6와 a_7 사이

③ a_9와 a_{10} 사이

④ a_{10}과 a_{11} 사이

05 다음과 같은 무한수열이 주어져 있다.

$2, \frac{1}{2}, \frac{2}{7}, \frac{1}{5}, \cdots$이 수열의 11번째 값은?

06 다음 무한급수의 결과를 구하시오.

① $\frac{1}{2}+\frac{1}{4}+\frac{1}{8}+\frac{1}{16}+\frac{1}{32}+\cdots$ ② $a_n=\sum_{k=1}^{n}k$일 때 $\lim_{n\to\infty}\sum_{k=1}^{n}\frac{1}{a_k}$

07 다음의 각 함수가 연속인지 아닌지 판단하고 그 이유를 설명하시오.

① if $x>0$ $f(x)=x$이고 if $x\leq 0$ $f(x)=0$

② if $x>1$ $f(x)=x-1$이고 if $x\leq 1$ $f(x)=-x+1$

③ if $x>0$ $f(x)=x$이고 if $x\leq 0$ $f(x)=-x$

④ if $x>0$ $f(x)=\sqrt{x}$ 이고 if $x\leq 0$ $f(x)=x^2+1$

⑤ 임의의 실수 a에 대하여 $f(x)=\frac{ax^2-x^3}{x^2+1}$

⑥ $x\neq 1$일 때 $f(x)=\frac{x-1}{\sqrt{x}-1}$이고 $x=1$일 때 $f(x)=2$

08 임의의 양수 a, b에 대하여 연산 $*$를 $a*b=\lim_{n\to\infty}\frac{a^{n+1}+b^{n+1}}{ba^n+ab^n}$으로 정의할 때 $(2*5)*(3*1)$의 값은?

09 함수 $f(x)$가 $f(x)=\frac{x-1}{\sqrt{x}-1}$로 주어졌을 때 극한값 $\lim_{x\to 1}f(x)$을 찾으시오. 또 이 함수가 $x=1$에서 연속하는지 판단하고 만일 연속하지 않으면 연속하기 위한 조건을 찾으시오.

10 매년 말 c원씩 t년간 타는 연금이 있다 하자. 이 연금의 할인율을 r%라 할 때, 이 연금의 현재가치의 합계를 구하시오. 여기서 연금수령 개시는 첫해 말부터라고 가정한다.

11 만약 10번 문제에서 연금이 매년 말이 아니라 매년 초에 발생한다고 하면, 어떻게 될지 구하시오. 다시 말해 연금이 즉시 지급되고, 내년 초에 두 번째 연금이, 2년째 초에 세 번째 연금이 지급되는 방식이다.

12 럭키보이는 로또에 당첨되는 행운을 얻었다. 당첨된 로또는 1년 후 20만원을 지급하고, 매년 5%씩 지급금액이 증가하며, 20년간 지급한다고 하자. 할인율이 11%라고 했을 때 이 로또의 현재가치를 구하시오.

13 K기업은 직전연도 주당 1,000원의 배당을 지급했다. 이 기업의 배당금은 매년 8%씩 영속적으로 성장할 것으로 예상된다. 이 기업주식의 자본비용이 14%라 할 때, 이 기업의 주가는 얼마가 적정한지 고든모형을 적용하여 구하시오.

14 A씨는 다음 달부터 매월 100만원씩 연금을 120개월(10년) 동안 수령하기로 되어 있다. 만약 연금

을 매월 수령하는 대신에 일시불로 수령한다면 얼마를 받아야 하나? 월 할인율이 1%(연 12%)라고 가정한다.

15 매년 주당 10,000원의 배당금을 일정하게 지급하고 할인율이 10%인 우선주가 있다고 할 때 우선주의 주가는 얼마로 계산되는가?

16 내년 말에는 주당 10,000원의 배당금을 지급하고 이후 배당금을 매년 5%씩 영속적으로 증가하려고 하는 기업이 있다. 이 기업의 보통주에 대한 할인율이 10%라 할 때, 이 기업의 보통주 주가는 얼마로 계산되는가? 여기서 계산한 보통주 주가와 15번에서 계산한 우선주 주가를 비교하고 보통주 주가가 높은 이유를 설명하시오.

17 (상급 문제) 임의의 실수 a와 임의의 자연수 m, n에 대해 $f(x, y) = ax^n y^m$는 2차원평면 위의 모든 점에서 연속임을 보이시오.

18 (상급 문제) 함수 $f(x,y) = \dfrac{yx^2 + x^3}{x^2 + 1}$는 2차원평면 위의 모든 점에서 연속임을 보이시오.

CHAPTER

11 도함수

경제학이나 경영학 분야에서 많이 사용하는 분석으로서 **비교정태분석**(comparative static analysis)이라는 것이 있다. 이는 서로 다른 균형상태를 비교하는 것으로 **외생변수들**(exogenous variables)이나 **매개변수들**(parameters)이 새로운 값을 가질 때 **내생변수들**(endogenous variables)이 새로운 균형상태에 도달하게 되며, 초기 균형상태와 변화 후 균형상태를 비교함으로써 외생변수나 모수들의 변화가 균형상태에 미치는 영향을 파악하려는 것이다.

따라서 비교정태분석은 본질적으로 어떤 변수나 모수의 변화에 대응하는 내생변수의 균형값의 **변화율**(rate of change)을 찾는 문제가 되기 때문에 이번 장에서 우리가 다루려고 하는 **도함수**(derivative)라는 수학적 개념이 매우 유용하다. 왜냐하면 도함수가 바로 변화율의 개념과 직접적으로 연관되기 때문이다. 더 나아가서 도함수의 개념은 앞으로 다루게 될 **최적화문제**(optimization problem)에서도 대단히 중요한데, 그 이유는 모든 최적화문제는 결국 1차 도함수를 영으로 놓는 방법을 사용하기 때문이다.

11.1 함수의 차분계수와 미분계수

1. 차분과 차분계수

함수 $y=f(x)$에서 변수 x의 값이 x_0에서부터 x_1으로 변했을 때 x의 변화량 x_1-x_0을 x의 **차분**(difference) 또는 **증분**(increment)이라고 하고 Δx로 나타낸다. 여기서, x의 값이 x_0에서부터 x_1으로 변할 때 y는 $y_0=f(x_0)$에서 $y_1=f(x_1)$로 변한다. 이때, x의 차분 $\Delta x=x_1-x_0$에 대한 y의 차

분은 $f(x_1)-f(x_0)=y_1-y_0$이고 이를 보통 Δy로 나타낸다.

그림 11-1 ▌ x와 y의 차분

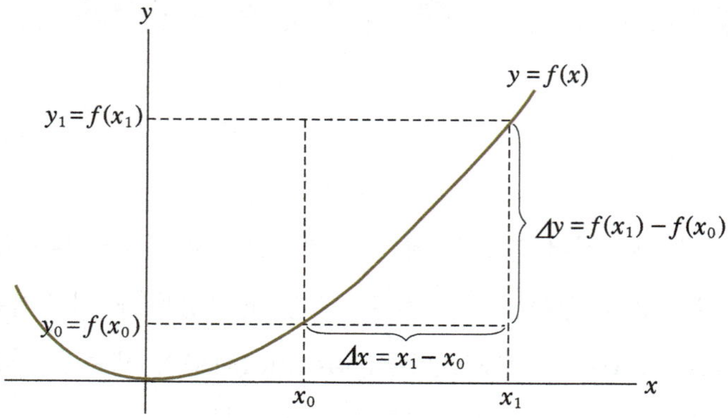

【예제 11-1】

$y=x^2+1$이 주어졌을 때 변수 x의 값이 $x_0=0.5$에서부터 $x_1=1.2$로 변했을 때 x의 차분과 그에 해당하는 y의 차분을 구하시오.

ı 풀이 ı

$\Delta x=x_1-x_0=1.2-0.5=0.7$이 된다. 이에 해당하는 차분은 $y=f(x)$로 놓았을 때, $\Delta y=f(1.2)-f(0.5)=\{(1.2)^2+1\}-\{(0.5)^2+1\}=(1.2)^2-(0.5)^2=1.44-0.25=1.19$가 된다. ■

차분계수(difference quotient)

함수 $y=f(x)$에서 독립변수 x가 초기값 x_0에서 $x_0+\Delta x$로 변할 때 여기에 대응하는 함수 y의 변화는 $\Delta y=f(x_0+\Delta x)-f(x_0)$가 된다. 이때 x의 차분 Δx에 대한 y의 차분 Δy의 비율인 다음 식을 $f(x)$의 x_0에서의 **차분계수**라고 한다.

$$\frac{\Delta y}{\Delta x}=\frac{f(x_0+\Delta x)-f(x_0)}{\Delta x}$$

차분계수를 기하학적으로 표현하면 점 $A(x_0,\ f(x_0))$와 점 $B(x_0+\Delta x,\ f(x_0+\Delta x))$를 연결하는 직선의 **기울기(slope)**로 나타난다.

그림 11-2 ▌ 차분계수와 직선의 기울기

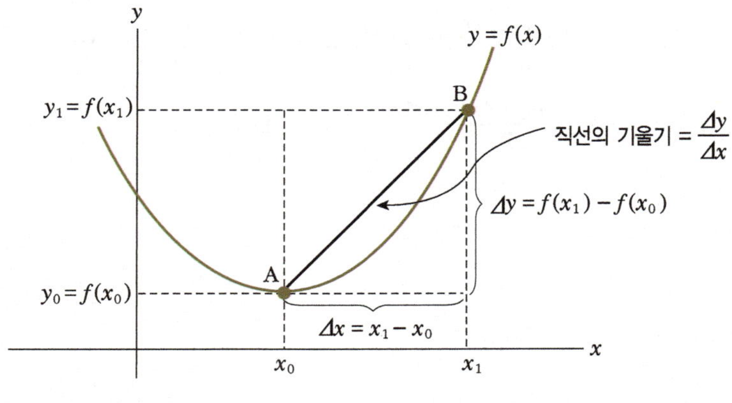

【예제 11-2】

$y=x^2+1$이 주어졌을 때 변수 x의 값이 $x_0=0.5$에서부터 $x_1=1.2$로 변할 때 $x_0=0.5$에서의 차분계수 $\Delta y/\Delta x$를 구하시오. 그리고 이 차분계수가 점 $A(x_0,\ f(x_0))$와 점 $B(x_0+\Delta x, f(x_0+\Delta x))$를 연결하는 직선의 기울기와 같은지 확인하시오.

| 풀이 |

$y=f(x)$로 놓았을 때, x_0에서의 차분계수는

$$\frac{\Delta y}{\Delta x}=\frac{f(x_0+\Delta x)-f(x_0)}{\Delta x}=\frac{[(x_0+\Delta x)^2+1]-[(x_0)^2+1]}{\Delta x}=\frac{2x_0\Delta x+(\Delta x)^2}{\Delta x}$$

이다. 여기서 x가 0.5에서 1.2로 변하는 경우 $x_0=0.5$이고 $\Delta x=0.7$이므로 $x_0=0.5$에서의 차분계수는 $\frac{\Delta y}{\Delta x}=2x_0+\Delta x=2(0.5)+0.7=1.7$이다. 한편, 점 $A(0.5, f(0.5))=(0.5, 1.25)$와 점 $B(1.2, f(1.2))=(1.2, 2.44)$의 기울기는 $\frac{2.44-1.25}{1.2-0.5}=1.7$이다.

그러므로 x가 0.5에서 1.2로 변할 때 차분계수 $\Delta y/\Delta x$는 점 $A(x_0, f(x_0))$와 점 $B(x_0+\Delta x, f(x_0+\Delta x))$를 연결하는 직선의 기울기와 같다는 것을 확인할 수 있다. ■

【예제 11-3】

함수 $y=f(x)$가 $y=3x^2+x$로 정의되었을 때 임의의 점 x_0에서의 차분계수 $\Delta y/\Delta x$를 구하시오.

| 풀이 |

$$\frac{\Delta y}{\Delta x}=\frac{f(x_0+\Delta x)-f(x_0)}{\Delta x}=\frac{[3(x_0+\Delta x)^2+(x_0+\Delta x)]-[3(x_0)^2+x_0]}{\Delta x}$$

$$=\frac{6x_0\Delta x+3(\Delta x)^2+\Delta x}{\Delta x}=6x_0+3\Delta x+1$$

■

2. 미분계수

미분계수(differential quotient)

함수 $y=f(x)$의 x_0에서의 차분계수 $\Delta y/\Delta x$에서 Δx가 0에 접근할 때 차분계수 $\Delta y/\Delta x$의 극한인 $\lim_{\Delta x\to 0}\frac{\Delta y}{\Delta x}=\lim_{\Delta x\to 0}\frac{f(x_0+\Delta x)-f(x_0)}{\Delta x}$를 $f(x)$의 x_0에서의 **미분계수**라 하며 $f'(x_0)$로 표기한다. 정리하면, $f(x)$의 x_0에서의 미분계수는 다음과 같이 정의된다.

$$f'(x_0)=\lim_{\Delta x\to 0}\frac{\Delta y}{\Delta x}=\lim_{\Delta x\to 0}\frac{f(x_0+\Delta x)-f(x_0)}{\Delta x}$$

미분계수의 기하학적 의미

미분계수는 기하학적으로 점 $A(x, f(x))$에서의 **접선의 기울기(tangent line)**를 나타낸다.

그림 11-3 ▌ 미분계수의 의미

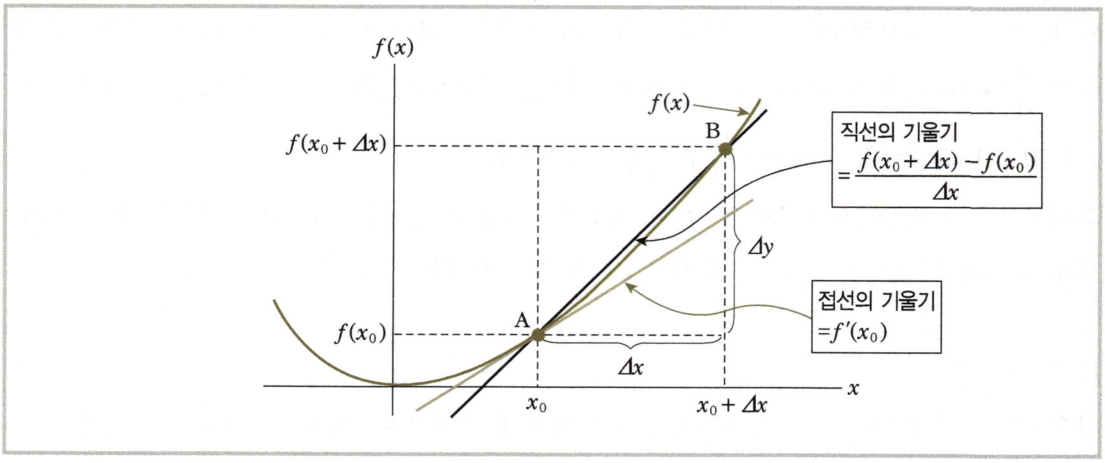

【예제 11-4】

함수 $y=f(x)$가 $y=x^2+1$로 정의되어 있다. 이때 x_0에서의 미분계수 $f'(x_0)$를 구하시오.

| 풀이 |

미분계수의 정의에 의하면 x_0에서의 미분계수 $f'(x_0)$는 x_0에서 Δx가 0에 접근할 때 차분계수 $\Delta y/\Delta x$의 극한이다. 우선 주어진 함수의 x_0에서의 차분계수를 구하면

$$\frac{\Delta y}{\Delta x}=\frac{f(x_0+\Delta x)-f(x_0)}{\Delta x}=\frac{((x_0+\Delta x)^2+1)-(x_0^2+1)}{\Delta x}=\frac{2x_0\Delta x+(\Delta x)^2}{\Delta x}=2x_0+\Delta x$$

이 된다. 여기서 Δx가 0으로 접근할 때의 극한을 구하면 $\lim_{\Delta x\to 0}\frac{\Delta y}{\Delta x}=\lim_{\Delta x\to 0}(2x_0+\Delta x)=2x_0$이 된다. 따라서 x_0에서의 미분계수는 $f'(x_0)=2x_0$이다. ■

【예제 11-5】

함수 $y=f(x)$가 $y=3x^2+x$로 정의되었을 때 미분계수 $f'(1)$를 구하시오.

| 풀이 |

우선 주어진 함수의 x_0에서의 차분계수를 구하면,

$$\frac{\Delta y}{\Delta x}=\frac{f(x_0+\Delta x)-f(x_0)}{\Delta x}=\frac{(3(x_0+\Delta x)^2+(x_0+\Delta x))-(3x_0^2+x_0)}{\Delta x}$$

$$=\frac{6x_0\Delta x+3(\Delta x)^2+\Delta x}{\Delta x}=6x_0+3\Delta x+1$$

이 된다. 여기서 Δx가 0으로 접근할 때의 극한을 구하면 $\lim_{\Delta x\to 0}\frac{\Delta y}{\Delta x}=\lim_{\Delta x\to 0}(6x_0+3\Delta x+1)=6x_0+1$이 된다. 즉, 임의의 점 x_0에서의 미분계수는 $f'(x_0)=6x_0+1$이다. 이제 $x_0=1$에서의 미분계수를 구하면 $f'(1)=(6)(1)+1=7$이다. ■

11.2 도함수의 개념

1. 도함수

주어진 함수 $y=f(x)$에 대해 임의의 점 x_0에서 미분계수 $f'(x_0)$을 함수값으로 가지는 함수 $f'(x)$

를 $f(x)$의 **도함수(derivative)**라고 한다. 즉, 함수 $y=f(x)$의 도함수는 $f(x)$의 x_0에서의 미분계수 $f'(x_0)$에서 x_0를 x로 대체한 $f'(x)$이다. 함수 $f(x)$의 도함수는 다음과 같이 정의된다.

$$f'(x)=\lim_{\Delta x \to 0}\frac{f(x+\Delta x)-f(x)}{\Delta x}$$

여기서 도함수란 주어진 함수 $y=f(x)$로부터 유도된 함수(derived function)라는 뜻이며, 도함수 $f'(x)$의 관점에서 $y=f(x)$를 **원시함수(primitive function)**라고 부른다.

【예제 11-6】

$f(x)=x^2+1$의 도함수 $f'(x)$를 구하시오.

| 풀이 |

도함수의 정의에 의해 우선 임의의 점 x_0에서의 미분계수 $f'(x_0)$을 구하고, x_0에 x를 대체하면 도함수 $f'(x)$를 구할 수 있다. 그런데 앞의 [예제 11-4]에서 함수 $f(x)=x^2+1$의 점 x_0에서의 미분계수가 $f'(x_0)=2x_0$임을 구하였다. 따라서 도함수는 $f'(x)=2x$이다. ■

【예제 11-7】

함수 $y=f(x)$가 $y=3x^2+x$로 정의되었을 때 도함수를 구하시오.

| 풀이 |

[예제 11-6]에서와 마찬가지로 [예제 11-5]에서 구한 $f'(x_0)=6x_0+1$에서 x_0를 x로 대체한 $f'(x)=6x+1$가 함수 $f(x)=3x^2+x$의 도함수이다. ■

2. 도함수와 미분가능성

우리는 10장에서 함수의 연속성에 대해 공부했다. 다시 한 번 함수의 연속성에 대해 정의해보면, 함수 $f(x)$는 정의역에서 x값이 p값에 수렴할 때 극한을 갖고, 동시에 이 극한이 $f(p)$와 같을 때 즉, $\lim_{x \to p} f(x)=f(p)$일 때 p에서 연속이라 한다. 이제 Δx가 0에 접근할 때, 차분계수 $\Delta y/\Delta x$에 대해 극한개념을 적용하면 다음과 같은 미분가능성의 정의를 얻을 수 있다.

미분가능성(differentiability)

함수 $y=f(x)$의 x_0에서의 차분계수 $\Delta y/\Delta x$에서 Δx가 0에 접근할 때, 차분계수 $\Delta y/\Delta x$의 극한인 미분계수 $f'(x_0)=\lim\limits_{\Delta x\to 0}\dfrac{\Delta y}{\Delta x}=\lim\limits_{\Delta x\to 0}\dfrac{f(x_0+\Delta x)-f(x_0)}{\Delta x}$이 존재하면 $f(x)$는 x_0에서 **미분가능(differentiable)**이라고 한다. 다시 말해, x_0에서 도함수가 존재하면 미분가능하다고 한다.

미분가능성에 관한 정리

함수 $f(x)$가 $x=x_0$에서 미분가능이면 $f(x)$는 x_0에서 연속이다.

그러나 '미분가능성에 관한 정리' 의 역은 성립하지 않는다. 즉, $x=x_0$에서 연속인 함수 f가 x_0에서 미분가능이 아닐 수 있다. 다음 예제를 통해 이러한 경우를 확인해보자.

【예제 11-8】

함수 $f(x)=|x|$가 $x=0$에서 연속인지 그리고 미분가능한지를 판별하시오.

| 풀이 |

10장 [예제 10-3]으로부터 함수 $f(x)=|x|$는 연속임을 알 수 있다. 그러나 이 함수의 그래프를 보면 $x=0$에서 모서리를 형성하기 때문에 기하학적으로 보더라도 $x=0$에서 미분가능하지 않다는 것을 알 수 있다. 하지만, 여기서 함수의 차분계수의 왼쪽으로부터의 극한값과 오른쪽으로부터의 극한값이 같지 않다는 것을 보임으로써 $f'(0)=\lim\limits_{\Delta x\to 0}\dfrac{f(0+\Delta x)-f(0)}{\Delta x}$가 존재하지 않는다는 것을 보일 수 있다. 즉, $\lim\limits_{\Delta x\to 0^+}\dfrac{f(0+\Delta x)-f(0)}{\Delta x}=\lim\limits_{\Delta x\to 0^+}\dfrac{|0+\Delta x|-|0|}{\Delta x}=\lim\limits_{\Delta x\to 0^+}\dfrac{|\Delta x|}{\Delta x}=1$이고

$\lim\limits_{\Delta x\to 0^-}\dfrac{f(0+\Delta x)-f(0)}{\Delta x}=\lim\limits_{\Delta x\to 0^-}\dfrac{|0+\Delta x|-|0|}{\Delta x}=\lim\limits_{\Delta x\to 0^-}\dfrac{|\Delta x|}{\Delta x}=-1$이므로

$\lim\limits_{\Delta x\to 0^+}\dfrac{f(0+\Delta x)-f(0)}{\Delta x}\neq\lim\limits_{\Delta x\to 0^-}\dfrac{f(0+\Delta x)-f(0)}{\Delta x}$이 되어

$f'(0)=\lim\limits_{\Delta x\to 0}\dfrac{f(0+\Delta x)-f(0)}{\Delta x}$가 존재하지 않는다. 따라서 미분가능성의 정의에 의해 함수 $f(x)=|x|$는 $x=0$에서 미분가능하지 않다. ■

3. 도함수의 표기법

도함수를 찾는 과정을 **미분연산(differentiation)**이라고 하는데, 이 미분연산은 함수 f에 대하여 f'을 연관시키는 연산으로 생각할 수 있다. 즉, 우리가 보통 '미분한다' 는 말은 'f의 도함수 f'를 구한다' 는 것을 의미한다.

독립변수가 x일 때 미분연산은 종종 $\frac{d}{dx}[f(x)]$로 나타내고 이 결과를 x에 관한 $f(x)$의 도함수라고 한다. 즉, $\frac{d}{dx}[f(x)]=f'(x)$이다. 한편, $y=f(x)$와 같이 종속변수가 나타나는 경우에는 위의 식을 $\frac{dy}{dx}=f'(x)$로 나타낼 수 있는데, 여기서 $\frac{dy}{dx}$를 x에 관한 y의 도함수라고 읽는다. 이때 어떤 값 $x=x_0$에서 도함수의 값을 나타낼 경우에는 $\frac{d}{dx}[f(x)]\Big|_{x=x_0}=f'(x_0)$ 또는 $\frac{dy}{dx}\Big|_{x=x_0}=f'(x_0)$로 나타낸다.

【예제 11-9】

$y=-5x^2+2x+1$의 도함수 $\frac{dy}{dx}$를 구하시오.

| 풀이 |

x에서의 차분계수 $\Delta y/\Delta x$는

$$\frac{\Delta y}{\Delta x}=\frac{f(x+\Delta x)-f(x)}{\Delta x}=\frac{[-5(x+\Delta x)^2+2(x+\Delta x)+1]-[-5x^2+2x+1]}{\Delta x}$$
$$=\frac{-10x\Delta x-5(\Delta x)^2+2\Delta x}{\Delta x}=-10x-5\Delta x+2$$

이다. Δx가 0으로 접근할 때 x에서의 차분계수 $\Delta y/\Delta x$의 극한은 $\lim_{\Delta x\to 0}\frac{\Delta y}{\Delta x}=\lim_{\Delta x\to 0}(-10x-5\Delta x+2)$ $=-10x+2$이다. 따라서 도함수는 $\frac{dy}{dx}=-10x+2$이다. ■

【예제 11-10】

$x>0$일 때, $f(x)=\sqrt{x}$의 도함수 $f'(x)$를 구하시오.

| 풀이 |

x에서의 차분계수 $\Delta y/\Delta x$는 $\frac{\Delta y}{\Delta x}=\frac{f(x+\Delta x)-f(x)}{\Delta x}=\frac{\sqrt{x+\Delta x}-\sqrt{x}}{\Delta x}=\frac{(\sqrt{x+\Delta x}+\sqrt{x})}{(\sqrt{x+\Delta x}+\sqrt{x})}\cdot\frac{(\sqrt{x+\Delta x}-\sqrt{x})}{\Delta x}=\frac{\Delta x}{\sqrt{x+\Delta x}+\sqrt{x}}\cdot\frac{1}{\Delta x}=\frac{1}{\sqrt{x+\Delta x}+\sqrt{x}}$이다. Δx가 0으로 접근할 때 x에서의 차분

계수 $\Delta y/\Delta x$의 극한은 $\lim_{\Delta x\to 0}\frac{\Delta y}{\Delta x} = \lim_{\Delta x\to 0}\left(\frac{1}{\sqrt{x+\Delta x}+\sqrt{x}}\right) = \frac{1}{2\sqrt{x}}$이다. 따라서 도함수는 $f'(x) = \frac{1}{2\sqrt{x}}$, $x>0$이다. ■

11.3 도함수의 성질

도함수는 Δx가 0으로 접근할 때 차분계수 $\Delta y/\Delta x$의 극한으로 정의되지만 도함수를 구할 때마다 극한을 구하는 과정을 반복할 필요는 없다. 우리가 원하는 도함수를 바로 구할 수 있게 해주는 여러 가지 **미분법칙**이 존재하기 때문이다. 이제 이러한 미분법칙들에 대해 알아보도록 하자.

상수함수에 관한 도함수 정리

상수함수 $f(x)=c$는 모든 점 x에서 $f'(x)=0$이다.

증명

상수함수 $f(x)$는 모든 점에서 어떤 값 c를 가지므로

$$\begin{aligned} f'(x) &= \lim_{\Delta x\to 0}\frac{f(x+\Delta x)-f(x)}{\Delta x} && \text{(도함수의 정의식)} \\ &= \lim_{\Delta x\to 0}\frac{c-c}{\Delta x} && (f(x)=c) \\ &= \lim_{\Delta x\to 0} 0 = 0 && \text{(극한정리)} \end{aligned}$$

멱함수에 관한 도함수 정리

임의의 양의 정수 n에 대하여 멱함수(power function) $f(x)=x^n$의 도함수는 $f'(x)=nx^{n-1}$이다.

증명

$f(x)=x^n$라고 하자.

$$f'(x) = \lim_{\Delta x \to 0} \frac{f(x+\Delta x)-f(x)}{\Delta x} \qquad \text{(도함수의 정의식)}$$
$$= \lim_{\Delta x \to 0} \frac{(x+\Delta x)^n - x^n}{\Delta x} \qquad (f(x)=x^n)$$

그런데 $(x+\Delta x)^n = x^n + nx^{n-1}\Delta x + \frac{n(n-1)}{2!}x^{n-2}(\Delta x)^2 + \cdots + nx(\Delta x)^{n-1} + (\Delta x)^n$이므로

$$f'(x) = \lim_{\Delta x \to 0} \frac{[x^n + nx^{n-1}\Delta x + \frac{n(n-1)}{2!}x^{n-2}(\Delta x)^2 + \cdots + nx(\Delta x)^{n-1} + (\Delta x)^n] - x^n}{\Delta x}$$
$$= \lim_{\Delta x \to 0}\left[nx^{n-1} + \frac{n(n-1)}{2!}x^{n-2}\Delta x + \cdots + nx(\Delta x)^{n-2} + (\Delta x)^{n-1}\right]$$
$$= nx^{n-1}$$

임을 알 수 있다. 특히, 위의 정리에서 $n=1$일 경우 $f(x)=x$이고 그 도함수는 $f'(x)=1x^0=1$이 된다.

【예제 11-11】

$y=x^{100}$일 때 $\frac{dy}{dx}$를 구하시오.

| 풀이 |

위의 정리를 이용하면 $n=100$일 경우이므로 $\frac{dy}{dx}=f'(x)=100x^{100-1}=100x^{99}$이다. ■

함수의 상수곱에 관한 도함수 정리

상수 c와 x에 대해 미분가능한 함수인 $f(x)$의 곱인 $(cf)(x)$가 있다면, 이 cf도 x에서 미분가능한 함수이고 그 도함수는 $\frac{d}{dx}[cf(x)] = c\frac{d}{dx}[f(x)]$이다.

증명

$F(x)=cf(x)$라고 하자.

$$F'(x) = \lim_{\Delta x \to 0}\left[\frac{F(x+\Delta x)-F(x)}{\Delta x}\right] \qquad \text{(도함수의 정의식)}$$
$$= \lim_{\Delta x \to 0}\left[\frac{cf(x+\Delta x)-cf(x)}{\Delta x}\right] \qquad (F(x)=cf(x))$$
$$= \lim_{\Delta x \to 0}\left[c\left(\frac{f(x+\Delta x)-f(x)}{\Delta x}\right)\right]$$

$$=c\lim_{\Delta x\to 0}\left[\frac{f(x+\Delta x)-f(x)}{\Delta x}\right] \qquad \text{(극한정리)}$$

$$=c\frac{d}{dx}[f(x)] \qquad \text{(도함수의 정의식)}$$

임을 알 수 있다.

【예제 11-12】

다음에 주어진 함수의 도함수를 구하시오.

(1) $f(x)=-3x^7$　　(2) $f(x)=ax^n,\ a\in R$

ı 풀이 ı

(1) $\frac{d}{dx}[-3x^7]=(-3)\frac{d}{dx}[x^7]=(-3)(7x^6)=-21x^6$이다. 따라서, $f'(x)=-21x^6$이다.

(2) $\frac{d}{dx}[ax^n]=a\frac{d}{dx}[x^n]=a(nx^{n-1})=anx^{n-1}$이다. 따라서, $f'(x)=anx^{n-1}$이다. ■

함수의 합과 차에 대한 도함수 정리

두 함수 f와 g가 각각 x에 대해 미분가능하면 두 함수의 합 $f+g$와 두 함수의 차 $f-g$도 각각 x에 대해 미분가능하며, 이때 도함수는 각각 $\frac{d}{dx}[f(x)+g(x)]=\frac{d}{dx}[f(x)]+\frac{d}{dx}[g(x)]$와 $\frac{d}{dx}[f(x)-g(x)]=\frac{d}{dx}[f(x)]-\frac{d}{dx}[g(x)]$이다. 즉, $(f+g)'(x)=f'(x)+g'(x)$와 $(f-g)'(x)=f'(x)-g'(x)$이다.

증명

$F(x)=f(x)+g(x)$라고 하면,

$$F'(x)=\lim_{\Delta x\to 0}\left[\frac{F(x+\Delta x)-F(x)}{\Delta x}\right] \qquad \text{(도함수의 정의식)}$$

$$=\lim_{\Delta x\to 0}\left[\frac{[f(x+\Delta x)+g(x+\Delta x)]-[f(x)+g(x)]}{\Delta x}\right] \qquad (F(x)=f(x)+g(x))$$

$$=\lim_{\Delta x\to 0}\left[\frac{[f(x+\Delta x)-f(x)]+[g(x+\Delta x)-g(x)]}{\Delta x}\right]$$

$$=\lim_{\Delta x\to 0}\left[\frac{[f(x+\Delta x)-f(x)]}{\Delta x}+\frac{[g(x+\Delta x)-g(x)]}{\Delta x}\right]$$

$$=\lim_{\Delta x \to 0}\left[\frac{f(x+\Delta x)-f(x)}{\Delta x}\right]+\lim_{\Delta x \to 0}\left[\frac{g(x+\Delta x)-g(x)}{\Delta x}\right] \quad \text{(극한정리)}$$

$$=\frac{d}{dx}[f(x)]+\frac{d}{dx}[g(x)] \quad \text{(도함수의 정의식)}$$

임을 알 수 있다. 함수의 차에 대해서도 같은 방법으로 증명할 수 있다.

【예제 11-13】

x^8-5x^5+3x-1의 도함수를 구하시오.

| 풀이 |

x^8-5x^5+3x-1의 도함수를 함수의 상수곱 그리고 합과 차의 도함수에 관한 정리를 이용하여 구하면,

$$\begin{aligned}\frac{d}{dx}[x^8-5x^5+3x-1] &= \frac{d}{dx}[x^8]-\frac{d}{dx}[5x^5]+\frac{d}{dx}[3x]-\frac{d}{dx}[1]\\ &=8x^7-5\frac{d}{dx}[x^5]+3\frac{d}{dx}[x]-0\\ &=8x^7-5(5x^4)+3(1)-0\\ &=8x^7-25x^4+3\end{aligned}$$

이다. ■

【예제 11-14】

$x>0$일 때, $\frac{d}{dx}\left[4x^4+\sqrt{x}\right]$를 구하시오.

| 풀이 |

[예제 11-10]으로부터 $\frac{d}{dx}\left[\sqrt{x}\right]=\frac{1}{2\sqrt{x}}$, $x>0$임을 구하였다. 따라서 앞의 예제에서와 같이 풀면,

$$\begin{aligned}\frac{d}{dx}\left[4x^4+\sqrt{x}\right] &= \frac{d}{dx}[4x^4]+\frac{d}{dx}[\sqrt{x}]=4\frac{d}{dx}[x^4]+\frac{1}{2\sqrt{x}}\\ &=4(4x^3)+\frac{1}{2\sqrt{x}}=16x^3+\frac{1}{2\sqrt{x}}\end{aligned}$$

을 얻는다. ■

이와 같이 함수의 상수곱에 관한 도함수의 정리와 함수의 합과 차에 대한 도함수의 정리를 이용하면 임의의 다항식 $f(x)=a_0+a_1x+a_2x^2+\cdots+a_nx^n$, $a_0, a_1, \cdots, a_n \in R$의 도함수를 구할 수

있다. 즉, 이 다항식은 $n+1$개의 함수의 덧셈으로 되어 있으므로 이 다항식의 도함수는 각 항의 도함수의 덧셈과 같다. 그런데 각 항의 도함수를 구하면 각각 $\frac{d}{dx}(a_0)=0$, $\frac{d}{dx}(a_1 x)=a_1$, $\frac{d}{dx}(a_2 x^2)=2a_2 x, \cdots, \frac{d}{dx}(a_n x^n)=na_n x^{n-1}$이 된다. 그러므로 이 다항식의 도함수는 $\frac{d}{dx}[f(x)]=a_1+2a_2 x+\cdots+na_n x^{n-1}$이 된다.

두 함수의 곱에 대한 도함수 정리

두 함수 f와 g가 x에 대해 미분가능하면 두 함수의 곱 fg도 x에 대해 미분가능하고 그 도함수는 다음과 같다.

$$\frac{d}{dx}[f(x)g(x)]=\left[\frac{d}{dx}f(x)\right]g(x)+f(x)\left[\frac{d}{dx}g(x)\right]$$

이다. 즉, $(fg)'(x)=f'(x)\,g(x)+f(x)g'(x)$이다.

증명

$F(x)=f(x)g(x)$라고 하면,

$$\begin{aligned}
F'(x) &= \lim_{\Delta x\to 0}\left[\frac{F(x+\Delta x)-F(x)}{\Delta x}\right] \\
&= \lim_{\Delta x\to 0}\left[\frac{[f(x+\Delta x)g(x+\Delta x)]-[f(x)g(x)]}{\Delta x}\right] \\
&= \lim_{\Delta x\to 0}\left[\frac{[f(x+\Delta x)g(x+\Delta x)-f(x+\Delta x)g(x)]}{\Delta x}+\frac{[f(x+\Delta x)g(x)-f(x)g(x)]}{\Delta x}\right] \\
&= \lim_{\Delta x\to 0}\left[f(x+\Delta x)\frac{[g(x+\Delta x)-g(x)]}{\Delta x}+\frac{[f(x+\Delta x)-f(x)]}{\Delta x}g(x)\right] \\
&= \lim_{\Delta x\to 0}\left[f(x+\Delta x)\frac{[g(x+\Delta x)-g(x)]}{\Delta x}\right]+\lim_{\Delta x\to 0}\left[\frac{[f(x+\Delta x)-f(x)]}{\Delta x}g(x)\right] \\
&= \lim_{\Delta x\to 0}[f(x+\Delta x)]\lim_{\Delta x\to 0}\left[\frac{g(x+\Delta x)-g(x)}{\Delta x}\right]+\lim_{\Delta x\to 0}\left[\frac{f(x+\Delta x)-f(x)}{\Delta x}\right]\lim_{\Delta x\to 0}[g(x)] \\
&= f(x)\frac{d}{dx}[g(x)]+\frac{d}{dx}[f(x)]g(x)
\end{aligned}$$

이 된다.

【예제 11-15】

$f(x)=(x^3+1)(2x^2+8x-5)$의 도함수를 구하시오.

| 풀이 |

두 함수의 곱에 대한 도함수 정리를 이용하면,

$$\begin{aligned}\frac{d}{dx}[f(x)] = \frac{d}{dx}\left[(x^3+1)(2x^2+8x-5)\right] &= \left[\frac{d}{dx}(x^3+1)\right](2x^2+8x-5)+(x^3+1)\left[\frac{d}{dx}(2x^2+8x-5)\right]\\ &=(3x^2)(2x^2+8x-5)+(x^3+1)(4x+8)\\ &=(6x^4+24x^3-15x^2)+(4x^4+8x^3+4x+8)\\ &=10x^4+32x^3-15x^2+4x+8\end{aligned}$$

이 된다. ■

함수의 나눗셈에 대한 도함수 정리

두 함수 f와 g가 x에 대해 미분가능한 함수이고 $g(x)\neq 0$이면 f/g도 x에 대해 미분가능한 함수이며 도함수는 다음과 같다.

$$\frac{d}{dx}\left[\frac{f(x)}{g(x)}\right]=\frac{\frac{d}{dx}[f(x)]g(x)-f(x)\frac{d}{dx}[g(x)]}{g^2(x)},\ \text{즉}\ \left(\frac{f}{g}\right)'(x)=\frac{f'(x)g(x)-f(x)g'(x)}{g^2(x)}\text{이다.}$$

증명

$F(x)=f(x)/g(x)$라고 하면,

$$\begin{aligned}F'(x)=\lim_{\Delta x\to 0}\left[\frac{F(x+\Delta x)-F(x)}{\Delta x}\right] &= \lim_{\Delta x\to 0}\left[\frac{\frac{f(x+\Delta x)}{g(x+\Delta x)}-\frac{f(x)}{g(x)}}{\Delta x}\right]\\ &=\lim_{\Delta x\to 0}\left[\frac{\frac{f(x+\Delta x)g(x)-f(x)g(x+\Delta x)}{g(x+\Delta x)g(x)}}{\Delta x}\right]\\ &=\lim_{\Delta x\to 0}\left[\frac{f(x+\Delta x)g(x)-f(x)g(x+\Delta x)}{\Delta x}\cdot\frac{1}{g(x+\Delta x)g(x)}\right]\\ &=\lim_{\Delta x\to 0}\left[\left(\frac{f(x+\Delta x)g(x)-f(x)g(x)+f(x)g(x)-f(x)g(x+\Delta x)}{\Delta x}\right)\frac{1}{g(x+\Delta x)g(x)}\right]\\ &=\lim_{\Delta x\to 0}\left[\left(\frac{f(x+\Delta x)-f(x)}{\Delta x}g(x)-f(x)\frac{g(x+\Delta x)-g(x)}{\Delta x}\right)\frac{1}{g(x+\Delta x)g(x)}\right]\end{aligned}$$

$$= \left[\frac{d}{dx}[f(x)]g(x) - f(x)\frac{d}{dx}[g(x)]\right]\frac{1}{[g(x)]^2}$$

이 된다.

【예제 11-16】

$y = \dfrac{x^2+x+1}{4x^2+5}$일 때 $\dfrac{dy}{dx}$를 구하시오.

| 풀이 |

함수의 나눗셈에 대한 도함수 정리를 이용하여 구하면,

$$\begin{aligned}\frac{d}{dx}\left[\frac{x^2+x+1}{4x^2+5}\right] &= \left[\frac{\frac{d}{dx}[x^2+x+1](4x^2+5) - (x^2+x+1)\frac{d}{dx}[4x^2+5]}{(4x^2+5)^2}\right] \\ &= \frac{(2x+1)(4x^2+5)-(x^2+x+1)(8x)}{(4x^2+5)^2} \\ &= \frac{(8x^3+4x^2+10x+5)-(8x^3+8x^2+8x)}{(4x^2+5)^2} \\ &= \frac{-4x^2+2x+5}{(4x^2+5)^2}\end{aligned}$$

임을 알 수 있다. ■

【예제 11-17】

$\dfrac{1}{x+1} + \dfrac{3}{x^3}$의 도함수를 구하시오.

| 풀이 |

위와 마찬가지로 함수의 나눗셈에 대한 도함수 정리를 이용하여 구하면,

$$\begin{aligned}\frac{d}{dx}\left[\frac{1}{x+1} + \frac{3}{x^3}\right] &= \frac{d}{dx}\left[\frac{1}{x+1}\right] + \frac{d}{dx}\left[\frac{3}{x^3}\right] \\ &= \frac{(0)(x+1)-(1)(1)}{(x+1)^2} + \frac{(0)(x^3)-(3)(3x^2)}{(x^3)^2} \\ &= \frac{-1}{(x+1)^2} - \frac{9x^2}{x^6} = \frac{-1}{(x+1)^2} - \frac{9}{x^4}\end{aligned}$$

임을 알 수 있다. ■

이제 함수의 나눗셈에 대한 도함수의 정리를 이용하면 임의의 정수 n에 대해서도 $f(x)=x^n$일 때, $f'(x)=nx^{n-1}$임을 알 수 있다.

11.4 합성함수의 도함수

합성함수의 도함수에 관한 정리

함수 g가 x_0에서 미분가능하고 함수 f가 $g(x_0)$에서 미분가능하면 합성함수 $f\circ g=f(g(x))$는 x_0에서 미분가능하고 $(f\circ g)'(x_0)=f'(g(x_0))g'(x_0)$이다. 이 성질을 **연쇄율(chain rule)**이라고도 한다.

【예제 11-18】

$y=u^3+1$이고 $u=2x$일 때 $\dfrac{dy}{dx}$를 구하시오.

| 풀이 |

다항함수인 $y=u^3+1$과 $u=2x$는 모든 실수에서 미분가능하다. 그러므로 합성함수의 도함수에 관한 정리를 이용하면 $\dfrac{dy}{dx}=\dfrac{dy}{du}\dfrac{du}{dx}=3u^2(2)=6u^2=6(2x)^2=24x^2$이 된다. ■

【예제 11-19】

$y=\sqrt{x^2+1}$의 도함수를 구하시오.

| 풀이 |

함수 $y=\sqrt{x^2+1}$는 $y=\sqrt{u}$와 $u=x^2+1$의 합성함수로 볼 수 있다. 또 다항함수인 $u=x^2+1$은 모든 실수에서 미분가능하다. 또 모든 실수 x에 대해 $u=x^2+1>1$이고 $y=\sqrt{u}$는 $u>1$에서 미분가능하다. 그러므로 합성함수의 도함수에 관한 정리를 이용하면

$\dfrac{dy}{dx}=\dfrac{dy}{du}\dfrac{du}{dx}=\dfrac{1}{2}u^{-1/2}(2x)=\dfrac{1}{2(x^2+1)^{1/2}}(2x)=\dfrac{x}{\sqrt{x^2+1}}$이 된다. ■

【예제 11-20】

$y=\dfrac{1}{(x^2+1)^5}$의 도함수를 구하시오.

| 풀이 |

함수 $y=\frac{1}{(x^2+1)^5}$는 $y=\frac{1}{u^5}$와 $u=x^2+1$의 합성함수로 생각할 수 있다. 또 다항함수 $u=x^2+1$는 모든 실수에서 미분가능하고 $y=\frac{1}{u^5}$는 모든 $u(=x^2+1>1)$에서 미분가능하다. 그러므로 합성함수의 도함수에 관한 정리를 이용하면 $\frac{dy}{dx}=\frac{dy}{du}\frac{du}{dx}=(-5u^{-6})(2x)=\frac{-10x}{(x^2+1)^6}$이다. ■

11.5 멱함수와 고계도함수의 도함수

우리는 앞에서 멱함수의 지수가 정수인 경우 멱함수의 도함수에 대해 배웠다. 지수값이 실수인 경우에도 해당 정리는 그대로 적용되며 아래에서는 지수값이 유리수인 경우에 대해 멱함수의 도함수를 설명한다.

멱함수에 관한 정리의 확장

11.3절에서 배운 멱함수에 관한 정리는 유리수$\left(\frac{n}{m},\ m,\ n\in Z,\ m\neq 0\right)$를 지수로 갖는 멱함수에 관해서도 확장 적용된다. 즉, $p=\frac{n}{m},\ m,\ n\in Z,\ m\neq 0$에 대해서 $y=x^p$일 때, $\frac{dy}{dx}=px^{p-1}$이다.

증명

$y=x^{\frac{n}{m}}$이라고 놓자. 그러면 $y^m=x^n$이다. $h(x)=x^n$로 놓으면 $h(x)=x^n=y^m$이다. 이제 $h(x)=y^m$의 도함수를 합성함수의 도함수를 이용하여 구하면 $h'(x)=(my^{m-1})\frac{dy}{dx}$이고 동시에 $h'(x)=nx^{n-1}$이다. 즉, $(my^{m-1})\frac{dy}{dx}=nx^{n-1}$이다. 따라서, $\frac{dy}{dx}=\frac{nx^{n-1}}{my^{m-1}}=\frac{n}{m}\frac{x^{n-1}}{(x^{n/m})^{m-1}}=\frac{n}{m}x^{[n-1-\frac{n(m-1)}{m}]}=\frac{n}{m}x^{\frac{n}{m}-}$ 임을 알 수 있다.

그런데 위의 멱함수에 관한 정리의 확장은 지수가 모든 실수인 경우에도 해당한다. 즉, 모든 실수 a에 대해 $f(x)=x^a$이면 $f'(x)=ax^{a-1}$이다. 다만, 이것은 함수 $f(x)$와 $f'(x)$가 정의될 수 있는 구간에서만 가능하다는 것을 유의해야 한다. 예컨대 $f(x)=x^{\frac{1}{2}}$은 $x>0$일 경우에만 $f'(x)=\frac{1}{2}x^{-\frac{1}{2}}$가 될 수 있다.

【예제 11-21】

함수 $f(x)=x^{3.5}$와 $g(x)=x^{\pi}$의 도함수를 구하시오.

ㅣ풀이ㅣ

$f'(x)=3.5x^{2.5}$이고 $g'(x)=\pi x^{(\pi-1)}$이다. ■

고계도함수

함수 f의 도함수 f'가 미분가능하면 f'의 도함수를 구할 수 있다. 이때, f'의 도함수 $(f')'$를 **2계도함수(second-order derivative)**라고 하고 f''로 표기한다. 그런데 2계도함수도 x의 함수이므로 이를 x에 관해 다시 한 번 미분할 수 있다. 이렇게 2계도함수를 x에 관한 미분한 결과를 3계도함수(third-order derivative)라고 한다. 이와 마찬가지 방법으로 무한히 계속할 수 있는데 3계도함수 이상을 통칭하여 **고계도함수(higher-order derivative)**라고 한다. 이때 고계도함수는 $f'''=(f'')'$, $f^{(4)}=(f''')'$, $f^{(5)}=(f^{(4)})'$, … 등으로 표기한다. 물론, 1계, 2계 및 고계도함수를

$$f'(x)=\frac{d}{dx}[f(x)]$$

$$f''(x)=\frac{d}{dx}\left[\frac{d}{dx}[f(x)]\right]=\frac{d^2}{dx^2}[f(x)]$$

$$f'''(x)=\frac{d}{dx}\left[\frac{d^2}{dx^2}[f(x)]\right]=\frac{d^3}{dx^3}[f(x)]$$

$$\vdots \qquad\qquad \vdots \qquad\qquad \vdots$$

등으로도 나타낼 수 있으며 일반화하여 $f^{(n)}(x)=\frac{d^n}{dx^n}[f(x)]$로 나타낼 수 있다. $y=f(x)$와 같이 종속변수가 나타나 있는 경우의 1계, 2계 및 고계도함수는

$$\frac{dy}{dx},\ \frac{d^2y}{dx^2},\ \frac{d^3y}{dx^3},\ \frac{d^4y}{dx^4},\ \cdots,\ \frac{d^ny}{dx^n},\ \cdots$$

또는 $y', y'', y''', y^{(4)}, \cdots, y^{(n)}, \cdots$로 나타낼 수 있다.

【예제 11-22】

함수 $f(x)=\frac{x}{1+x}\ (x\neq-1)$의 4계도함수를 구하시오.

| 풀이 |

4계도 함수는 $f(x)=\frac{x}{1+x}\,(x\neq -1)$를 변수 x에 대하여 4번 미분한 결과이다.

$f(x)=x(1+x)^{-1}$, $f'(x)=(1+x)^{-2}$, $f''(x)=-2(1+x)^{-3}$, $f'''(x)=6(1+x)^{-4}$, $f^{(4)}(x)=-24(1+x)^{-5}$ 이다. ■

11.6 경제경영 · 금융 예제

【예제 11-23】 한계수입생산함수와 한계효용함수

경제분야에서 도함수는 다양하게 사용된다. 한 예로 기업의 총수입함수를 $R=f(Q)$라 하고, 산출량 Q를 노동투입량의 함수, 즉 $Q=g(L)$이라 할 때 노동 한 단위당 총수입의 증가를 나타내는 노동의 한계수입생산함수 dR/dL를 이번 장에서 학습한 합성함수의 도함수에 관한 정리를 활용하여 구하면 다음과 같다.

$$\frac{dR}{dL}=\frac{dR}{dQ}\frac{dQ}{dL}=f'(Q)\,g'(L) \tag{11.1}$$

식 (11.1)은 경제학에서 잘 알려진 관계식으로 **노동의 한계수입생산함수**(dR/dL)는 **한계수입함수**(dR/dQ)와 **노동의 한계실물생산함수**(dQ/dL)의 곱으로 표현됨을 알 수 있다.

또 다른 예로 소득이 증가할 때 사람들의 **효용(utility)**은 증가하지만 소득이 증가할수록 **한계효용(marginal utility)**은 감소한다는 것은 잘 알려진 사실인데 x를 소득이라 하고 효용함수를 U라고 할 때 이러한 성질을 1차도함수와 2차도함수의 부호로써 표현하면 다음과 같다.

$$U'(x)>0,\ U''(x)<0 \tag{11.2}$$

식 (11.2)와 같은 효용체계를 갖는 사람을 **위험회피형(risk averse type)**이라 하고 2차도함수가 양의 부호를 갖는 사람($U''(x)>0$)을 **위험선호형(risk loving type)**이라 한다. 경제학이나 금융분야에서는 위험회피형의 사람을 가정한다. ■

【예제 11-24】 채권가치 평가모형과 도함수

채권가치 평가모형에 의한 채권의 이론적 가치는 채권의 소유자에게 발생하는 미래현금흐름, 즉

이자와 원금의 현재가치의 합으로 정의된다. **이표채(coupon bond)**는 만기까지 **표면금리(coupon rate)**만큼의 이자를 정기적으로 지급하고 만기일에 **액면가(face value)**를 상환하는 채권을 말한다. 이표채의 소유자에게 발생하는 현금흐름은 매 기간 지급되는 이자와 만기에 지급되는 액면금액의 합으로서 이들의 현재가치의 합을 채권의 **이론적 가치** 또는 **내재가치(intrinsic value)**라 부른다.

n년 후에 만기가 되고 매년 $c\%$의 이자율을 표면금리로 하는 채권이 있을 때 이 채권의 가격 B는 다음과 같이 구해진다. 이때 이 채권의 액면가는 F라 하고, 만기까지 이 채권의 할인율은 $r\%$라 하자.

$$B=\sum_{t=1}^{n}\frac{c}{(1+r)^t}+\frac{F}{(1+r)^n} \tag{11.3}$$
$$\text{단, } c=c\%\times F$$

식 (11.3)에서 할인율을 채권의 경우에는 특별히 **만기수익률(yield-to-maturity)** 또는 **채권수익률(bond yield)**이라고 부르며 해당 채권의 실세금리를 의미한다. 표면금리와 액면가는 정해져 있기 때문에 해당 채권의 가격이 상승하는 것은 곧 채권수익률의 하락을 의미하고, 해당 채권의 수익률이 하락하는 것은 곧 채권가격의 상승을 의미한다.[01]

식 (11.3)을 이용한 채권의 가치평가 예제로서 다음과 같은 예를 보자. A회사는 액면가가 500만원, 표면금리가 10%, 그리고 만기까지의 기간이 3년인 회사채를 발행하려고 할 때 당해 채권의 할인율 즉 채권수익률이 8%로 주어진다면 이 회사채의 가격은 다음과 같이 계산된다.[02]

$$B=\sum_{t=1}^{3}\frac{50\text{만원}}{(1.08)^t}+\frac{500\text{만원}}{(1.08)^3}=525.8\text{만원}$$

이제 식 (11.3)에 의해 주어진 채권가격을 할인율 r에 대해서 1차미분한 값과 2차미분한 값을 구하고 이들의 부호를 살펴보자. 채권가격 B는 할인율 r에 대해 미분가능하므로 이의 1차 도함수와 2차 도함수를 구하고 이들의 부호를 살펴보면 다음과 같다.

$$\begin{aligned}\frac{dB}{dr}&=-\sum_{t=1}^{n}t\frac{c}{(1+r)^{t+1}}-n\frac{F}{(1+r)^{n+1}}<0,\\ \frac{dB^2}{dr^2}&=\sum_{t=1}^{n}t(t+1)\frac{c}{(1+r)^{t+2}}+n(n+1)\frac{F}{(1+r)^{n+2}}>0\end{aligned} \tag{11.4}$$

---

01 실제로 채권가격과 채권수익률은 시장에서 동시에 결정된다.

02 실제로는 회사채의 가격이 525.8만원이 되도록 채권수익률이 8%로 결정된다.

그림 11-4 ▌ 채권가격과 채권수익률의 관계

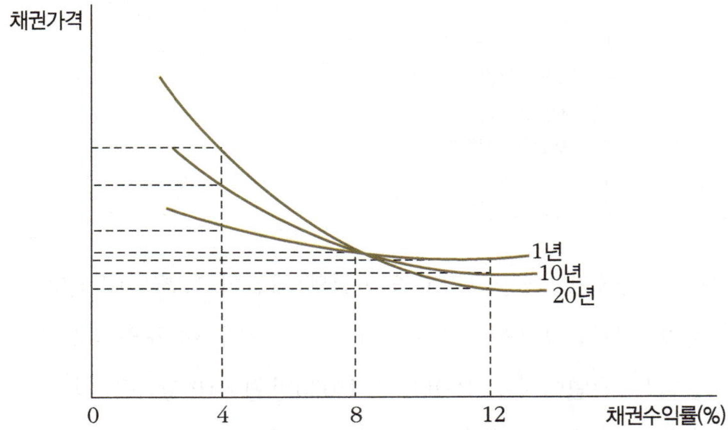

식 (11.4)를 보면, 채권가격은 할인율에 대해 1차도함수가 항상 음의 부호를, 2차도함수가 항상 양의 부호를 가지므로, 할인율 r에 대해서 감소함수이고 원점을 향하여 볼록한 함수임을 알 수 있다. 이러한 채권가격과 **할인율(채권수익률)**의 관계는 대단히 중요한 성질로서 채권수익률이 오르면 채권가격이 떨어지고, 반대로 채권수익률이 내리면 채권가격이 오르는 현상을 설명한다. 이제 이러한 채권가격과 채권수익률의 관계를 그림으로 도시하면 다음과 같다. [그림 11-4]는 표면금리와 액면가는 동일하지만 만기가 1년, 10년, 20년인 채권들의 예이다.

또한 채권의 만기가 길수록 채권가격곡선은 더 많이 휨을 볼 수 있는데, 이는 채권의 만기가 길수록 동일한 채권수익률의 변화에 대해 가격변화가 더 심하다는 것을 의미하며 이를 두고 **이자율 리스크(interest rate risk)**가 더 크다고 한다.[03] 이러한 이자율리스크를 측정하고 관리하는 도구로 채권의 듀레이션이라는 개념이 있다. **듀레이션(duration)**이란 현금흐름이 발생하는 각 기간을, 각 기간에 발생하는 현금흐름의 현재가치 비중으로 가중평균한 값으로 가중평균만기(weighted average maturity)라 할 수 있다. 즉, 듀레이션은 현금흐름이 발생하는 각 기간값에 해당 기간의 현금흐름 현재가치를 곱한 값의 전체 합을 채권가격으로 나눈 값이다. 이를 **Macaulay 듀레이션**이라고도 하는데 이를 계산하는 식은 다음과 같다.

03 채권수익률도 여러 이자율 중의 하나이기 때문에 이를 재무에서는 이자율리스크라고 부른다.

$$D = \frac{\sum_{t=1}^{n} t \times \frac{c}{(1+r)^t} + n \times \frac{F}{(1+r)^n}}{B} \tag{11.5}$$

D : 채권의 듀레이션
c : 표면금리(액면이자)
r : 채권수익률
F : 채권의 액면가
n : 채권의 만기
B : 채권의 가격

표면금리가 10%, 채권수익률이 12%, 그리고 액면금액(채권의 액면가)이 1,000만원이며 만기는 3년인 채권이 있다 하자. 이자는 1년에 1회 지급한다고 할 경우 이 채권의 듀레이션을 구해보자. 이 채권이 매년 지급하는 액면이자는 100만원(=1,000만원×10%)임을 알 수 있는데 먼저 식 (11.3)을 이용하여 이 채권의 가격을 계산하면 다음과 같다.

$$B = \sum_{t=1}^{3} \frac{100}{(1.12)^t} + \frac{1000}{1.12^3} = 952\text{만원}$$

이제 이를 식 (11.5)에 대입해서 이 채권의 듀레이션을 계산하면 다음과 같다.

$$D = \frac{1 \times \frac{100}{1.12} + 2 \times \frac{100}{1.12^2} + 3 \times \frac{1100}{1.12^3}}{952} = 2.73\text{년}$$

이자율탄력성(interest rate elasticity)은 채권수익률 변화율에 대한 채권가격의 변화율을 말한다. 즉 채권가격을 채권수익률로 일차 미분한 값으로 다음과 같이 계산된다.

$$\begin{aligned} \frac{dB}{dr} &= \frac{d\left(\sum_{t=1}^{n} \frac{c}{(1+r)^t} + \frac{F}{(1+r)^n}\right)}{dr} \\ &= -\sum_{t=1}^{n} t \frac{c}{(1+r)^{t+1}} - n \frac{F}{(1+r)^{n+1}} \\ &= -\frac{1}{1+r}\left(\sum_{t=1}^{n} t \times \frac{c}{(1+r)^t} + n \frac{F}{(1+r)^n}\right) \\ &= -\frac{1}{1+r} D \times B \end{aligned} \tag{11.6}$$

식 (11.6)에서 볼 수 있는 바와 같이 이자율탄력성은 채권의 듀레이션에 비례함을 알 수 있는데 이런 이유로 인해 채권투자전략에서 듀레이션을 채권의 이자율리스크 측정도구로 사용한다. 위의 식을 채권가격의 변화량과 금리의 변화량에 관한 식으로 다시 쓰면 다음과 같이 쓸 수 있다.

$$\Delta B = -\frac{1}{1+r} D \times B \times \Delta r \tag{11.7}$$

이제 식 (11.7)을 이용하여 채권수익률이 변할 때 채권가격이 얼마나 변하는지를 보여주는 예를 보도록 하자.[04] 채권의 현재가가 1,000만원이고 듀레이션이 2.67년이며 현재 채권수익률이 10%일 때 채권수익률이 1% 포인트 상승한다면 이 채권의 가격은 아래 계산에서 볼 수 있는 바와 같이 24.3만원이 하락하는 것을 알 수 있다.

$$\Delta B = -\frac{1}{1.1} \times 2.67 \times 1{,}000 \times 0.01 = -24.3\text{만원}$$

이와 같이 듀레이션을 이용하여 채권투자에 따른 이자율리스크의 크기를 쉽게 구할 수 있기 때문에 듀레이션은 채권투자전략에서 매우 유용하게 사용된다. ■

※ 참고사항 : 역함수의 도함수

단조함수

함수 f의 정의역에서 $a < b$인 관계에 있는 임의의 두 원소 a, b에 대해 $f(a) < f(b)$이면 **단조증가함수**(monotone increasing function)라고 하고, $f(a) > f(b)$이면 **단조감소함수**(monotone decreasing function)라고 한다. 함수가 단조증가함수이거나 단조감소함수일 때 간단히 **단조함수**(monotone function)라고도 한다.

위에서 정의한 단조함수는 강한 의미의 단조증가(감소)함수이며 약한 의미의 단조증가(감소)함수의 경우에는 정의역에 속한 $a < b$에 대해 $f(a) \le f(b)$ 또는$f(a) \ge f(b)$ 인 조건을 요구한다.

단조증가함수의 역함수에 관한 정리

함수 f가 구간 $[a, b]$에서 연속이고 단조증가이면 f는 역함수 f^{-1}를 갖고 f^{-1}는 구간 $[f(a), f(b)]$에서 연속이고 단조증가이다.

---

04 [그림 11-4]에서 확인할 수 있는 바와 같이 채권가격은 채권수익률변화에 대해 선형적으로 변화하지 않고 비선형적으로 변화하기 때문에 이는 근사치를 구하는 방법임을 알 수 있다.

단조감소함수의 역함수에 관한 정리

함수 f가 구간 $[a,b]$에서 연속이고 단조감소이면 f는 역함수 f^{-1}를 갖고 f^{-1}는 구간 $[f(b), f(a)]$에서 연속이고 단조감소이다.

【예제 11-25】

함수 $f(x)=x^2+1$가 구간 $[0,1]$에서 단조증가임을 보이고 그 역함수를 구하시오. 또 $f(x)$의 역함수가 단조증가인지를 확인하시오.

| 풀이 |

구간 $[0,1]$에 있는 임의의 두 점 a,b가 $a<b$인 관계에 있다면 $a^2+1<b^2+1$이므로 $f(a)<f(b)$가 된다. 즉, f는 단조증가함수이다. 이때의 역함수는 그림에서와 같이 $f^{-1}(x)=\sqrt{x-1}$이 된다. 또한 구간 $[f(0), f(1)]=[1,2]$에 속한 임의의 두 점 c,d가 $c<d$일 때 $\sqrt{c-1}<\sqrt{d-1}$, 즉 $f^{-1}(c)<f^{-1}(d)$가 되어 역함수 역시 단조증가함수이다.

그림 11-5 ▌ 함수 $f(x)=x^2+1$와 그의 역함수 $f^{-1}(x)=\sqrt{x-1}$

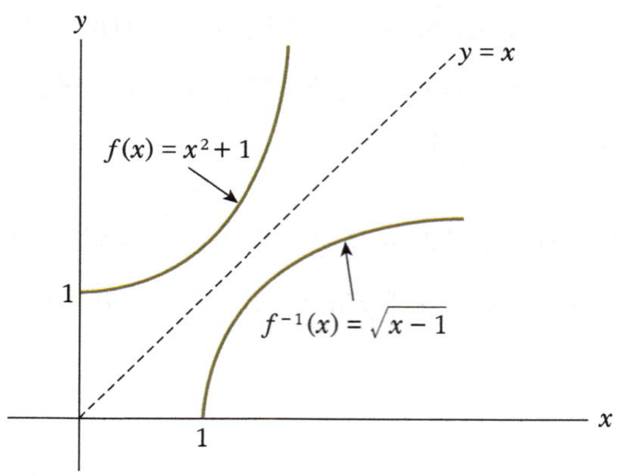

■

역함수의 도함수에 관한 정리

함수 f가 x_0에서 미분가능인 단조함수라고 하자. $f'(x_0)\neq 0$이면 f^{-1}은 f의 치역에 속한 점 $y_0=f(x_0)$에서 미분가능이고, 이때 y_0에서 f^{-1}의 도함수값은 $(f^{-1})'(y_0)=\dfrac{1}{f'(x_0)}$이다. 쉽게 말해서,

역함수의 도함수는 원함수의 도함수를 구해서 역수를 취한 것이다. 즉, $\frac{dx}{dy} = \frac{1}{\frac{dy}{dx}}$이라 할 수 있다.

【예제 11-26】

$y = f(x) = x^3$이라 하자. $(f^{-1})'(8)$을 구하시오.

| 풀이 |

앞에서 정의한 역함수의 도함수에 관한 정리로부터 f^{-1}의 함수형태를 구하지 않더라도 $(f^{-1})'(8)$를 구할 수 있다. $y = 8$에 대응하는 점은 $x = 2$이고 $f'(x) = 3x^2$이므로 $(f^{-1})'(8) = \frac{1}{f'(2)} = \frac{1}{3(2)^2} = \frac{1}{12}$이다. ■

연습문제

01 다음에 주어진 함수를 미분하시오.

① $f(x) = \dfrac{x^2 - 6x + 10}{x+1}$

② $f(x) = 1 + \dfrac{1}{x} + \dfrac{1}{x^2} + \dfrac{1}{x^3} + \dfrac{1}{x^4}$

③ $f(x) = \sqrt{3-5x}$

02 다음 중 잘못된 것은?

① $f(x) = \sqrt{x-1}$의 도함수는 $f'(x) = \dfrac{1}{2\sqrt{x-1}}$이고 $x > 1$일 때 정의된다.

② 함수 $f(x) = |x|$에 대해 $\lim\limits_{x \to \infty} f(x) = 0$이고 $f'(0) = 0$이다.

③ $f(x) = ax^n$의 도함수는 $f'(x) = anx^{n-1}$이다.

④ $\lim\limits_{x \to \infty}\left(\sqrt{n^2+1} - \sqrt{n^2-1}\right) = 0$이다.

03 $f(x) = \sqrt[3]{x}$의 점 $x = 0$에서의 차분계수를 구하시오. 또 $x = 0$에서 미분가능한지 판단하고 그 이유를 설명하시오.

04 함수 $f(x) = \begin{Bmatrix} x^2, x \le 1 \\ x, \quad x > 1 \end{Bmatrix}$가 점 $x = 1$에서 미분가능한지 판단하고 그 이유를 설명하시오.

05 $f(x) = 2x^2\sqrt{3-5x}$의 도함수를 구하시오.

06 연속하는 f', f'', f'''를 가지고 있는 함수 $f(x)$가 $f' = (x+1)f$인 관계를 가지고 있다. $\dfrac{f'''(x)}{f'(x)}$를 계산하시오.

07 3장의 함수부분에서 FC를 고정비용이라고 하고 p_v를 제품의 단위당 공헌이익이라고 했을 때, 손익분기점은 $Q^* = \dfrac{FC}{p_v}$가 되었다. 그렇다면 단위당 공헌이익이 10만원이고 고정비용이 1,000만원일 때 단위당 공헌이익에 대한 손익분기점의 변화량($\dfrac{dQ^*}{dp_v}$)을 구하시오.

08 A기업에서는 P라는 제품을 생산하고 있다. 이 제품을 생산하기 위한 고정비용이 1,000만원이고 제품생산에 드는 제작비용은 제품당 1만원이다. 이때 x를 제품 P의 생산량이라고 하면 제품 P에

대한 생산비용은 개당 $C(x) = 1 + \frac{1,000}{x}$만원이라고 할 수 있다. 그렇다면 2,000개를 생산할 때 생산량에 대한 생산비용의 변화량은 얼마인가?

09 어떤 실수 k에 대해 벡터 $\boldsymbol{k}(-6, 1)$이 함수 $f(x) = x^2$의 접선과 어떤 점 $p = (a, b)$에서 직교한다. 점 $p = (a, b)$를 찾으시오.

10 식 (11.7)에 의하면 채권수익률이 작게 변할 때 채권의 가격변화는 듀레이션에 의해 구해질 수 있음을 의미한다. 이를 이용해서 채권의 현재가격이 1,000원, 듀레이션이 2.5년일 때, 채권수익률이 10%에서 11%로 상승한다면 채권가격이 얼마나 변할지 계산하시오.

11 스미스는 액면가가 \$1,000인 3년만기 채권을 현재 보유 중이다. 이 채권의 연 이자지급액은 \$75이고 적정 할인율이 10%일 때, 이 채권의 현재가치와 듀레이션을 각각 구하시오.

12 재무 금융분야에서는 투자자의 효용함수로 로그함수를 자주 사용한다. $U(x) = \ln(x)$ (단 $x > 0$)라 할 때 이 함수가 위험회피형 투자자에게 적합함을 증명하시오.

13 만기가 5년 후이고 액면가가 \$10,000인 무이표채가 있다 하자. 무이표채는 이자를 지급하지 않는 채권을 말한다. 만약 이 채권의 할인율이 5%라 한다면 이 채권의 가격은 얼마에 거래되는 것이 적정한가?

14 채권 가격식 (11.3)은 1년에 한 번씩 이자가 지급되는 채권을 가정하고 있다. 만약 1년에 두 번씩 이자를 지급한다면 식 (11.3)은 어떻게 변해야 할지 구해보시오.

15 만약 연이표율이 14%이고, 연할인율이 16%, 만기가 7년, 액면가는 \$1,000인 채권이 있다. 만약 해당채권이 1년에 두 번씩 이자를 지급한다면 이 채권의 가격을 14번 문제의 식을 사용하여 구하시오.

16 (상급 문제) 함수 $f(x) = \sqrt{x}$가 단조증가하는 구간을 구하고 그 구간에서 역함수와 역함수의 도함수를 이용하여 f의 도함수를 구하시오.

CHAPTER

12 편도함수

지금까지 우리는 하나의 독립변수를 갖는 함수의 도함수만을 살펴보았다. 그러나 현실을 모형화하는 과정에서는 독립변수가 둘 이상 되는 경우가 더 많이 발생한다. 따라서 이 장에서는 둘 이상의 변수를 갖는 함수의 도함수를 구하는 방법을 배워보기로 한다.

12.1 편미분

1. 1계 편도함수

편도함수

이변수함수 $f(x,y)$가 정의되었을 때, $\frac{\partial f}{\partial x}=\lim_{h\to 0}\frac{f(x+h,y)-f(x,y)}{h}$와 $\frac{\partial f}{\partial y}=\lim_{h\to 0}\frac{f(x,y+h)-f(x,y)}{h}$를 각각 x와 y에 대한 함수 $f(x,y)$의 **1계 편도함수(first partial derivative)**라고 한다. 또한 편도함수를 구하는 과정을 **편미분(partial differentiation)**이라 한다.

이변수함수 $f(x,y)$의 어느 한 변수 x에 대한 도함수는 나머지 변수인 y를 마치 상수처럼 취급함으로써 일변수함수에서처럼 정의할 수 있다. 만일 $w=f(x,y)$로 놓으면 $f_x(x,y)=\frac{\partial}{\partial x}f(x,y)=D_x f$ 또는 $\frac{\partial w}{\partial x}=w_x$ 등으로 표시할 수 있다.[01]
이때 점 (a,b)에서의 x에 대한 편도함수의 값은 $\left.\frac{\partial f}{\partial x}\right|_{(a,b)}$ 또는 $f_x(a,b)$로 표시하고 (a,b)에서의 편미분계수라고 한다.

---

01 여기서 ∂를 '라운드(round)' 라고 읽는다.

편도함수의 기하학적 의미

함수 $w=f(x,y)$의 그래프는 3차원 공간에서의 곡면으로 나타내지므로, 임의의 점 (a,b)에서의 편도함수는 $f_x(a,b)=\lim_{h\to 0}\frac{f(a+h,b)-f(a,b)}{h}$로 나타내지는데 이것은 y값을 $y=b$로 고정시키고 x의 값만을 $a+h$에서 a로 접근시킬 때 함수값의 변화율의 극한이다. 즉, 편도함수는 어떤 변수의 순간변화율이기 때문에 기하학적으로 보면 다음과 같다. 함수에 의해 만들어지는 공간상의 표면을 S라고 하고 표면 S를 변수 축에 평행하게 절단했을 때 나타나는 특정 곡선을 C라고 했을 때, 이 곡선 C의 변수에 해당하는 축에 대한 기울기가 그 변수에 대한 편도함수이다.

그림 12-1 ▌ 편도함수의 기하학적 의미

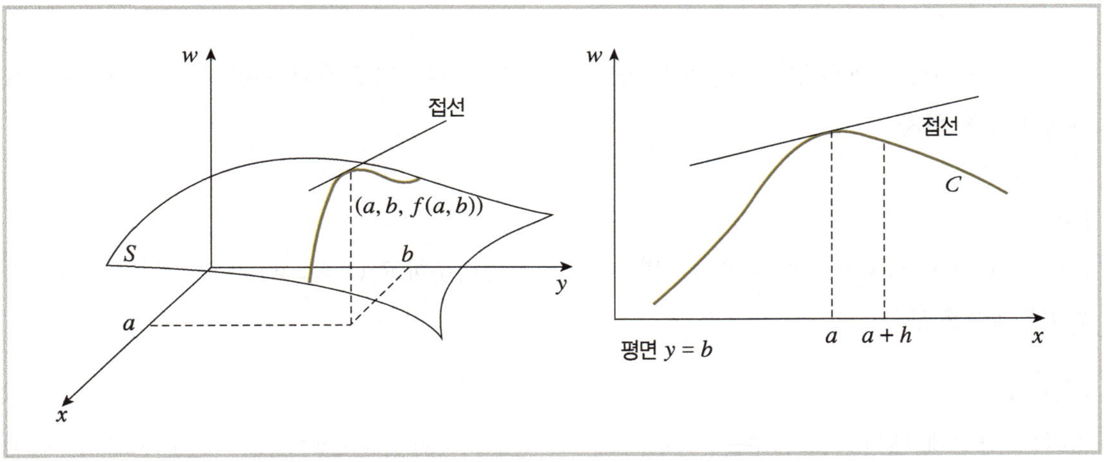

위의 값은 $w=f(x,y)$로 이루어지는 **표면(surface)**의 점 $(a,b,f(a,b))$에서 x축 방향으로의 접선의 기울기를 말한다. [그림 12-1]에서 왼쪽 그림은 표면 위의 점 $(a,b,f(a,b))$에서의 접선을 나타내고 있으며 오른쪽 그림은 왼쪽 그림을 $y=b$가 되는 평면으로 잘라서 단면을 본 것이다. $y=b$는 xw평면에 평행인 평면이며, 이 평면이 f의 그래프인 표면 S와 만나는 점들은 **곡선(curve)** C로 나타난다. 이제 여기서 y값을 b로 고정하고 x값을 $a+h$로부터 a로 접근시키면 함수값은 곡선 C를 따라 변하게 되므로, 함수의 차분계수의 극한은 점 $(a,f(a,b))$에서 곡선 C에 접하는 접선의 기울기가 된다. 마찬가지로 점 $(a,b,f(a,b))$에서의 y에 대한 편도함수는 평면 $x=a$와 표면 S가 만나는 점들로 이루어진 곡선의 접선의 기울기를 점 $(b,f(a,b))$에서 구한 값이다.

【예제 12-1】

함수 $f(x, y) = x^3 + 3x^2y + 3xy^2 + 1$의 x에 대한 편도함수와 y에 대한 편도함수를 찾으시오. 또한, $\left.\frac{\partial f}{\partial x}\right|_{(-1,2)}$ 와 $\left.\frac{\partial f}{\partial y}\right|_{(-1,2)}$ 을 구하시오.

| 풀이 |

먼저 x와 y에 대한 편도함수를 구하면 각각 $f_x = 3x^2 + 6xy + 3y^2$과 이고, $f_y = 3x^2 + 6xy$ 이고, $\left.\frac{\partial f}{\partial x}\right|_{(-1,2)} = 3(-1)^2 + 6(-1)(2) + 3(2)^2 = 3 - 12 + 12 = 3$이다. 그리고 $\left.\frac{\partial f}{\partial y}\right|_{(-1,2)} = 3(-1)^2 + 6(-1)(2)$ $= 3 - 12 = -9$이다. ■

변수가 3개 이상의 경우에도 이변수함수에서와 마찬가지로 편도함수를 구할 수 있다. 다음의 예제를 보도록 하자.

【예제 12-2】

$f(x, y, z, w) = x^2 + xy - 3zw^2 + 1$을 각 변수에 대해 편미분하고 $(x, y, z, w) = (1, -1, 1, -1)$에서의 편미분계수를 구하시오.

| 풀이 |

각각의 변수에 대한 편도함수를 구하면 $f_x = 2x + y$, $f_y = x$, $f_z = -3w^2$, $f_w = -6zw$가 된다. 이제 점$(1, -1, 1, -1)$에서의 편미분계수를 각각 구하면 $f_x(1, -1, 1, -1) = 2(1) + (-1) = 1$, $f_y(1, -1, 1, -1) = 1$, $f_z(1, -1, 1, -1) = -3(-1)^2 = -3$ 그리고 $f_w(1, -1, 1, -1) = -6(1)(-1) = 6$이 된다. ■

2. 2계 편도함수

함수 $f(x, y)$의 편도함수 f_x와 f_y도 x와 y의 함수이므로 1계 편도함수에 편도함수의 정의를 적용하면 2계 편도함수가 된다.

2계 편도함수

$f(x, y)$의 **2계 편도함수(second-order partial derivative)**는 다음과 같이 표시한다.

$$\frac{\partial}{\partial x} f_x = (f_x)_x = \frac{\partial}{\partial x}\left(\frac{\partial f}{\partial x}\right) = \frac{\partial^2 f}{\partial x^2} = f_{xx}$$

$$\frac{\partial}{\partial y} f_y = (f_y)_y = \frac{\partial}{\partial y}\left(\frac{\partial f}{\partial y}\right) = \frac{\partial^2 f}{\partial y^2} = f_{yy}$$

$$\frac{\partial}{\partial x} f_y = (f_y)_x = \frac{\partial}{\partial x}\left(\frac{\partial f}{\partial y}\right) = \frac{\partial^2 f}{\partial x \partial y} = f_{yx}$$

$$\frac{\partial}{\partial y} f_x = (f_x)_y = \frac{\partial}{\partial y}\left(\frac{\partial f}{\partial x}\right) = \frac{\partial^2 f}{\partial y \partial x} = f_{xy}$$

마찬가지 방법으로 고계 편도함수도 정의된다. 예를 들면,

$$\frac{\partial}{\partial x} f_{xx} = (f_{xx})_x = \frac{\partial}{\partial x}\left(\frac{\partial^2 f}{\partial x^2}\right) = \frac{\partial^3 f}{\partial x^3} = f_{xxx},$$

$$\frac{\partial}{\partial x} f_{xy} = (f_{xy})_x = \frac{\partial}{\partial x}\left(\frac{\partial^2 f}{\partial y \partial x}\right) = \frac{\partial^3 f}{\partial x \partial y \partial x} = f_{xyx} \text{ 등이 된다.}$$

【예제 12-3】

$f(x,y) = 2x^3 y - 4xy^3 + 3x$의 2계 편도함수를 구하시오.

| 풀이 |

우선 $f(x,y)$의 1계 편도함수를 구하면, $f_x = 6x^2 y - 4y^3 + 3$과 $f_y = 2x^3 - 12xy^2$이 된다. 여기에 다시 한 번 편미분하면 $f_{xx} = 12xy$, $f_{xy} = 6x^2 - 12y^2$, $f_{yx} = 6x^2 - 12y^2$ 그리고 $f_{yy} = -24xy$를 얻는다. ■

3. 이변수함수에서의 연속성과 미분가능성

함수 $f(x,y)$가 점 (a,b)에서 연속이 되기 위해서는 일변수함수에서처럼 (x,y)가 (a,b)에 접근할 때 $f(x,y)$의 극한값이 $f(a,b)$와 같아야 된다. 앞장에서 살펴본 바와 같이 변수가 한 개인 함수의 경우에는 함수가 미분가능하면 연속함수가 된다. 하지만 이변수함수 또는 다변수함수에서는 1계 편도함수가 존재한다고 해서 연속함수가 되지는 않는다. 이변수함수가 연속이기 위하여는 1계 편도함수의 존재뿐만 아니라 1계 편도함수가 연속함수라는 조건도 필요하다.

이변수함수의 미분가능성에 대해 설명하기 전에 먼저 편미분가능성과 연속성의 관계를 살펴보기 위해 다음의 예제를 풀어보기로 하자. 여기서 이변수함수의 미분가능성과 편미분가능성은 다르다는 점을 유의하자.

【예제 12-4】

점 (0,0)에서 다음에 주어진 함수의 편미분계수를 구하여 그 점에서 편미분가능함을 보이시오. 또한, 그 점에서 연속인지를 판단하시오.

$$f(x,y)=\begin{cases}\dfrac{xy}{x^2+y^2} & (x,y)\neq(0,0)\\ 0 & (x,y)=(0,0)\end{cases}$$

| 풀이 |

점 $(0,0)$에서 x와 y에 대하여 편미분을 하면 각각 $f_x(0,0)=\lim_{h\to 0}\dfrac{f(h,0)-f(0,0)}{h}=\lim_{h\to 0}\dfrac{0}{h}=0$와 $f_y(0,0)=\lim_{h\to 0}\dfrac{f(0,h)-f(0,0)}{h}=\lim_{h\to 0}\dfrac{0}{h}=0$이 되므로 편미분가능함을 알 수 있다.

이제 함수 $f(x,y)$가 $(0,0)$에서 연속이기 위해서는 다음의 세 가지 조건을 만족해야 한다.

(1) 함수 $f(x,y)$가 (a,b)에서 정의된다.

(2) (x,y)가 (a,b)에 접근함에 따라 $f(x,y)$의 극한값이 존재한다.

(3) $\lim_{(x,y)\to(a,b)} f(x,y)=f(a,b)$이다.

위 함수는 함수의 연속성에 관한 정의 중 (1)은 만족하지만 [예제 10-19]에서 보았듯이 $f(x,y)=\dfrac{xy}{x^2+y^2}$는 $(0,0)$에서 극한이 존재하지 않는다. 즉, (2)를 만족하지 않으므로 $f(x,y)$는 $(0,0)$에서 연속이 아니다. ■

일변수함수에서는 함수가 미분가능하다는 것은 연속한다는 것을 보장하지만, 위 [예제 12-4]에서 보았듯이 다변수함수의 경우에는 각 변수에 대한 1계 편도함수의 존재만으로는 함수의 연속성을 보장할 수 없다.

이변수함수의 차분(difference)

$w=f(x,y)$이고 Δx와 Δy를 각각 x와 y의 **차분**(difference) 또는 **증분**(increment)이라고 하면 $w=f(x,y)$의 차분 또는 증분은 $\Delta w=f(x+\Delta x, y+\Delta y)-f(x,y)$이다.

【예제 12-5】

함수 $w=f(x,y)=x^2+2xy$에 대해

(1) x와 y의 차분인 Δx와 Δy가 주어졌을 때, 함수 $w=f(x,y)$의 차분인 Δw를 구하시오.

(2) (1)을 이용하여 (x,y)가 $(2,1)$에서 $(1.98, 1.02)$로 변했을 때 $w=f(x,y)$의 차분인 Δw를 구하시오.

| 풀이 |

(1) 위의 이변수함수의 차분의 정의에 의해

$$\begin{aligned}\Delta w &= f(x+\Delta x, y+\Delta y)-f(x,y) = [(x+\Delta x)^2+2(x+\Delta x)(y+\Delta y)]-[x^2+2xy]\\ &= [x^2+2x\Delta x+(\Delta x)^2+2(xy+x\Delta y+(\Delta x)y+\Delta x\Delta y)]-[x^2+2xy]\\ &= 2x\Delta x+(\Delta x)^2+2(x\Delta y+(\Delta x)y+\Delta x\Delta y)\end{aligned}$$

이다.

(2) 차분의 정의에 의해 $\Delta x = 1.98-2=-0.02$이고 $\Delta y = 1.02-1=0.02$이다. 이제 Δx와 Δy를 위의 (1)에서 구한 식에 대입하면

$$\begin{aligned}\Delta w &= 2x\Delta x+(\Delta x)^2+2(x\Delta y+(\Delta x)y+\Delta x\Delta y)\\ &= 2(2)(-0.02)+(-0.02)^2+2(2(0.02)+(-0.02)1+(-0.02)(0.02))\\ &= -0.08+0.0004+2(0.04-0.02-0.0004)=-0.0404\end{aligned}$$

를 얻는다. ■

이변수함수의 차분(difference)에 관한 정리

$w=f(x,y)$가 점 (a,b) 근처에서 정의된 함수라고 하자. 1계 편도함수 f_x, f_y가 f의 정의역에서 존재하고 점 (a,b)에서 연속이라면 w의 차분은 다음과 같이 나타낼 수 있다.

$$\Delta w = f_x(a,b)\Delta x + f_y(a,b)\Delta y + \varepsilon_1\Delta x + \varepsilon_2\Delta y \tag{12.1}$$

여기서 ε_1과 ε_2는 Δx와 Δy의 함수이고 $(\Delta x, \Delta y)\to(0,0)$일 때의 극한값은 0이다.

【예제 12-6】

$w=f(x,y)=x^2+2xy$라고 했을 때, 식 (12.1)에서 $(a,b)=(x,y)$로 놓고 ε_1과 ε_2에 해당하는 식을 찾으시오.

| 풀이 |

$f_x(x,y)=2x+2y$, $f_y(x,y)=2x$이다. [예제 12-5]에서 $\Delta w = 2x\Delta x+(\Delta x)^2+2(x\Delta y+(\Delta x)y+\Delta x$

$\Delta y) = (2x+2y)\Delta x + 2x\Delta y + (\Delta x)^2 + 2\Delta x\Delta y = f_x(x,y)\Delta x + f_y(x,y)\Delta y + (\Delta x)^2 + 2\Delta x\Delta y$를 구했다. 이제 식 (12.1)에서 $(a,b)=(x,y)$로 놓으면, $\Delta w = f_x(x,y)\Delta x + f_y(x,y)\Delta y + \varepsilon_1\Delta x + \varepsilon_2\Delta y$가 된다. 그러므로 $\varepsilon_1 = \Delta x$, $\varepsilon_2 = 2\Delta x$이다. ■

이변수함수의 미분가능성

$w=f(x,y)$라 하자. $(\Delta x, \Delta y) \to (0,0)$일 때의 극한값이 0인 Δx와 Δy의 함수 ε_1과 ε_2에 대해, w의 증분 Δw가 식 (12.1)처럼 $\Delta w = f_x(a,b)\Delta x + f_y(a,b)\Delta y + \varepsilon_1\Delta x + \varepsilon_2\Delta y$로 표현될 수 있으면 f는 (a,b)에서 **미분가능(differentiable)**하다고 한다.

이변수함수의 미분가능성에 관한 정리

$w=f(x,y)$의 1계 편도함수 f_x와 f_y가 연속이면 f는 미분가능하다.

증명

이변수함수의 차분에 관한 정리에 의해 $w=f(x,y)$의 1계 편도함수 f_x와 f_y가 연속이면 식 (12.1)로 표현할 수 있다. 그런데 Δw가 식 (12.1)로 표현될 수 있으면 이변수함수의 미분가능성에 의해 f는 미분가능하다.

일변수함수의 경우, f가 미분가능하기 위한 전제조건이 f가 연속이라는 것이었다. 그러나 [예제 12-4]에서 보았듯이 이변수함수에서는 f가 연속이 아님에도 불구하고 f의 편미분이 가능하다. 이변수함수에서는 f가 연속이기 위해서 편미분이 가능한 조건뿐 아니라 더 강력한 조건이 필요한데, 그것은 $f(x,y)$의 편도함수인 f_x와 f_y가 연속이어야 한다는 것이다. 즉, f가 (x_0, y_0)에서 미분가능하다는 것은 f가 (x_0, y_0)에서 편미분가능하고 편도함수 f_x와 f_y가 연속이라는 것과 동일한 의미가 된다.

이변수함수의 연속성(continuity)에 관한 정리

f가 (x_0, y_0)에서 미분가능하면 f는 (x_0, y_0)에서 연속이다.

증명

Δx와 Δy가 각각 x와 y의 차분(증분)이라면 이변수함수의 미분가능성에 의해 이변수함수의 차분은 $\Delta w = f(x_0 + \Delta x, y_0 + \Delta y) - f(x_0, y_0) = [f_x(x_0, y_0) + \varepsilon_1]\Delta x + [f_y(x_0, y_0) + \varepsilon_2]\Delta y$로 나타낼 수 있다. 이제 $x = x_0 + \Delta x, y = y_0 + \Delta y$로 놓으면 위의 식은 $f(x, y) - f(x_0, y_0) = [f_x(x_0, y_0) + \varepsilon_1](x - x_0) + [f_y(x_0, y_0) + \varepsilon_2](y - y_0)$로 표현된다. 이제 $(x, y) \to (x_0, y_0)$로 보냄으로써 $\lim_{(x, y) \to (x_0, y_0)} [f(x, y) - f(x_0, y_0)] = 0$이 되고, 이는 결국 $\lim_{(x, y) \to (x_0, y_0)} f(x, y) = f(x_0, y_0)$가 된다. 따라서 f는 (x_0, y_0)에서 연속이다.

【예제 12-7】

주어진 함수 $w = f(x, y) = x^2 + 2xy$가 $R \times R$에서 편미분이 연속이고 f 자신도 미분가능하며 연속임을 보이시오.

| 풀이 |

$f_x = 2x + 2y$, $f_y = 2x$이다. 그런데 $f_x = 2x + 2y$와 $f_y = 2x$는 x와 y에 대한 다항식으로서 정의역 $R \times R$에서 연속이다. 이 결과를 이변수함수의 미분가능성에 관한 정리에 적용하면 f는 미분가능하다. 또한 이변수함수의 연속성에 관한 정리를 적용하면 f는 연속임을 알 수 있다. ■

4. 합성함수의 편미분

이변수함수의 합성함수에 대한 편미분을 공부함으로써 여러 가지 편도함수에 대한 성질을 발견할 수 있다. 우선 합성함수의 편미분에 대해서 알아보기로 하자.

이변수함수의 연쇄율(chain rule)

이변수함수 $w = f(u, v)$, $u = g(x, y)$, $v = h(x, y)$가 모두 미분가능하면 다음을 만족한다.

$$\frac{\partial w}{\partial x} = \frac{\partial w}{\partial u}\frac{\partial u}{\partial x} + \frac{\partial w}{\partial v}\frac{\partial v}{\partial x}, \quad \frac{\partial w}{\partial y} = \frac{\partial w}{\partial u}\frac{\partial u}{\partial y} + \frac{\partial w}{\partial v}\frac{\partial v}{\partial y} \qquad (12.2)$$

【예제 12-8】

$w=r^2+s^3,\ r=x^2+1,\ s=xy$일 때 연쇄율을 적용하여 $\frac{\partial w}{\partial x}, \frac{\partial w}{\partial y}$를 구하시오.

| 풀이 |

이변수함수의 연쇄율에 관한 식 (12.2)를 적용하여 다음과 같이 구한다.

$\frac{\partial w}{\partial x}=\frac{\partial w}{\partial r}\frac{\partial r}{\partial x}+\frac{\partial w}{\partial s}\frac{\partial s}{\partial x}=(2r)2x+(3s^2)y=4(x^2+1)x+3(xy)^2y=4x^3+3x^2y^3+4x$와

$\frac{\partial w}{\partial y}=\frac{\partial w}{\partial r}\frac{\partial r}{\partial y}+\frac{\partial w}{\partial s}\frac{\partial s}{\partial y}=(2r)0+(3s^2)x=3(xy)^2x=3x^3y^2$ ■

위의 연쇄율은 이변수함수뿐 아니라 그보다 많은 변수를 가지고 있는 함수에 대해서도 확장 · 적용할 수 있으며, 식 (12.4)에서 볼 수 있듯이 일변수함수를 여러 개의 함수를 이용하여 표현할 때도 적용된다. 예컨대, 다음과 같은 연쇄율이 이용될 수 있다.

다변수함수의 연쇄율의 예

다변수함수 $w=f(u,v,s,t),\ u=g(x,y,z),\ v=h(x,y,z),\ s=j(x,y,z),\ t=k(x,y,z)$가 모두 미분가능하면 다음을 만족한다.

$$\begin{aligned}\frac{\partial w}{\partial x}&=\frac{\partial w}{\partial u}\frac{\partial u}{\partial x}+\frac{\partial w}{\partial v}\frac{\partial v}{\partial x}+\frac{\partial w}{\partial s}\frac{\partial s}{\partial x}+\frac{\partial w}{\partial t}\frac{\partial t}{\partial x}\\ \frac{\partial w}{\partial y}&=\frac{\partial w}{\partial u}\frac{\partial u}{\partial y}+\frac{\partial w}{\partial v}\frac{\partial v}{\partial y}+\frac{\partial w}{\partial s}\frac{\partial s}{\partial y}+\frac{\partial w}{\partial t}\frac{\partial t}{\partial y}\\ \frac{\partial w}{\partial z}&=\frac{\partial w}{\partial u}\frac{\partial u}{\partial z}+\frac{\partial w}{\partial v}\frac{\partial v}{\partial z}+\frac{\partial w}{\partial s}\frac{\partial s}{\partial z}+\frac{\partial w}{\partial t}\frac{\partial t}{\partial z}\end{aligned} \tag{12.3}$$

또한 함수 $w=f(u,v,s),\ u=g(t),\ v=h(t),\ s=k(t)$가 모두 미분가능하면 다음을 만족한다.

$$\frac{dw}{dt}=\frac{\partial w}{\partial u}\frac{du}{dt}+\frac{\partial w}{\partial v}\frac{dv}{dt}+\frac{\partial w}{\partial s}\frac{ds}{dt} \tag{12.4}$$

다음의 예제들을 통해 합성함수의 편미분을 익히도록 하자.

【예제 12-9】

$w=r^2+s^3+u,\ r=x^2+1,\ s=xy,\ u=e^z$일 때 연쇄율 식 (12.3)을 적용하여 $\frac{\partial w}{\partial x}, \frac{\partial w}{\partial y}, \frac{\partial w}{\partial z}$를 구하시오.

| 풀이 |

연쇄율 식 (12.3)을 적용하기 위해 각각의 편미분을 구하면,

$$\frac{\partial w}{\partial r}=2r, \frac{\partial w}{\partial s}=3s^2, \frac{\partial w}{\partial u}=1, \frac{\partial r}{\partial x}=2x, \frac{\partial r}{\partial y}=0, \frac{\partial r}{\partial z}=0, \frac{\partial s}{\partial x}=y, \frac{\partial s}{\partial y}=x, \frac{\partial s}{\partial z}=0,$$

$\frac{\partial u}{\partial x}=0, \frac{\partial u}{\partial y}=0, \frac{\partial u}{\partial z}=e^z$ 이다.[02]

이제 각각 구한 편미분을 식 (12.3)에 넣으면

$$\frac{\partial w}{\partial x}=\frac{\partial w}{\partial r}\frac{\partial r}{\partial x}+\frac{\partial w}{\partial s}\frac{\partial s}{\partial x}+\frac{\partial w}{\partial u}\frac{\partial u}{\partial x}=4rx+3s^2y=4x(x^2+1)+3x^2y^3,$$

$\frac{\partial w}{\partial y}=\frac{\partial w}{\partial r}\frac{\partial r}{\partial y}+\frac{\partial w}{\partial s}\frac{\partial s}{\partial y}+\frac{\partial w}{\partial u}\frac{\partial u}{\partial y}=3s^2x=3x^3y^2$ 그리고

$\frac{\partial w}{\partial z}=\frac{\partial w}{\partial r}\frac{\partial r}{\partial z}+\frac{\partial w}{\partial s}\frac{\partial s}{\partial z}+\frac{\partial w}{\partial u}\frac{\partial u}{\partial z}=e^z$ 를 얻는다. ■

【예제 12-10】

$w=r^2+s^3+u,\ r=t^2,\ s=2t,\ u=e^t$ 일 때 연쇄율 식 (12.4)를 적용하여 $\frac{dw}{dt}$ 를 구하시오.

| 풀이 |

연쇄율 식 (12.4)를 적용하기 위해 각각의 편미분을 구하면,

$\frac{\partial w}{\partial r}=2r, \frac{\partial w}{\partial s}=3s^2, \frac{\partial w}{\partial u}=1$ 이고 $r,\ s,\ u$를 t에 대해 미분하면 $\frac{dr}{dt}=2t, \frac{ds}{dt}=2, \frac{du}{dt}=e^t$ 이다.

이제 각각 구한 편미분과 미분을 식 (12.4)에 넣으면,

$\frac{dw}{dt}=\frac{\partial w}{\partial r}\frac{dr}{dt}+\frac{\partial w}{\partial s}\frac{ds}{dt}+\frac{\partial w}{\partial u}\frac{du}{dt}=4rt+6s^2+e^t=4(t^2)t+6(2t)^2+e^t=4t^3+24t^2+e^t$ 를 얻는다. ■

다음은 f_{xy}와 f_{yx}의 연속에 관한 정리인데 응용범위가 넓으니 잘 알아두도록 하자.

f_{xy}와 f_{yx}의 연속에 관한 정리

함수 $f(x,y)$의 2계 편도함수 f_{xy}와 f_{yx}가 존재하고 이 중 어느 하나라도 f의 정의역에서 연속이면 $f_{xy}=f_{yx}$이다.

---

02 지수함수 e^x를 미분하면 그 자신 e^x가 되는데, 이에 대해서는 다음 장에서 자세히 배운다.

【예제 12-11】

주어진 함수 $w=f(x,y)=x^2+2xy$의 2계 편도함수 f_{xy}와 f_{yx}를 구하고 f_{xy}가 연속임을 보이시오. 또 $f_{xy}=f_{yx}$임을 확인하시오.

| 풀이 |

[예제 12-6]으로부터 $f_x=2x+2y$, $f_y=2x$이다. 2계 편도함수를 구하면 $f_{xy}=2$, $f_{yx}=2$이다. f_{xy}와 f_{yx}는 모두 상수함수이며 따라서 $R\times R$에서 연속이다. 또 $f_{xy}=2$, $f_{yx}=2$로서 $f_{xy}=f_{yx}$이다. ■

12.2 미 분

1. 일변수함수의 미분

미 분

dx와 dy는 각각 독립변수 x와 종속변수 y의 무한히 작은 미소변화량을 나타내는 기호로 볼 수 있으며 dy/dx는 이들 간의 비율로 이해할 수 있다. 여기서 dx를 x의 **미분(differential)**이라 하며 dy를 y의 미분이라 한다. 11장에서 우리는 미분이라는 의미를 함수 $f(x)$의 미분, 즉 $f'(x)$를 의미하였는데 dx 또는 dy를 미분이라고도 부른다.

미분(dy)의 표현

함수 $y=f(x)$의 도함수인 $f'(x)=\frac{dy}{dx}$는 미분의 정의에 의해서 x의 미분인 dx에 대한 y의 미분인 dy의 비율로 볼 수 있다. 이제 이 식의 양변에 dx를 곱하면 y의 미분 dy는 다음과 같이 나타낼 수 있다.

$$dy=f'(x)\,dx \tag{12.5}$$

한편, $y=f(x)$이므로 dy를 $d(f(x))$로 표현하기도 한다. 예컨대, $y=x^2+1$일 때 dy를 $d(x^2+1)$로 표현하기도 한다. 이 경우 d를 함수에 작용하여 미분으로 변환해주는 연산자로 볼 수 있다.

미분공식

연산자 d의 연산규칙을 **미분공식(differential formula)**이라고 하는데 그 규칙은 다음과 같다. 주어진 상수 α와 종속변수 y, w에 대해

(1) $y = \alpha$일 때, $dy = 0$

(2) $d(ay^n) = any^{n-1}dy$

(3) $d(y+w) = dy + dw$

(4) $d(yw) = (dy)w + y(dw)$

(5) $d(\frac{y}{w}) = \frac{(dy)w - y(dw)}{w^2}$

이 공식은 11.3절 도함수의 성질부분에 나타나 있는 함수의 도함수에 관한 정리로부터 바로 유도할 수 있다.

【예제 12-12】

함수 $y = x^2 + 1$에서 y의 미분을 구하시오.

| 풀이 |

먼저 $f'(x)$를 구하면 $f'(x) = 2x$이다. 그런데 미분의 정의에 의해 y의 미분은 dy이다. 이제 식 (12.5)를 적용하면 $dy = f'(x)dx = 2xdx$이다. 이 결과는 $d(x^2+1) = 2xdx$로 표현될 수도 있다. ■

【예제 12-13】

함수 $y = xe^x$가 주어졌을 때 함수 $f(x)$의 미분과 y의 미분을 구하시오.

| 풀이 |

$f(x)$의 미분인 $f'(x) = \frac{dy}{dx}$를 구하면 $f'(x) = (x+1)e^x$이다. 그리고 y의 미분인 dy는 $dy = f'(x)dx = (x+1)e^x dx$이다. ■

【예제 12-14】

주어진 함수 $y = x(x^2+1)e^x$의 dy를 구하시오.

| 풀이 |

$y = x(x^2+1)e^x$를 두 함수 $u = (x^2+1)$와 $w = xe^x$의 곱으로 보았을 때, 위의 미분공식을 이용하면, $dy = d(uw) = (du)w + u(dw)$ 이다. 그런데 $du = 2xdx$, $dw = (x+1)e^x dx$이므로, $dy = (du)w + u(dw) = (2xdx)xe^x + (x^2+1)(x+1)e^x dx = (x^3+3x^2+x+1)e^x dx$이다. ■

2. 이변수함수의 미분

이제 앞에서 일변수함수에 대하여 미분을 정의한 것과 마찬가지로 이변수함수에 대한 미분을 정의할 수 있다.

이변수함수의 미분에 관한 정리

$w = f(x, y)$라 하고 Δx와 Δy를 각각 x와 y의 차분(증분)이라고 하자. 그러면 독립변수 x와 y의 미분은 Δx와 Δy가 아주 작을 때 $dx \approx \Delta x$, $dy \approx \Delta y$이며 $\Delta x, \Delta y$이 거의 0값을 갖게 되면 $dx = \Delta x$, $dy = \Delta y$라고 할 수 있다. 이때 종속변수 w의 미분 dw는

$$dw = f_x(x, y)dx + f_y(x, y)dy = \frac{\partial w}{\partial x}dx + \frac{\partial w}{\partial y}dy \tag{12.6}$$

으로 표현될 수 있다. 이 식을 보면 dw가 두 변수로 표현되는 변화의 합으로 표현됨을 알 수 있는데, 이를 **전미분(total differential)**이라고도 부른다.

$w = f(x, y)$가 미분가능한 (x, y) 근처에서는 이 장 1절의 차분에 관한 정리에 나타나 있는 $\Delta w = f_x(x, y)\Delta x + f_y(x, y)\Delta y + \varepsilon_1 \Delta x + \varepsilon_2 \Delta y$를 이용할 수 있다. 여기서 ε_1과 ε_2는 Δx와 Δy의 함수이고 $(\Delta x, \Delta y) \to (0, 0)$일 때의 극한값은 0이다. Δx와 Δy가 충분히 0에 가까운 값이면 $\varepsilon_1 \Delta x + \varepsilon_2 \Delta y$는 0에 가까운 값이므로 무시하고 $dx \approx \Delta x, dy \approx \Delta y$로 가정할 수 있으므로 위의 미분에 관한 정리를 이용하여 $\Delta w \approx dw$라고 할 수 있다. 따라서 dw를 이용하여 Δw의 근사치를 구할 수가 있다. 다음에 나오는 예제에서 이러한 성질을 활용하고 있다.

【예제 12-15】

함수 $w = f(x, y) = x^2 + 2xy$에 대해 (x, y)가 $(1, 2)$에서 $(1.01, 1.99)$로 변할 때 Δw를 근사적으로 구

하시오.

| 풀이 |
이변수함수의 미분에 관한 정리로부터 $dw = \frac{\partial w}{\partial x}dx + \frac{\partial w}{\partial y}dy = (2x+2y)\,dx + (2x)\,dy = 2[(x+y)\,dx + xdy]$와 $dx \approx 0.01$, $dy \approx -0.01$를 이용하면 $dw = 2[3(0.01) + (-0.01)] = 0.04$이다. 따라서 $\Delta w = 0.04$라고 할 수 있다. ■

12.3 평균값 정리와 테일러 전개

1. 테일러 전개

앞의 도함수 부분에서 미분가능한 함수 $f(x)$가 있다면 $f'(x_0) = \lim_{\Delta x \to 0}\frac{\Delta y}{\Delta x} = \lim_{\Delta x \to 0}\frac{f(x_0+\Delta x) - f(x_0)}{\Delta x}$ 라고 하였다. 즉, 매우 작은 Δx에 대해서 $f'(x_0) \approx \frac{f(x_0+\Delta x) - f(x_0)}{\Delta x}$로 해석할 수 있다. 그러면 $f(x_0+\Delta x) \approx f(x_0) + f'(x_0)\Delta x = f(x_0) + f'(x_0)(x-x_0)$가 되어 $f'(x_0)$를 이용한 다항식을 만들어 $f(x_0+\Delta x)$의 근사값을 구할 수 있다.

그런데 여기서 다항식의 차수를 높이면 $f(x_0+\Delta x)$의 값을 좀 더 정확하게 구할 수 있을 것이라는 것은 자연스러운 발상이다. 그래서 일반적으로 어떤 점 x_0부근에서 함수 $f(x)$의 값을 쉽게 구하기 위해 $f(x)$에 가까운 다항함수 $p_n(x) = a_0 + a_1x + a_2x^2 + \cdots + a_nx^n$ 또는 $p_n(x) = a_0 + a_1(x-x_0) + a_2(x-x_0)^2 + \cdots + a_n(x-x_0)^n$를 찾고 점 x_0 근처에서 $p_n(x)$의 값을 구하여 그 값을 $f(x)$에 근사한 값으로 이용하는 여러 가지 방법들이 개발되었다. 그 중에 대표적인 것이 **테일러 다항식**(Taylor polynomial) 또는 **테일러 급수**(Taylor series)인데, 이 테일러 다항식은 다항식 $p_n(x)$의 각 계수 a_n를 $f(x)$의 고계도함수를 이용하여 구하는 것이다.

테일러 급수

함수 $f(x)$가 x_0를 포함하는 구간 (a, b)에서 무한번 미분가능하다면 구간 (a, b) 안의 x_0 근처의 모든 점 x에 대해 $f(x)$는 다음과 같이 표현될 수 있는데, 이를 **테일러 급수** 또는 **테일러 전개**(Taylor expansion)라고 한다.

$$f(x)=f(x_0)+f'(x_0)(x-x_0)+\frac{f''(x_0)}{2!}(x-x_0)^2+\cdots+\frac{f^{(n)}(x_0)}{n!}(x-x_0)^n+\cdots \qquad (12.7)$$
$$=\sum_{n=0}^{\infty}\frac{f^{(n)}(x_0)}{n!}(x-x_0)^n$$

위의 테일러 급수에서 $x_0=0$으로 놓으면 $f(x)=\sum_{n=0}^{\infty}\frac{f^{(n)}(x_0)}{n!}x^n$가 되는데 이런 형태를 **맥클로린 급수(Maclaurin series)**라고 한다.

물론 이러한 무한급수는 $f^{(n)}(x_0)$과 $(x-x_0)$값에 따라서 실제로 주어진 함수값 $f(x)$에 수렴할 수도 있고 아닐 수도 있다. 자세한 내용은 뒤의 테일러 정리에서 배운다.

위의 테일러 급수에서 x의 차수를 n까지만 더한

$f(x)\approx f(x_0)+f'(x_0)(x-x_0)+\frac{f''(x_0)}{2!}(x-x_0)^2+\cdots+\frac{f^{(n)}(x_0)}{n!}(x-x_0)^n=\sum_{k=0}^{n}\frac{f^{(k)}(x_0)}{k!}(x-x_0)^k$를 **테일러 다항식**이라고 하고, 이 경우 $f^{(n)}$까지만 미분가능 조건이 필요하다. 마찬가지로 $f(x)\approx\sum_{k=0}^{n}\frac{f^{(k)}(0)}{k!}x^k$를 **맥클로린 다항식**이라고 한다.

【예제 12-16】

함수 $f(x)=\frac{1}{1-x}$의 맥클로린 급수를 구하시오.

| 풀이 |

$f'(x)=\frac{1}{(1-x)^2}$, $f''(x)=\frac{2!}{(1-x)^3}$, $f'''(x)=\frac{3!}{(1-x)^4}$, $\cdots$, $f^{(n)}(x)=\frac{n!}{(1-x)^{n+1}}$, $\cdots$이다. 따라서 모든 n에 대하여 $\frac{f^{(n)}(0)}{n!}=\frac{n!}{n!}=1$이다. 그러므로 $f(x)=\frac{1}{1-x}$의 맥클로린 급수는 $f(x)=1+x+x^2+x^3+\cdots+x^n+\cdots$이다. 단, 이 맥클로린 급수는 $x\neq 1$일 때 성립한다. ■

【예제 12-17】

$x_0=1$근처에서 함수 $f(x)=\frac{1}{2-x}$의 테일러 급수를 구하시오.

| 풀이 |

x값이 $x\neq 2$이라면,

$f'(x)=\frac{1}{(2-x)^2}$, $f''(x)=\frac{2!}{(2-x)^3}$, $f'''(x)=\frac{3!}{(2-x)^4}$, $\cdots$, $f^{(n)}(x)=\frac{n!}{(2-x)^{n+1}}$, $\cdots$이며 따라서 $f'(1)=$

1, $f''(1)=2!$, $f'''(1)=3!, \cdots$, $f^{(n)}(1)=n!, \cdots$이다. 이제 테일러 급수의 공식 (12.7)을 적용하면 다음과 같다.

$$\begin{aligned} f(x) &= f(1)+f'(1)(x-1)+\frac{f''(1)}{2!}(x-1)^2+\cdots+\frac{f^{(n)}(1)}{n!}(x-1)^n+\cdots \\ &= 1+(x-1)+(x-1)^2+\cdots+(x-1)^n+\cdots \end{aligned}$$

그런데 위의 테일러 급수는 [예제 12-16]에서 구한 맥클로린 급수를 이용해도 바로 구할 수 있다. 즉, $f(x)=\frac{1}{2-x}=\frac{1}{1-(x-1)}$라고 했을 때, [예제 12-16]의 맥클로린 급수의 변수 x 대신에 $x-1$을 넣으면 된다는 것을 알 수 있다. ■

테일러 정리

함수 $f(x)$와 $f(x)$의 고계도함수인 $f^{(n)}(x), n=0,1,2,\cdots,n$가 x_0를 포함하는 구간 (a,b)에서 연속이고 $f^{(n)}(x)$가 구간 (a,b)에서 미분가능이라면 구간 (a,b) 안에 다음 식을 만족하는 c가 존재한다.

$$f(x)=f(x_0)+f'(x_0)(x-x_0)+\frac{f''(x_0)}{2!}(x-x_0)^2+\cdots+\frac{f^{(n)}(x_0)}{n!}(x-x_0)^n+\frac{f^{(n+1)}(c)}{n!}(x-x_0)^n$$

테일러 급수의 수렴

위의 테일러 정리에 나오는 $\frac{f^{(n+1)}(c)}{n!}(x-x_0)^n$을 **나머지항**이라고 불리는 $R_n=\frac{f^{(n+1)}(c)}{n!}(x-x_0)^n$으로 놓고 $n\to\infty$일 때 $|R_n|\to 0$이면 테일러 급수는 수렴한다고 한다.

【예제 12-18】

$x_0=1$ 근처에서 함수 $f(x)=\frac{1}{2-x}$의 테일러 급수가 수렴하기 위한 조건을 구하시오.

| 풀이 |

테일러 급수의 수렴에 관한 정의와 [예제 12-17]에 의해 $R_n=\frac{f^{(n+1)}(c)}{n!}(x-x_0)^n=(x-1)^n$임을 알 수 있다. 따라서 $n\to\infty$일 때 $|R_n|\to 0$이기 위한 조건은 $|x-1|<1$이다. 그러므로 구간 $(0,2)$에서 함수 $f(x)=\frac{1}{2-x}$의 테일러 급수는 수렴한다. ■

2. 뉴튼-랩슨 방법

앞에서도 언급하였듯이 어떤 함수의 점 x_0에서의 값과 미분값을 안다면 $f(x) \approx f(x_0) + f'(x_0)(x - x_0)$을 이용하여 $f(x)$의 근사치를 얻을 수 있다. 해를 구하기 복잡한 함수의 근을 구하는데 이 근사치 식을 활용할 수 있다. 즉, $0 = f(x_0) + f'(x_0)(x - x_0)$로 놓으면 $f(x_0)$와 $f'(x_0)$를 이용하여 $x = x_0 - \dfrac{f(x_0)}{f'(x_0)}$로 놓을 수 있다. 그러면 이렇게 찾은 x값이 $f(x) = 0$이 되는 값이다. 다시 말하면, $x = x_0 - \dfrac{f(x_0)}{f'(x_0)}$를 이용하여 $f(x) = 0$이 되는 x값을 근사적으로 구할 수 있는 것이다. 이 방법을 보통 **뉴튼-랩슨 방법(Newton-Raphson method)**이라고 하는데, 그 방법을 간단히 정리하면 다음과 같다.

뉴튼-랩슨 방법

함수 $f(x)$가 미분가능하고 $f'(x)$가 연속이라면 $x_{new} = x_{old} - \dfrac{f(x_{old})}{f'(x_{old})}$를 반복 적용하여 $f(x) = 0$의 해를 근사적으로 구할 수 있다.

처음에 해가 될 것으로 추측되는 해는 실제 해와는 오차가 많을 것이다. 하지만 뉴튼-랩슨 방법을 이용하여 얻은 결과 값은 $|x - x_0|$가 작을수록 실제 해에 더욱 가까운 값이 된다.

이 뉴튼-랩슨 방법을 반복하여 적용했을 때, 처음에 추측되는 $f(x) = 0$의 해를 x_0로 놓고 첫 번째 뉴튼-랩슨 방법의 적용에 의해 구한 값 x_{new}을 x_1으로 놓는다. 그 다음 반복 적용시에는 x_1이 x_{old}로 사용되고 두 번째 뉴튼-랩슨 방법을 적용하여 구한 $f(x) = 0$의 해는 x_2가 된다. 이것을 정리하여 나타내면 다음과 같다.

뉴튼-랩슨 반복법

$f(x) = 0$으로 추측되는 최초값을 x_0로 놓고, 충분히 작은 $\varepsilon > 0$값에 대해 $|x_{n+1} - x_n| < \varepsilon$가 될 때까지 반복 적용하여 다음을 구한다.

$$x_{n+1} = x_n - \frac{f(x_n)}{f'(x_n)}, \quad n = 0, 1, 2, \cdots$$

이렇게 해서 구한 x_{n+1}이 $f(x)=0$의 해에 대한 근사값이다.

【예제 12-19】

함수 $f(x)=\cos x-x$에 대해 뉴튼-랩슨 방법을 2번 반복 적용하여 해를 추측해보시오. 여기서 $(\cos x)'=-\sin x$이라는 성질을 이용한다.

| 풀이 |

$\cos x$와 x는 모든 실수에서 연속이므로 $f(x)=\cos x-x$는 모든 실수에서 연속이다. $f(\frac{\pi}{2})=-\frac{\pi}{2}<0<1=f(0)$이므로 중간값 정리에 의해 $f(x)=\cos x-x=0$의 해는 $[0,\frac{\pi}{2}]$ 안에 존재한다. 다음 [그림 12-2]를 보더라도 $\cos x-x=0$, 즉 $\cos x=x$는 $[0,\frac{\pi}{2}]$ 안에 유일한 해를 갖는다는 것을 알 수 있다.

그림 12-2 ▎ $y=\cos x$와 $y=x$

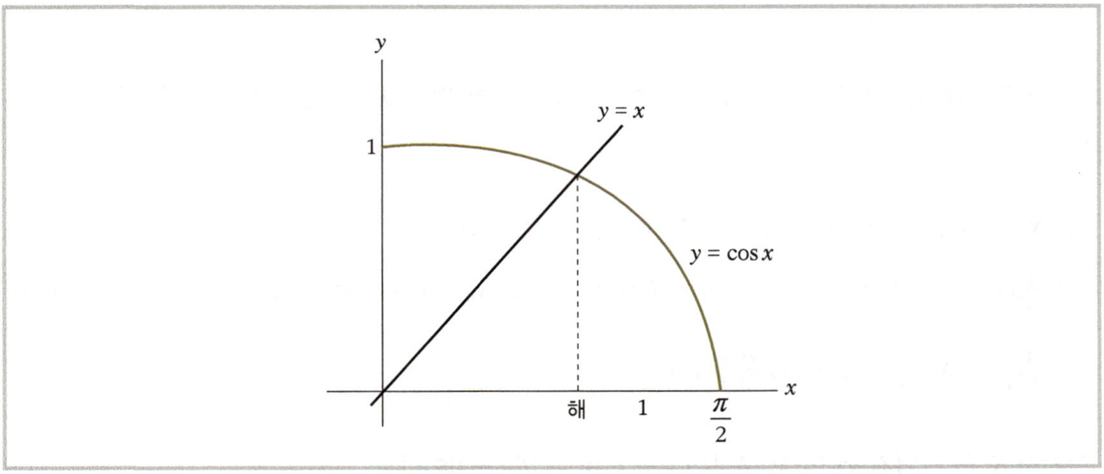

이제 뉴튼-랩슨 방법을 적용하기 위해 $f'(x)$를 구하면 $f'(x)=-\sin x-1$이다. 그러면 $x_{new}=x_{old}-\frac{\cos x_{old}-x_{old}}{-\sin x_{old}-1}$가 되는데, x_{old}에 0과 $\frac{\pi}{2}$의 중간값인 $\frac{\pi}{4}$를 넣으면 $x_{new}=\frac{\pi}{4}-\frac{\cos\frac{\pi}{4}-\frac{\pi}{4}}{-\sin\frac{\pi}{4}-1}=\frac{\pi}{4}+\frac{\frac{1}{\sqrt{2}}-\frac{\pi}{4}}{\frac{1}{\sqrt{2}}+1}\approx 0.739536134$가 된다.

이제 $x_{old}=0.739536134$로 놓고 뉴튼-랩슨 방법을 다시 한 번 적용하면 $x_{new}=0.739085178$이 된

다. 이제 이 $x_{new}=0.739085178$을 $f(x)=\cos x-x=0$의 해에 대한 근사값이라고 할 수 있다. ■

3. 이변수함수의 평균값 정리와 테일러 정리

10장에서 함수의 연속성을 이야기하면서 일변수함수에 대한 평균값 정리를 설명하였는데, 여기서는 이변수함수의 경우 평균값 정리에 대해 알아보겠다.

이변수함수의 평균값 정리

$f(x,y)$가 연속이고 1계 편도함수가 존재하면 다음 식을 만족하는 $0<\theta<1$인 θ가 존재한다.

$$f(x_0+h,y_0+k)-f(x_0,y_0)=hf_x(x_0+\theta h,y_0+\theta k)+kf_y(x_0+\theta h,y_0+\theta k)$$

이변수함수의 테일러 정리

$f(x,y)$의 n계 편도함수까지가 모두 연속이고 $(n+1)$계 편도함수가 존재하면 다음 식이 만족된다.

$$\begin{aligned}f(x,y)&=f(x_0,y_0)+(x-x_0)f_x(x_0,y_0)+(y-y_0)f_y(x_0,y_0)\\&+\frac{1}{2!}\Big((x-x_0)^2f_{xx}(x_0,y_0)+2(x-x_0)(y-y_0)f_{xy}(x_0,y_0)+(y-y_0)^2f_{yy}(x_0,y_0)\Big)+\cdots\\&+\frac{1}{n!}\left((x-x_0)\frac{\partial}{\partial x}+(y-y_0)\frac{\partial}{\partial x}\right)^n f(x_0,y_0)+R_n\end{aligned} \tag{12.8}$$

여기서 R_n은 나머지항이라고 부르며 $x\to x_0$일 때 $|R_n|\to 0$이다.

【예제 12-20】

$f(x,y)=xy-x^2+y+2$를 $x_0=0, y_0=1$을 중심으로 테일러 다항식으로 표현하시오.

| 풀이 |

$f_x=y-2x,\ f_y=x+1,\ f_{xx}=-2,\ f_{xy}=1,\ f_{yx}=1,\ f_{yy}=0$

$f(x,y)$의 3계 이상의 모든 고계 편도함수는 0이다. 따라서 이변수함수의 테일러 정리를 적용하기 위해 각 계수값을 구하면,

$$f(0,1)=3 \qquad f_x=(0,1)=1 \qquad f_y=(0,1)=1$$
$$f_{xx}(0,1)=-2 \qquad f_{xy}(0,1)=1=f_{yx}(0,1), \qquad f_{yy}(0,1)=0$$

이다. 이제 식 (12.8)에 $x_0=0, y_0=1$과 방금 위에서 구한 편미분 값들을 대입하면,

$$\begin{aligned} f(x,y) &= f(0,1)+xf_x(0,1)+(y-1)f_y(0,1) \\ &+\frac{1}{2!}\left[x^2 f_{xx}(0,1)+2x(y-1)f_{xy}(0,1)+(y-1)^2 f_{yy}(0,1)\right] \\ &+R_3 \end{aligned}$$

여기서 R_3는 0이므로, $f(x,y)=xy-x^2+y+2$의 테일러 다항식은

$$\begin{aligned} f(x,y) &= 3+x+(y-1)+\frac{1}{2}x^2(-2)+x(y-1)+\frac{1}{2}(y-1)^2\cdot 0 \\ &= 3+x+(y-1)-x^2+x(y-1) \end{aligned}$$

이다. ■

12.4 음함수와 야코비안

1. 편도함수를 이용한 음함수의 미분

일반적으로 우리는 함수의 형태를 $f(x)=x^2+1, y=f(x)$와 같이 표현한다. 여기서 y는 $y=x^2+1$가 되어 x의 변화에 따라 종속적으로 변하는 함수 값이다. 이 식은 $x^2+1-y=0$으로도 표현될 수 있는데 x^2+1-y를 $F(x,y)=x^2+1-y$로 놓으면 $F(x,y)=0$의 형태가 된다. 이와 같이 함수 $y=f(x)$는 $F(x,y)=0$와 같이 표현될 수 있는데 이때 y를 x의 **음함수**(implicit function)라고 한다. 한편 $y=f(x)$와 같이 표현될 때 y는 x의 **양함수**(explicit function)라고 한다.

편도함수를 이용하면 음함수의 도함수를 쉽게 구할 수 있다. 미분가능한 함수 $y=f(x)$를 $F(x,y)=0$으로 정의했다고 하자. 이 경우, 음함수에 의해 정의된 함수 f의 구체적 형태를 모르더라도 F의 편도함수를 이용하여 도함수를 다음과 같이 구할 수 있다.

$F(x,y)=0$에서 양변을 x에 대해 미분한다. 그러면 오른쪽의 상수항은 0이 되고, 왼쪽 항의 x에

대한 미분 F_x을 구하기 위해 이변수함수의 연쇄율을 이용하면 $\frac{\partial F}{\partial x}\frac{\partial x}{\partial x}+\frac{\partial F}{\partial y}\frac{\partial y}{\partial x}=0$이 된다. 그런데 $\frac{\partial x}{\partial x}=1$이므로 $F_x+F_y\frac{\partial y}{\partial x}=0$이 된다. 따라서 f의 도함수 $\frac{\partial y}{\partial x}=-\frac{F_x(x,y)}{F_y(x,y)}$를 얻는다.

음함수를 이용한 도함수에 관한 정리

미분가능한 함수 $y=f(x)$가 방정식 $F(x,y)=0$에 의하여 정의되면, y의 도함수는 다음과 같다.

$$\frac{\partial y}{\partial x}=-\frac{F_x(x,y)}{F_y(x,y)} \tag{12.9}$$

【예제 12-21】

$y=f(x)$가 $F(x,y)=y^3-xy+e^x+x^2-1=0$에 의하여 정의된다고 했을 때 $y=f(x)$의 도함수를 구하시오.

| 풀이 |

식 (12.9)를 이용하기 위해 F_x와 F_y를 구하면 각각 $F_x=-y+e^x+2x$과 $F_y=3y^2-x$이 된다. 따라서 y의 도함수 $\frac{\partial y}{\partial x}=\frac{y-e^x-2x}{3y^2-x}$이다. ■

위에서와 같은 방법으로 다변수함수인 경우에도 음함수의 편도함수를 구할 수 있다. 방정식 $F(x,y,z)=0$이 미분가능한 이변수함수 $z=f(x,y)$를 정의한다고 할 때, z의 도함수를 F의 편도함수를 이용하여 구해보자. F를 x의 함수로 생각하여 연쇄율을 적용하면,

$$F_x\frac{\partial x}{\partial x}+F_y\frac{\partial y}{\partial x}+F_z\frac{\partial z}{\partial x}=F_x+F_z\frac{\partial z}{\partial x}=0\ \left(\frac{\partial x}{\partial x}=1,\frac{\partial y}{\partial x}=0\right)$$

이 되어 $F_x+F_z\frac{\partial z}{\partial x}=0$이 된다.

마찬가지로 F를 y의 함수로 생각하여 연쇄율을 적용하면,

$$F_x\frac{\partial x}{\partial y}+F_y\frac{\partial y}{\partial y}+F_z\frac{\partial z}{\partial y}=F_y+F_z\frac{\partial z}{\partial y}=0\ \left(\frac{\partial x}{\partial y}=0,\frac{\partial y}{\partial y}=1\right)$$

이 되어 $F_y+F_z\frac{\partial z}{\partial y}=0$이 된다.

따라서 $\frac{\partial z}{\partial x} = -\frac{F_x(x,y,z)}{F_z(x,y,z)}$, $\frac{\partial z}{\partial y} = -\frac{F_y(x,y,z)}{F_z(x,y,z)}$를 얻는다.

【예제 12-22】

$z=f(x,y)$가 $F(x,y,z)=x^2z-2xy+z+3yz=0$에 의하여 정의되었을 때, x와 y에 대한 z의 편도함수를 구하시오.

| 풀이 |

위에서 정리한 다변수함수의 음함수를 이용한 편도함수에 관한 정리를 이용하기 위해 F_x, F_y 그리고 F_z를 구하면 각각 $F_x=2xz-2y$, $F_y=-2x+3z$ 그리고 $F_z=x^2+3y+1$이다. 그러므로 z의 x와 y에 대한 편도함수는 각각 $\frac{\partial z}{\partial x} = -\frac{2xz-2y}{x^2+3y+1}$과 $\frac{\partial z}{\partial y} = -\frac{-2x+3z}{x^2+3y+1}$이다. ■

2. 야코비안 행렬식

음함수의 편도함수를 구하기 위해서는 **야코비안(Jacobian)** 또는 **야코비안 행렬식(Jacobian determinant)**을 이용할 수도 있는데, 이 방법은 주로 여러 개의 연립방정식이 동일한 다변수에 의해 구성되었을 때 사용하며 이 야코비안 행렬식을 사용하여 연립방정식의 편도함수를 편리하게 구할 수 있다.

야코비안 행렬식

다음과 같이 m개의 변수 $x_1, \cdots, x_m$과 n개의 음함수로 이루어진 방정식이 있다고 하자.

$$\begin{cases} F_1(x_1, x_2, \cdots, x_m, w_1, w_2, \cdots, w_n) = 0 \\ F_2(x_1, x_2, \cdots, x_m, w_1, w_2, \cdots, w_n) = 0 \\ \vdots \\ F_n(x_1, x_2, \cdots, x_m, w_1, w_2, \cdots, w_n) = 0 \end{cases} \tag{12.10}$$

여기서, $w_1, w_2, \cdots, w_n$은 각각 변수 $(x_1, x_2, \cdots, x_m)$를 가지는 음함수들이다. 즉 $f_1(x_1, x_2, \cdots, x_m) = w_1$, $f_2(x_1, x_2, \cdots, x_m) = w_2, \cdots, f_n(x_1, x_2, \cdots, x_m) = w_n$과 같이 표현할 수 있다.

이 중 m개의 독립변수들로 이루어진 벡터를 간단히 $\boldsymbol{x} = (x_1, x_2, \cdots, x_m)$로 표기하자. 위의 방정식들이 $(\boldsymbol{x}_0, \boldsymbol{w}_0)$ 근처에서 정의되고 $(\boldsymbol{x}_0, \boldsymbol{w}_0)$에서 미분가능하다면 각각의 방정식에 대한 편도함수들

로 이루어진 행렬식을 야코비안 행렬식이라고 하며 이는 다음과 같다.

$$\frac{\partial(F_1, F_2, \cdots, F_n)}{\partial(w_1, w_2, \cdots, w_n)}(\boldsymbol{x}_0, \boldsymbol{w}_0) = JF(\boldsymbol{x}_0, \boldsymbol{w}_0) = \begin{vmatrix} \frac{\partial}{\partial w_1}F_1(\boldsymbol{x}_0, \boldsymbol{w}_0) & \cdots & \frac{\partial}{\partial w_n}F_1(\boldsymbol{x}_0, \boldsymbol{w}_0) \\ \vdots & & \vdots \\ \frac{\partial}{\partial w_1}F_n(\boldsymbol{x}_0, \boldsymbol{w}_0) & \cdots & \frac{\partial}{\partial w_n}F_n(\boldsymbol{x}_0, \boldsymbol{w}_0) \end{vmatrix} \quad (12.11)$$

이 행렬식을 간단히 $|J|$로도 표시하고, 또 야코비안 행렬식을 간단히 야코비안이라고 부르기도 한다.

예컨대, 두 개의 변수를 가지고 있는 두 개의 음함수 u, v에 의해 표현된 식 $F(x, y, u, v)$와 $G(x, y, u, v)$가 미분가능하다고 하자.[03] 이때 F와 G의 u와 v에 대한 야코비안 행렬식은 다음과 같이 정의된다.

$$|J| = \frac{\partial(F, G)}{\partial(u, v)} = \begin{vmatrix} \frac{\partial F}{\partial u} & \frac{\partial F}{\partial v} \\ \frac{\partial G}{\partial u} & \frac{\partial G}{\partial v} \end{vmatrix} = \begin{vmatrix} F_u & F_v \\ G_u & G_v \end{vmatrix}$$

야코비안 행렬식은 음함수의 편도함수를 구하는 데 편리하게 이용될 수 있는데, 예를 들어 다음과 같이 두 개의 연립방정식이 있다고 하자.

$$\begin{cases} F(x, y, u, v) = 0 \\ G(x, y, u, v) = 0 \end{cases}$$

이때 이 연립방정식에 의하여 u와 v가 x와 y의 함수로 정의되었고, F와 G의 u와 v에 대한 야코비안 행렬식이 0이 아니라면 다음의 법칙이 성립한다.

$$\frac{\partial u}{\partial x} = -\frac{\frac{\partial(F, G)}{\partial(x, v)}}{\frac{\partial(F, G)}{\partial(u, v)}}, \quad \frac{\partial u}{\partial y} = -\frac{\frac{\partial(F, G)}{\partial(y, v)}}{\frac{\partial(F, G)}{\partial(u, v)}}$$

$$\frac{\partial v}{\partial x} = -\frac{\frac{\partial(F, G)}{\partial(u, x)}}{\frac{\partial(F, G)}{\partial(u, v)}}, \quad \frac{\partial v}{\partial y} = -\frac{\frac{\partial(F, G)}{\partial(u, y)}}{\frac{\partial(F, G)}{\partial(u, v)}} \quad (12.12)$$

식 (12.12) 등과 같이 야코비안을 이용하여 음함수의 편도함수를 구할 수 있다. 이와 같이 야코비

---

03 F나 G와 같이 음함수에 의해 표현된 식을 간단히 음함수식이라 한다.

안을 이용하여 편도함수를 구할 때는 나머지 변수 중에서 어느 것이 종속변수이고 어느 것이 독립변수인가를 분명히 아는 것이 중요하다.

음함수에 관한 일반정리(General Implicit Function Theorem)

식 (12.12)의 야코비안 행렬식이 0이 아니라면, 즉 $JF(\boldsymbol{x}_0, \boldsymbol{w}_0) \neq 0$이면 점 $(\boldsymbol{x}_0, \boldsymbol{w}_0)$ 근처에서 식 (12.10)에서와 같이 표현될 수 있는 n개의 미분가능한 함수 $w_1 = f(x_1, x_2, \cdots, x_n)$, $w_2 = f(x_1, x_2, \cdots, x_n), \cdots$, $w_n = f(x_1, x_2, \cdots, x_n)$이 정의될 수 있고 음함수식의 미분을 사용하여 각각의 음함수에 대한 미분을 구할 수 있다.

【예제 12-23】

다음 연립방정식에 의하여 z, w가 x, y의 함수로 정의되었다고 하자.

$$\begin{cases} 3x^2 + 2xyz + yw - w = 0 \\ xz + 2y - z + xw = 0 \end{cases}$$

$\dfrac{\partial z}{\partial x}$와 $\dfrac{\partial z}{\partial y}$를 구하시오.

| 풀이 |

$F(x, y, z, w) = 3x^2 + 2xyz + yw - w$와 $G(x, y, z, w) = xz + 2y - z + xw$로 놓고 z, w에 대한 야코비안 행렬식을 구하면,

$|J| = \begin{vmatrix} F_z & F_w \\ G_z & G_w \end{vmatrix} = \begin{vmatrix} 2xy & y-1 \\ x-1 & x \end{vmatrix} = (2xy)x - (x-1)(y-1) = 2x^2y - xy + x + y - 1$이다.

이제 위의 음함수에 관한 일반정리에 따라 $|J| = 2x^2y - xy + x + y - 1 \neq 0$일 때, 식 (12.12)를 적용하면,

$$\frac{\partial z}{\partial x} = -\frac{\dfrac{\partial (F,G)}{\partial (x,w)}}{\dfrac{\partial (F,G)}{\partial (z,w)}} = -\frac{\begin{vmatrix} F_x & F_w \\ G_x & G_w \end{vmatrix}}{\begin{vmatrix} F_z & F_w \\ G_z & G_w \end{vmatrix}} = -\frac{\begin{vmatrix} 6x + 2yz & y-1 \\ z+w & x \end{vmatrix}}{|J|} = -\frac{(6x + 2yz)x - (y-1)(z+w)}{2x^2y - xy + x + y - 1}$$

$$= -\frac{6x^2 + 2xyz - yz + w + z - yw}{2x^2y - xy + x + y - 1}$$

$$\frac{\partial z}{\partial y}=-\frac{\dfrac{\partial(F,G)}{\partial(y,w)}}{\dfrac{\partial(F,G)}{\partial(z,w)}}=-\frac{\begin{vmatrix}F_y & F_w\\ G_y & G_w\end{vmatrix}}{\begin{vmatrix}F_z & F_w\\ G_z & G_w\end{vmatrix}}=-\frac{\begin{vmatrix}2xz+w & y-1\\ 2 & x\end{vmatrix}}{|J|}=-\frac{(2xz+w)x-2(y-1)}{2x^2y-xy+x+y-1}$$

$$=-\frac{2x^2z+xw-2y+2}{2x^2y-xy+x+y-1}$$

을 구한다. ■

12.5 경제경영 · 금융 예제

【예제 12-24】 생산함수의 편도함수

경제학에서는 보통 노동(L)과 자본(K)을 사용하여 생산물(P)을 만든다고 가정하고 이를 **생산함수**(production function) $P=f(L,K)$로 표시한다. 이때 노동에 대한 편도함수 $\partial P/\partial L$를 **노동의 한계생산성**(marginal productivity of labor)이라 하고, 자본에 대한 편도함수 $\partial P/\partial K$를 **자본의 한계생산성**(marginal productivity of capital)이라 부른다. 특히, 다음의 생산함수를 **콥-더글라스**(Cob-Douglas)**생산함수**라고 하는데, 이 생산함수는 밑에서 보는 바와 같이 $L\dfrac{\partial P}{\partial L}+K\dfrac{\partial P}{\partial K}=P$를 만족시킨다.

$$\begin{aligned}&P(L,K)=cL^aK^b\,(a+b=1)\\&\frac{\partial P}{\partial L}=caL^{a-1}K^b\text{이고 }\frac{\partial P}{\partial K}=cbL^aK^{b-1}\text{이므로}\\&L\frac{\partial P}{\partial L}+K\frac{\partial P}{\partial K}=L(caL^{a-1)}K^b)+K(cbL^aK^{b-1})\\&\qquad=c(a+b)L^aK^b=cL^aK^b=P\end{aligned}\tag{12.13}$$

■

【예제 12-25】 수요함수의 편도함수

어떤 제품에 대한 수요는 그 제품의 가격에 의해서만 결정되는 것이 아니고, 다른 제품의 가격에 의해서도 영향을 받는다. 제품 A의 수요량이 제품 A와 제품 B의 가격에 의해서 결정된다고 가정하면, 제품 A의 수요함수는 $Q_A=f(P_A,P_B)$로 나타낼 수 있는데, 이때 일차편도함수 $\partial Q_A/\partial P_A$와 $\partial Q_A/\partial P_B$을 각각 **$P_A$와 P_B에 대한 제품 A의 한계수요**(marginal demand with respect to P_A or P_B)라고 부른다.

일반적으로 해당 제품의 값이 오르면 해당 제품에 대한 수요는 감소하므로 $\partial Q_A/\partial P_A < 0$이 된다. 그런데 다른 제품가격의 상승이 반드시 해당 제품수요의 감소로 이어지지는 않는다. 먼저 제품 B의 가격이 오를 때 제품 A의 수요가 증가하는 경우($\partial Q_A/\partial P_B > 0$)이면 두 제품은 서로 경쟁적인 제품, 즉 **대체재(substitutional product)**라 한다. 그렇지만 반대로 제품 B의 가격이 오를 때 제품 A의 수요가 감소하면($\partial Q_A/\partial P_B < 0$) 두 제품은 서로 **보완재(complementary product)**라 한다. ■

【예제 12-26】 탄력성과 편도함수

가격과 수요의 상대적 증가율의 비를 **수요탄력성(elasticity of demand)**이라고 한다. 즉, 제품의 가격이 1% 증가할 때 수요의 변화가 몇 %인가를 나타내는 다음 식을 수요의 **점탄력성(point elasticity)**이라 한다. 수요함수를 $Q=f(P)$라 하면, 미분의 개념을 사용해서 다음과 같이 점탄력성을 나타낼 수 있다.

$$\varepsilon_{Q_P} = \frac{\partial Q/Q}{\partial P/P} = \frac{\partial Q/\partial P}{Q/P} = \frac{P}{Q}\frac{\partial Q}{\partial P} \tag{12.14}$$

이제 이를 독립변수가 둘인 경우로 확장해보자. 국민저축은 국민소득과 이자율의 함수로 나타낼 수 있는데, 이를 저축함수라 한다.

$$S = S(Y, i) \tag{12.15}$$

S : 국민저축
Y : 국민소득
i : 이자율

위 식에 편미분의 개념을 적용하여 저축함수에 대한 **편탄력성(partial elasticity)**을 구하면,

$$\begin{aligned} \varepsilon_{S_Y} &= \frac{\partial S/S}{\partial Y/Y} = \frac{\partial S/\partial Y}{S/Y} = \frac{\partial S}{\partial Y}\frac{Y}{S} \\ \varepsilon_{S_i} &= \frac{\partial S/S}{\partial i/i} = \frac{\partial S/\partial i}{S/i} = \frac{\partial S}{\partial i}\frac{i}{S} \end{aligned} \tag{12.16}$$

이 된다. ■

【예제 12-27】 옵션가격함수와 편도함수

콜옵션의 가격은 기초자산의 가격(S), 기초자산의 변동성(σ), 행사가격(X), 만기(τ), 무위험이자율(r_f) 등 5가지 변수에 의해 결정된다고 알려져 있다. 즉, 콜옵션의 가격은 $c = f(S, \sigma, X, \tau, r_f)$로 표시할 수 있다. 기초자산의 가격이 1원 변할 때 콜가격이 얼마나 변하는지를 알고 싶을 때에는 $\partial c / \partial S$를 구하면 된다. $\partial c / \partial S$는 **옵션의 헤지비율(hedge ratio)** 또는 **옵션의 델타(Δ)**라고 하며 이는 파생상품의 투자전략에서 매우 중요한 역할을 한다.

예를 들어, 주식에 대한 콜옵션의 델타가 0.6이라 하자. 만약 주식의 가격이 1원 상승하면 콜가격은 0.6원 상승하게 된다. 그러므로 콜옵션 1단위를 매도하고 주식을 0.6주 매수하면, 주가가 1원 상승할 때 주식에서 0.6원 이익이 나고 콜옵션에서 0.6원 손실[04]이 나기 때문에 이익도 손실도 발생하지 않는다. 반대로 주가가 하락할 때에도 마찬가지의 일이 발생한다. 이러한 경우를 **헤지(hedge)**가 되었다고 하며 이런 이유로 해서 옵션의 델타를 헤지비율이라고 부른다. 헤지가 된 상태에서는 주가가 오르든 내리든 상관없이 이익도 손실도 발생하지 않는다. 또한 이와 같이 파생상품의 델타를 이용한 헤징방법을 **델타헤징(delta hedging)**이라고 한다.

앞의 콜옵션가격을 나타내는 식에서 변동성, 행사가격, 무위험이자율은 변하지 않는다고 가정할 때, 테일러 전개식을 이용하여 콜옵션의 가격변화를 나타내면 다음과 같다.

$$\Delta c = \frac{\partial c}{\partial S}\Delta S + \frac{\partial c}{\partial \tau}\Delta\tau + \frac{1}{2}\frac{\partial^2 c}{\partial S^2}(\Delta S)^2 + \frac{1}{2}\frac{\partial^2 c}{\partial \tau^2}(\Delta\tau)^2 + \frac{\partial^2 c}{\partial S \partial \tau}\Delta S \Delta\tau + \cdots \tag{12.17}$$

식 (12.17)에서 Δc와 ΔS는 작은 시간 변화에 따른 콜가격과 주식가격의 변화를 의미한다. 여기에서 보는 바와 같이 테일러 전개식을 이용하면 콜옵션 변수값의 변화에 따른 콜옵션가격 변화의 근사치를 구할 수 있다. ■

04 콜옵션을 매도하면 콜옵션을 매수한 사람과 반대의 포지션이 되며, 주가가 상승할 때 콜옵션을 매수한 사람이 유리해지고 콜옵션을 매도한 사람은 불리해진다.

연습문제

01 이변수함수 $f(x,y)$와 $g(x,y)$가 다음과 같이 정의되었을 때 야코비안 행렬식 $\begin{vmatrix} \frac{\partial f}{\partial x} & \frac{\partial f}{\partial y} \\ \frac{\partial g}{\partial x} & \frac{\partial g}{\partial y} \end{vmatrix}$에서 $\frac{\partial f}{\partial x} = \frac{\partial g}{\partial y}$인 경우는?

① $f(x,y) = x^3 - 3xy^2$ $\quad g(x,y) = 3x^2y - y^3$

② $f(x,y) = 3xy^3 - xy$ $\quad g(x,y) = 3xy^3 - xy$

③ $f(x,y) = e^{-x} + e^y$ $\quad g(x,y) = e^x + e^{-y}$

02 함수 $f(x,y) = \begin{cases} 1 & x = 0 \text{ 또는 } y = 0 \\ 0 & x \neq 0 \text{ 또는 } y \neq 0 \end{cases}$의 x와 y에 대한 편도함수를 구하고 점 $(0,0)$에서 이 함수가 연속인지 판단하시오.

03 $w = 3r^2 + s^3$, $r = xy$, $s = x^2y$일 때, $\left.\frac{\partial w}{\partial r}\frac{\partial r}{\partial x}\right|_{x=1\,y=1}$의 값은?

04 함수 $w = f(x,y,z) = \sqrt{x^2 + y^2 + z^2}$에 대해 $\frac{\partial w}{\partial x}, \frac{\partial w}{\partial y}, \frac{\partial w}{\partial z}$를 구하시오.

05 $x^2 + y^2 = 1$이라는 관계식이 주어졌다. 음함수를 이용하여 점 (x,y)에서의 접선의 기울기를 x와 y의 관계식으로 구하시오.

06 $F(x,y,z) = c$로 주어진 함수의 점 (x_0, y_0, z_0)에서의 접면은 $(F_x(x_0,y_0,z_0), F_y(x_0,y_0,z_0), F_z(x_0,y_0,z_0))$와 직각이다. 따라서 점 (x_0,y_0,z_0)에서의 접면의 식은 $(x - x_0, y - y_0, z - z_0) \cdot (F_x(x_0,y_0,z_0), F_y(x_0,y_0,z_0), F_z(x_0,y_0,z_0)) = 0$로 표현될 수 있다. 그렇다면 3차원 공간에서 반지름이 r인 구를 형성하는 식 $\sqrt{x^2 + y^2 + z^2} = r$에 대해 (x_0,y_0,z_0)에서 접면의 식을 구하시오.

07 (x,y) 형태의 5개의 데이터 값 $\{(x_i, y_i), i = 1,2,3,4,5\} = \{(1,0), (2,2), (3,1), (4,3), (5,4)\}$가 주어졌다. 이 데이터들의 관계를 선형함수인 $y = a + bx$로 나타냈을 때, 각 데이터 값들의 오차의 양을 $R(a,b) = \sum_{i=1}^{5}(a + bx_i - y_i)^2$식으로 나타낸다. 이때 $\frac{\partial R}{\partial a}$와 $\frac{\partial R}{\partial b}$를 각각 구하시오.

08 함수 $f(x,y)=3x^2y+x^3-4y$의 $f_x, f_y, f_{xy}, f_{yx}, f_{xx}, f_{yy}$를 모두 구하시오.

09 연속하는 2계도함수를 가지는 함수 $u(x,y)$가 $\frac{\partial^2 u}{\partial x^2}+\frac{\partial^2 u}{\partial y^2}=0$의 성질을 가졌을 때, 이 함수를 조화함수라고 한다. $u(x,y)=x^3-3xy$가 조화함수인지 판단하고 그 이유를 설명하시오.

10 함수 $f(x,y)=(x+y)^2$의 $(x_0, y_0)=(0,0)$를 중심으로 한 2차 테일러 다항식을 찾으시오.

11 [예제 7-18]에서 보인 $E(R_p)=\boldsymbol{w}^T\boldsymbol{\mu}_p, \sigma_p^2=\boldsymbol{w}^T\Sigma\boldsymbol{w}$를 각각 벡터 $\boldsymbol{w}$에 대해 편미분한 벡터가 다음과 같음을 보이시오.

$$\frac{\partial(\boldsymbol{w}^T\boldsymbol{\mu}_p)}{\partial \boldsymbol{w}}=\boldsymbol{\mu}_p,\ \frac{\partial(\boldsymbol{w}^T\Sigma\boldsymbol{w})}{\partial \boldsymbol{w}}=2\Sigma\boldsymbol{w}$$

12 콜옵션의 가격이 다음과 같이 주어졌을 때, 콜옵션의 헤지비율을 구하시오. $C=S\times N(d_1)-Xe^{-r\tau}N(d_2)$, 단, 이때 콜옵션의 변수들은 [예제 12-27]에서 정의된 바와 같으며 $N(d_1), N(d_2)$는 상수라고 가정한다.

13 수요함수가 $Q\frac{c}{P}$(c : 상수)라고 할 때 수요탄력성을 구하고, 그 의미를 해석하시오.

CHAPTER 13

지수함수와 로그함수

지수함수와 로그함수는 금융분야에서는 물론 경제경영의 모든 분야에서 매우 자주 사용되는 함수이다. 예를 들어, 우리는 저축이나 투자를 했을 때 시간이 흐름에 따라 투자한 금액이 얼마나 불어나는지를 알고 싶어한다. 또한 날마다 우리는 물가상승률, 경제성장률, 매출증가율, 주가상승률 등에 대해서 얘기한다. 이러한 경우에 도움을 주는 함수가 지수함수이다.

또한 로그함수는 지수함수의 역함수로서 지수함수와 밀접한 관계가 있을 뿐만 아니라 여러 모로 사용된다. 예를 들어, 로그함수는 복잡한 곱의 형태로 나타나는 함수들을 간단한 선형결합 형태의 함수들로 바꿔줌으로써 앞에서 배운 선형모형에 대한 모든 결과들을 사용할 수 있도록 도와준다. 또한 로그함수에서 성립하는 로그법칙은 계산상의 많은 편리함을 가져다주기도 한다. 이제 이러한 지수함수와 로그함수에 대해서 자세히 배우도록 하자.

13.1 지수와 지수함수의 개념

b^x 형식의 표현에서 **멱**(power)을 나타내는 x를 **지수**(exponent)라 하고 b는 **밑수**(base)라고 한다. 그리고 뒤에서 자세히 설명되겠지만 함수의 독립변수가 지수의 역할을 하는 함수를 **지수함수**(exponential function)라 한다.

지수의 표현

b가 양의 실수이고 지수 x가 $n, 0, -n, 1/n$(n은 양의 정수)일 때 b^x는 각각 다음을 나타낸다.

(1) $x=n$ (n은 양의 정수)일 때, $b^n=\underbrace{bb\cdots b}_{n\text{개}}$

(2) $x=0$ 일 때, $b^0=1$

(3) $x=-n$ (n은 양의 정수)일 때, $b^{-n}=\frac{1}{b^n}$

(4) $x=1/n$ (n은 양의 정수)일 때, $b^{1/n}=\sqrt[n]{b}$(이때 $b^{1/n}$은 $\beta^n=b$을 만족하는 실수인 β로 정의하기도 한다. 즉, β는 n제곱해서 b가 되는 실수이다.)

지수의 성질

$a>0$, $b>0$이고 p와 q는 임의의 실수일 때,

(1) $b^p b^q=b^{p+q}$

(2) $\frac{b^p}{b^q}=b^{p-q}$

(3) $\left(b^p\right)^q=b^{pq}$

(4) $\left(ab\right)^p=a^p b^p$

(5) $\left(\frac{1}{b}\right)^p=\frac{1}{b^p}$

(6) $a^{-p}=\frac{1}{a^p}$

가 성립한다.

【예제 13-1】

다음에 나오는 식을 간단히 하시오(단, 미지수는 양수로 가정한다).

(1) $\frac{15x^3y^{-7}}{3x^{-3}y^2}$ (2) $\left(\frac{a^2}{2b}\right)^{-2}$ (3) $\sqrt{8x^2y^4}$ (4) $\sqrt[3]{27a^8}\sqrt{4a^3b^5}$

| 풀이 |

위의 지수의 표현과 지수의 성질을 적용하여 간단히 한다.

(1) $\frac{15x^3y^{-7}}{3x^{-3}y^2}=\frac{15}{3}(x^{3-(-3)})(y^{-7-2})=5x^6y^{-9}=\frac{5x^6}{y^9}$

(2) $\left(\frac{a^2}{2b}\right)^{-2}=\frac{a^{2(-2)}}{2^{-2}b^{-2}}=\frac{4a^{-4}}{b^{-2}}=\frac{4b^2}{a^4}$

(3) $\sqrt{8x^2y^4} = (2^3x^2y^4)^{1/2} = 2^{3/2}x^{2(\frac{1}{2})}y^{4(\frac{1}{2})} = 2\sqrt{2}\,xy^2$

(4) $\sqrt[3]{27a^8}\sqrt{4a^3b^5} = (27a^8)^{1/3}(4a^3b^5)^{1/2} = (27)^{1/3}(a^8)^{1/3}(4)^{1/2}(a^3)^{1/2}(b^5)^{1/2}$

$= (3\cdot 2)\,a^{\frac{8}{3}+\frac{3}{2}}b^{\frac{5}{2}} = 6a^{25/6}b^{5/2}$ ■

e라는 무리수

자주 사용되는 무리수 중에 e가 있는데 여기서 잠시 e에 대한 정의를 확인해보자. e는 원주율 π와 함께 수학이나 공학 그리고 금융에 있어서 매우 중요한 역할을 하는 무리수라고 할 수 있는데, 이것은 다음과 같이 정의된다.

$$e = \lim_{u\to\infty}\left(1+\frac{1}{u}\right)^u \text{ 또는 } e = \lim_{v\to 0}(1+v)^{1/v} \tag{13.1}$$

우리가 보통 사용하는 e의 근사 수치값은 $e = 2.7182818284\cdots$ 이다.

3장에서도 언급하였듯이 자연지수함수 e는 **연속복리계산**을 하는 데 사용된다. 예를 들어, 명목이자율 r로 a원을 1년간 저축한다고 했을 때, 만약 복리계산을 연간 m번 한다면 1년 후 원리금 FV은 다음과 같이 주어진다.

$$FV_1 = a\left(1+\frac{r}{m}\right)^m \tag{13.2}$$

공식 (13.2)에서 $\frac{m}{r} = u$라고 하면 다음과 같은 형태로 변형된다.

$$FV_1 = a\left[\left(1+\frac{r}{m}\right)^{\frac{m}{r}}\right]^r \text{ 이고 } FV_1 = a\left[\left(1+\frac{1}{u}\right)^u\right]^r \tag{13.3}$$

만약 복리계산을 무한히 한다면(이를 연속복리계산이라 한다), 이는 $m\to\infty$ 또한 $u\to\infty$라는 말이고 따라서 식 (13.3)은 식 (13.1)에 의하여 다음과 같게 된다.

$$FV_1 = a\left(\lim_{u\to\infty}\left(1+\frac{1}{u}\right)^u\right)^r = ae^r \tag{13.4}$$

식 (13.4)는 연속복리로 계산하였을 경우 1년 후 원리금 합계를 나타내는 식이다. 이를 n년으로 확대하면 다음과 같다.

$$FV_n = ae^{rn} \tag{13.5}$$

지수함수

함수의 독립변수가 지수자리에 나타나는 함수 $y = f(x) = a^x$를 **지수함수**(exponential function)라고 한다. 특히, 밑수를 e로 갖는 지수함수를 **자연지수함수**(natural exponential function)라고 한다.

이때 다음 그림에서 보다시피 $a > 0$에 대해 $y = a^x$의 그래프는 모든 실수 x에 대해 항상 양수($y = a^x > 0$)가 된다.

그림 13-1 ▌ 지수함수

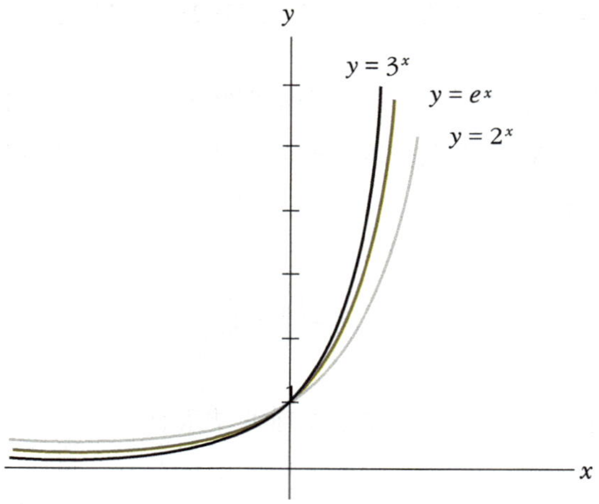

【예제 13-2】

다음 중 지수함수인 것을 고르시오.

(1) $y = 3^{x^2+1}$ (2) $y = 2x^2 - 1$ (3) $y = e^{-1/x}$

(4) $y = 2^{x+1}$ (5) $y = e^{1-x}$ (6) $y = \frac{1}{x^2}$

| 풀이 |

위의 함수 중 (1), (3), (4), (5)만이 지수함수이고, (2)와 (6)은 유리함수이다. ■

지수함수의 성질

지수함수 $f(x)$가 다음과 같이 주어졌다고 하자.

$$f(x) = a^x, 0 < a < 1 \text{ 또는 } a > 1$$

그러면 함수 $f(x)$는 일대일 대응이고 다음의 두 성질을 만족하는데 이 두 성질은 서로 동치이다.

(1) $a^{x_1} = a^{x_2}$ 이면 $x_1 = x_2$이다.

(2) $x_1 \neq x_2$ 이면 $a^{x_1} \neq a^{x_2}$이다.

【예제 13-3】

다음을 만족하는 x를 구하시오.

$3^{5x-8} = 9^{x+2}$

| 풀이 |

주어진 $3^{5x-8} = 9^{x+2}$에 대해 양쪽의 밑수를 같게 하면 $3^{5x-8} = (3^2)^{x+2} = 3^{2x+4}$가 된다. 이제 지수함수의 성질을 이용하면 양변의 지수가 같게 되므로 $5x - 8 = 2x + 4$가 된다. x에 대해 풀면 $x = 4$가 된다. ■

【예제 13-4】

다음 함수의 값이 0이 되는 x값을 구하시오.

$f(x) = -2x^2 e^{-2x} + 2xe^{-2x}$

| 풀이 |

$f(x) = -2x^2 e^{-2x} + 2xe^{-2x} = 2x(1-x)e^{-2x}$이다. 그런데 e^{-2x}는 항상 0이 아닌 양수이다. 그러므로 $f(x) = 2x(1-x)e^{-2x} = 0$이 되기 위해서는 $2x(1-x) = 0$이어야 한다. 그런데 $2x(1-x) = 0$이 되는 x값은 0 또는 1이다. 그러므로 $f(x) = -2x^2 e^{-2x} + 2xe^{-2x} = 0$의 해는 0과 1이다. ■

13.2 지수함수의 도함수

지수함수의 도함수에 관한 정리

함수 $g(x)$가 x에서 미분가능할 때,

(1) 자연지수함수 $f(x)=e^x$의 도함수는 $f'(x)=e^x$이다.

(2) 자연지수함수 $f(x)=e^{g(x)}$의 도함수는 $f'(x)=g'(x)e^{g(x)}$이다.

(3) 지수함수 $f(x)=b^x$의 도함수는 $f'(x)=b^x\ln b$이다.

(4) 지수함수 $f(x)=b^{g(x)}$의 도함수는 $f'(x)=g'(x)b^{g(x)}\ln b$이다.

증명

(1) 도함수의 정의를 이용하여 $f'(x)$를 구하기 위해 먼저 $x=0$일 때, $f'(0)=1$임을 먼저 보인다. $e^x-1=t$라고 놓으면 $e^x=t+1$이 되고 앞의 함수부분에서 다룬 로그함수의 정의를 이용하면 $x=\ln(t+1)$이 되고 $t\to0$일 때 $x\to0$이 된다. 그러면 $f'(0)=\lim_{x\to0}\frac{e^x-1}{x}=\lim_{t\to0}\frac{t}{\ln(t+1)}=\lim_{t\to0}\frac{1}{\frac{1}{t}\ln(t+1)}=\lim_{t\to0}\frac{1}{\ln(t+1)^{\frac{1}{t}}}=\frac{1}{\ln(\lim_{t\to0}(t+1)^{\frac{1}{t}})}=\frac{1}{\ln e}=1$이 된다. 이때 $\frac{1}{t}\ln(t+1)=\ln(t+1)^{\frac{1}{t}}$는 뒤에서 다룰 로그의 성질이다. 이제 $f'(x)$의 정의를 이용하면 $f'(x)=\lim_{\Delta x\leftarrow0}\frac{e^{x+\Delta x}-e^x}{\Delta x}=e^x\lim_{\Delta x\leftarrow0}\frac{e^{\Delta x}-1}{\Delta x}=e^x\cdot1=e^x$이다.

(2) $f(x)=e^{g(x)}$에서 $u=g(x)$로 놓으면 $f(x)=e^u$이다. 연쇄율을 이용하여 도함수를 구하면 $\frac{d}{dx}\left[e^{g(x)}\right]=\frac{d}{du}(e^u)\frac{du}{dx}=e^u(g'(x))=g'(x)e^{g(x)}$이다.

(3) 로그함수의 정의를 이용하면 $b=e^{\ln b}$이므로 $f(x)=b^x=e^{x\ln b}$로 놓을 수 있다. 여기에 위의 성질 (2)를 적용하면 $\frac{d}{dx}(e^{x\ln b})=(\ln b)(e^{x\ln b})$이다. 여기에 로그와 지수의 성질을 이용하여 $(\ln b)(e^{x\ln b})=(\ln b)(e^{\ln b^x})=(\ln b)b^x$, 즉 $\frac{d}{dx}(e^{x\ln b})=b^x\ln b$를 얻는다.

(4) 위의 (3)번 증명에서 $f(x)=b^x$로 놓고 $f\circ g(x)=b^{g(x)}$에 연쇄율을 적용하여 구한다.

【예제 13-5】

함수 $y=e^{1/x}$의 도함수를 구하시오.

| 풀이 |

지수함수의 도함수에 관한 정리 (2)를 이용하면 $\frac{d}{dx}e^{1/x} = (-x^{-2})(e^{1/x}) = -\frac{e^{1/x}}{x^2}$이다. ■

【예제 13-6】

함수 $y = 3^{-x}$에서 dy/dx를 구하시오.

| 풀이 |

지수함수의 도함수에 관한 정리 (4)를 이용하면 $\frac{d}{dx}3^{-x} = (-1)(3^{-x})\ln 3 = -\frac{\ln 3}{3^x}$이다. ■

【예제 13-7】

함수 $y = (x+1)e^{x^2}$의 도함수를 구하시오.

| 풀이 |

$y = (x+1)e^{x^2}$를 $y = f(x)g(x)$로 놓고 두 함수 $f(x) = x+1$과 $g(x) = e^{x^2}$의 곱셈으로 생각하여 $\frac{dy}{dx} = f'(x)g(x) + f(x)g'(x)$를 구하면 된다. 그런데 함수 $g(x) = e^{x^2}$에 지수함수의 도함수에 관한 정리 (2)를 적용하면 $g'(x) = 2xe^{x^2}$이고 $f'(x) = 1$이다. 이제 각 함수와 도함수를 $\frac{dy}{dx} = f'(x)g(x) + f(x)g'(x)$에 대입하면 $\frac{dy}{dx} = e^{x^2} + (x+1)2xe^{x^2} = (2x^2 + 2x + 1)e^{x^2}$이다. ■

【예제 13-8】

임의의 $n \in N$에 대해 지수함수 $f(x) = e^x$의 n계도함수를 구하시오.

| 풀이 |

$f^{(n-1)}(x) = e^x$이면 $f^{(n)}(x) = \frac{d}{dx}[f^{n-1}(x)] = \frac{d}{dx}e^x = e^x$이다. 그런데, $n = 1$일 때 $f'(x) = e^x$이므로 $f''(x) = \frac{d}{dx}[f'(x)] = \frac{d}{dx}e^x = e^x$이고 $n = 3, 4, \cdots$에 대해서도 마찬가지로 하여 $f^{(n)}(x) = e^x$가 된다. ■

【예제 13-9】

함수 $f(x) = e^x$의 n차 맥클로린 다항식을 구하시오.

| 풀이 |

앞장에서 배운 맥클로린 다항식의 공식 $f(x) = \sum_{n=0}^{n} \frac{f^{(n)}(0)}{n!}x^n$를 이용하도록 하자. 그런데 지수함수의 도함수에 관한 정리에 의해 $f'(x) = e^x$이고 $f''(x) = \frac{d}{dx}(f'(x)) = \frac{d}{dx}(e^x) = e^x$가 되고, 마찬가

지로 모든 $n \in N$에 대해 $f^{(n)}(x) = e^x$이다. 따라서 모든 $n \in N$에 대해 $f^{(n)}(0) = 1$이고 $f(x) = e^x$의 n차 맥클로린 다항식은 $f(x) = \sum_{n=0}^{n} \frac{x^n}{n!}$으로 나타낼 수 있다. ■

13.3 로그와 로그함수의 개념

$b^y = x$는 밑수 b를 지수 y만큼 제곱한 결과가 x라는 뜻이다. 이를 y에 대해 표현하면, x를 얻기 위해 밑수 b가 제곱되어야 하는 지수는 y라는 의미가 된다. 여기서 y를 밑수 b에 대한 x의 **로그**(**logarithm**)라고 정의하며 $y = \log_b x$로 쓴다.

지수와 로그의 관계

지수와 로그의 정의에 의해 $b^y = x \Leftrightarrow y = \log_b x$이 성립한다. 이때, $b^y = x$의 y는 $\log_b x$를 말하므로 $b^{\log_b x} = x$로 나타낼 수 있다.

상용로그와 자연로그

밑수가 10인 로그 $\log_{10}$를 **상용로그**(**common logarithm**)라 하고 밑수가 e인 로그 $\log_e$를 **자연로그**(**natural logarithm**)라고 한다. 이때, 밑수가 e인 자연로그 $\log_e$는 $\log_e x = \ln x$로 나타낸다.

로그의 성질

$b(\neq 1) > 0$, $c(\neq 1) > 0$이고 $p > 0$, $q > 0$이며 r은 임의의 실수일 때,

(1) $\log_b(pq) = \log_b p + \log_b q$

(2) $\log_b(p/q) = \log_b p - \log_b q$

(3) $\log_b p^r = r \log_b p$

(4) $\log_b p = (\log_b c)(\log_c p)$

(5) $\log_b c = 1/\log_c b$

이 성립한다.

【예제 13-10】

다음의 로그값을 계산하시오.

(1) $\log_2 16$　(2) $\log_3 27$　(3) $\ln e^{10}$　(4) $\log_{10} 0.001$

| 풀이 |

(1) $\log_2 16 = \log_2 2^4 = 4\log_2 2 = 4$

(2) $\log_3 27 = \log_3 3^3 = 3\log_3 3 = 3$

(3) $\ln e^{10} = 10\ln e = 10$

(4) $\log_{10} 0.001 = \log_{10} 10^{-3} = -3\log_{10} 10 = -3$ ■

로그함수의 정의

로그함수(logarithmic function)는 어떤 변수가 다른 변수의 로그함수로 표시된 함수이며 $y = f(x) = \log_b x$로 나타낸다.

그림 13-2 ▌ 로그함수

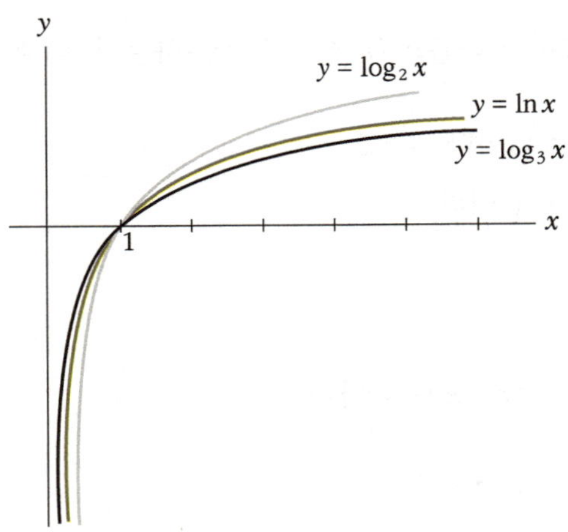

로그함수와 지수함수의 관계

지수와 로그의 관계로부터 로그함수는 지수함수의 역함수임을 확인할 수 있다. 지수함수 $f(x) = b^x$와 로그함수 $f(x) = \log_b x$는 독립변수 x 대신에 x의 함수인 $g(x)$로 대체하여 $f(x) = b^{g(x)}$와

$f(x) = \log_b g(x)$로 일반화할 수 있다.

【예제 13-11】

$f(x) > 0$인 함수에 대해 $e^{\ln f(x)} = f(x)$임을 보이시오.

| 풀이 |

$g(x) = \ln f(x)$로 놓으면 로그함수의 정의에 의해 $f(x) = e^{g(x)}$이다. 그러므로 $e^{\ln f(x)} = e^{\ln e^{g(x)}}$이다. 여기에 로그의 성질(3)을 적용하여 $e^{\ln e^{g(x)}} = e^{g(x)\ln e}$을 얻게 되고 여기에 $\ln e = 1$임을 이용하면 $e^{g(x)\ln e} = e^{g(x)} = f(x)$를 얻게 된다. ■

지수함수와 마찬가지로 로그함수도 다음의 성질을 만족한다.

로그함수의 성질

로그함수가 다음과 같이 주어졌다고 하자.

$f(x) = \log_b x,\ b \neq 1,\ x > 0$

그러면 $f(x)$는 일대일 대응이고 다음의 두 성질을 만족하는데, 이 두 성질은 서로 동치이다.

(1) $\log_b x_1 = \log_b x_2$이면 $x_1 = x_2$이다.

(2) $x_1 \neq x_2$이면 $\log_b x_1 \neq \log_b x_2$이다.

【예제 13-12】

다음의 함수식을 x에 대한 다항식으로 나타내시오.

$$y = \log_3(3x^3) - 3\log_3 x + e^{\ln x^2}$$

| 풀이 |

로그의 성질과 지수의 성질을 이용하여 식을 간단히 해보면,

$y = \log_3(3x^3) - 3\log_3 x + e^{\ln x^2}$

$= \log_3 3 + \log_3 x^3 - 3\log_3 x + x^2 (\because \log_b(pq) = \log_b p + \log_b q,\ e^{\ln f(x)} = f(x))$

$= 1 + 3\log_3 x - 3\log_3 x + x^2 (\because \log_b p^r = r\log_b p)$

$= 1 + x^2$이다.

그러므로 $y = \log_3(3x^3) - 3\log_3 x + e^{\ln x^2}$는 다항식 $y = 1 + x^2$로 나타낼 수 있다. ■

13.4 로그함수의 도함수

로그함수의 도함수에 관한 정리

로그함수의 도함수는 다음과 같이 정리할 수 있다.

(1) 자연로그함수 $f(x) = \ln x$의 도함수는 $f'(x) = \frac{1}{x}$, 즉 $\frac{d}{dx}(\ln x) = \frac{1}{x}$이다.

(2) 자연로그함수 $f(x) = \ln g(x)$의 도함수는 $f'(x) = \frac{g'(x)}{g(x)}$, 즉 $\frac{d}{dx}[\ln g(x)] = \frac{g'(x)}{g(x)}$이다.

(3) 로그함수 $f(x) = \log_b x$의 도함수는 $f'(x) = \frac{1}{x}\frac{1}{\ln b}$, 즉 $\frac{d}{dx}[\log_b x] = \frac{1}{x}\frac{1}{\ln b}$이다.

(4) 로그함수 $f(x) = \log_b g(x)$의 도함수는 $f'(x) = \frac{g'(x)}{g(x)}\frac{1}{\ln b}$, 즉 $\frac{d}{dx}[\log_b g(x)] = \frac{g'(x)}{g(x)}\frac{1}{\ln b}$이다.

【예제 13-13】

함수 $y = \log_2(x^2 + 1)$의 도함수를 구하시오.

| 풀이 |

로그함수의 도함수에 관한 정리 (4)를 이용하면, $\frac{d}{dx}\log_2(x^2+1) = \frac{2x}{x^2+1}\frac{1}{\ln 2}$이다. ■

【예제 13-14】

함수 $y = \ln(2x^2/(x^2+1))$의 dy/dx를 구하시오.

| 풀이 |

$y = \ln(2x^2/(x^2+1)) = \ln(2x^2) - \ln(x^2+1)$이다. 여기에 로그함수의 도함수에 관한 정리 (2)를 이용하면,

$$\frac{dy}{dx} = \frac{d}{dx}\left(\ln\frac{2x^2}{x^2+1}\right) = \frac{d}{dx}\left(\ln(2x^2) - \ln(x^2+1)\right) = \frac{4x}{2x^2} - \frac{2x}{x^2+1} = \frac{2}{x} - \frac{2x}{x^2+1}$$

$$= \frac{2(x^2+1)-2x^2}{x(x^2+1)} = \frac{2}{x(x^2+1)}$$ 이다. ■

【예제 13-15】

함수 $f(x) = \ln x$의 $x = 1$에 대한 3차 테일러 다항식을 구하시오.

| 풀이 |

앞장에서 사용했던 테일러 다항식의 공식 $f(x_0)+f'(x_0)(x-x_0)+\frac{f''(x_0)}{2!}(x-x_0)^2+\cdots+\frac{f^{(n)}(x_0)}{n!}(x-x_0)^n$과 $f(1)=\ln 1=0$을 이용하도록 하자. 그런데 로그함수의 도함수에 관한 정리에 의해 $f'(x)=\frac{1}{x}=x^{-1}$이고 $f'(1)=1$이다. 또 $f''(x)=\frac{d}{dx}(f'(x))=\frac{d}{dx}(x^{-1})=-x^{-2}$가 되어 $f''(1)=-1$이 되고, 마찬가지로 $f'''(x)=\frac{d}{dx}(f''(x))=\frac{d}{dx}(-x^{-2})=2x^{-3}$ 이므로 $f'''(1)=2$이다. 따라서 $f(x)=\ln x$의 $x_0=1$에 대한 3차 테일러 다항식은 $0+(x-1)+\frac{-1}{2!}(x-1)^2+\frac{2}{3!}(x-1)^3=(x-1)-\frac{(x-1)^2}{2!}+\frac{2(x-1)^3}{3!}=(x-1)-\frac{(x-1)^2}{2}+\frac{(x-1)^3}{3}$로 나타낼 수 있다. ■

13.5 경제경영 · 금융 예제

【예제 13-16】 **지수함수의 활용**

만약 1년에 무한 번 복리계산해주는 연이율 4%짜리 상품에 지금 100만원을 투자한다면 1년 후 원리금은 얼마가 될까? 식 (13.5)에 의해 1년 동안 무한 번 복리계산해주는 상품의 원리금은 다음과 같음을 알 수 있다.

$$FV_1 = 100e^{0.04} = 104\text{만}8\text{백 원}$$ ■

【예제 13-17】 **로그함수의 활용**

만약 1억원을 투자해서 10년 만에 2억원을 만들고 싶다고 하자. 수익률이 몇 %인 상품을 골라야 목적이 달성될까? 이는 $2=1(1+r)^{10}$을 만족하는 r을 구하는 문제이다. 따라서 양변에 로그함수를 취하여 풀면 다음과 같이 계산된다.

$$
\begin{aligned}
&\log_{10} 2 = \log_{10}(1\,(1+r)^{10}) \\
&\log_{10} 2 = \log_{10} 1 + 10\log_{10}(1+r) \\
&\log_{10}(1+r) = \frac{1}{10}\log_{10} 2 = \log_{10} 2^{0.1} \\
&(1+r) = 2^{0.1} = 1.0718 \\
&r = 0.0718
\end{aligned} \tag{13.6}
$$

결국 10년 만에 원금의 두 배를 만들고 싶은 사람은 수익률이 7.18%인 상품에 투자하여야 한다. 만약 앞의 예제를 살짝 바꿔 수익률이 6%인 상품이 있을 때, 1억원을 2억원으로 만드는 데 몇 년이나 걸리는지 계산해보자. 이번에는 $2 = 1\,(1+0.06)^n$을 만족하는 n을 구하는 문제이다. 이번에도 양변에 로그함수를 취하여 풀면 다음과 같다.

$$
\begin{aligned}
&\log_{10} 2 = \log_{10}(1.06)^n = n\log_{10} 1.06 \\
&n = \frac{\log_{10} 2}{\log_{10} 1.06} = \frac{0.3010}{0.0253} = 11.9
\end{aligned} \tag{13.7}
$$

이로부터 만약 6%의 수익률을 제공하는 상품에 가입한다면 원금을 두 배로 늘리는 데 약 12년이 걸림을 알 수 있다. ■

【예제 13-18】 선물가격과 현물가격 간의 관계식

선물계약(forward contract)은 어떤 상품에 대해서 가격을 미리 정해놓는 계약을 말하는데, 예를 들어 금이 현재 한 돈에 100원인데 1년 후 금 한 돈을 106원에 팔고 사기로 약정하면 이를 금에 대한 선물계약이라 한다. 이때 금을 106원에 사기로 한 입장을 **매수포지션(long position)**이라 하고, 팔기로 한 입장을 **매도포지션(short position)**이라 한다. 선물가격과 현물가격 사이에는 다음과 같은 함수관계가 성립한다.

$$F_0 = S_0 e^{rT} \tag{13.8}$$

F_0 : 현재시점의 선물가격
S_0 : 현재시점의 현물가격
r : 무위험이자율
T : 만기까지기간

만약 현재 금 한 돈의 가격이 100원이고, 무위험이자율이 5%, 만기까지 기간이 1년이라 할 때 금 한 돈의 선물가격은 식 (13.8)에 의해 다음과 같이 계산된다.

$$F_0 = 100e^{0.05\times 1} = 105.13\text{원}$$

1년 후 금 한 돈에 대한 적정 선물가격은 105.13원인데 106원에 약정한 위의 선물계약은 매수포지션의 경우에는 비싸게, 매도포지션의 경우에는 유리하게 계약을 맺은 것이라 해석할 수 있다. ■

【예제 13-19】 연속복리할인을 활용한 현재가치 계산

t년 후에 F_t원을 r%의 연이자율로 연속할인한다면 다음과 같이 된다.

$$P = F_t e^{-rt}$$

예를 들어, 1년 후의 100만원을 4% 할인율로 연속할인하면 $P = 100e^{-0.04} = 96.08$만원이 된다. ■

재 미 있 는 수 학 이 야 기

로그의 이용

고등학교에서 배우는 여러 가지 종류의 함수 중에 로그함수가 있다. 계산도구로서 로그의 힘은 곱셈과 나눗셈을 좀 더 손쉬운 연산인 덧셈과 뺄셈으로 바꿀 수 있다는 데 있다. 그래서 17세기 초 로그가 처음 등장했을 때 로그는 유럽 전체에서 열광적인 환영을 받았다. 특히, 많은 계산을 해야 하는 천문학에서는 로그의 탄생만을 기다렸다고 해도 과언이 아니다. "로그는 천문학의 작업량을 줄임으로써 천문학자의 수명을 두 배로 만들었다"는 말을 들을 정도였으니 어느 정도인지 짐작이 간다. 컴퓨터의 출현으로 계산도구로서 로그의 가치는 많이 줄었다. 하지만 함수로서의 위치는 계속 고수하고 있다. 로그는 물리적 양을 매우 간편하게 표현하는 강점이 있기 때문에 일상생활에서 접할 수 있는 여러 가지 수치를 나타내는 편리한 도구로 이용된다. 예를 들어, 지진의 크기를 정하는 리히터 규모, 소리의 세기를 나타내는 데시벨(dB), 산성과 염기성을 알려주는 수소 이온 농도(pH)가 그것이다.

리히터 규모 1 차이는 10배의 지진 진폭 차이

우리나라는 물론 세계 각지에서 발생하는 지진의 소식을 접할 때 꼭 따라붙는 용어가 있다. 그것은 바로 '리히터 규모'라는 말이다. 미국의 지질학자의 이름에서 유래한 리히터 규모는 지진파의 최대 진폭과 진원으로부터의 거리를 이용하여 계산한다. 최대 진폭은 지진에 따라 크게 차이가 나므로 진폭을 그대로 사용하면 아주 큰 수를 동원해야 한다. 이때 로그를 이용하면, 예를 들어 1에서 10으로 10배 증가할 때 로그는 $\log_{10} 1 = 0$에서 $\log_{10} 10 = 1$로 1만큼 증가하므로 간단하게 표현할 수 있다.

표준음의 100만 배인 일상적인 대화는 60데시벨

언제부터인가 도심의 전광판에는 소음 공해의 심각성을 보여주기 위해서 '80데시벨(dB)' 또는 '100dB'과 같은 수치가 등장했다. '데시벨(dB)'은 소리의 세기를 표준음의 세기와 비교해서 나타낸다. 표준음(진동수 1천Hz)은 정상적인 청각을 지닌 사람이 겨우 들을 수 있는 소리로 그 세기는 $1m^2$당 $10^{-12}W$의 에너지를 내므로 이 표준음을 $I_0 = 10^{-12}(W/m^2)$이라 하자. 또 나타내고자 하는 소리의 세기를 I라고 할 때, 데시벨은 상용로그를 이용해서 $dB = 10\log_{10}(\frac{I}{I_0})$로 계산한다. 예를 들어, 표준음은 $dB = 10\log_{10}(\frac{10^{-12}}{10^{-12}}) = 0$이고, 일상적인 대화는 $I = 10^{-6}(W/m^2)$이므로 $dB = 10\log_{10}(\frac{10^{-6}}{10^{-12}}) = 60$이다.

산성, 염기성 알려주는 수소이온농도 pH도 로그로 계산

대기오염의 결과로 산성비가 내리고, 토양이 산성화되고 있다는 소식을 종종 듣는데 이때 'pH4.5' 'pH5.2'와 같은 수치를 접하게 된다. 또 비누 선전에도 pH가 등장한다. 이런 수치는 용액 속의 수소이온농도를 측정해서 얻는다. 그런데 수소이온농도는 용액에 따라 대단히 큰 차이를 보이기 때문에, 이를 상용로그를 이용해서 수소이온 지수(pH)로 바꾸어 0부터 14까지의 수로 나타낸다. 1리터의 용액 속에 있는 수소 이온의 그램 이온수를 나타내는 수소이온농도 [H+]를 pH로 바꾸는 공식은 pH =

$-\log_{10}[H+]$이다. 만약 수용액 중에 수소 이온이 $1.0 \times 10^{-7}\,g$ 있다면 이때의 pH는 7이다. pH가 7인 용액은 중성, 7보다 작으면 산성, 7보다 크면 염기성이다.

(출처 : 박경미(홍익대 수학교육과 교수)의 수학콘서트(2006)와 수학비타민(2005)을 참조하여 재구성함)

연습문제

01 다음에 주어진 각각의 w에 대해 $\frac{\partial w}{\partial x}, \frac{\partial w}{\partial y}, \frac{\partial w}{\partial z}$를 구하시오.

① $w = x^2 ye^{xy}$ ② $w = xe^y + ye^z - ze^x$

02 $f(x)$가 다음과 같이 주어졌을 때, $f'(x)$을 구하시오.

① $f(x) = \ln(x^4 + 1)$ ② $f(x) = \ln\sqrt{x} + \sqrt{\ln x}$ ③ $f(x) = \ln(\ln x)$

03 $f(x)$가 다음과 같이 주어졌을 때 $f'(x)$을 구하시오.

① $f(x) = \log_2(x^2 + 1)$ ② $f(x) = e^{x^2}\ln x$ ③ $f(x) = 2^{(x+1)}$

04 다음을 각각 계산하시오.

① $\log_a a^2$ ② $\log_a u = 10$일 때, $\log_a \frac{1}{u^3}$ ③ $\log_a u = 10$일 때 $\log_a \sqrt{u}$

④ $\log_{10} 1000$ ⑤ $pq = 10$일 때, $\log_{10} p + \log_{10} q$ ⑥ $pq = 10$일 때 $\log_{100} p + \log_{100} q$

05 함수 $f(x) = e^{ax}$에 대한 미분의 결과는 $f'(x) = ae^{ax}$이다. 두 개의 함수 $y_1 = f(x)$와 $y_2 = g(x)$가 있다고 하자. 이 두 개의 함수에 대한 연립방정식이 다음과 같이 주어졌다.

$$y'_1 = 3y_1 + 4y_2$$
$$y'_2 = 3y_1 + 2y_2$$

위 연립방정식의 해가 될 수 없는 것은?

① $\begin{pmatrix} 4e^{6t} \\ 3e^{6t} \end{pmatrix}$ ② $\begin{pmatrix} 4e^{6t} - e^{-t} \\ 3e^{6t} + e^{-t} \end{pmatrix}$ ③ $\begin{pmatrix} 4e^{6t} - e^{t} \\ 3e^{6t} + e^{t} \end{pmatrix}$ ④ $\begin{pmatrix} 4e^{6t} + e^{-t} \\ 3e^{6t} - e^{-t} \end{pmatrix}$

06 함수 $f(x, y) = e^{x+y}$를 $(0, 0)$을 중심으로 한 2차 테일러 다항식으로 표현하시오.

07 함수 $z = f(x, y) = e^{-\frac{(x+y)^2}{2}}$의 $\frac{\partial z}{\partial x}, \frac{\partial z}{\partial y}$를 구하시오.

08 함수 $f(x) = x^3 e^x$가 주어졌을 때 $(f^{-1})'(e)$를 구하시오.

09 함수 $f(x) = e^{-\frac{(x+y)^2}{2}}$는 관계식 $\frac{f + f''}{f'} = ax + b$를 갖는다. 이때 a와 b를 구하시오.

10 다음에 나오는 카운트 모델(Count Model)은 초등학교 입학 전(생후 3개월부터 7살까지) 아이들의 평균키와 나이를 변수로 하여 만든 함수이다.

$$h(x) = 70.228 + 5.104x + 9.222\ln x$$

이 모델에 따르면 아이들의 성장률은 나이가 들수록 빨라지는지 느려지는지 판단하시오.

11 만약 1년 사이에 4번 배당금을 지급하는 주식이 있다 하자. 분기별 배당수익률(주가 대비 배당금의 비율)이 d_1, d_2, d_3, d_4%라 할 때, 1년간 배당수익률은 $d = (1+d_1)(1+d_2)(1+d_3)(1+d_4) - 1$ 라 할 수 있다. 이에 해당하는 연속 배당수익률을 구하시오.

12 1년에 9%의 수익률을 제공하는 투자안이 있다고 하자. 만약 이 투자안에 $15,000를 투자한다면 $45,000가 될 때까지 얼마나 기다려야 하는가?

13 5년 후에 1,000만원을 지급하는 연이율 5%짜리 금융상품이 있다 하자. 만약 이 상품이 1년에 무한번 복리계산해주는 상품이라고 할 때 이 상품의 현재가치는 얼마일까?

14 현재 KOSPI200 주가지수가 150이고, 무위험이자율이 3%, 만기까지 기간이 6개월이라 할 때 현재 KOSPI200 주가지수 선물가격을 구하시오(연속복리를 가정한다).

15 원금 100만원을 연금리 5%인 연속복리 상품에 가입한다면 3년 후 원리금은 얼마가 될지 계산하시오.

16 1년 후 100만원, 2년 후 200만원, 3년 후 300만원을 지급하는 금융상품이 있는데, 해당 상품의 연 이자율은 3%이고 연속복리로 계산된다. 해당 금융상품의 현재가격은 얼마인가?

PART 5

최적화

MATHEMATICS FOR ECONOMICS, MANAGEMENT AND FINANCE

CHAPTER 14

함수의 최적화

우리는 앞에서 함수가 기업이나 경제정책 등을 수립하는 데 있어서 수익, 경제성장률, 생산량이나 소비량, 시장의 규모 등을 변수로 사용하여 전략이나 정책, 생산계획 등을 세우기 위한 분석 툴을 제공해준다는 이야기를 했다.

최적화는 이러한 함수를 실생활에 적용하는 방법이라고 할 수 있다. 예컨대, 생산량이나 소비량, 가격, 원가, 시장규모 투자액, 생산능력 등을 변수로 하고 그 결과로서 수익을 함수로 나타냈을 때, 우리는 함수의 변수에 대한 제약조건하에서 수익을 최대화하려고 할 것이다. 이때, 순수하게 투자액 대비 수익의 최대화를 원한다면 투자액에 대한 함수값이 최대가 되는 지점을 찾아야 하는데, 투자액 외의 다른 변수값들은 고정된 값으로 놓고 변수값인 투자액은 기업이 투자할 수 있는 한도 내에서 변화시키게 된다. 즉, 투자액의 범위가 함수의 정의역이 될 것이다. 투자액만을 고려할 경우 일변수함수에 대한 최대값을 찾는 문제가 되겠지만, 투자액뿐만 아니라 가격도 고려한다면 이변수함수의 최대값을 구하는 문제가 된다.

반대로, 최소비용을 구하기 위한 문제는 최소화문제로 귀착될 것이다. 이렇게 상관되는 변수값들의 관계를 함수화하고 우리가 원하는 최적의 해를 구하는 것이 함수의 최적화이다. 우선 변수가 하나일 때 함수를 최적화하는 문제를 살펴보기로 하자.

14.1 일변수함수의 최적화

1. 최대값과 최소값

함수 f가 정의된 어떤 구간에서 갖는 가장 큰 f의 값을 함수 f의 최대값이라고 하고 그 구간에서 갖는 가장 작은 f값을 f의 최소값이라고 한다. 만일 f가 닫힌 구간에서 연속이라면 그 구간에서 f는 반드시 최대값과 최소값을 갖는다. 하지만 그렇지 않을 경우에는 그 구간에서 f가 최대값과 최소값을 반드시 가진다고 장담할 수 없다.

최대값과 최소값의 정의

함수 f가 점 c를 포함하고 있는 구간 I에서 정의된다고 할 때, 최대값과 최소값은 다음과 같이 정의된다.

(1) I의 모든 원소 x에 대하여 $f(c) \geq f(x)$이 성립하면 $f(c)$을 함수 f의 **절대적 최대값**(absolute maximum) 또는 **전역적 최대값**(global maximum)이라고 한다.

(2) I의 모든 원소 x에 대하여 $f(c) \leq f(x)$이 성립하면 $f(c)$을 함수 f의 **절대적 최소값**(absolute minimum) 또는 **전역적 최소값**(global minimum)이라고 한다.

(3) $f(c)$가 어떤 $\varepsilon > 0$에 대해 $|x-c| < \varepsilon$를 만족하는 모든 x에 대해 $f(c) \geq f(x)$이면 $f(c)$를 **상대적 최대값**(relative maximum) 또는 **국소최대값**(local maximum)이라 한다.

(4) $f(c)$가 어떤 $\varepsilon > 0$에 대해 $|x-c| < \varepsilon$를 만족하는 모든 x에 대해 $f(c) \leq f(x)$이면 $f(c)$를 **상대적 최소값**(relative minimum) 또는 **국소최소값**(local minimum)이라 한다.

이때 주의할 점은 상대적 최대값과 상대적 최소값이 정의되려면 우선 상대적 최대값이나 최소값을 갖는 점 c를 포함하는 열린구간 $(c-\varepsilon, c+\varepsilon), \varepsilon > 0$이 정의역 I 안에 포함되어야 한다는 것이

그림 14-1 ▌ 절대적 최대값(최소값)과 상대적 최대값(최소값)

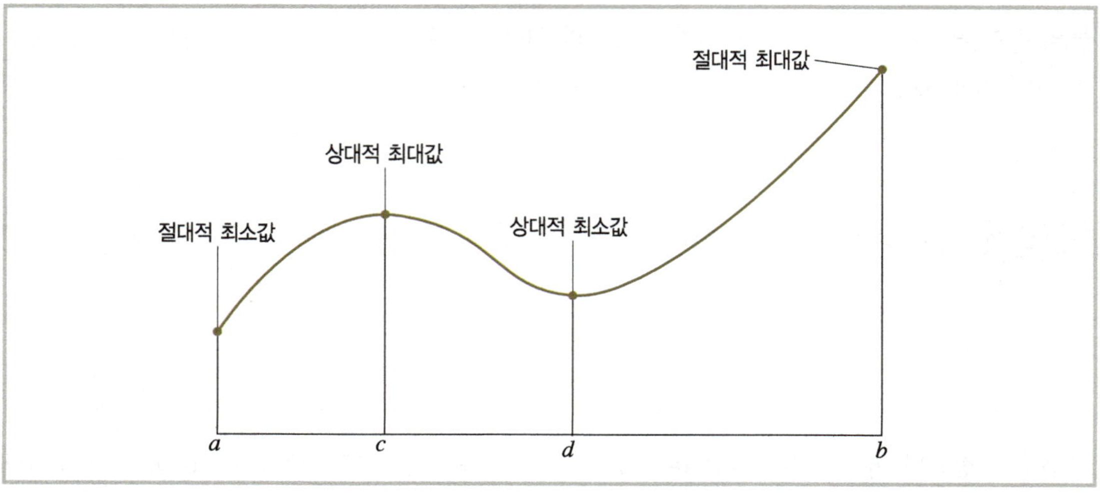

다. 즉, 함수 f가 닫힌구간 $[a,b]$에서 정의되었다면 a나 b점에서는 상대적 최대값이나 상대적 최소값을 가질 수 없다. 앞의 그림은 절대적 최대값, 절대적 최소값, 상대적 최대값 그리고 상대적 최소값을 보여주고 있다.

절대적 최대값 또는 절대적 최소값을 통칭하여 **절대적 극값(absolute extremum)**이라고 하고, 마찬가지로 상대적 최대값과 상대적 최소값을 통칭하여 **상대적 극값(relative extremum)**이라고 한다. 그런데, 함수 $f(x)$가 어떤 구간에서 항상 절대적 극값을 갖는 것은 아니다.

【예제 14-1】

다음에 주어진 각각의 함수에 대해서 그래프를 그리고 절대적 최대값과 최소값이 있는지 판단하시오. 만일 그 값이 있으면 값을 구하시오. 또 상대적 최대값과 최소값이 있는 함수는 어느 것인가?

(1) $f(x)=x^2,\ x\in[-1,2]$ (2) $f(x)=\frac{1}{x},\ x\in(\frac{1}{2},2]$

(3) $f(x)=\begin{cases} x^2 & -1\le x\le 2, x\ne 0 \\ 2 & x=0 \end{cases}$ (4) $f(x)=\frac{1}{x},\ x\in[-2,2]$

| 풀이 |

주어진 함수들의 그래프를 그리면 각각 [그림 14-2]와 같다. 그림에서 보다시피 (1) $f(x)=x^2$, $x\in[-1,2]$의 절대적 최대값은 4이고 절대적 최소값은 0이다. 또 점 $x=0$에서 상대적 최소값을

그림 14-2 ▌ 예제의 함수 그래프

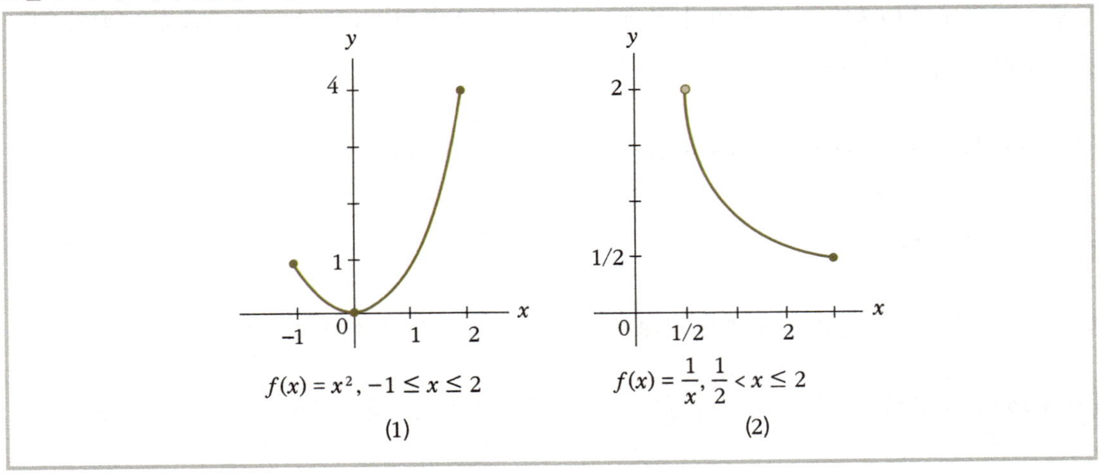

그림 14-2 ▌ 계속

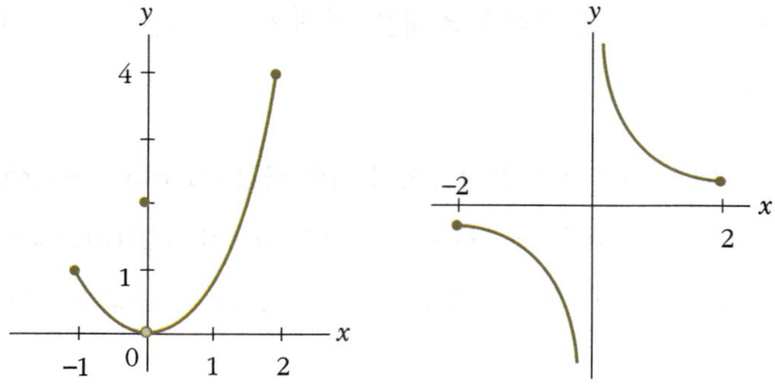

$f(x)=\begin{cases} x^2 & -1 \le x \le 2, x \ne 0 \\ 2 & x=0 \end{cases}$

(3)

$f(x)=\frac{1}{x}, -2 \le x \le 2$

(4)

갖고 상대적 최대값은 없다. (2) $f(x)=\frac{1}{x}, x \in (\frac{1}{2}, 2]$의 절대적 최대값은 존재하지 않으나 절대적 최소값은 $\frac{1}{2}$이다. 상대적 값은 존재하지 않는다. (3) $f(x)=\begin{cases} x^2 & -1 \le x \le 2, x \ne 0 \\ 2 & x=0 \end{cases}$의 절대적 최대값은 4이고 절대적 최소값은 없다. 상대적 극값은 존재하지 않는다. 마지막으로 (4) $f(x)=\frac{1}{x}$, $x \in [-2, 2]$의 절대적 최대값과 절대적 최소값은 존재하지 않는다. 또한 상대적 최대값과 상대적 최소값도 존재하지 않는다. ■

절대적 극값에 관한 정리

함수 f가 폐구간 $[a, b]$에서 연속이면 절대적 최대값 $f(c)$가 되는 c와 절대적 최소값 $f(d)$가 되는 d가 $[a, b]$ 안에 존재한다.

[예제 14-1]의 (1)번 경우가 절대적 극값에 관한 정리를 만족하는 경우라 할 것이다.

상대적 극값에 관한 정리

함수 f가 c에서 상대적 최대값 또는 상대적 최소값을 갖고 $f'(c)$가 존재하면 $f'(c)=0$이다.

[예제 14-1]의 $f(x)=x^2$은 점 0에서 상대적 최소값 $f(0)=0$을 갖고, 구간 $(-1, 2)$ 안의 모든 값 x

에서 미분값 $f'(x)=2x$가 존재한다. 여기서 $f'(0)=0$이 되어 $f(x)=x^2$는 상대적 극값에 관한 정리도 만족하는 경우라 할 것이다.

2. 극값의 성질

극값을 찾을 때 정의역의 모든 점에 대해 값을 구하거나 또는 정확히 그래프를 그려서 찾는 방법들은 매우 비효율적이라 할 수 있다. 그래서 극값이 될 수 있는 후보들을 먼저 찾아보고 이 중에서 극값을 찾는 방법을 쓰는 것이 좋을 것이다. 그래서 우리는 이번 절에서 극값의 성질에 대해 알아봄으로써 보다 효율적으로 극값을 찾는 방법을 살펴보고자 한다.

1) 극값 후보와 그의 성질

임계점

함수 $f(x)$가 점 c에서 $f'(c)=0$이거나 또는 $f'(c)$가 존재하지 않을 때, 이 점 c를 **임계점**(critical point)이라고 한다.

한편, 임계점 c에서 상대적 극값이 존재할 경우, 이 상대적 극값 $f(c)$를 그래프상에 표시하면 $(c, f(c))$가 되는데 이 점을 **극점**(extrema)이라고 부른다.

상대적 극값에 관한 정리는 함수 f가 c에서 상대적 극값을 갖고 $f'(c)$가 존재하면 $f'(c)=0$임을 의미한다. 그런데 주의해야 할 점은 그 역이 성립하지 않을 수 있다는 것이다. 즉 $f'(c)=0$이지만 함수 f가 c에서 상대적 극값을 갖지 않을 수도 있고, 또한 $f'(c)$가 존재하지 않는 경우에도 상대적 극값이 존재할 수 있다.

임계점 중에서 $f'(c)=0$을 만족하는 점 c를 **정류점**(stationary point)이라 하는 반면에, $f'(c)$이 존재하지 않는 점 c는 **특이점**(singular point)이라 한다. 아래 [그림 14-3]은 임계점 중에 정류점에 해당하는 점과 특이점에 해당하는 점들을 보여준다.

함수 f의 상대적 극값을 찾고자 할 때 먼저 임계점들을 찾고, 다음에 임계점에 해당하는 f값들을 찾아서 상대적 극값인지를 판단해야 한다. 예를 들어, [그림 14-3]을 보면, 정류점 c와 맨 오른쪽 특이점 d에서의 f값들은 상대적 극값이지만, 가운데 특이점 e에서의 f값은 상대적 극값이

그림 14-3 ▌ 임계점의 종류

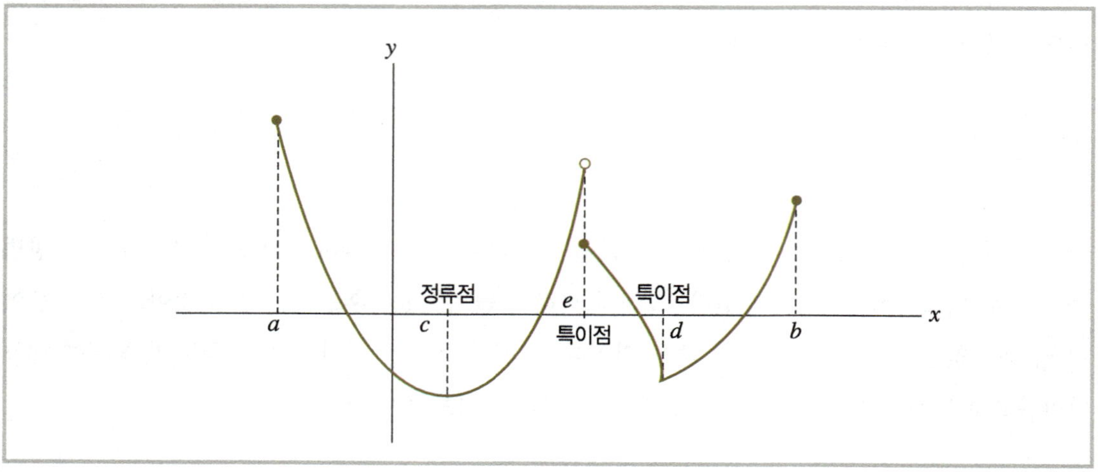

아니다.

【예제 14-2】

함수 $f(x)=x^3+1,\ -1\leq x\leq 1$의 정류점을 찾고 그 정류점이 상대적 극값인지를 확인하시오.

| 풀이 |

정류점은 $f'(x)=0$인 곳에서 발생한다. 그런데 함수 $f(x)=x^3+1$을 미분하면 $f'(x)=3x^2$이고 구간 $[-1,1]$에서 $f'(x)=3x^2=0$인 점은 0뿐이다. 그러므로 주어진 함수의 정류점은 0이다. 한편,

그림 14-4 ▌ $f(x)=x^3+1,\ -1\leq x\leq 1$의 그래프

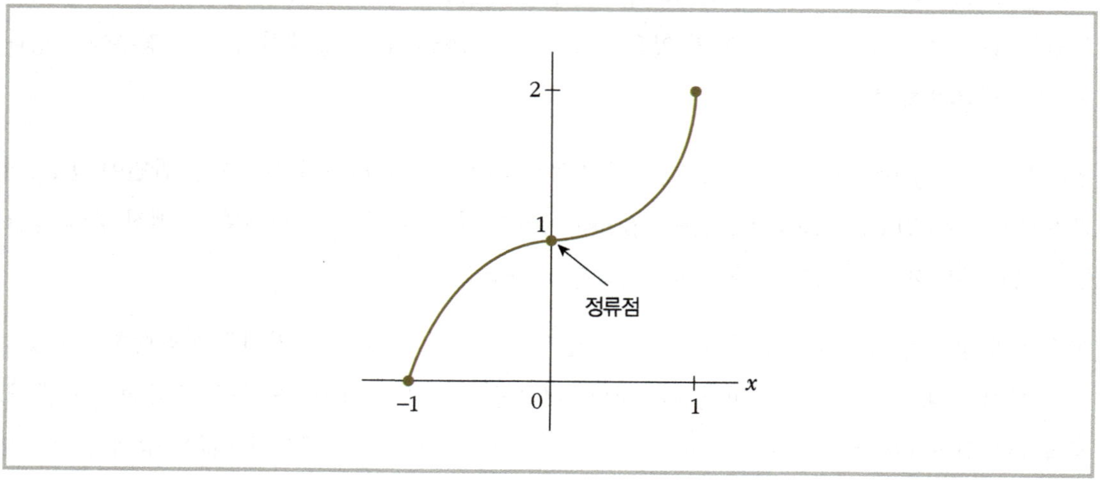

아래 [그림 14-4]를 보면 상대적 극값은 존재하지 않는다. 즉, 점 0은 정류점이기는 하지만 상대적 극값은 아니라는 것을 알 수 있다. ■

폐구간에서의 극값에 관한 정리

폐구간 $I=[a,b]$에서 정의된 함수 f의 절대적 극값은 구간의 끝점(endpoint)에서 발생하거나 임계점에서 발생한다.

위의 폐구간에서의 절대적 극값에 관한 정리를 이용하면 다음과 같이 간단한 순서에 의해 폐구간 $I=[a,b]$에서 **함수의 절대적 극값**을 구할 수 있다.

[단계 1] 구간 I에서 임계점과 끝점에서의 함수값을 구한다.

[단계 2] [단계 1]에서 구한 값들 중에서 가장 큰 것이 절대적 최대값, 가장 작은 것이 절대적 최소값이다.

【예제 14-3】

함수 $f(x)=x^3-x,\ -1\le x\le 2$의 극값을 모두 구하시오.

| 풀이 |

$f(x)=x^3-x,\ -1\le x\le 2$의 그래프를 그리면 [그림 14-5]와 같다.

함수가 정의된 정의구역의 맨 끝점인 −1과 2에서의 $f(x)=x^3-x$의 값은 각각 $f(-1)=0$과 $f(2)=6$이다. 또 함수의 상대적 최대값과 상대적 최소값은 함수의 임계점에서 발생하는데 이 함수는 [−1, 2]에 속한 모든 점에서 미분값이 존재하기 때문에 상대적 최대값과 상대적 최소값은 $f'(x)=3x^2-1=3(x+1/\sqrt{3})(x-1/\sqrt{3})$이 되는 정류점에서 발생하게 된다. $f'(x)=0$이 되는 점은 $-1/\sqrt{3}$과 $1/\sqrt{3}$이고 그 점에서의 함수값은 각각 $f(-1/\sqrt{3})=2/3\sqrt{3}$와 $f(1/\sqrt{3})=-2/3\sqrt{3}$이다. 따라서 구간 [−1,2]에서 이 함수의 절대적 최대값은 6이고 절대적 최소값은 $-2/3\sqrt{3}$이다. 그런데 이 절대적 최소값 $-2/3\sqrt{3}$는 정의역 내부에 있는 임계점에서 발생한 상대적 최소값이기도 하다. 또한 $2/3\sqrt{3}$는 상대적 최대값이다.

그림 14-5 ▌ $f(x)=x^3-x,\ -1 \le x \le 2$의 그래프

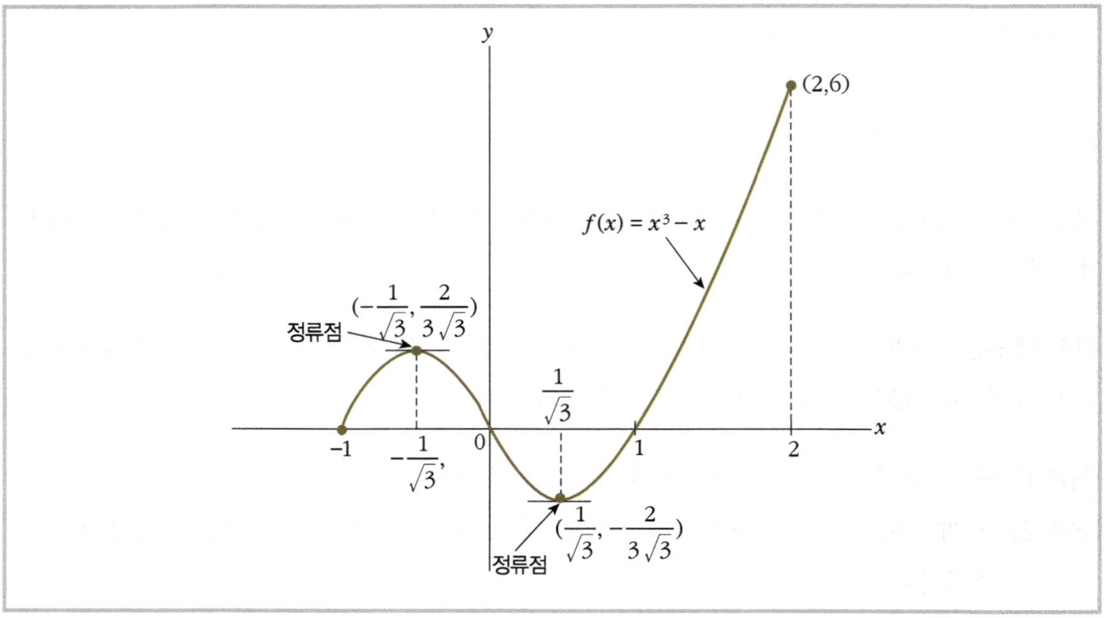

■

미분가능함수의 극값에 관한 정리

폐구간 $[a,b]$에서 연속인 함수 f가 개구간 (a,b)에서 미분가능하고 $f(a)=f(b)$이면 $f'(c)=0$을 만족하는 점 c가 (a,b)에 적어도 하나 존재한다.

앞에서 나온 폐구간에서의 극값에 관한 정리에 의하면 극값은 구간의 양 끝점이나 임계점에서 발생한다. 그런데 정의역 내부 모든 점에서 미분가능한 함수는 내부의 모든 임계점이 정류점이 된다. 위의 미분가능함수의 극값에 관한 정리에 의하면 정의역 내부에서 미분가능하고 $f(a)=f(b)$인 함수는 정의역 내부에 임계점이 존재한다. 그러므로 미분가능함수의 극값에 관한 정리는 폐구간 $[a,b]$에서 연속이고 (a,b)에서 미분가능하며 $f(a)=f(b)$인 함수는 내부에 절대적 극값이 존재한다는 것을 보장한다.

【예제 14-4】

다음에 주어진 함수에 대해 정의역 내부에 있는 점 중에서 $f'(c)=0$을 만족하는 점 c를 찾으시오.

(1) $f(x)=x^3-x,\ -1\le x\le 1$ (2) $f(x)=x^2-1,\ -1\le x\le 1$

| 풀이 |

주어진 두 개의 함수는 모두 정의역 내에서 미분가능하고 정의역의 양 끝점에서의 값이 같으므로 정의역 내부에 $f'(c)=0$이 되는 점이 적어도 하나 이상 존재한다.

(1) 앞의 [예제 14-3]으로부터 $f'(x)=0$이 되는 점은 $-1/\sqrt{3}$과 $1/\sqrt{3}$로서 이 두 점은 모두 정의역 내에 있으며 아래 그림에서 볼 수 있듯이 이 두 개의 정류점에서 상대적 극값을 갖는다. 그리고 이는 절대적 극값이기도 하다.

(2) 주어진 함수의 도함수는 $f'(x)=2x$이므로 $x=0$일 때 $f'(0)=0$이 된다. 이 함수는 정류점 0에서 상대적 최소값을 갖는다. 그리고 이는 절대적 최소값이기도 하다.

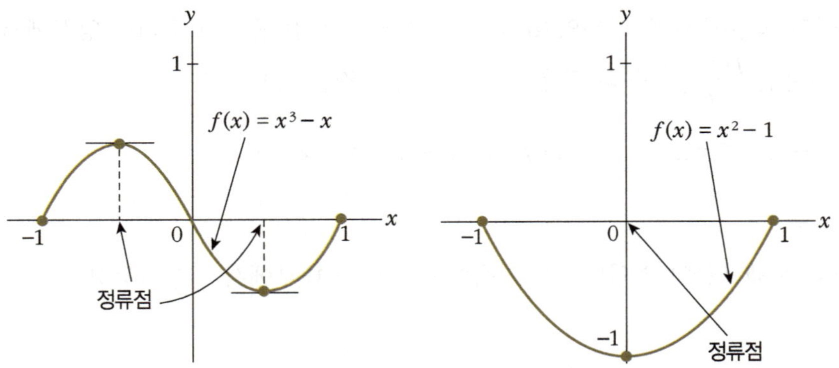

■

평균값 정리

함수 f가 폐구간 $[a,b]$에서 연속이고 (a,b)에서 미분가능하면 $f'(c)=\dfrac{f(b)-f(a)}{b-a}$를 만족하는 점 c가 (a,b)에 존재한다.

위의 평균값 정리를 기하학적으로 표현하면 앞의 그림에서 보는 바와 같이, 정의역 내부에 접선의 기울기가 선분 $\overline{AB}$의 기울기와 같은 점이 적어도 하나 존재한다는 것이다.

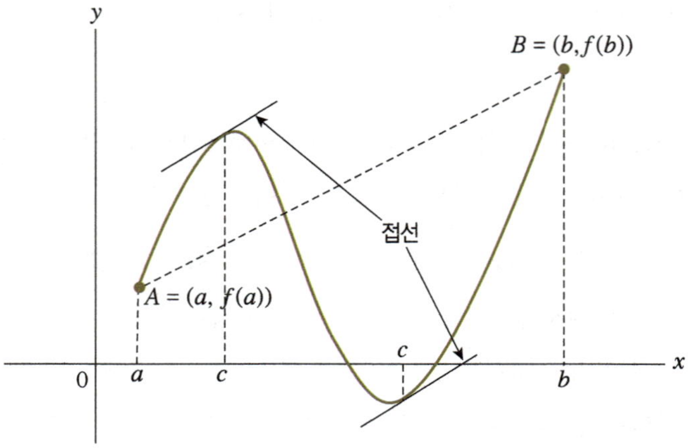

【예제 14-5】

다음에 주어진 함수에 대해 정의역 $[a,b]$의 내부에 있는 점 중에서 정의역 양끝에서의 그래프의 점을 이은 선분인 $\frac{f(b)-f(a)}{b-a}$와 같은 기울기를 가진 점을 찾으시오.

(1) $f(x)=x^3-x,\ 0\le x\le 2$　　　(2) $f(x)=x^2-1,\ -1\le x\le 1$

| 풀이 |

위의 두 함수는 폐구간인 정의역에서 연속이고 정의역 내부에서 미분가능하므로 평균값 정리를 만족한다.

(1) 정의역의 양 끝점에서의 함수값을 구하면 $f(0)=0$, $f(2)=6$이다. 여기서 두 점 $A=(0, f(0))=(0,0)$과 $B=(2, f(2))=(2,6)$을 잇는 선분의 기울기는 $6/2=3$이다. 그런데 미분가능한 함수의 어떤 점에서의 미분값은 그 점에서의 접선의 기울기와 같으므로 이제 구간 (a,b)에서 $f'(x)=3$이 되는 점을 찾아야 한다. 그런데 $f'(x)=3x^2-1$이므로 $3x^2-1=3$이 되는 점은 $-2/\sqrt{3}$와 $2/\sqrt{3}$이다. 이 중에서 $(0, 2)$에 속해 있는 점은 $2/\sqrt{3}$뿐이다. 따라서 두 점 A와 B를 잇는 선분의 기울기와 같은 접선의 기울기를 갖는 점은 $(2/\sqrt{3}, 2/3\sqrt{3})$이다.

(2) 정의역의 양 끝점에서의 함수값을 구하면 $f(-1)=0$, $f(1)=0$이다. 여기서 두 점 $A=(-1, f(-1))=(-1,0)$과 $B=(1, f(1))=(1,0)$을 잇는 선분의 기울기는 $0/2=0$이다. 이제 구간 $(-1,1)$ 안에 있는 점 중에서 $f'(x)=0$이 되는 점을 찾아야 한다. 그런데 [예제 14-4]에 의해서 $x=0$에서 $f'(0)=0$이 되므로 점 $(0,-1)$에서의 접선의 기울기가 0임을 알 수 있다. ■

2) 함수의 증감과 도함수

증가함수와 감소함수

함수 f가 구간 I에서 정의된다고 할 때,

(1) 구간 I 안에서 $x_1 < x_2$인 임의의 두 점 x_1과 x_2에 대하여 $f(x_1) < f(x_2)$이면 함수 f는 구간 I에서 증가(increasing)라고 한다.

(2) 구간 I 안에서 $x_1 < x_2$인 임의의 두 점 x_1과 x_2에 대하여 $f(x_1) > f(x_2)$이면 함수 f는 구간 I에서 감소(decreasing)라고 한다.

【예제 14-6】

다음에 주어진 함수에 대해 증가하는 구역과 감소하는 구역을 구분하시오.

(1) $f(x) = x^3 - x,\ -1 \le x \le 1$　　(2) $f(x) = x^2 - 1,\ -1 \le x \le 1$

| 풀이 |

[예제 14-4]의 그림으로부터 쉽게 증가하는 부분과 감소하는 부분을 알 수 있다.

(1) $f(x) = x^3 - x,\ -1 \le x \le 1$는 첫 번째 정의역의 왼쪽 끝점인 -1부터 첫 번째 정류점인 $-1/\sqrt{3}$까지는 증가이고 $-1/\sqrt{3}$부터 두 번째 정류점인 $1/\sqrt{3}$까지는 감소이다. 그리고 나머지 구간인 $1/\sqrt{3}$에서 정의역의 오른쪽 끝점인 1까지는 다시 증가임을 쉽게 볼 수 있다. 즉, 구간 $[-1, -1/\sqrt{3}]$과 $[1/\sqrt{3}, 1]$에서는 증가이고 $[-1/\sqrt{3}, 1/\sqrt{3}]$에서는 감소이다.

(2) 함수 $f(x) = x^2 - 1,\ -1 \le x \le 1$는 정의역의 왼쪽 끝점인 -1부터 정류점인 0까지는 감소이고 0부터 정의역의 오른쪽 끝점인 1까지는 증가이다. ■

도함수의 부호와 함수의 증감에 관한 정리

함수 f가 폐구간 $[a, b]$에서 연속이고 개구간 (a, b)에서 미분가능이라고 하자.

(1) (a, b)에서 모든 x에 대해서 $f'(x) > 0$이면 f는 $[a, b]$에서 증가한다.

(2) (a, b)에서 모든 x에 대해서 $f'(x) < 0$이면 f는 $[a, b]$에서 감소한다.

(3) (a, b)에서 모든 x에 대해서 $f'(x) = 0$이면 f는 $[a, b]$에서 상수이다.

위의 도함수의 부호와 함수의 증감에 관한 정리는 구간 $(-\infty, b]$와 $[a, \infty)$에서도 성립한다.

위의 도함수의 부호와 함수의 증감에 관한 정리는 그래프를 그리지 않고도 도함수를 이용하여 함수의 증감을 판단할 수 있도록 해준다. 이 정리를 기하학적으로 얘기하면 함수 $f(x)$의 도함수(1계도함수)인 $f'(x)$는 x에서의 접선의 기울기인데, $f'(c)>0$이면 접선의 기울기는 양수로서 형태는 우상향이고 $f'(c)<0$이면 접선의 기울기는 음수로서 형태는 우하향이다.

【예제 14-7】

주어진 함수의 도함수를 이용하여 함수가 증가하는지 감소하는지를 판단하시오.

(1) $f(x)=x^3-6x^2+9x,\ 3 \le x$　　(2) $f(x)=x^3-x,\ -1/\sqrt{3} \le x \le 1/\sqrt{3}$

| 풀이 |

(1) $f(x)=x^3-6x^2+9x$의 도함수는 $f'(x)=3x^2-12x+9=3(x-1)(x-3)$이고 모든 $x \in [3, \infty)$에 대해 $f'(x)>0$이다. 그러므로 위의 도함수의 부호와 함수의 증감에 관한 정리에 의해 $f(x)=x^3-6x^2+9x$ 는 구간 $[3, \infty)$에서 증가한다.

(2) $f(x)=x^3-x$ 의 도함수는 $f'(x)=3x^2-1=3(x+1/\sqrt{3})(x-1/\sqrt{3})$이고 모든 $x \in (-1/\sqrt{3}, 1/\sqrt{3})$에 대해 $f'(x)<0$이다. 그러므로 위의 도함수의 부호와 함수의 증감에 관한 정리에 의해 $f(x)=x^3-x$는 구간 $(-1/\sqrt{3}, 1/\sqrt{3})$에서 감소한다. ■

【예제 14-8】

미분가능한 함수 $f(x)=\dfrac{1}{x^2+1}$이 증가인 구간과 감소인 구간을 찾으시오. 또 이 함수의 정류점 또는 특이점을 찾으시오.

| 풀이 |

$f'(x)=\dfrac{-2x}{(x^2+1)^2}$이다. 이 도함수 값은 모든 실수구간에서 존재하는데 $(-\infty, 0)$에서 양수이고 $(0, \infty)$에서 음수이다. 따라서 이 함수는 $(-\infty, 0)$에서 증가하고 $(0, \infty)$에서 감소한다. 또한 $f'(0)=\dfrac{-2 \cdot 0}{(1+0)^2}$이므로 정류점 0을 갖는다.

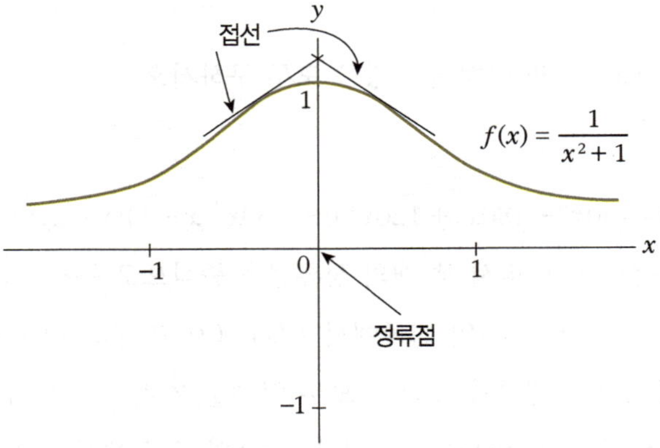

위의 [예제 14–8]의 함수를 보면 $f'(x) = 0$이 되는 정류점 $x = 0$을 중심으로 도함수의 부호가 왼쪽에서는 +이고 오른쪽에서는 −가 된다. 즉, 정류점을 중심으로 함수가 증가에서 감소로 바뀌는데 이때 정류점 0에서의 함수값 $f(0) = 1$는 상대적 최대값을 갖는다는 것을 볼 수 있다.

도함수와 상대적 극값에 관한 정리

함수 f는 (a, b)에서 미분가능하고, $c \in (a, b)$를 정류점이라고 하자.

(1) 정류점 c를 중심으로 왼쪽에 있는 모든 점 x에 대해서 $f'(x) > 0$이고 오른쪽에 있는 모든 점 x에 대해서 $f'(x) < 0$이면 $f(c)$는 함수 f의 상대적 최대값이다.

(2) 정류점 c를 중심으로 왼쪽에 있는 모든 점 x에 대해서 $f'(x) < 0$이고 오른쪽에 있는 모든 점 x에 대해서 $f'(x) > 0$이면 $f(c)$는 함수 f의 상대적 최소값이다.

(3) 정류점 c의 왼쪽과 오른쪽에서 $f'(x)$의 부호가 같으면 $f(c)$는 상대적 극값이 아니다.

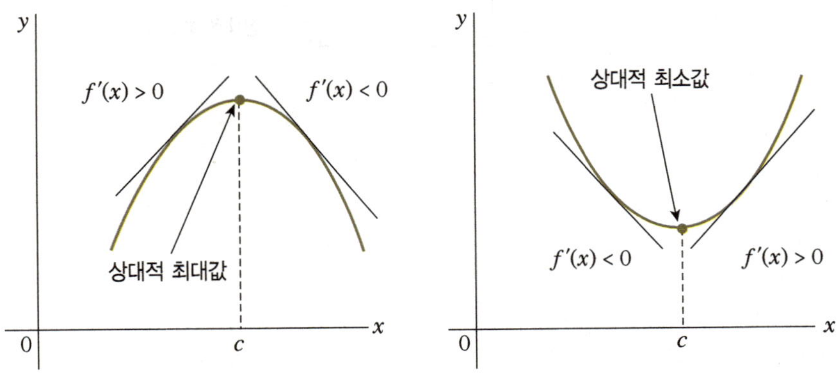

【예제 14-9】

$f(x)=(12x^5-45x^4+40x^3)/8$의 상대적 극값을 모두 구하시오.

| 풀이 |

$f(x)$의 도함수 $f'(x)=(60x^4-180x^3+120x^2)/8=60x^2(x-1)(x-2)/8$이다. 함수 f는 $x=0$, $x=1$ 그리고 $x=2$를 갖는다. 따라서 세 개의 정류점을 중심으로 구간은 $(-\infty,0)$, $(0,1)$, $(1,2)$ 그리고 $(2,\infty)$로 나뉜다. 그런데 $x=0$의 왼쪽에서 $f'(x)>0$이고 구간 $(0,1)$에서도 $f'(x)>0$이다. 그러므로 정류점 0을 중심으로 왼쪽과 오른쪽 모두 양수를 가지며 부호가 바뀌지 않는다. 따라서 정류점 $x=0$은 상대적 극값이 아니다. 그러나 $x=1$의 왼쪽에서는 $f'(x)>0$이고 오른쪽에서 $f'(x)<0$이므로 $f(1)=7/8$ 은 상대적 최대값이다. 또 $x=2$의 왼쪽에서 $f'(x)<0$이고 오른쪽에서 $f'(x)>0$이므로 $f(2)=-2$는 상대적 최소값이다. ■

해당 함수의 그래프를 그려 보면 아래와 같으며 [예제 14-9]의 결과와 비교해볼 수 있다.

그림 14-6 ▌ $f(x)=(12x^5-45x^4+40x^3)/8$의 그래프

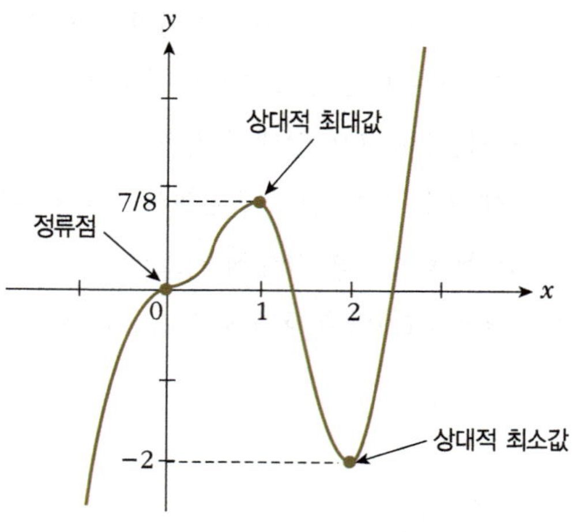

3. 오목성과 볼록성

함수의 오목성(볼록성) 정의

[그림 14-7]에서 볼 수 있듯이 함수 $f(x)$를 나타낸 곡선에서 임의의 두 점을 선택해서 그 두 점을 연결하는 선분이 모두 함수 그래프 곡선의 아래쪽에 위치하거나 함수 그래프 곡선을 따라 위치하면 함수 $f(x)$를 **오목(concave)**이라고 하고, 함수 그래프 곡선의 위쪽에 위치하거나 함수 곡선을 따라 위치하면 함수 $f(x)$를 **볼록(convex)**이라고 한다.

그림 14-7 ▌ 오목성과 볼록성

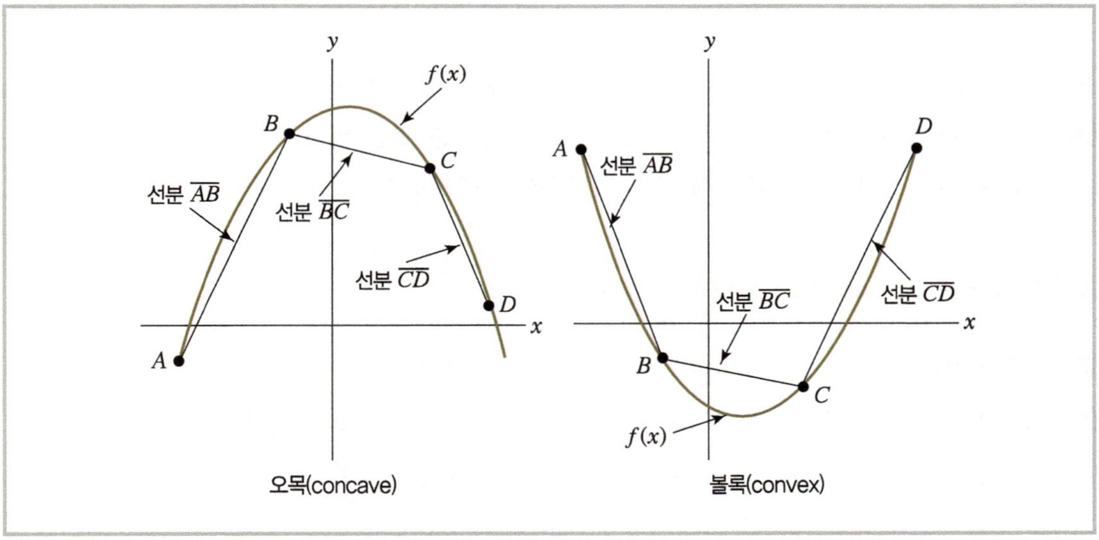

다음에 나오는 [그림 14-8]에서 볼 수 있듯이 오목성을 가진 함수의 그래프를 보면 접선의 기울기 값이 작아지는 것을 볼 수 있다. 반면에 볼록성을 가진 함수의 그래프에서 접선의 기울기는 점점 커진다고 할 수 있다. 그런데 앞에서 우리가 도함수 값은 접선의 기울기 값으로서 함수의 변화율을 나타낸다는 것을 알았다. 그렇다면 마찬가지로 2계도함수는 도함수(1계도함수)의 변화율이라는 것을 알 수 있다.

이것을 2계도함수가 존재하는 함수의 오목성/볼록성과 연관지어 본다면, 오목성은 접선의 기울기 값이 작아지므로 도함수값이 작아지는(감소) 것을 의미한다. 즉, 2계도함수가 음수가 되는 것

그림 14-8 ▌ 접선의 기울기 변화와 오목성(볼록성)의 관계

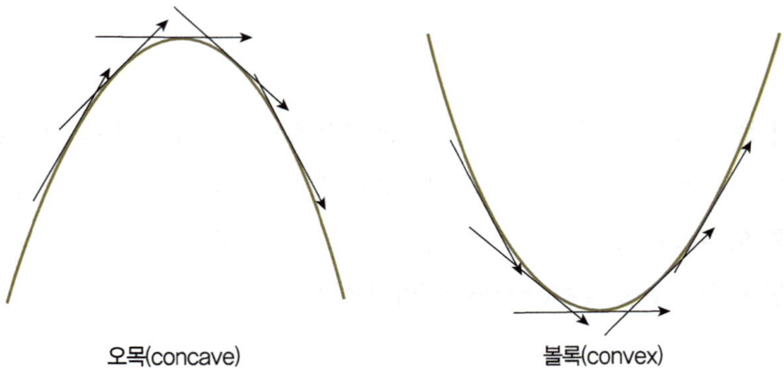

을 직관적으로 알 수 있다. 반면에 볼록성을 가진 함수의 접선의 기울기 값은 커지므로(증가) 도함수 값이 커지고 이것은 2계도함수의 값이 양수가 된다는 것을 의미한다. 이제 다음에 나오는 오목성과 볼록성에 관한 정리를 통해 주어진 함수의 그래프와 2계도함수와의 관계를 알아본다.

오목성(강오목성)과 볼록성(강볼록성)에 관한 정리

구간 I에서 정의된 함수 f가 두 번 미분가능한 함수라고 하자.

(1) 모든 점 $x \in I$에서 $f''(x) \le 0\,(f''(x) < 0)$이면 f는 I에서 오목(강오목)이다.

(2) 모든 점 $x \in I$에서 $f''(x) \ge 0\,(f''(x) > 0)$이면 f는 I에서 볼록(강볼록)이다.

변곡점

함수 f가 c에서 연속이라 하자. f가 점 c를 중심으로 오목에서 볼록으로 또는 볼록에서 오목으로 바뀔 때 점$(c, f(c))$를 함수 f의 **변곡점(inflection point)**이라고 한다.

변곡점은 다음과 같은 단계로 찾을 수 있다.

[단계 1] $f''(x) = 0$인 점 또는 $f''(x) = 0$이 존재하지 않는 점을 찾는다.

[단계 2] 단계 1에서 찾은 점이 변곡점인가를 확인한다.

【예제 14-10】

함수 $f(x)=x^3-6x^2+9x$의 극점과 변곡점 그리고 오목성을 갖는 구간과 볼록성을 갖는 구간을 찾으시오.

| 풀이 |

주어진 함수는 다항함수로서 모든 실수 구간에서 미분가능하며 도함수와 2계도함수 모두 존재하고 연속이다. 주어진 함수의 도함수는 $f'(x)=3x^2-12x+9=3(x-1)(x-3)$으로서 정류점 $x=1$과 $x=3$에서 각각 상대적 최대값 $f(1)=4$와 상대적 최소값 $f(3)=0$을 갖는다. 한편, 2계도함수는 $f''(x)=6x-12=6(x-2)$로서 $f''(2)=0$이 되고 $(2,f(2))=(2,2)$가 변곡점의 후보가 될 수 있다.

이제 이 점을 중심으로 한쪽에서는 오목이고 또 다른 쪽에서는 볼록이 되는지를 확인하면 된다. 그런데 $x=2$의 왼쪽, 즉 구간 $(-\infty,2)$에서는 함수의 그래프가 $f''(x)<0$이 되어 오목성과 볼록성에 관한 정리에 의하여 강오목이고 $x=2$의 오른쪽, 즉 구간 $(2,\infty)$에서는 $f''(x)>0$이 되어 강볼록이다. 그러므로 $(2,2)$는 변곡점이다. 다음 그림은 이 함수의 극점과 변곡점을 표시한 그래프이다.

그림 14-9 ▌ 상대적 극점과 변곡점

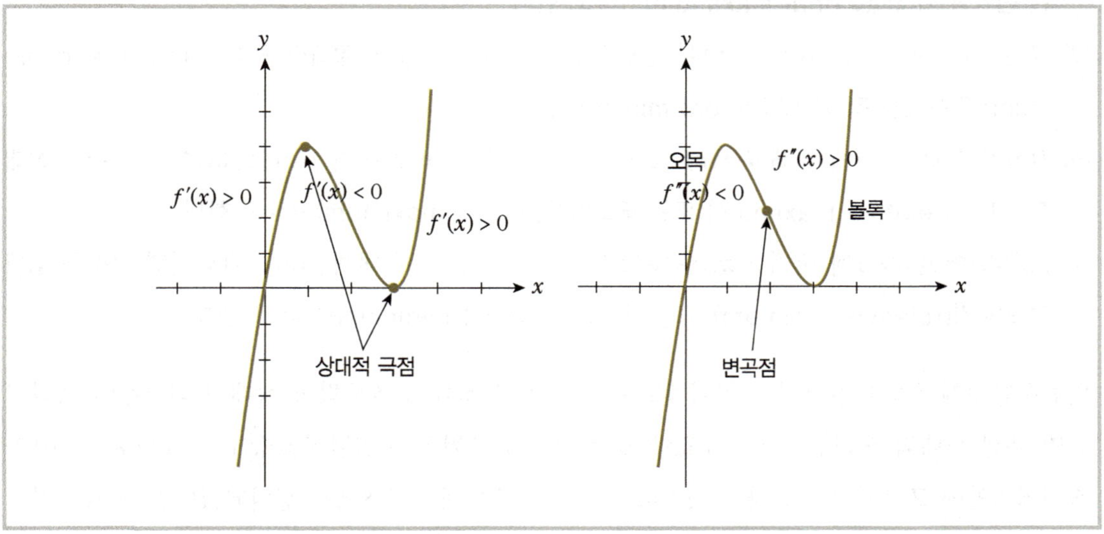

■

14.2 다변수함수의 최적화

우리는 14.1절에서 변수(선택변수 또는 독립변수라고 불리기도 함)가 하나인 목적함수에 관한 최적화문제를 다루었다. 이제 우리는 변수가 둘 이상인 목적함수의 최적화문제를 다루려고 한다. 앞에서도 언급하였듯이 대부분의 경제 경영분야 및 금융분야에서 발생하는 문제들은 변수가 둘 이상인 경우이므로 다변수함수의 최적화문제는 더욱 중요하다.

1. 극대와 극소

최대값(최소값)의 정의

n개의 변수를 가진 다변수함수 f가 점 $\mathbf{c} \in R^n$를 포함하고 있는 집합 $S \subset R^n$에서 정의되고, S에서 임의의 두 점 $\mathbf{x} = (x_1, x_2, \cdots, x_n)$와 $\mathbf{y} = (y_1, y_2, \cdots, y_n)$의 거리는 $d(\mathbf{x}, \mathbf{y})$로 정의되었다고 하자. 이때 다변수함수의 최대값과 최소값은 다음과 같이 정의된다.

(1) 모든 $\mathbf{x} \in S$에 대해 $f(\mathbf{c}) \geq f(\mathbf{x})$이면 $f(\mathbf{c})$를 함수 f의 **절대적 최대값**(absolute maximum) 또는 **전역적 최대값**(global maximum)이라고 한다.

(2) 모든 $\mathbf{x} \in S$에 대해 $f(\mathbf{c}) \leq f(\mathbf{x})$이 성립하면 $f(\mathbf{c})$를 함수 f의 **절대적 최소값**(absolute minimum) 또는 **전역적 최소값**(global minimum)이라고 한다.

(3) $f(\mathbf{c})$가 어떤 $\varepsilon > 0$에 대해 $d(\mathbf{x}, \mathbf{c}) < \varepsilon$를 만족하는 모든 $\mathbf{x}$에 대해 $f(\mathbf{c}) \geq f(\mathbf{x})$이면 $f(\mathbf{c})$를 **상대적 최대값**(relative maximum) 또는 **국소최대값**(local maximum)이라고 한다.

(4) $f(\mathbf{c})$가 어떤 $\varepsilon > 0$에 대해 $d(\mathbf{x}, \mathbf{c}) < \varepsilon$를 만족하는 모든 $\mathbf{x}$에 대해 $f(\mathbf{c}) \leq f(\mathbf{x})$이면 $f(\mathbf{c})$를 **상대적 최소값**(relative minimum) 또는 **국소최소값**(local minimum)이라고 한다.

일변수함수에서와 마찬가지로 이때에도 주의할 점은 상대적 최대값과 상대적 최소값이 정의되려면 우선 상대적 최대값이나 최소값을 갖는 점 $\mathbf{c}$를 포함하는 열린집합 $\{\mathbf{x} \mid d(\mathbf{x}, \mathbf{c}) < \varepsilon,\ \varepsilon > 0\}$가 정의역 S안에 포함되어야 한다는 것이다. 즉, 함수 f가 폐구간 S에서 정의되었다면 이 폐구간의 가장자리에 있는 경계에서는 상대적 최대값이나 상대적 최소값을 가질 수 없다.

그림 14-10 ▍ 다변수함수의 최대값과 최소값

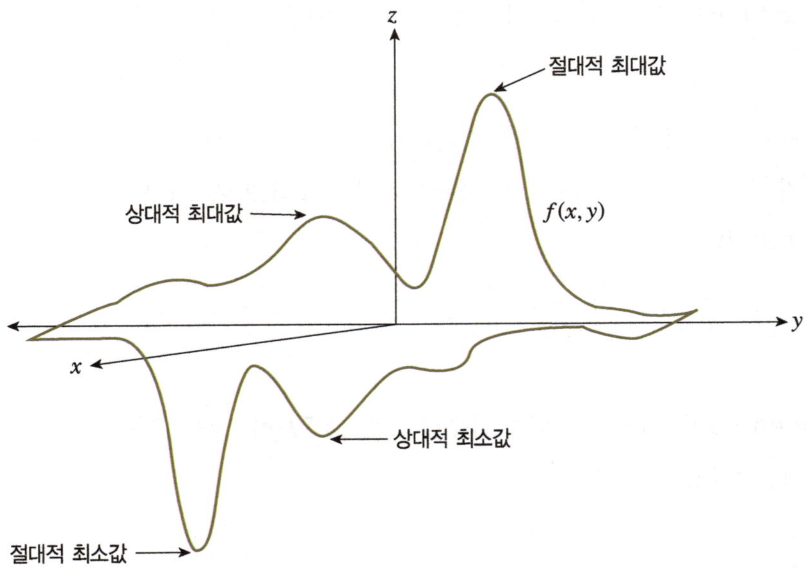

절대적 극값에 관한 정리

함수 f가 **폐유계집합**(closed and bounded set) S에서 연속이면 절대적 최대값이 $f(\boldsymbol{c})$가 되는 $\boldsymbol{c} \in S$와 절대적 최소값이 $f(\boldsymbol{d})$가 되는 $\boldsymbol{d} \in S$가 각각 적어도 1개 이상 존재한다.

기울기벡터

f를 두 변수 x와 y의 함수라고 할 때 각 변수에 대한 편도함수 $f_x(x,y)$와 $f_y(x,y)$를 요소로 갖는 다음과 같은 벡터함수를 f의 **기울기벡터**(gradient vector)라고 한다.

$$\nabla \boldsymbol{f} = (f_x(x,y), f_y(x,y)) = \frac{\partial f}{\partial x}\boldsymbol{i} + \frac{\partial f}{\partial y}\boldsymbol{j}$$

여기서 $\boldsymbol{i}$와 $\boldsymbol{j}$는 각각 x와 y축상의 표준단위벡터, 즉 $\boldsymbol{i} = (1,0)$와 $\boldsymbol{j} = (1,0)$이다. **기울기벡터**의 정의는 임의의 $n \in N$에 대해 n변수 함수로도 확장할 수 있다.

예컨대, n변수함수 $f(x_1, x_2, \cdots, x_n)$의 기울기벡터는 $\nabla \boldsymbol{f} = (f_{x_1}, f_{x_2}, \cdots, f_{x_n}) = \frac{\partial f}{\partial x_1}\boldsymbol{e}_1 + \frac{\partial f}{\partial x_2}\boldsymbol{e}_2 + \cdots + \frac{\partial f}{\partial x_n}\boldsymbol{e}_n$로 나타낼 수 있다. 여기서 $\boldsymbol{e}_1, \boldsymbol{e}_2, \cdots, \boldsymbol{e}_n$는 R^n의 표준단위벡터이다.

【예제 14-11】

$f(x,y)=x^2-xy^2+y^3$의 (1, 2)에서의 기울기벡터를 구하시오.

| 풀이 |

주어진 함수를 각 변수에 대해 편미분하면 $f_x(x,y)=2x-y^2$, $f_y(x,y)=-2xy+3y^2$이고 점(1,2)에서의 값은 각각 $f_x(1,2)=-2$와 $f_y(1,2)=8$이다. 그러므로 기울기벡터는 정의에 의해 $\nabla \boldsymbol{f}(1,2)=(-2,8)$이다. ■

정류점

f가 **개집합(open set)** S에서 정의되는 함수라고 할 때 $\nabla \boldsymbol{f}(\boldsymbol{c})=\boldsymbol{0}$을 만족하는 점 $\boldsymbol{c}\in S$를 f의 **정류점(stationary point)**이라 한다.

【예제 14-12】

함수 $f(x,y)=x^3-2xy-y^2+y+1$의 정류점을 구하시오.

| 풀이 |

이변수함수의 정류점의 정의에 의해 $\nabla \boldsymbol{f}(x,y)=\boldsymbol{0}$을 만족하는 점을 구해야 한다. 그러므로 정류점은 다음의 두 방정식을 동시에 만족해야 한다.

$$\begin{cases} f_x=3x^2-2y=0 \\ f_y=-2x-2y+1=0 \end{cases}$$

이제 이 연립방정식 $3x^2-2y=0$, $-2x-2y+1=0$의 해를 구하면 $x=1/3, y=1/6$ 또는 $x=-1$, $y=3/2$이다. 따라서 정류점 $\boldsymbol{c}$는 $\left(\frac{1}{3},\frac{1}{6}\right)$또는 $\left(-1,\frac{3}{2}\right)$이다. ■

특이점

기울기벡터 $\nabla \boldsymbol{f}(\boldsymbol{c})$가 존재하지 않는 점, 즉 $\nabla \boldsymbol{f}(\boldsymbol{c})$를 정의하는 편도함수 f_x, f_y 중 적어도 하나가 존재하지 않는 점 $\boldsymbol{c}$를 **특이점(singular point)**이라 한다.

【예제 14-13】

$f(x,y)=\sqrt{x^2+y^2}$일 때 f의 $(0,0)$에서의 기울기벡터를 구하시오.

| 풀이 |

주어진 함수를 두 개의 변수 x와 y에 대해 편미분하면 각각 $f_x(x,y)=\dfrac{x}{\sqrt{x^2+y^2}}$과 $f_y(x,y)=\dfrac{y}{\sqrt{x^2+y^2}}$이다. 그러므로 기울기벡터는 $\nabla \boldsymbol{f}(x,y)=(f_x(x,y), f_y(x,y))=(\dfrac{x}{\sqrt{x^2+y^2}}, \dfrac{y}{\sqrt{x^2+y^2}})$이다. 그런데 점 $(0,0)$에서 $\nabla \boldsymbol{f}(0,0)=(\dfrac{0}{\sqrt{0^2+0^2}}, \dfrac{0}{\sqrt{0^2+0^2}})$은 정의되지 않는다. 그러므로 $(0,0)$은 특이점이다. ■

【예제 14-14】

R^2에서 정의된 함수 $f(x,y)=x^2-y^2$의 정류점과 상대적 극값을 찾으시오.

| 풀이 |

함수 $f(x,y)=x^2-y^2$는 R^2에서 미분가능하다. 따라서 임계점을 찾기 위해서는 $\nabla \boldsymbol{f}(x,y)=(0,0)$인 점을 찾으면 된다. 그런데 $\nabla \boldsymbol{f}(x,y)=(2x,-2y)$이므로 $2x=0$이고 $-2y=0$인 임계점은 $(0,0)$뿐이다.

그림 14-11 ▌ 안장점

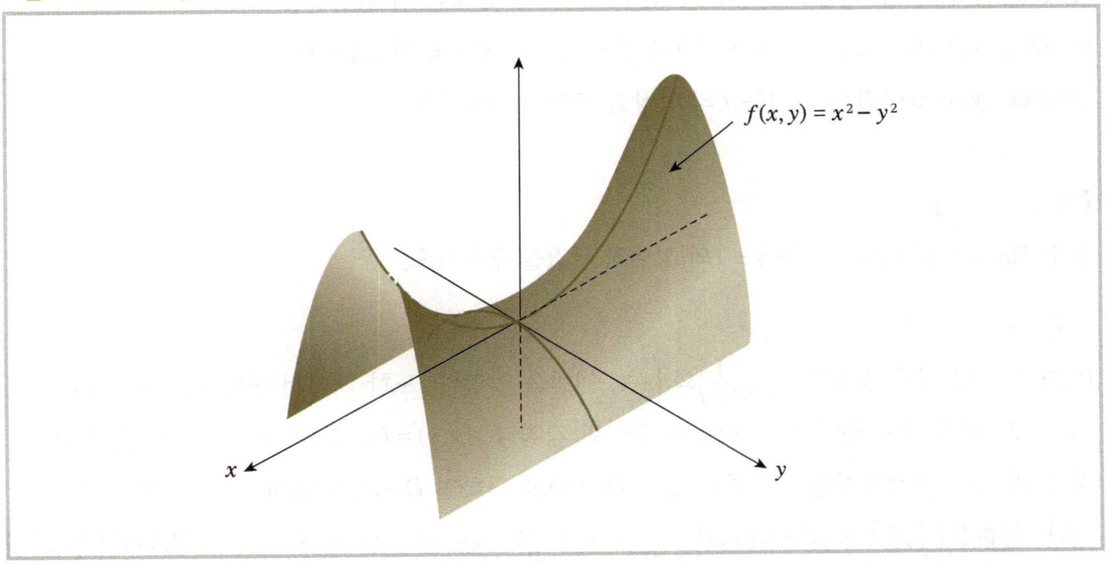

하지만 위 [그림 14-11]에서 보다시피 $f(0,0)=0$은 상대적 극대값도 아니고 상대적 극소값도 아니다. 따라서 이 함수의 상대적 극값은 존재하지 않는다. 이와 같이 정류점 중에서 상대적 최소값을 갖지 않으며 또한 상대적 최대값도 갖지 않는 점을 **안장점(saddle point)**이라 한다. ■

2. 이변수함수의 2계편도함수

우리는 앞에서 안장점의 경우 $\nabla \boldsymbol{f}(x,y)=(0,0)$의 조건은 만족시키지만 극값은 아님을 보았다. 다시 말해 $\nabla \boldsymbol{f}(x,y)=(0,0)$은 극값이 존재하기 위한 필요조건이지만 충분조건은 아니라는 것이다. 따라서 2계편도함수로 이루어진 충분조건을 살펴보아야 한다.

극점 판정(extrema test)

S에서 연속 2계도함수를 갖는 이변수함수 $f(x,y)$에 대해

$$D=\begin{vmatrix} f_{xx} & f_{xy} \\ f_{yx} & f_{yy} \end{vmatrix}=f_{xx}f_{yy}-(f_{xy})^2$$

라고 정의하자. D행렬식은 **헤시안 행렬식(Hessian determinant)** 또는 **헤시안**이라고 한다. $(x_0,y_0)\in S$가 $f(x,y)$의 정류점, 즉 $\nabla \boldsymbol{f}(x_0,y_0)=(0,0)$이라고 하면 다음이 성립한다.

(1) $D(x_0,y_0)>0$이고 $f_{xx}(x_0,y_0)<0$이면 $f(x_0,y_0)$는 상대적 최대값이다.
(2) $D(x_0,y_0)>0$이고 $f_{xx}(x_0,y_0)>0$이면 $f(x_0,y_0)$는 상대적 최소값이다.
(3) $D(x_0,y_0)<0$이면 (x_0,y_0)는 f의 안장점 또는 변곡점이다.

【예제 14-15】

함수 $f(x,y)=x^3-2xy-y^2+y+1$의 상대적 극값을 구하시오.

| 풀이 |

[예제 14-12]에서 정류점이 $\left(\frac{1}{3},\frac{1}{6}\right)$와 $\left(-1,\frac{3}{2}\right)$임을 알았다. 또한 거기서 구한 $f_x=3x^2-2y$, $f_y=-2x-2y+1$를 이용하여 2계도함수를 구하면 각각 $f_{xx}(x,y)=6x$, $f_{yy}=-2$, $f_{xy}=-2=f_{yx}$이다. 이제 위의 극점 판정방법을 이용하기 위해 $D(x,y)$를 구하면 $D(x,y)=(6x)(-2)-(-2)^2=-12x-4$이다. 정류점 $\left(\frac{1}{3},\frac{1}{6}\right)$에 대해서는 $D\left(\frac{1}{3},\frac{1}{6}\right)=-12(\frac{1}{3})-4=-4-4=-8<0$이므로 정류점 $\left(\frac{1}{3},\frac{1}{6}\right)$에

서는 상대적 극값을 가지지 않는다. 반면에 $D\left(-1, \frac{3}{2}\right)=-12(-1)-4=12-4=8>0$이고 $f_{xx}(-1, \frac{3}{2})=6\cdot(-1)=-6<0$이므로 정류점 $\left(-1, \frac{3}{2}\right)$에서는 상대적 최대값 $f\left(-1, \frac{3}{2}\right)=9/4$를 갖는다. ■

14.3 경제경영 · 금융 예제

【예제 14-16】 이윤 및 법인세 극대화 모형

다음과 같은 가격함수와 비용함수를 갖는 독점기업이 있고 이 기업은 자신의 이윤을 극대화하려고 한다고 하자. 여기서 Q는 독점기업의 생산량이고 t는 이 기업에 부과되는 생산량 단위당 법인세금액이다. 또한 정부는 이 기업에 대한 법인세를 극대화하려고 한다고 가정하자.

$$\text{가격함수 } P=100-\frac{1}{25}Q^2 \tag{14.1}$$

$$\text{비용함수 } C=-\frac{1}{25}Q^3+Q^2+tQ+100 \tag{14.2}$$

이러한 상황하에서 기업이 이윤을 극대화하기 위한 생산량과 가격은 얼마이고, 이 기업에 대한 법인세를 극대화하기 위한 생산량 단위당 법인세금액은 얼마인지 구해보도록 하자. 우선 독점기업의 이윤함수 π를 표시하면 다음과 같다. 다음 식에서 TR은 총수입을 의미하고, TC는 총비용을 의미한다.

$$\begin{aligned}\pi &= TR-TC \\ &= P\times Q-TC \\ &= (100-\frac{1}{25}Q^2)\times Q-(-\frac{1}{25}Q^3+Q^2+tQ+100) \\ &= -Q^2+(100-t)Q-100\end{aligned} \tag{14.3}$$

이제 이윤을 극대화하는 생산수량을 구하기 위해서는 이윤함수의 생산량에 대한 미분값이 0이 되는 점을 구하고 그 점에서 2계도함수의 값이 음수가 되는지를 확인하면 된다. 이윤함수를 생산량에 대해 미분하면 다음과 같다.

$$\frac{d\pi}{dQ} = -2Q + 100 - t = 0$$
$$Q^* = \frac{100 - t}{2} \tag{14.4}$$
$$\frac{d^2\pi}{dQ^2}(Q^*) = -2 < 0$$

식 (14.4)에서 확인할 수 있는 바와 같이 기업의 이윤함수를 극대화시키는 생산수량은 $Q^* = (100 - t)/2$임을 알 수 있다.

이제 정부가 이 기업에 대한 법인세수입을 극대화시키기 위한 생산량 단위당 법인세를 계산해 보자. 법인세수입을 극대화시키는 생산량 단위당 법인세 t^*를 구하기 위해서는 법인세 수입함수 T를 법인세로 미분한 값이 0이고 법인세에 대해 두 번 미분한 값이 음수가 되는지를 확인하여야 한다. 정부의 이 기업에 대한 법인세 수입함수와 이를 법인세에 대한 미분한 결과는 다음과 같다.

$$T = t \times Q^* = \frac{100t - t^2}{2}$$
$$\frac{dT}{dt} = 50 - t = 0 \text{ 그러므로 } t^* = 50 \tag{14.5}$$
$$\frac{d^2T}{dt^2}(t^*) = -1 < 0$$

식 (14.5)에서 확인할 수 있는 바와 같이 정부의 이 독점기업에 대한 법인세 수입을 극대화시키는 생산량 한 단위당 법인세액은 $t^* = 50$원임을 알 수 있다.

이제 독점기업에게 생산량 단위당 50원의 법인세가 부과되었을 때, 독점기업이 이윤을 극대화시키기 위한 생산수량은 $Q^* = (100 - 50)/2 = 25$가 되고, 가격은 $P^*(25) = 100 - (1/25)(25)^2 = 75$가 된다. 이제 이들을 식 (14.3)에 대입하면 이런 상황에서 이 기업의 최대 세후 이익은 다음과 같다.

$$\pi = P^* \times Q^* - TC(Q^*)$$
$$= 75 \times 25 - (-\frac{1}{25} \times 25^3 + 25^2 + 50 \times 25 + 100)$$
$$= 1{,}875 - 1{,}350 = 525\text{원}$$

■

【예제 14-17】 포트폴리오 분산의 최소화 모형

현대 포트폴리오 이론은 모든 투자자들이 위험회피형이라고 가정하고 원하는 목표수익률을 달성하면서 포트폴리오의 리스크를 최소화하는 문제를 풀고자 한다. 이제 두 개의 주식만을 투자대상으로 하고 둘을 결합하여 위험을 최소화하는 단순한 포트폴리오를 상정해보자.

7장에서 우리는 주식 1과 주식 2로 구성되는 포트폴리오의 분산은 $\sigma_p^2 = w_1^2\sigma_1^2 + w_2^2\sigma_2^2 + 2w_1w_2\sigma_{12}$라고 하였다. $w_1 + w_2 = 1$이고 $\sigma_1 = 12\%, \sigma_2 = 25\%, \sigma_{12} = 0\%$이라고 할 때, 포트폴리오의 분산을 최소화하는 주식 1과 주식 2의 투자비중을 구해보자. 주어진 정보를 분산 식에 대입하여 목적함수를 세우고 이를 투자비중에 대해 미분하면 다음과 같다.

$$\text{Min } \sigma_p^2 = w_1^2(0.12)^2 + (1 - w_1)^2(0.25)^2 + 2w_1(1 - w_1)(0)$$

$$\frac{d\sigma_p^2}{dw_1} = 2w_1(0.12)^2 - 2(1 - w_1)(0.25)^2 = 0 \tag{14.6}$$

이를 w_1에 대해 정리하면, $w_1^* = 0.8127, w_2^* = 0.1873$

또 이 점에서 $\dfrac{d^2\sigma_p^2}{dw_1^2} = 2(0.12)^2 + 2(0.25)^2 > 0$이다.

이제 식 (14.6)에서 구한 포트폴리오의 분산을 최소화하는 투자비중을 목적함수에 대입하면 최소 분산값은 1.17%임을 알 수 있다. ■

연 습 문 제

01 다음에 주어진 함수에 대해 정의역 내부에 있는 점 중에서 $f'(c)=0$을 만족하는 점 c를 찾으시오.

① $f(x)=x^3-12x+3, 0 \le x \le 3$

② $f(x)=e^{-\frac{x^2}{2}}, -100 \le x \le 100$

02 함수 $f(x)=x^{1/2}(x+1)^2$의 임계점을 찾으시오.

03 함수 $f(x)=e^{-\frac{x^2}{2}}$의 변곡점을 찾고 오목인 구간과 볼록인 구간을 구분하시오.

04 함수 $f(x,y)=x^2+y^2$의 극대값과 극소값을 찾으시오.

05 함수 $f(x,y)=x^2-2xy+2y^2$의 임계점을 찾고 극대, 극소, 안장점을 구분하시오.

06 함수 $f(x,y)=\ln(x^2+y^2+1)$의 임계점을 찾고 극대, 극소, 안장점을 구분하시오.

07 $z=f(x,y)=x^2y+xy^2$의 헤시안 행렬식 $D=\begin{vmatrix} f_{xx} & f_{xy} \\ f_{yx} & f_{yy} \end{vmatrix}=f_{xx}f_{yy}-(f_{xy})^2$을 x와 y에 대한 식으로 구하시오.

08 학생들의 컴퓨터 게임 시간이 학습에 방해가 되는지를 게임시간과 성적의 등락(기존 성적−이번 성적) 데이터를 이용하여 그 관계를 파악해 보고자 한다. 관계식을 간단히 선형함수 $y=ax+b$의 형태로 찾고자 한다.

이때 사용하는 방법은 최소자승법인데 이것은 게임시간과 성적등락에 대한 n개의 실제 데이터들을 $\{(x_i, y_i), i=1,2,\cdots,n\}$로 놓고 $R(a,b)=\sum_{i=1}^{n}(a+bx_i-y_i)^2$를 최소로 하는 a와 b를 찾아 $y=a+bx$를 관계식으로 사용하는 것이다. 실제 데이터 $\{(x_i, y_i), i=1,2,\cdots,n\}$가 주어졌을 때 관계식 $y=a+bx$를 구하시오.

09 [예제 14−17]에서 공분산이 0.01이라고 한다면 최소분산 포트폴리오가 어떻게 변하는지 구하시오.

10 주식을 한 주 보유하고 해당 주식에 대한 선물을 h계약 매도하면, 해당 포트폴리오의 가치변화는 주가변화와 선물가격의 변화에 의해 $\Delta P=\Delta S-h\Delta F$로 주어진다. 이때 ΔP : 포트폴리오의 가치변화, ΔS : 주가변화, ΔF : 선물가격의 변화, h : 헤지비율이다. 이제 이 포트폴리오의 분산은

$\sigma_P^2 = \sigma_S^2 + h^2\sigma_F^2 - 2h\sigma_{SF}$ 이 되는데, 이를 최소화하는 헤지비율을 구하시오.

11 주식 1과 주식 2로 구성되는 포트폴리오의 분산은 $\sigma_p^2 = w_1^2\sigma_1^2 + w_2^2\sigma_2^2 + 2w_1w_2\sigma_{12}$이고 $w_1 + w_2 = 1$이라고 할 때, 포트폴리오의 분산을 최소화하는 주식 1과 주식 2의 투자비중을 구하시오.

12 증권 1의 기대수익률은 8%, 표준편차는 12%이고, 증권 2의 기대수익률은 13%이고 표준편차는 20%이다. 두 증권 사이에 상관계수가 0.2라 할 때 증권 1과 증권 2를 결합한 포트폴리오 중 분산을 최소화하는 포트폴리오의 투자비중을 구하시오.

CHAPTER

15 제약조건하에서의 함수의 최적화

앞에서 우리는 제약식이 없을 경우 주어진 함수의 최대값과 최소값을 찾는 방법에 대해 공부했다. 그러나 실제로 기업이나 자금을 운영하는 데 있어서 의사결정은 대부분 어떤 제약조건이 주어지고 그 제약조건하에서 최적의 의사결정을 해야 한다. 예컨대, 올해 주어진 예산을 쓰되 어떤 사업에 중점적으로 투자를 해야 최대 성과를 거둘지, 또는 투자자의 경우 가용예산과 위험감내 수준하에서 수익률을 최대화할 수 있는 투자조합, 즉 포트폴리오를 찾고자 할 것이다. 그 외에 일정량의 제품을 생산하고자 하는 데 최소비용으로 하고자 하는 최소값 문제 등도 있다. 이렇게 주어진 함수 외에 제약조건이 주어졌을 때 어떠한 방법으로 최적의 해를 찾는지를 이번 장에서 공부하고자 한다.

15.1 라그랑지 승수와 최적화

1. 제약조건하에서의 최적화

주어진 이변수함수 $z=f(x,y)$의 최대값 또는 최소값을 찾고자 하는데 변수가 $c=g(x,y)$라는 제약조건하에서만 변화가능하다고 하자. 그렇다면 우리는 제약조건을 가지고 있는 변수에 대해 주어진 함수의 최대값이나 최소값을 찾아야 할 것이다. 다음의 예를 보면서 이러한 문제에 접근해 보자.

【예제 15-1】

두 개의 변수 x와 y가 $10 = 2x + y$라는 조건하에서 함수 $z = f(x, y) = 50 - (x^2 + y^2)$의 최대값을 구하시오.

| 풀이 |

먼저 두 변수의 제약조건에 의해 y는 $y = 10 - 2x$라는 식으로 표현될 수 있다. 이제 y의 식을 우리가 최대값을 구하고자 하는 함수 $z = f(x, y)$에 대입하면 $z(x) = 50 - [x^2 + (10 - 2x)^2] = -5x^2 + 40x - 50$을 얻는다. 이제 z는 x변수만을 가지고 있는 일변수함수가 되어 일변수함수의 최대값을 구하면 된다. 그런데 z는 x에 대한 다항식으로서 모든 실수에서 미분가능하므로 최대값은 정류점에서 발생한다.

이제 정류점을 찾기 위해 $\frac{dz}{dx} = 0$인 점을 찾는다. $z'(x) = -10x + 40$로부터 $z(x)$의 정류점은 $x = 4$이고, 이 정류점에서 $z(x)$의 2계도함수의 값이 $z''(x) = -10 < 0$가 되어 이 점에서 $z(x)$는 최대값 $z(4) = 30$을 갖는다는 것을 확인할 수 있다. 또한 변수의 제약조건으로 인해 $x = 4$일 때 y의 값은 2가 된다.

그림 15-1 ▌ 제약식이 있을 경우 최적화의 기하학적 의미

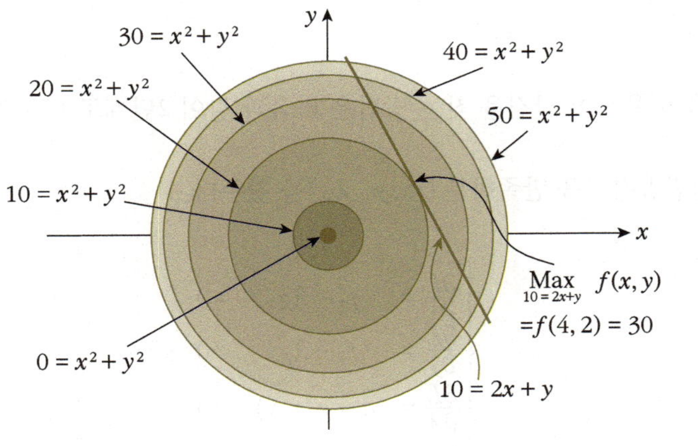

■

그런데 문제는 실제로 기업이나 의사결정자들이 의사결정을 할 때에는 x와 y에 대한 제약조건 $c = g(x, y)$가 매우 복잡하여 위의 예제처럼 $y = h(x)$의 형태로 간단히 치환될 수 없다는 것이다. 게다가 변수도 많아져서 이렇게 간단하게 다른 변수들을 하나의 변수로 치환하는 것이 더더욱

불가능할 때도 많다. 그러나 이러한 복잡한 문제들을 이제부터 설명하고자 하는 **라그랑지 승수(Lagrange multiplier)**를 이용한 **라그랑지 함수(Lagrange function)**를 통해서 비교적 쉽게 풀 수 있다.

2. 라그랑지 승수법

이제 다음과 같은 변수의 조건과 목적함수가 주어졌다고 하자. 이때 $f(x, y)$와 $g(x, y)$의 1계도함수는 연속이라고 가정한다.

$$\begin{aligned}&\text{Maximize 또는 Minimize } z = f(x, y)\\&\text{Subject to } c = g(x, y)\end{aligned} \tag{15.1}$$

이 문제를 풀기 위해 라그랑지 승수 λ를 도입하여 다음과 같은 라그랑지 함수를 정의한다.

$$\text{Maximize 또는 Minimize } L(x, y, \lambda) = f(x, y) + \lambda(c - g(x, y)) \tag{15.2}$$

이때 기호 λ[01]는 아직 결정되지 않은 어떤 수를 나타낸다.

라그랑지 승수를 이용한 극점 판단법

라그랑지 승수법을 이용하여 극점을 찾는 방법은 다음과 같이 2단계로 나누어 볼 수 있다.

[단계 1] 다음의 연립방정식을 만족하는 (x_0, y_0, λ_0)를 찾는다.

$$\begin{cases}\dfrac{\partial L}{\partial x} = f_x - \lambda g_x = 0\\[2mm]\dfrac{\partial L}{\partial y} = f_y - \lambda g_y = 0\\[2mm]\dfrac{\partial L}{\partial \lambda} = c - g(x, y) = 0\end{cases} \tag{15.3}$$

[단계 2] 위에서 찾은 점 중에서 다음에 나오는 유테헤시안 극대극소의 판정법을 이용하여 원하는 극값을 결정한다.

01 '람다(lamda)' 라고 읽는다.

유테헤시안 극대극소 판정법

연속인 1계도함수를 가지는 $f(x,y)$와 $g(x,y)$에 대해 라그랑지 함수가 식 (15.1)과 같이 주어졌을 때,

(1) 점 (x_0, y_0)에서 $\det(\overline{H}(x_0, y_0, \lambda_0)) > 0$이면 $z = f(x,y)$는 극대값이 된다.

(2) 점 (x_0, y_0)에서 $\det(\overline{H}(x_0, y_0, \lambda_0)) < 0$이면 $z = f(x,y)$는 극소값이 된다.

유테헤시안 행렬식(bordered Hessian determinant)은 라그랑지 함수가 식 (15.1)과 같이 주어졌을 때, 다음과 같이 정의된다. 유테헤시안 $\overline{H}(x,y,\lambda)$[02]는 라그랑지 함수의 헤시안이라고도 불린다.

$$\overline{H} = \begin{pmatrix} 0 & g_x & g_y \\ g_x & L_{xx} & L_{xy} \\ g_y & L_{yx} & L_{yy} \end{pmatrix} \tag{15.4}$$

3. 라그랑지 승수법(Lagrange multiplier method)의 의미

식 (15.1)과 식 (15.2)를 비교해 보면 재미있는 결과를 알 수 있다. 즉, $c = g(x,y)$ 제약조건하에서 $z = f(x,y)$를 최대화하는 것은 라그랑지 승수를 또 하나의 변수로 추가한 라그랑지 함수 $L(x,y,\lambda)$를 최대화하는 것과 동일하다는 것이다. 왜냐하면 식 (15.3)의 세 번째 조건은 변수에 대한 제약조건 $c = g(x,y)$ 자체를 나타내는 것이기 때문에 라그랑지 함수를 최대화하는 정류값은 원래의 함수 z의 제약식을 자동적으로 만족시킨다. 다시 말해, 이 조건을 식 (15.2)에 대입하면 결국 원래 식 (15.1)의 목적함수 z와 같아짐을 알 수 있다.

또한, [단계 1]은 극값에 해당하는 정류점들이 만족해야 할 필요조건에 해당하고 [단계 2]는 이들이 만족해야 할 충분조건이라 할 수 있는데, 왜 그런지 간단히 살펴보자. 먼저 [단계 1]의 조건식 (15.3)을 보면, 세 번째 조건을 뺀 나머지 첫 번째와 두 번째 조건은 제약조건하에서 목적함수 $z = f(x,y)$를 최대화시키는 해가 만족해야 할 필요조건과 일치하는 것으로 이해하면 된다. 즉, 제

02 H 위에 가로 줄을 친 것은 테두리가 있는 헤시안, 즉 유테헤시안을 의미한다.

약조건이 있는 경우에는 dx와 dy가 선형제약조건 $g_x dx + g_y dy = 0$을 만족하면서 $\frac{dz}{dx} = 0$과 $\frac{dz}{dy} = 0$의 조건을 동시에 만족해야 하기 때문에 좀 변형된 것으로 보면 된다. 앞에서도 언급하였듯이 세 번째 조건은 바로 원래 식의 제약조건과 같으므로 식 (15.3)은 식 (15.2)의 필요조건인 동시에 원래 식 (15.1)의 필요조건이라 할 수 있다.

다음으로 [단계 2]의 조건이 왜 원래의 목적함수 식 (15.1)의 충분조건이 되는지 살펴보자. 우리는 제14장에서 제약조건이 없을 때 2변수함수 $z = f(x, y)$의 극대값이 되기 위한 충분조건이 정류점에서 $f_{xx} < 0$와 $f_{xx} f_{yy} - (f_{xy})^2 > 0$의 두 조건을 동시에 만족하는 것이라고 하였다. 그러나 제약조건이 있을 경우에는 이러한 조건에 부가적인 조건이 붙게 된다. 즉, 제약조건이 있는 경우에는 dx와 dy가 선형제약조건 $g_x dx + g_y dy = 0$을 만족하면서 위의 두 조건을 만족해야 극대값의 충분조건이 된다. 이러한 이유로 해서 유테헤시안 행렬식 조건을 보면 라그랑지 함수의 2계도함수 외에 제약식의 1계도함수를 행렬식 테두리에 갖고 있다고 할 수 있다.

이제 이를 좀 더 수학적으로 설명하면 다음과 같다. 이를 위해 우선 라그랑지 정리를 설명한다.

라그랑지 정리(Lagrange theorem)

함수 $f(x, y)$와 $g(x, y)$가 연속인 1계도함수를 가지고 있고 $f(x, y)$가 $c = g(x, y)$라는 제약조건하에서 점 (x_0, y_0)에서 극값을 갖는다고 하자. 만일 $\nabla g(x_0, y_0) \neq 0$이면 $\nabla f(x, y) = \lambda \nabla g(x, y)$가 되는 실수 λ가 존재한다.

우리가 찾고자 하는 함수 $f(x, y)$의 최대값이나 최소값은 함수 $f(x, y)$의 정류점에서 일어난다. 또한, 함수 $f(x, y)$가 극값을 갖는 점 (x_0, y_0)에서 $\nabla g(x_0, y_0) \neq 0$라면 라그랑지 정리에 의하여 $\nabla f(x, y) = \lambda \nabla g(x, y)$인 λ가 존재한다. 이와 같은 두 가지 조건을 수식으로 다시 표현한다면 $f_x = \lambda g_x$, $f_y = \lambda g_y$, $c = g(x, y)$조건들을 동시에 만족하는 점을 찾아야 하는 것이다.

여기서 우리가 라그랑지 함수라고 하는 $L(x, y, \lambda) = f(x, y) + \lambda(c - g(x, y))$를 도입했을 때 이 라그랑지 함수의 정류점을 찾는 것은 세 개의 변수 (x, y, λ)를 가지고 있는 라그랑지 함수의 1계 편도함수가 $(0, 0, 0)$인 점, 즉 $\nabla L(x, y, \lambda) = \left(\frac{\partial L}{\partial x} \quad \frac{\partial L}{\partial y} \quad \frac{\partial L}{\partial \lambda} \right) = (f_x - \lambda g_x, f_y - \lambda g_y, c - g(x, y)) = (0, 0, 0)$를 만족하는 점 (x_0, y_0)와 만족하는 값 λ를 찾는 것이다.

그림 15-2 ▌ 라그랑지 이론의 기하학적 의미

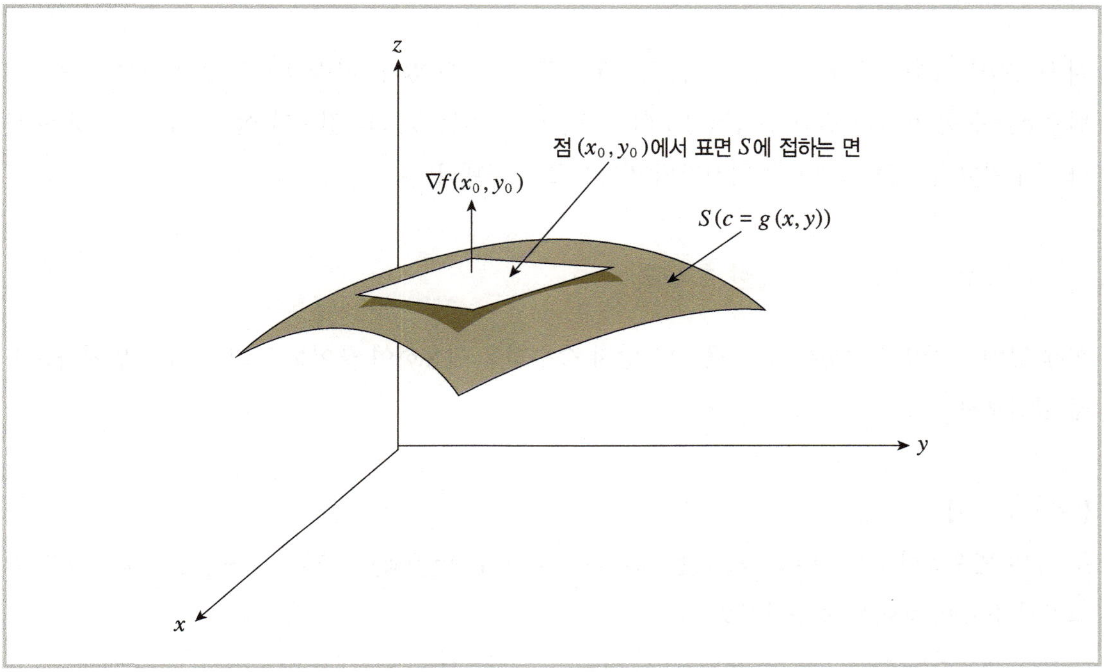

그런데 이러한 라그랑지 이론을 기하학적으로 다시 한 번 살펴보면 $c = g(x,y)$의 조건하에서 $f(x,y)$의 최대값을 찾는 것은 $c = g(x,y)$로 만들어진 표면 S 위의 점 중에서 $f(x,y)$를 최대로 하는 값을 찾는 것이고, 이 점에서 $\nabla f(x,y)$는 표면 S와 직각을 이루게 되어 $\nabla f(x,y)$와 $\nabla g(x,y)$는 평행이 된다는 것이다. 즉, $\nabla f(x,y) = \lambda \nabla g(x,y)$를 만족하는 스칼라값 λ가 존재한다는 것이고 결국 라그랑지 방법은 이러한 조건을 이용하는 것이다.

즉, $\nabla L(x,y,\lambda) = 0$인 점은 $f(x,y)$의 임계점인 동시에 $c = g(x,y)$를 만족하는 점이 되고 이때, 라그랑지 승수 $\lambda = \frac{f_x}{g_x} = \frac{f_y}{g_y}$라는 것이다. 이제 $\nabla L(x,y,\lambda) = (0,0,0)$인 점 (x_0, y_0, λ_0)은 변수의 조건 $c = g(x,y)$를 만족하는 $f(x,y)$의 극점이 될 수 있는 후보이다.

이제 2계도함수를 이용하여 최대값인지 최소값인지 또는 최대최소가 아닌 정류점인지를 판단해야 한다. 그런데 라그랑지 승수 $\lambda = \frac{f_x}{g_x} = \frac{f_y}{g_y}$를 대입하고 라그랑지 함수를 2번 미분하여 정리하면 $d^2 z = -|\overline{H}|\left(\frac{dx}{g_y}\right)^2$임을 알게 된다. 즉, $d^2 z > 0$(극소)이기 위한 필요충분 조건은 $|\overline{H}| < 0$이고, $d^2 z < 0$(극대)이기 위한 필요충분 조건은 $|\overline{H}| > 0$이다.

라그랑지 승수의 의미

식 (15.2)를 상수 c에 대해 미분하면, $\frac{dL}{dc}=\lambda$가 됨을 알 수 있다. 따라서 라그랑지 승수 λ는 매개변수 c를 통한 제약의 변화가 목적함수의 최적값에 미치는 영향의 정도라 할 수 있다. 즉, λ는 제약식의 변화에 따른 목적함수 최적값의 반응도를 나타낸다.

4. 라그랑지 승수법을 이용한 최적화

이제 앞에서 풀었던 [예제 15-1]을 라그랑지 승수법을 이용하여 풀어보고 그 결과가 일치하는지를 살펴보자.

【예제 15-2】

두 개의 변수 x와 y가 $10=2x+y$라는 조건하에서 함수 $z=f(x,y)=50-(x^2+y^2)$의 최대값을 라그랑지 승수법을 이용해 구하시오.

| 풀이 |

위의 문제는 변수에 대한 제약조건 $10=g(x,y)=2x+y$하에서 함수 $z=f(x,y)=50-(x^2+y^2)$의 최대값을 찾는 것이다. 이제 이 문제를 라그랑지 함수를 이용하여 나타내면 $L(x,y,\lambda)=f(x,y)+\lambda(10-g(x,y))=50-(x^2+y^2)+\lambda(10-2x-y)$이다.

위의 함수 $L(x,y,\lambda)$에 라그랑지 승수를 이용한 극점 판단법을 적용해보자. 1단계로 다음의 연립방정식을 푼다.

$$\begin{cases} \frac{\partial L}{\partial x} = & f_x-\lambda g_x & =-2x-2\lambda=0 \\ \frac{\partial L}{\partial y} = & f_y-\lambda g_y & =-2y-\lambda=0 \\ \frac{\partial L}{\partial \lambda} = & c-g(x,y) & =10-2x-y=0 \end{cases}$$

위의 연립방정식에서 두 식 $2\lambda=-2x$와 $\lambda=-2y$로부터 이용하여 $x=2y$를 얻는다. 이것을 연립방정식의 세 번째 식에 대입하면 $x=4, y=2$를 얻고 이 결과를 다시 첫 번째 식에 대입하여 $\lambda=-4$를 찾는다. 즉, $\nabla L(x,y,\lambda)=(0,0,0)$를 만족하는 점 $(x_0,y_0,\lambda_0)=(4,2,-4)$를 얻었다. 이제 이 점에서 유테헤시안 극대극소 판정법을 이용하여 최대값인지를 알아보자.

$g_x=2, g_y=1, L_{xx}=-2, L_{xy}=0, L_{yx}=0$ 이므로 유테헤시안 행렬식에 대입하면

$$|\overline{H}|=\begin{vmatrix} 0 & g_x & g_y \\ g_x & L_{xx} & L_{xy} \\ g_y & L_{yx} & L_{yy} \end{vmatrix}=\begin{vmatrix} 0 & 2 & 1 \\ 2 & -2 & 0 \\ 1 & 0 & -2 \end{vmatrix}=10$$

을 얻는다. 그런데 유테헤시안 극대극소 판정법에 의하면 $\det(\overline{H}(4,2,-4))>0$가 되어 점 $(x_0, y_0)=(4,2)$에서 극대값 $f(4,2)=50-(4^2+2^2)=30$을 갖는다. 이것은 [예제 15-1]의 결과와 일치함을 알 수 있다. ■

5. 라그랑지 승수법의 일반화

앞에서는 2개의 변수를 가지고 있는 함수의 극값을 한 개의 제약조건하에서 찾는 방법에 대해 공부했다. 여기서는 좀 더 일반적인 형태의 라그랑지 승수법으로서 $n(>2)$개의 변수를 가지고 있는 함수가 m개의 제약조건하에서 최적이 되는 값을 찾고자 한다. 목적함수의 최적해를 찾는 방법은 근본적으로 2변수함수의 1제약조건일 때와 다르지 않다.

우리가 풀고자 하는 문제가 다음과 같다고 하자.

$$\text{Maximize 또는 Minimize } z=f(x_1, x_2, \cdots, x_n) \tag{15.5}$$

$$\text{Subject to} \begin{cases} c_1=g_1(x_1, x_2, \cdots, x_n) \\ c_2=g_2(x_1, x_2, \cdots, x_n) \\ \quad\vdots \\ c_m=g_1(x_1, x_2, \cdots, x_n) \end{cases}$$

주어진 식은 제약조건의 수와 같은 수의 라그랑지 승수들을 이용하여 다음과 같은 일반적인 형태의 라그랑지 함수로 표현할 수 있다.

$$\begin{aligned} L(x_1, x_2, \cdots, x_n, \lambda_1, \lambda_2, \cdots, \lambda_m) &= f(x_1, x_2, \cdots, x_n)+\lambda_1(c_1-g_1(x_1, x_2, \cdots, x_n)) \\ &+\lambda_2(c_2-g_2(x_1, x_2, \cdots, x_n))\cdots+\lambda_m(c_m-g_m(x_1, x_2, \cdots, x_n)) \end{aligned} \tag{15.6}$$

*n*개의 변수와 *m*개의 제약식이 있는 경우 라그랑지 승수를 이용한 극점 판단법

라그랑지 승수법을 이용하여 극점을 찾는 방법은 다음과 같이 2단계로 나누어 볼 수 있다.

[단계 1] 다음의 연립방정식(15.7)을 만족하는 $(x_1, x_2, \cdots, x_n, \lambda_1, \lambda_2, \cdots, \lambda_m)$을 찾는다.

[단계 2] 위에서 찾은 임계점 중에서 (15.8)의 유테헤시안 극대극소의 판정법을 이용하여 원하는 극값을 결정한다. 이때 유테헤시안 행렬 $\overline{H}(x_1, x_2, \cdots, x_n, \lambda_1, \lambda_2, \cdots, \lambda_m)$의 행렬식은 다음과 같다.

$$\begin{cases} \dfrac{\partial L}{\partial x_1} = \dfrac{\partial f}{\partial x_1} - \lambda_1 \dfrac{\partial g_1}{\partial x_1} - \lambda_2 \dfrac{\partial g_2}{\partial x_1} \cdots - \lambda_m \dfrac{\partial g_m}{\partial x_1} = 0 \\ \dfrac{\partial L}{\partial x_2} = \dfrac{\partial f}{\partial x_2} - \lambda_1 \dfrac{\partial g_1}{\partial x_2} - \lambda_2 \dfrac{\partial g_2}{\partial x_2} \cdots - \lambda_m \dfrac{\partial g_m}{\partial x_2} = 0 \\ \qquad \vdots \\ \dfrac{\partial L}{\partial x_n} = \dfrac{\partial f}{\partial x_n} - \lambda_1 \dfrac{\partial g_1}{\partial x_n} - \lambda_2 \dfrac{\partial g_2}{\partial x_n} \cdots - \lambda_m \dfrac{\partial g_m}{\partial x_n} = 0 \\ \dfrac{\partial L}{\partial \lambda_1} = c_1 - g_1(x_1, x_2, \cdots, x_n) = 0 \\ \dfrac{\partial L}{\partial \lambda_2} = c_2 - g_2(x_1, x_2, \cdots, x_n) = 0 \\ \vdots \\ \dfrac{\partial L}{\partial \lambda_m} = c_m - g_m(x_1, x_2, \cdots, x_n) = 0 \end{cases} \tag{15.7}$$

$$|\overline{H}| = \left| \begin{array}{cccc|cccc} 0 & 0 & \cdots & 0 & g_{11} & g_{12} & \cdots & g_{1n} \\ 0 & 0 & \cdots & 0 & g_{21} & g_{22} & \cdots & g_{2n} \\ \vdots & & & & \vdots & & & \\ 0 & 0 & \cdots & 0 & g_{m1} & g_{m2} & & g_{mn} \\ \hline g_{11} & g_{12} & \cdots & g_{m1} & L_{11} & L_{12} & \cdots & L_{1n} \\ g_{12} & g_{22} & & g_{m2} & L_{21} & L_{22} & & L_{2n} \\ \vdots & & & & \vdots & & & \vdots \\ g_{1n} & g_{2n} & \cdots & g_{mn} & L_{n1} & L_{n2} & \cdots & L_{nn} \end{array} \right| \tag{15.8}$$

여기서 $L_{ij}(i, j = 1, 2, \cdots n)$와 $g_{ij}(i = 1, 2, \cdots, m,\ j = 1, 2, \cdots, n)$는 각각 $L_{ij} = \dfrac{\partial^2 L}{\partial x_i \partial x_j}$, $g_{ij} = \dfrac{\partial g_i}{\partial x_j}$를 나타낸다.

또한 유테헤시안 행렬식의 m개의 조건에 대한 k차 **주소행렬식**(principal minor determinant) $|\overline{H_k}|$가 다음과 같이 정의된다.

$$
\left|\overline{H}_{m+1}\right| = \begin{vmatrix} 0 & 0 & \cdots & 0 & | & g_{11} \\ 0 & 0 & \cdots & 0 & | & g_{21} \\ \vdots & & & & | & \vdots \\ 0 & 0 & \cdots & 0 & | & g_{m1} \\ - & - & - & - & - & - \\ g_{11} & g_{12} & \cdots & g_{m1} & | & L_{11} \end{vmatrix}
$$

$$
\left|\overline{H}_{m+2}\right| = \begin{vmatrix} 0 & 0 & \cdots & 0 & | & g_{11} & g_{12} \\ 0 & 0 & \cdots & 0 & | & g_{21} & g_{22} \\ \vdots & & & & | & \vdots & \\ 0 & 0 & \cdots & 0 & | & g_{m1} & g_{m2} \\ - & - & - & - & - & - & - \\ g_{11} & g_{12} & \cdots & g_{m1} & | & L_{11} & L_{12} \\ g_{12} & g_{22} & & g_{m2} & | & L_{21} & L_{22} \end{vmatrix}
$$

$$\vdots$$

$$
\left|\overline{H}_{m+n}\right| = \begin{vmatrix} 0 & 0 & \cdots & 0 & | & g_{11} & g_{12} & \cdots & g_{1n} \\ 0 & 0 & \cdots & 0 & | & g_{21} & g_{22} & \cdots & g_{2n} \\ \vdots & & & & | & \vdots & & & \\ 0 & 0 & \cdots & 0 & | & g_{m1} & g_{m2} & & g_{mn} \\ - & - & - & - & - & - & - & - & - \\ g_{11} & g_{12} & \cdots & g_{m1} & | & L_{11} & L_{12} & \cdots & L_{1n} \\ g_{12} & g_{22} & & g_{m2} & | & L_{21} & L_{22} & & L_{2n} \\ \vdots & & & & | & \vdots & & & \vdots \\ g_{1n} & g_{2n} & \cdots & g_{mn} & | & L_{n1} & L_{n2} & \cdots & L_{nn} \end{vmatrix}
$$

유테헤시안 극대극소 판정법

연속인 1계도함수를 가지는 목적함수와 m개의 제약조건으로 이루어진 식 (15.5)에 대해 라그랑지 함수가 식 (15.6)과 같이 주어졌을 때

(1) 임계점 $x_0 \in R^n$에서 모든 $r = (m+1, m+2, \cdots, m+n)$에 대해서 $\det(\overline{H}_r)$의 부호가 $(-1)^r$이 되면, 임계값 x_0에서의 $f(x_0)$는 극대값이 된다. 이는 m이 짝수일 때 주소행렬식의 부호가 음, 양, 음, 양 등으로 바뀌고, m이 홀수일 때 양, 음, 양, 음 등으로 바뀌어야 극대값이 된다는 것이다.

(2) 임계점 $x_0 \in R^n$에서 모든 $r = (m+1, m+2, \cdots, m+n)$에 대해서 $\det(\overline{H}_r)$의 부호가 $(-1)^m$이 되면, 임계값 x_0에서의 $f(x_0)$는 극소값이 된다. 이는 m이 짝수일 때 주소행렬식의 부호가 모두

양이고, m이 홀수일 때 모두 음이어야 극소값이 된다는 것이다.

15.2 경제경영 · 금융 예제

【예제 15-3】 효용극대화 문제

경제학에서 가장 많이 다루는 최적화문제는 소비자 또는 경제주체가 주어진 예산하에서 **효용(utility)**을 극대화시키는 문제일 것이다. 따라서 앞절에서 배운 라그랑지 승수법을 이용하여 경제학의 주요 관심사인 제약하에서의 효용극대화문제를 다뤄보자.

문제의 단순화를 위해 가상적인 소비자는 단순한 형태의 효용함수를 가지며, 오직 두 가지 재화만의 선택이 허용되고, 두 재화의 가격은 시장에서 주어진다고 가정하자. 또한 효용함수를 일차 미분한 **한계효용함수(marginal utility function)**는 모두 연속이라고 가정한다. 가상의 소비자는 주어진 예산 B를 가지고 두 재화를 소비하여 자신의 효용을 극대화시키고자 할 때, 각 재화를 얼마씩 소비할 때 자신의 효용을 극대화할 수 있는지 살펴보자. 위 문제를 수식으로 정리하면 다음과 같다.

$$\begin{aligned} &\text{Max } U(x,y) = xy \\ &\text{s.t. } xP_x + yP_y = B \end{aligned} \tag{15.9}$$

$U(x,y)$: 재화 1을 x만큼, 재화 2를 y만큼 소비할 때 효용
P_x : 재화 1의 시장가격
P_y : 재화 2의 시장가격
B : 소비자의 예산

이제 이 문제를 풀기 위해 우선 라그랑지 함수를 만든 다음 [단계 1]에 따라 풀면 다음과 같다.

$$\begin{aligned} &L = xy + \lambda(B - xP_x - yP_y) \\ &\frac{\partial L}{\partial x} = y - \lambda P_x = 0 \\ &\frac{\partial L}{\partial y} = x - \lambda P_y = 0 \\ &\frac{\partial L}{\partial \lambda} = B - xP_x - yP_y = 0 \end{aligned} \tag{15.10}$$

를 풀면, $x = \frac{B}{2P_x}, y = \frac{B}{2P_y}, \lambda = \frac{B}{2P_xP_y}$를 구한다.

다음으로 [단계 2]에 따라 유테헤시안 행렬식을 구하면 다음과 같고 앞에서 구한 해는 효용함수를 극대화시키는 값들임을 알 수 있다.

$$|\overline{H}| = \begin{vmatrix} 0 & g_x & g_y \\ g_x & L_{xx} & L_{xy} \\ g_y & L_{yx} & L_{yy} \end{vmatrix} = \begin{vmatrix} 0 & -P_x & -P_y \\ -P_x & 0 & 1 \\ -P_y & 1 & 0 \end{vmatrix} = 2P_x P_y > 0 \tag{15.11}$$

위에서 라그랑지 함수를 미분한 식 (15.2)의 첫 번째 방정식과 두 번째 방정식을 보면, $y/P_x = x/P_x = \lambda$ 또는 $U_x/P_x = U_y/P_y = \lambda$(여기서 U_x와 U_y는 효용함수의 일차미분값)임을 알 수 있다. 이는 경제학에서 유명한 고전적 소비이론의 명제를 나타내고 있는 식이다. 즉, 소비자가 효용을 극대화하기 위해서는 모든 상품에 대해서 가격에 대한 한계효용의 비율이 같아지도록 예산을 할당해야 한다는 것이다.

한편, 앞의 식을 다시 쓰면, $U_x/U_y = P_x/P_y$가 되는데, 이 식의 좌변은 일정 수준의 효용을 가져다 주는 **무차별곡선(indifference curve)**의 기울기에 (−)를 붙인 것이고, 우변은 예산제약식을 나타내는 직선의 기울기에 (−)를 붙인 것임을 알 수 있다. 이는 예산제약하에서 효용을 극대화하려는 소비자는 예산선의 기울기와 무차별곡선의 기울기가 같아지는 점에서 예산을 배분해야 한다는 것을 의미한다. ■

【예제 15-4】 생산비용의 최소화 문제

고객의 특별주문에 따라 특정의 생산량 수준 Q^*를 생산해야 하는 경우에 이 생산량을 최소비용으로 생산하는 생산요소결합(production input mix)을 구하는 문제는 경영상에서 발생하는 또 다른 최적화 예제라 할 수 있다.

문제를 단순화시키기 위해 두 개의 생산요소를 가지는 생산함수 $Q = Axy, A > 0$를 가정한다. 이 때 생산함수 Q는 미분가능이고, $Q_x > 0, Q_y > 0$이다. 우리의 문제는 $Q(x, y) = Q^*$를 만족하면서 동시에 비용함수 C를 최소화하는 문제라 할 수 있다.

$$\text{Min } C = xC_x + yC_y \tag{15.12}$$

$$\text{s.t. } Q(x, y) = Axy = Q^*$$

C_x : x생산요소 1단위가격
C_y : y생산요소 1단위가격

이제 이 문제의 라그랑지 함수는 다음과 같고 [단계 1]에 따라 풀면 다음과 같다.

$$L = xC_x + yC_y + \lambda(Q^* - Q(x, y)) \tag{15.13}$$
$$\frac{\partial L}{\partial x} = C_x - \lambda(Ay) = 0$$
$$\frac{\partial L}{\partial y} = C_y - \lambda(Ax) = 0$$
$$\frac{\partial L}{\partial \lambda} = Q^* - Axy = 0$$

를 풀면, $x = \sqrt{\frac{Q^*}{A}\frac{C_y}{C_x}}$, $y = \sqrt{\frac{Q^*}{A}\frac{C_x}{C_y}}$, $\lambda = \sqrt{\frac{C_x C_y}{AQ^*}}$를 구한다.

다음으로 [단계 2]에 따라 유테헤시안 행렬식을 구하면 다음과 같고 앞의 해가 생산비용을 최소화하는 값들임을 알 수 있다.

$$|\overline{H}| = \begin{vmatrix} 0 & g_x & g_y \\ g_x & L_{xx} & L_{xy} \\ g_y & L_{yx} & L_{yy} \end{vmatrix} = \begin{vmatrix} 0 & -Ay & -Ax \\ -Ay & 0 & -\lambda A \\ -Ax & -\lambda A & 0 \end{vmatrix} = -2A^3 xy\lambda < 0 \tag{15.14}$$

우리는 앞에서 $C_x / Q_x = C_y / Q_y = \lambda$임을 도출하였는데, 이는 최적요소결합을 나타내는 점에서 요소가격 대 한계생산의 비율은 각 요소에 대해 같아져야만 한다는 것을 의미한다. 이 비율은 요소의 한계생산 1단위에 대한 비용의 크기를 나타내므로, 라그랑지 승수는 최적상태에 있어서의 생산의 한계비용으로 해석할 수 있다. ■

【예제 15-5】 포트폴리오 분산 최소화 문제(재검토)

우리는 14장에서 두 개의 주식으로 구성된 포트폴리오의 분산을 최소화하는 문제를 살펴보았다. 거기에서는 $w_1 + w_2 = 1$을 제약식으로 포함하지 않고 목적함수에 대입함으로써 라그랑지 함수를 사용하지 않고 풀었는데 이번 장에서는 제약식으로 포함하여 풀어보도록 하자.

$$\text{Min } \sigma_p^2 = w_1^2\sigma_1^2 + w_2^2\sigma_2^2 + 2w_1 w_2 \sigma_{12} \tag{15.15}$$
$$\text{s.t. } w_1 + w_2 = 1$$

이 식은 재무분야에서 많이 사용되는 모형으로서 위험을 최소화하는 포트폴리오를 구하는 식이다. 여기서 위험은 통계학에 나오는 분산의 개념으로 측정하는데, 포트폴리오의 위험은 개별 주식의 위험을 단순히 가중평균한 것이 아니라 개별주식 간의 상관관계를 나타내는 공분산을 함께 고려해야 함을 뜻하고 있다. 다시 말해, 여러 주식으로 포트폴리오를 구성하면 **공분산효과**가 발생하여 항상 위험이 줄어든다는 것을 알 수 있다. 특히 공분산이 작을수록 이 효과는 커진다.

이제 [예제 14-17]에서 다루었던 문제를 라그랑지 승수법을 이용하여 구해보도록 하자. 그때 주어졌던 정보를 식 (15.15)에 대입하면 다음과 같다.

$$\text{Min } \sigma_p^2 = w_1^2(0.12)^2 + w_2^2(0.25)^2 + 2w_1 w_2(0)$$
$$\text{s.t. } w_1 + w_2 = 1$$

이 문제의 라그랑지 함수는 다음과 같고 [단계 1]에 따라 풀면 다음과 같은 해를 구하는데 앞장에서 구한 결과와 같음을 알 수 있다.

$$\begin{aligned} L &= w_1^2(0.12)^2 + w_2^2(0.25)^2 + \lambda(1 - w_1 - w_2) \\ \frac{\partial L}{\partial w_1} &= 2w_1(0.12)^2 - \lambda = 0 \\ \frac{\partial L}{\partial w_2} &= 2w_2(0.25)^2 - \lambda = 0 \\ \frac{\partial L}{\partial \lambda} &= 1 - w_1 - w_2 = 0 \end{aligned} \tag{15.16}$$

를 풀면, $w_1 = 0.8127, w_2 = 0.1873, \lambda = 0.0234$를 구한다.

다음으로 [단계 2]에 따라 유테헤시안 행렬식을 구하면 다음과 같고 앞의 해가 포트폴리오 분산을 최소화하는 값들임을 알 수 있다.

$$|\overline{H}| = \begin{vmatrix} 0 & g_{w_1} & g_{w_2} \\ g_{w_1} & L_{w_1 w_1} & L_{w_1 w_2} \\ g_{w_2} & L_{w_2 w_1} & L_{w_2 w_2} \end{vmatrix} = \begin{vmatrix} 0 & -1 & -1 \\ -1 & 0.0288 & 0 \\ -1 & 0 & 0.125 \end{vmatrix} = -0.1538 < 0$$

결과를 해석해보면, 해당 투자자는 투자자금의 81.27%를 주식 1에 투자하고 투자자금의 18.73%를 주식 2에 투자하면, 최소분산인 $\sigma_p^2 = 1.17\%$를 달성하게 된다. 흥미로운 것은 주식 1과 주식 2를 결합한 포트폴리오의 분산이 각각의 분산보다 더 작아진다는 것이다. 다시 말해, 위험이 작은 주식 1에 위험이 훨씬 큰 주식 2를 결합하였는데도 오히려 전체 위험은 줄어든다는 것이다. 이는 바로 두 주식 간의 공분산효과가 커서 결합시에 위험이 크게 줄어들기 때문이다. ■

【예제 15-6】 최적자산배분 문제에의 활용

투자자의 **효용함수**가 다음과 같다고 하자.

$$U=E(R_p)-0.5A\sigma_p^2$$

위의 식에서 $E(R_p)$와 σ_p^2는 각각 포트폴리오 p의 기대수익률과 분산을 의미하고, A는 투자자의 **위험회피계수**를 의미한다. 즉 A가 커질수록 투자자의 위험에 대한 회피성향이 커짐을 의미하며 위험회피형 투자자의 경우 $A>0$의 조건을 만족한다.

한편, 포트폴리오 p는 위험자산에 y만큼 투자하고 무위험자산에 $(1-y)$만큼 투자한 결합으로 가정하면 포트폴리오 p의 기대수익률과 분산은 다음과 같이 표시된다.

$$E(R_p)=y\times E(R_a)+(1-y)\times R_f$$
$$\sigma_p^2=y^2\times\sigma_a^2$$

여기서 $E(R_a)$는 위험자산의 기대수익률을, R_f는 무위험자산의 수익률을 의미하고, 무위험자산은 분산이 0이기 때문에 포트폴리오 p의 분산은 위험자산에 대한 투자비중의 제곱과 위험자산의 분산의 곱으로 표시된다.

따라서 투자자의 최적자산배분 문제는 다음과 같이 설정된다. 즉, 포트폴리오의 기대수익률과 분산이 만족해야 할 제약식하에서 투자자의 효용함수를 최대화하는 문제가 된다.

$$\begin{aligned}&\text{Max } U=E(R_p)-0.5A\sigma_p^2\\&\text{s.t. } E(R_p)=y\times E(R_a)+(1-y)\times R_f\\&\qquad \sigma_p^2=y^2\times\sigma_a^2\end{aligned}$$

이제 제약식을 목적함수에 대입해서 y에 대해 일차미분하면,

$$\frac{\partial U}{\partial y}=E(R_a)-R_f-0.5A(2y)\sigma_a^2=0$$

따라서 $y^*=\dfrac{E(R_a)-R_f}{A\sigma_a^2}$가 위험자산에 대한 최적 투자비중이 된다. 한편, $\dfrac{\partial^2 U}{\partial y^2}=-A\sigma_a^2<0$이므로 앞에서 구한 y가 최대값임을 알 수 있다.

연습문제

01 목적함수는 $Z = xy$이고 제약식은 $x + y = 6$일 때, x, y의 극값을 구하시오. 아울러 유테헤시안 행렬식을 이용하여 극대, 극소를 판별하시오.

02 목적함수는 $U = (x + 2)(y + 1)$이고 제약식은 $4x + 6y = 130$이라 하자. 극값을 구하고 유테헤시안 행렬식을 이용하여 극대, 극소를 판별하시오.

03 [예제 15-5]에서는 투자비중의 합이 1이라는 제약식하에서 분산을 최소화하는 주식 1과 주식 2의 투자비중을 구하였다. 이번에는 투자비중의 합이 1이고 아울러 포트폴리오의 기대수익률과 분산이 다음과 같이 주어졌을 때 목적함수 $\frac{E(R_p) - R_f}{\sigma_p}$를 최대화하는 문제를 생각해보자. 이를 위하여 다음과 같이 가정한다.

$$E(R_1) = 8\%,\ \sigma_1 = 10\%,\ E(R_2) = 12\%,\ \sigma_2 = 15\%,\ \sigma_{12} = 0.1,\ R_f = 5\%$$

① 주어진 정보를 넣어서 최대화문제를 식으로 작성하시오.
② 이 문제를 라그랑지 함수를 이용하여 w_1과 w_2값을 구하시오.
③ 최적 포트폴리오 p의 기대수익률과 분산, 목적함수의 최대값을 각각 구하시오(이때 이 목적함수를 **샤프비율**(Sharpe ratio)이라고 한다).
④ 무위험이자율과 최적 포트폴리오 p를 연결하는 직선식을 구하시오(이때 이 직선을 **자본시장선**(capital market line)이라고 한다).
⑤ 유테헤시안 행렬식을 구하여 충분조건을 만족하는지 확인하시오.

04 소비자의 효용이 두 기간에 걸친 소비함수로 표현되는 다음과 같은 효용함수를 고려한다.

$U(x_1, x_2) = x_1 x_2$, 단, x_1은 기간 1의 소비이고, x_2는 기간 2의 소비이다.

또한 소비자는 시작되는 시점에서 예산 B를 가지고 있다. 시장이자율이 $r\%$이고 소비자가 이 이자율로 이 기간 동안 빌리거나 빌려줄 수 있다고 하면, 예산제약식은 $x_1 + \frac{x_2}{1+r} = B$와 같다.

① 효용극대화문제를 라그랑지 함수를 사용하여 표시하시오.
② 이 문제의 해를 구하시오.
③ 유테헤시안 행렬식을 구하여 부호를 확인하시오.

05 다음과 같은 정보하에서 다음 질문에 답하시오(A증권과 B증권의 공분산은 0.0072라고 가정한다).

구분	기대수익률	표준편차
A증권	8%	12%
B증권	13%	20%
무위험증권	5%	0%

① A증권과 B증권으로 이루어진 최소분산 포트폴리오를 구하시오. 또한 최소분산 포트폴리오의 기대수익률과 표준편차를 구하시오.

② A증권과 B증권으로 이루어진 최적 포트폴리오를 구하시오. 또한 최적 포트폴리오의 기대수익률과 표준편차를 구하시오. 이때 최적 포트폴리오는 샤프비율$\left(\dfrac{E(R_p)-R_f}{\sigma_p}\right)$을 최대화하는 포트폴리오를 의미한다.

③ 최소분산 포트폴리오의 샤프비율과 최적 포트폴리오의 샤프비율을 비교해보시오.

④ 무위험이자율과 최적 포트폴리오를 연결하는 직선(자본시장선)을 구하시오.

06 [예제 15-6]에서 무위험이자율=7%, 위험자산의 기대수익률=15%, 위험자산의 표준편차=22%, 위험회피계수=4일 때, 위험자산에 대한 최적 투자비중과 무위험자산에 대한 최적 투자비중을 구하시오.

07 6번 문제에서 구한 위험자산에 대한 최적 투자비중과 무위험자산에 대한 최적 투자비중으로 결합한 포트폴리오 p의 기대수익률과 표준편차를 구하시오.

| 연습문제 해답 |

제2장 집합과 순서

01 부분집합의 개수 2^n, 진부분집합의 개수 2^n-1

02 ① $(A\cap B)^c = A^c \cup B^c$의 증명

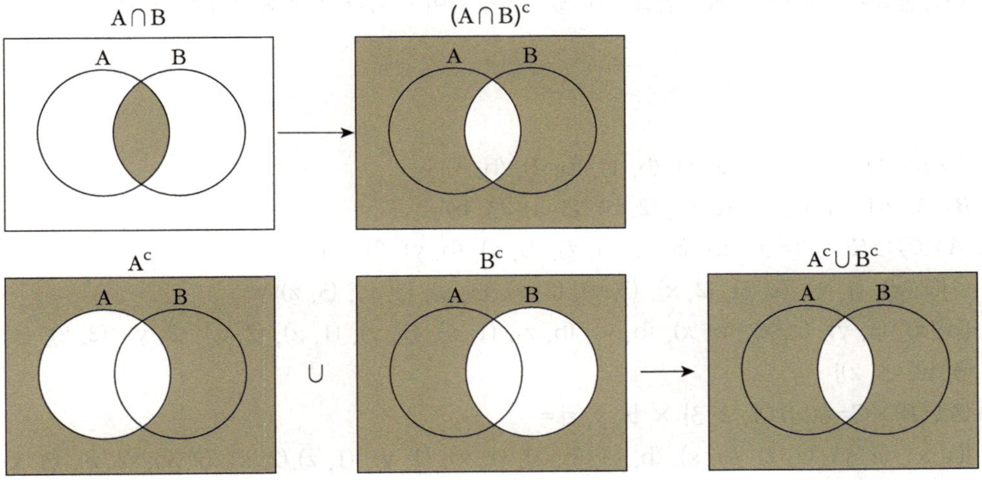

② $(A\cup B)^c = A^c \cap B^c$의 증명

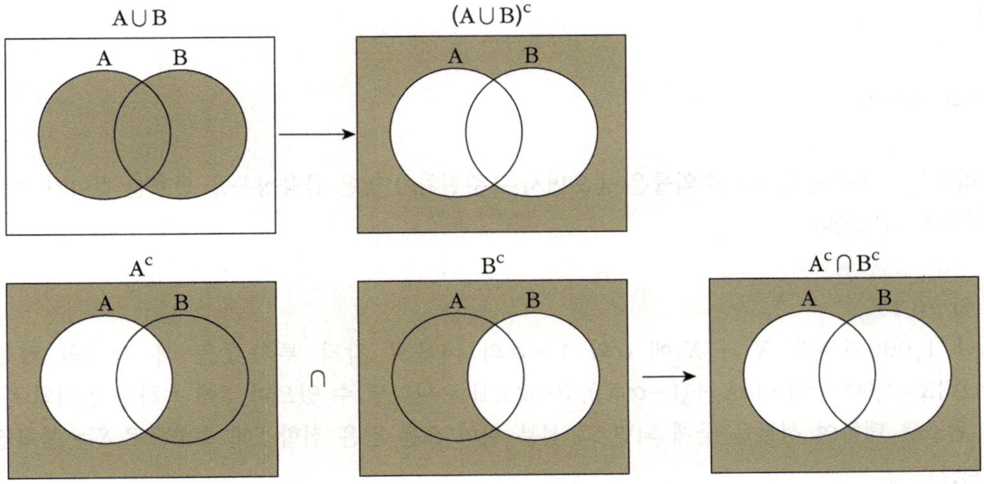

03 ① 만약 [그림 1]과 같이 집합이 존재할 때 $n(A)+n(B)$를 구해본다면, $n(A \cup B)$와 비교해서 $n(A \cap B)$이 중복으로 계산됨을 알 수 있다. 이때 $-n(A \cap B)$를 해준다면 $n(A \cup B)=n(A)+n(B)-n(A \cap B)$이 성질이 만족됨을 알 수 있다.

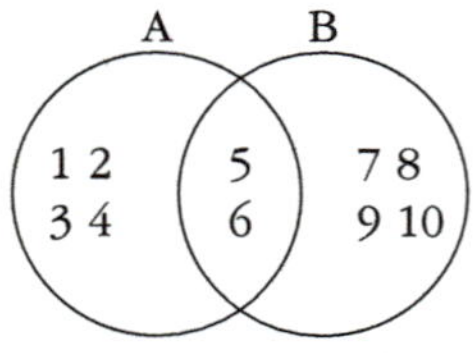

[그림 1]

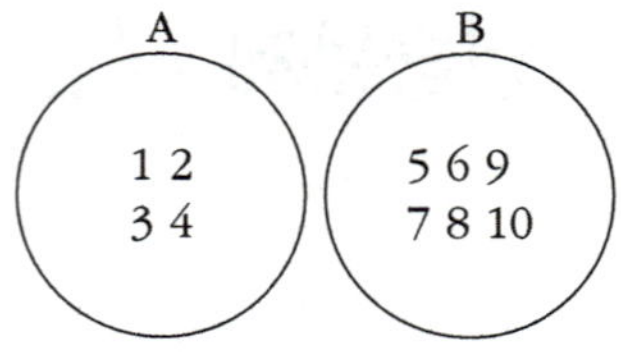

[그림 2]

② $(A \cap B) = \phi$인 경우의 다이어그램은 [그림 2]와 같다.
따라서 $n(A \cup B) = n(A)+n(B)$임을 직관적으로 확인할 수 있다.

04 ① 볼록집합이 아니다 ② 볼록집합이다 ③ 볼록집합이 아니다 ④ 볼록집합이 아니다

05 ③

06 ① $A \times B = \{(a, 1), (a, 2), (a, 3), (b, 1), (b, 2), (b, 3)\}$
② $B \times A = \{(1, a), (1, b), (2, a), (2, b), (3, a), (3, b)\}$
③ $(A \times C) \cup (B \times C) = \{(a, x), (a, y), (a, z), (b, x), (b, y), (b, z)\}$
$\cup \{(1, x), (1, y), (1, z), (2, x), (2, y), (2, z), (3, x), (3, y), (3, z)\} =$
$\{(a, x), (a, y), (a, z), (b, x), (b, y), (b, z), (1, x), (1, y), (1, z), (2, x), (2, y), (2, z), (3, x), (3, y), (3, z)\}$
④ $(A \cup B) \times C = \{a, b, 1, 2, 3\} \times \{x, y, z\} =$
$\{(a, x), (a, y), (a, z), (b, x), (b, y), (b, z), (1, x), (1, y), (1, z), (2, x), (2, y), (2, z), (3, x), (3, y), (3, z)\}$

07 ④

08 $m=20$, $n=10$

09 합리적인 투자자들은 기대수익률은 높으면서 표준편차가 낮은 금융상품을 선호할 것이기 때문에 A상품을 선호한다.

10 $y=5x-0.15$
또한 1,000만원을 X_1과 X_2에 α와 $1-\alpha$의 비율로 각각 투자했을 때 직선의 집합은 $S=\{X \mid X=1{,}000\text{만원} \times (\alpha X_1+(1-\alpha)X_2),\ 0 \le \alpha \le 1\}$로 나타낼 수 있으며, S에 속하는 임의의 두 개의 원소를 택하여 선분을 긋게 되면 그 선분 위의 모든 점은 집합 S에 속하므로 S는 볼록집합이다.

제3장 함수

01 ① 함수 ② 함수가 아님 ③ 함수가 아님

02 ④

03 ②

04 기함수

05 ①번 : 틀림 ②번 : 틀림 ③번 : 맞음 ④번 : 맞음

06 ① $x_1 \neq 1$, $x_1 \neq 2$인 모든 실수
② 다항함수의 정의역은 모든 실수이다.
③ $x \geq 1$인 실수

07 ① $y=x+1$ ② $y=-x$ ③ $y=1$

08 세 점을 대입하면
① $z=x+y$
② $z=-2x+y+3$
③ $z=2x-3$
④ $z=\frac{-4}{7}x+\frac{5}{7}y+\frac{1}{7}$

09 $f(x, y)=4x+2y-1$

10 균형가격$(p)=10$, 균형수량$(q)=3,000$

11 $T(x_1,x_2,x_3,x_4,x_5)=(x_1-S_1)^2+(x_2-S_2)^2+(x_3-S_3)^2+(x_4-S_4)^2+(x_5-S_5)^2$

12 $C_T=20$원, $P_T=0$원

13 $f=1\times S-x\times C+y\times P$

14 310.46만원

15 투자안 B의 현재가치가 더 크므로 B를 선택하는 것이 유리하다.

16 투자자의 손익구조 $= S_T - X$

17 -10만원

제4장 확률과 통계

01 양(48%), 음(8%)

02 0.75×10^{-3}

03 0.001

04 $a = -1$

05 $cov(X, Y)$의 정의에 따라
$cov(X, Y) = E[(X - \mu_x)(Y - \mu_y)]$
$= E[XY - E(Y)\mu_x - E(X)\mu_y + \mu_x \mu_y]$이다.
이때 독립이면 $E(XY) = E(X)E(Y)$이므로 $cov(X, Y) = 0$임을 알 수 있다.

06 $Y = X^2$의 경우
$cov(X, Y) = E(XY) - E(X)E(Y) = 0$이지만 변수가 독립이 아니다.

07 40%

08 $\mu = 0$, $\sigma \approx 0.245$ → 약 24.5%

09 $\rho_{AB} \fallingdotseq 0.4167$

10 0.4082

11 4.96%

12

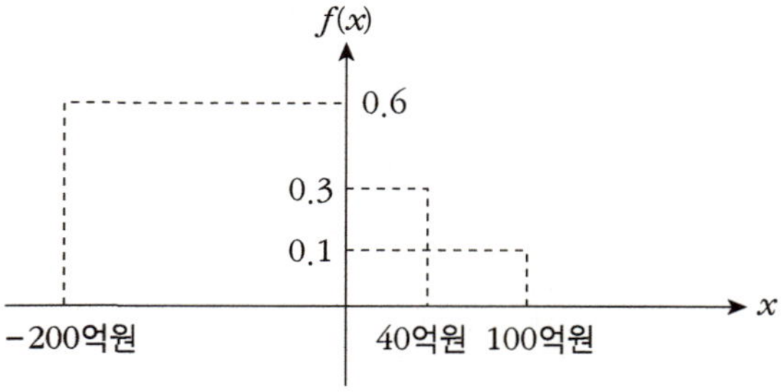

제5장 수와 벡터

01 $\sqrt{13}$

02 2, 8

03 ① 참　② 거짓

04 $\frac{1}{\sqrt{1+4+4}}(1,2-2)=\left(\frac{1}{3},\frac{2}{3},\frac{-2}{3}\right)$

05 $x=4$

06 $\cos\theta=\frac{4-6+2}{\sqrt{4+4+1}\sqrt{4+9+4}}=0$

$\theta=90°$

07 ① $-8+8=0$이므로 두 벡터는 직교한다.

② $12+2-21=-7$　0이 아니므로 두 벡터는 직교하지 않는다.

$(3,2,-7)\cdot(a,b,c)=0$

$3a+2b-7c=0$을 만족하는 a, b, c값을 하나 잡으면 $(3,2,-7)$과 직교한 벡터는 $(4,1,2)$이다.

08 2

09 ②

10 ④

11 ④

12 $\boldsymbol{u} \cdot \boldsymbol{v} = 3$

13 $\|\boldsymbol{u}+\boldsymbol{v}\| = \|\boldsymbol{u}-\boldsymbol{v}\| = \sqrt{\|\boldsymbol{u}\|^2 + \|\boldsymbol{v}\|^2}$

$\|\boldsymbol{u}+\boldsymbol{v}\| = \|\boldsymbol{u}-\boldsymbol{v}\|$

14 $x+y+z=1$

15 예금 : 0.7(5,5), 펀드 : 0.3(15, −15)
포트폴리오 수익률 : 예금+펀드=0.7(5,5)+0.3(15, −15)=(8, −1)

16 ① 우산사업
기대수익률=12.5%
표준편차=0.375
② 음료사업
기대수익률=12.5%
표준편차=0.375

17 0.5×(50, −25)+0.5×(−25,50)=(12.5,12.5)

18 기대수익률=12.5% 표준편차=0%
이때 기대수익률은 12.5%인데 표준편차는 0이므로 수익률이 기대수익률에서 전혀 벗어나지 않고 그대로 일치하는 결과를 보여주므로 위험이 사라져 기대수익률이 확정수익률 그대로 나타남을 확인할 수 있다.

19 $\boldsymbol{w}$=(0.7,0.2,0.1)이고 $\boldsymbol{R}$=(5%,10%,1%)
$\boldsymbol{w} \cdot \boldsymbol{R}$=0.7×5%+0.2×10%+0.1×1%=5.6%

20 산술평균=(10+20+30)/3=20%, 기하평균=$\sqrt[3]{(1.1)(1.2)(1.3)} - 1$ = 0.1972 = 19.72%, 기하평균=19.72%<20%=산술평균이므로 코시-슈바르츠 부등식이 성립함을 알 수 있다.

제6장 벡터공간과 응용

01 −2, 23, 2, 23, 3, −3

02 서로 독립이 아님

03 $x_1 = x_2 = x_3 = 0$이기 때문에 $\boldsymbol{v}_1$, $\boldsymbol{v}_2$, $\boldsymbol{v}_3$는 서로 선형독립이다.

04 ①
R^3의 기저가 되려면 벡터들이 일차독립이어야 하고 R^3을 스팬하여야 한다.

05 ⑤

06 $\boldsymbol{S}$와 $\boldsymbol{T}$는 같은 벡터공간을 스팬하지 않는다.

07 생략

08 $\{\boldsymbol{v}_1, \boldsymbol{v}_2, \boldsymbol{v}_3, \boldsymbol{v}_4\}$

09 $\{\boldsymbol{v}_1, \boldsymbol{v}_2, \boldsymbol{v}_3\}$

10 $\{(1,0,1,0), (0,1,0,1), (1,0,0,1)\}$

11 S는 벡터공간 $\boldsymbol{P}_2$의 기저임.

12 생략

13 10%

14 포트폴리오 p의 기대수익률이 요인 1 포트폴리오의 기대수익률과 같아지는 것은 요인 1에 대한 베타가 1이고 요인 2에 대한 베타가 0으로 주어졌기 때문이다.

15 우산사업의 수익률 벡터: $\begin{pmatrix} 50 \\ -25 \end{pmatrix}$, 음료사업의 수익률 벡터: $\begin{pmatrix} -25 \\ 50 \end{pmatrix}$

반반씩 투자했으므로 $\frac{1}{2}\begin{pmatrix} 50 \\ -25 \end{pmatrix} + \frac{1}{2}\begin{pmatrix} -25 \\ 50 \end{pmatrix} = \frac{1}{2}\begin{pmatrix} 25 \\ 25 \end{pmatrix}$

16 ④

제7장 행렬

01 $A+B=\begin{pmatrix} 3 & 4 & 7 \\ -1 & 9 & 3 \\ 4 & 4 & 12 \end{pmatrix}$, $A-B=\begin{pmatrix} -1 & 6 & -1 \\ -1 & -5 & -3 \\ -4 & 2 & 3 \end{pmatrix}$, $AB=\begin{pmatrix} 14 & 437 & 34 \\ -2 & 15 & 2 \\ 28 & 28 & 44 \end{pmatrix}$, $BA=\begin{pmatrix} 3 & 20 & 34 \\ -7 & 23 & 21 \\ 3 & 37 & 47 \end{pmatrix}$

02 ① 거짓 ② 참 ③ 거짓 ④ 참 ⑤ 참

03 $SP=\begin{pmatrix} 40,000 \\ 25,000 \end{pmatrix}$ $SC=\begin{pmatrix} 29,650 \\ 25,900 \end{pmatrix}$ $SP-SC=\begin{pmatrix} 10,350 \\ 4,100 \end{pmatrix}$이다(단위는 만달러).

SP행렬은 미국, 유럽지역에서의 총매출액
SC행렬은 미국, 유럽지역에서 판매된 자동차의 매출원가
$SP-SC$는 총매출액 – 매출원가이므로 미국, 유럽지역에서의 순수익을 나타낸다고 볼 수 있다.

04 $(A+I)^{-1}=(A^2-A+I)$

05 ②

06 ④

07 ②

08 -110

09 $x=1$, $y=2$, $z=3$

10 -50

11 0

12 ① 6 ② 0

13 $D_n=2D_{n-1}+D_{n-2}$이고 $D_1=2$, $D_2=3$

14 $AB=\begin{pmatrix}1 & 1\\ -2 & -2\end{pmatrix}\begin{pmatrix}1 & 2 & 3\\ 1 & 2 & 3\end{pmatrix}=\begin{pmatrix}2 & 4 & 6\\ -4 & -8 & -12\end{pmatrix}$

$B^TA^T=\begin{pmatrix}1 & 1\\ 2 & 2\\ 3 & 3\end{pmatrix}\begin{pmatrix}1 & -2\\ 1 & -2\end{pmatrix}=\begin{pmatrix}2 & -4\\ 4 & -8\\ 6 & -12\end{pmatrix}$

$(AB)^T=\begin{pmatrix}2 & -4\\ 4 & -8\\ 6 & -12\end{pmatrix}$이므로 $\therefore\ (AB)^T=B^TA^T$

15 0

16 $P=\begin{pmatrix}30 & -20\\ 30 & 0\end{pmatrix}$

17 600

18 $w=\begin{pmatrix}0.6\\ 0.4\end{pmatrix},\ \mu_p=\begin{pmatrix}0.2\\ 0.15\end{pmatrix},\ \Sigma=\begin{pmatrix}0.01 & 0.004\\ 0.004 & 0.0064\end{pmatrix}$

$$
\begin{aligned}
E(r_p)&=w^T\mu_p\\
&=(0.6\ 0.4)\begin{pmatrix}0.2\\ 0.15\end{pmatrix}=0.18\\
\sigma_p^2&=w^T\Sigma w\\
&=(0.6\ 0.4)\begin{pmatrix}0.01 & 0.004\\ 0.004 & 0.0064\end{pmatrix}\begin{pmatrix}0.6\\ 0.4\end{pmatrix}\\
&=(0.0076\ 0.00496)\begin{pmatrix}0.6\\ 0.4\end{pmatrix}=0.006544
\end{aligned}
$$

19 $AX=B\Rightarrow\begin{pmatrix}1 & 1{,}150\\ 0.0009 & 1\end{pmatrix}\begin{pmatrix}0 & 50\text{만원}\\ 50\text{달러} & 0\end{pmatrix}=\begin{pmatrix}57{,}500\text{원} & 50\text{만원}\\ 50\text{달러} & 450\text{달러}\end{pmatrix}$

20 $X=\begin{pmatrix}0 & 1{,}500\\ 100 & 0\end{pmatrix},\ B=\begin{pmatrix}1{,}000 & 1{,}500\\ 100 & 120\end{pmatrix}$

21 $AB=\begin{pmatrix}1 & -11 & 35\\ 9 & 28 & -23\end{pmatrix}$

제8장 연립일차방정식과 해법

01 ③

02 ②

03 ②

04 ①

05 $(\boldsymbol{A} : \boldsymbol{b}) = \begin{pmatrix} -2 & 3 & 4 & 0 & : & -1 \\ 1 & 0 & -2 & 2 & : & 1 \\ 0 & 1 & 1 & -1 & : & 0 \\ 3 & 1 & -2 & -1 & : & 3 \end{pmatrix}$, $\boldsymbol{G} = \begin{pmatrix} 1 & 0 & -2 & 2 & : & 1 \\ 0 & 1 & 1 & -1 & : & 0 \\ 0 & 0 & 1 & -7/3 & : & -1/3 \\ 0 & 0 & 0 & 1 & : & 1 \end{pmatrix}$

06 $\begin{pmatrix} 1 & -1 & 2 & 3 & 2 \\ 0 & 1 & 3 & -2 & 1 \\ 0 & 0 & 1 & 2 & -1 \\ 0 & 0 & 0 & 1 & 3 \end{pmatrix}$(행사다리꼴 행렬) $\begin{pmatrix} 1 & 0 & 0 & 0 & 35 \\ 0 & 1 & 0 & 0 & 28 \\ 0 & 0 & 1 & 0 & -7 \\ 0 & 0 & 0 & 1 & 3 \end{pmatrix}$(기약 행사다리꼴 행렬)

07 $\begin{pmatrix} 1 & 2 & 5 & -3 \\ 0 & 1 & 3 & -2 \\ 0 & 0 & 1 & \frac{1}{7} \end{pmatrix}$(행사다리꼴 행렬) $\begin{pmatrix} 1 & 0 & 0 & \frac{8}{7} \\ 0 & 1 & 0 & -\frac{17}{7} \\ 0 & 0 & 1 & \frac{1}{7} \end{pmatrix}$(기약 행사다리꼴 행렬)

08 $\boldsymbol{E}_1 = \begin{pmatrix} 1 & 0 & 0 \\ -1 & 1 & 0 \\ 0 & 0 & 1 \end{pmatrix}$ $\boldsymbol{E}_2 = \begin{pmatrix} 1 & 0 & 0 \\ 0 & 1 & 0 \\ -1 & 0 & 1 \end{pmatrix}$ $\boldsymbol{E}_3 = \begin{pmatrix} 1 & 0 & 0 \\ 0 & -\frac{1}{2} & 0 \\ 0 & 0 & 1 \end{pmatrix}$

$\boldsymbol{E}_4 = \begin{pmatrix} 1 & -1 & 1 \\ 0 & 1 & 0 \\ 0 & 0 & 1 \end{pmatrix}$ $\boldsymbol{E}_5 = \begin{pmatrix} 1 & 0 & 0 \\ 0 & 1 & 0 \\ 0 & 2 & 1 \end{pmatrix}$ $\boldsymbol{E}_6 = \begin{pmatrix} 1 & 0 & 0 \\ 0 & 1 & 0 \\ 0 & 0 & -\frac{1}{2} \end{pmatrix}$ $\boldsymbol{E}_7 = \begin{pmatrix} 1 & 0 & -1 \\ 0 & 1 & 0 \\ 0 & 0 & 1 \end{pmatrix}$

09 $x=40$, $y=20$, $z=80$

10 $q_1 = \frac{2}{3}$, $q_2 = \frac{1}{3}$, $p = \frac{1{,}000}{3}$

11 $q_1 = \frac{1}{2}$, $q_2 = \frac{1}{2}$, $c = 500$

12 $x = \frac{5}{3}$, $y = -3$, $z = -\frac{2}{3}$

제9장 선형변환

01 ①

02 $F(0,1,1) = (0+1, 1+1, 1) = (1,2,1)$
$F(c\boldsymbol{u}) \neq cF(\boldsymbol{u})$이므로 선형변환이 아니다.

03 일대일 변환이 아니다.

04 생략

05 직교연산자이다.

06 $\boldsymbol{B} = \begin{pmatrix} \cos\theta & \sin\theta \\ -\sin\theta & \cos\theta \end{pmatrix}$

07 ②

08 $\boldsymbol{A}_v^n = \begin{pmatrix} a + nbk \\ b \end{pmatrix}$

09 $\begin{pmatrix} 1 & 0 & 0 \\ -1 & 1 & 0 \\ 0 & -1 & 1 \end{pmatrix}$

10 ③

11 $\boldsymbol{x}=\begin{pmatrix} -1-6t \\ 1+3t \\ t \end{pmatrix}$

12 $a\neq-1$, 3일 경우 가능하게 된다.

13 $y=x-2$

14 ③

15 44.5%, 55.5%

16 1년 후 신용등급이 어떻게 변화되는지에 대한 표이므로 n년 후 $T_n=T_1^n$으로 변화되는 선형연산자의 역할을 수행한다.

17 36%

18 $\begin{pmatrix} 1 & 10 \\ 0.08 & 1 \end{pmatrix}$

제10장 함수와 수열의 극한

01 ① $\frac{1}{2}$ ② $\frac{1}{2}$

02 ① 1 ② ∞

03 ① 0 ② 1 ③ $\begin{pmatrix} 1 & 0 \\ 0 & 0 \end{pmatrix}$

04 ③

05 $\frac{2}{31}$

06 ① 1 ② 2

07 ④

08 $\frac{6}{5}$

09 $\lim_{x \to 1} f(x) = 2$

$x = 1$일 때 $\frac{(x-1)}{(\sqrt{x}-1)} = 2$라는 조건이 주어진다면 연속한다.

10 $c \times \frac{(1+r)^n - 1}{r(1+r)^n}$

11 $c \times \frac{(1+r)^n - 1}{r(1+r)^n} \times (1+r)$

12 2,236,337원

13 18,000원

14 6,970만원

15 $P = 10,000/0.1 = 10$만원

16 $P = 10,000/(0.1 - 0.05) = 20$만원

보통주의 주가가 우선주 주가보다 높은 이유는 배당금이 5%씩 성장하기 때문이다.

17 주어진 함수의 자연정의역은 모든 실수이며 a는 정의역에 존재한다.

$x \to a$, $y \to a$로 수렴할 때 $f(x,y) = f(a,a) = a\ a^n\ a^m = a^{(m+n+1)}$이다.

따라서 $f(x)$는 $x = y = a$에서 연속이다.

18 평면 위의 모든 점 (a, b)에서 이변수 함수의 연속성에 관한 정의 세 가지 조건을 모두 만족한다.

제11장 도함수

01 ① $\frac{(x^2-2x-16)}{(x+1)^2}$

② $-\frac{1}{x^2}-\frac{2}{x^3}-\frac{3}{x^4}-\frac{4}{x^5}$

③ $\frac{-5}{2\sqrt{3-5x}}$

02 ②

03 $\Delta x^{-\frac{2}{3}}$

미분가능 여부는 $f(x)=\sqrt[3]{x}$의 그래프를 그려보면

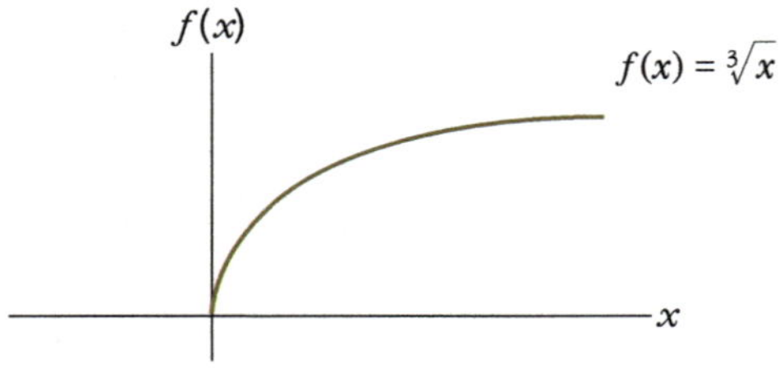

$x=0$에서 연속적이지 않고 꺾이므로 미분가능하지 않다.

04 $x=1$에서 연속하지 않고 그래프가 꺾이게 된다. 따라서 미분가능하지 않다.

05 $\frac{-25x^2+10x}{\sqrt{3-5x}}$

06 x^2+2x+4

07 -10

08 -2.5원

09 $p=(a,b)=(3,9)$

10 22.7273원 만큼 하락한다.

11 현재가치 : \$392.82, 듀레이션 : 2.79년

12 $U'(x)=\frac{1}{x}>0$, $U''(x)=-\frac{1}{x^2}<0$이기 때문에 $\ln(x)$는 x가 증가할 때 효용이 증가하고 x가 증가할수록 한계효용이 감소함을 보이기 때문에 위험회피형 투자자의 효용함수로 적합하다.

13 $B=\frac{10{,}000}{(1+0.05)^5}=\$7,835.3$

14 $B=\sum_{t=1}^{2n}\frac{c/2}{(1+r/2)^t}+\frac{F}{(1+r/2)^{2n}}$, $(c=c\%\times F)$

15 \$917.56

16 단조증가구간 : $(0\sim\infty)$

역함수 $=x^2$

f의 도함수 $=\frac{1}{2\sqrt{x}}$

제12장 편도함수

01 ①

02 $f_x=0$, $f_y=0$, 함수 $f(x,y)$는 $(0,0)$에서 연속이 아니다.

03 6

04 $\frac{\partial w}{\partial x}=\frac{x}{\sqrt{x^2+y^2+z^2}}$, $\frac{\partial w}{\partial y}=\frac{y}{\sqrt{x^2+y^2+z^2}}$, $\frac{\partial w}{\partial z}=\frac{z}{\sqrt{x^2+y^2+z^2}}$

05 $\frac{dy}{dx}=-\frac{x}{y}$, $y\neq 0$

06 $(x-x_0,\ y-y_0,\ z-z_0)\cdot\left(\frac{x_0}{\sqrt{x_0^2+y_0^2+z_0^2}}, \frac{y_0}{\sqrt{x_0^2+y_0^2+z_0^2}}, \frac{z_0}{\sqrt{x_0^2+y_0^2+z_0^2}}\right)=0$

07 $\dfrac{\partial R}{\partial a} = 2\sum_{i=1}^{5}(a + bx_i - y_i),\ \dfrac{\partial R}{\partial b} = 2\sum_{i=1}^{5}x_i(a + bx_i - y_i)$

08 $f_x = 6xy + 3x^2,\ f_y = 3x^2 - 4,\ f_{xy} = 6x,\ f_{yx} = 6x,\ f_{xx} = 6x + 6y,\ f_{yy} = 0$

09 하모닉함수이다.

10 $f(x, y) = x^2 + 2xy + y^2$

11 생략

12 콜옵션의 헤지 비율의 정의에 의해 헤지비율은 $\dfrac{\partial c}{\partial S} = N(d_1)$이 된다.

13 $\varepsilon_{Q_P} = \dfrac{\partial Q/Q}{\partial P/P} = \dfrac{\partial Q/\partial P}{Q/P} = \dfrac{P}{Q}\dfrac{\partial Q}{\partial P} = \dfrac{P}{c/P}\left(-\dfrac{c}{P^2}\right) = -1$

가격이 1% 오를 때 수요가 1% 감소한다는 뜻임

제13장 지수함수와 로그함수

01 ① $\dfrac{\partial w}{\partial x} = 2xye^{xy} + x^2y^2e^{xy},\ \dfrac{\partial w}{\partial y} = x^2e^{xy} + x^3ye^{xy},\ \dfrac{\partial w}{\partial z} = 0$

② $\dfrac{\partial w}{\partial x} = e^y - ze^{xy},\ \dfrac{\partial w}{\partial y} = xe^y + e^z,\ \dfrac{\partial w}{\partial z} = ye^z - e^x$

02 ① $f'(x) = \dfrac{g'(x)}{g(x)} = \dfrac{4x^3}{x^4 + 1}$

② $f'(x) = \dfrac{\frac{1}{2\sqrt{x}}}{\sqrt{x}} + \dfrac{\frac{1}{x}}{2\sqrt{\ln x}} = \dfrac{1}{2x} + \dfrac{1}{2x\sqrt{\ln x}}$

③ $f'(x) = \dfrac{\frac{1}{x}}{\ln x} = \dfrac{1}{x\ln x}$

03 ① $f'(x) = \dfrac{2x}{x^2 + 1}\dfrac{1}{\ln 2}$

② $f'(x) = 2xe^{x^2}\ln x + e^{x^2}\frac{1}{x} = \left(2x\ln x + \frac{1}{x}\right)e^{x^2}$

③ $f'(x) = 2^{(x+1)}\ln 2$

04 ① $\log_a a^2 = 2$

② $\log_a u = 10$일 때, $\log_a \frac{1}{u^3}$

$\log_a u = 10$이므로 $u = a^{10}$

$\log_a \frac{1}{u^3} = \log_a \frac{1}{(a^{10})^3} = \log_a a^{-30} = -30$

③ $\log_a u = 10$일 때, $\log_a \sqrt{u}$

$\log_a u = 10$이므로 $u = a^{10}$

$\log_a \sqrt{u} = \log_a a^{\frac{10}{2}} = \log_a a^5 = 5$

④ $\log_{10} 1{,}000 = \log_{10} 10^3 = 3$

⑤ $pq = 10$일 때, $\log_{10} p + \log_{10} q$

$pq = 10$일 때, $\log_{10} p + \log_{10} q$

$\log_{10} p + \log_{10} q = \log_{10} pq = \log_{10} 10 = 1$

⑥ $pq = 10$일 때, $\log_{100} p + \log_{100} q$

$\log_{100} p + \log_{100} q = \log_{100} pq = \log_{100} 10 = \log_{100} 100^{\frac{1}{2}} = \frac{1}{2}$

05 ③

06 $f(x, y) = 1 + x + y + \frac{x^2}{2} + xy + \frac{y^2}{2} + R_2$

07 $\frac{\partial z}{\partial x} = -(x+y)e^{-\frac{(x+y)^2}{2}}$, $\frac{\partial z}{\partial y} = -(x+y)e^{-\frac{(x+y)^2}{2}}$

08 $(f^{-1})'(e) = \frac{1}{4e}$

09 $a = -1$, $b = -1$

10 카운트 모델은 나이 x가 커짐에 따라 성장률 $h(x)$가 느려지는 것을 의미한다.

11 $d = e^{d_1 + d_2 + d_3 + d_4} - 1$

12 12.75년

13 778.8만원

14 152.27

15 1,016,180원

16 559.57만원

제14장 함수의 최적화

01 ① $x=2$ ② $x=0$

02 임계점은 x가 0, $-1/5$, -1일 때이다.

03 오목인 구간$=[-1,1]$, 볼록인 구간$=(-\infty,-1]\cup[1,\infty)$

04 극소값 $f(0,0)=0$

05 임계점은 (0,0), 극소값 가짐

06 임계점은 (0,0), 극소

07 $D=\begin{vmatrix} 2x & 2x+2y \\ 2x+2y & 2x \end{vmatrix}=4xy-4(x+y)^2$

08 $a=\dfrac{\sum_{i=1}^{n} y_i \sum_{i=1}^{n} x_i^2-\sum_{i=1}^{n} x_i \sum_{i=1}^{n} x_i y_i}{n\sum_{i=1}^{n} x_i^2-\left(\sum_{i=1}^{n} x_i\right)^2}$, $b=\dfrac{n\sum_{i=1}^{n} x_i y_i-\sum_{i=1}^{n} x_i \sum_{i=1}^{n} y_i}{n\sum_{i=1}^{n} x_i^2-\left(\sum_{i=1}^{n} x_i\right)^2}$

09 $w_1=0.9227$, $w_2=0.0773$

10 $h=\dfrac{\sigma_{SF}}{\sigma_F^2}$

11 $w_1=\dfrac{\sigma_2^2-\sigma_{12}}{\sigma_1^2+\sigma_2^2-2\sigma_{12}},\ w_2=\dfrac{\sigma_1^2-\sigma_{12}}{\sigma_1^2+\sigma_2^2-2\sigma_{12}}$

12 $w_1=\dfrac{\sigma_2^2-\rho_{12}\sigma_1\sigma_2}{\sigma_1^2+\sigma_2^2-2\rho_{12}\sigma_1\sigma_{12}}=\dfrac{0.2^2-0.12\times0.2\times0.2}{01.2^2+0.2^2-2(0.12\times0.2\times0.2)}=0.7857,\ w_2=0.2143$

제15장 제약조건하에서의 함수의 최적화

01 $x^*=3,\ y^*=3,\ \lambda^*=3,\ Z^*=9$

$|\overline{H}|=\begin{vmatrix}0&1&1\\1&0&1\\1&1&0\end{vmatrix}=2>0$이므로 극대값임을 알 수 있다.

02 $x^*=16,\ y^*=11,\ \lambda^*=3$

$|\overline{H}|=48>0$이므로 극대값임을 알 수 있다.

03 ① $Max\ \dfrac{E(R_p)-0.05}{\sigma_p}$

st $E(R_p)=0.08w_1+0.12w_2$

$\sigma_p^2=(0.1)^2w_1^2+2(0.1)w_1w_2+(0.15)^2w_2^2$

$w_1+w_2=1$

② $w_1=\dfrac{(0.08-0.05)(0.15)^2-(0.12-0.05)(0.1)}{(0.08-0.05)(0.15)^2+(0.12-0.05)(0.1)^2-(0.08-0.05+0.12-0.05)(0.1)}=0.73$

$w_2=1-0.73=0.27$

③ $E(R_p)=0.73(8\%)+0.27(12\%)=9.08\%$

$\sigma_p^2=0.73^2(0.1)^2+0.27^2(0.15)^2+2(0.73)(0.27)(0.1)=0.0463\rightarrow\sigma_p=21.52\%$

$Max\left(\dfrac{9.08-5}{21.52}\right)=0.19$

④ $E(R_p)=0.05+0.19\sigma_p$

⑤ $|\overline{H}|=\begin{vmatrix}0&-1&1\\-1&0.02&0\\-1&0&0.045\end{vmatrix}=-0.065<0$

04 ① $L = x_1 x_2 + \lambda\left(B - x_1 - \frac{x_2}{1+r}\right)$

② $x_1^* = \frac{B}{2}$, $x_2^* = \frac{B(1+r)}{2}$

③ $|\overline{H}| = \frac{2}{1+r} > 0$

05 ① $w_A = \frac{(0.2)^2 - 0.0072}{(0.12)^2 + (0.2)^2 - 2(0.0072)} = 0.69$

$w_B = 1 - 0.69 = 0.31$

$E(R_{MV}) = 0.69(0.08) + 0.31(0.13) = 9.55\%$

$\sigma_{MV}^2 = 0.69^2(0.12)^2 + 0.31^2(0.2)^2 + 2(0.69)(0.31)(0.0072) = 0.0138 \rightarrow \sigma_{MV} = 11.74\%$

② $w_A = \frac{(0.08-0.05)(0.2)^2 - (0.13-0.05)(0.0072)}{(0.08-0.05)(0.2)^2 + (0.13-0.05)(0.12)^2 - (0.08-0.05+0.13-0.05)(0.0072)} = 0.40$

$w_B = 1 - 0.4 = 0.60$

$E(R_{OP}) = 0.40(0.08) + 0.60(0.13) = 11.0\%$

$\sigma_{OP}^2 = 0.40^2(0.12)^2 + 0.60^2(0.2)^2 + 2(0.4)(0.6)(0.0072) = 0.02016 \rightarrow \sigma_{MV} = 14.2\%$

③ $S_{MV} = \frac{9.55-5}{11.74} = 0.3876 < S_{OP} = \frac{11-5}{14.2} = 0.4225$

④ 자본시장선 : $E(R_p) = 0.05 + 0.4225\sigma_p$

06 위험자산에 대한 최적 투자비중 $y = \frac{0.15 - 0.07}{4 \times 0.22^2} = 0.41$. 따라서 무위험자산에 대한 최적 투자비중은 0.59가 된다.

07 $E(R_p) = 0.41 \times 15\% + 0.59 \times 7\% = 10.28\%$

$\sigma_p = 0.41 \times 22\% = 9.02\%$

■ 찾아보기 ■

저자소개

오세경

서울대학교 경영대학 졸업(경영학학사)
한국과학기술원(KAIST) 경영과학과 졸업(공학석사)
University of Pennsylvania(The Wharton School) 경제학석사, 재무학박사
건국대학교 경영대학장 겸 경영전문대학원장
한국파생상품학회장, 한국지급결제학회장
Hebrew University in Jerusalem 객원연구교수
California State University San Marcos 객원강의교수
한국금융연구원 연구위원
(현) 건국대학교 경영대학 교수
국민연금 투자정책위원회 위원
기재부 연기금풀 운영위원
한국재무학회 회장

[주요 저서]
재무관리(공저, 명경사, 2011)
투자론(공저, 경문사, 2009)
오세경교수의 리스크관리론(한경사, 2015)
기술가치평가론(공저, 법문사, 2012)

[주요 논문]
"Effect of Ownership Change and Growth on Firm Value at the Issuance of Bonds with Detachable Warrants," Journal of Business, Economics and Management, 2016.
"Growth Opportunities and Trade Crediti : Evidence from Chinese Listed Firms," Applied Economics, 2016 등

이미영

서울대학교 수학교육학과(이학사)
Purdue University(이학박사)
기업은행 자문위원
삼성종합기술원/삼성전자 기술자문
금융위원회 자체평가위원
한국데이터마이닝학회 이사
감사원 정책자문위원
한국데이터베이스학회 부회장
한국경영과학회 및 한국생산성학회 이사
국가통계위원회 통계정보분과 위원
K-ICT 빅데이터센터 시범사업조정위원회 위원
K-ICT 빅데이터센터 자문위원
한국예탁결제원 자문위원
건국대학교 경영대학 교수

[주요 저서]
데이터분석 전문가 가이드(한국데이터베이스진흥원)

[주요 논문]
"급첨분포와 옵션가격 결정," 재무관리연구
"Alternative numerical approaches to the jump-diffusion option valuation," Journal of Applied Mathematics and Computing.
"Option Pricing under Extended Normal Distribution," the Journal of Futures Markrts.
"An iterative method for flattering the ridge in the Ridge regression," Applied Economics Letters.
"On the use of the Moore Penrose generalized Inverse in the Portfolio optimization problem," Finance Research Letters 등

금융 및 경제 · 경영을 위한 수학(제2판)

2013년 2월 5일 1판 1쇄 발행
2025년 3월 10일 2판 2쇄 발행

저 자 | 오세경 · 이미영
발 행 인 | 이수영
발 행 처 | 도서출판 청람
서울시 마포구 독막로 288(대흥동, 세양상가 109호)
전 화 | 02)3272-2601~2
팩 스 | 02)3272-2603
이 메 일 | crbooks@daum.net
홈페이지 | www.crbooks.co.kr
등 록 | 2000년 8월 26일 제 6-0509호

ISBN 978-89-5972-592-2 93320 [정가 23,000원]